权威·前沿·原创

皮书系列为
"十二五""十三五"国家重点图书出版规划项目

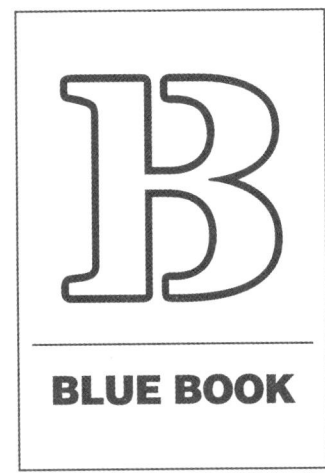

智库成果出版与传播平台

中国社会科学院创新工程学术出版资助项目

中国上市公司蓝皮书
BLUE BOOK OF CHINESE LISTED COMPANIES

中国上市公司发展报告（2021）

ANNUAL REPORT ON THE DEVELOPMENT OF CHINESE LISTED COMPANIES (2021)

中国社会科学院上市公司研究中心
张　鹏　杨耀武　黄胤英　杜丽虹　张　磊　张　平 / 著

社会科学文献出版社
SOCIAL SCIENCES ACADEMIC PRESS (CHINA)

图书在版编目(CIP)数据

中国上市公司发展报告.2021/张鹏等著.--北京:社会科学文献出版社,2021.9
(中国上市公司蓝皮书)
ISBN 978-7-5201-8738-1

Ⅰ.①中… Ⅱ.①张… Ⅲ.①上市公司-经济发展-研究报告-中国-2021 Ⅳ.①F279.246

中国版本图书馆CIP数据核字(2021)第152179号

中国上市公司蓝皮书
中国上市公司发展报告(2021)

著　　者 / 张　鹏　杨耀武　黄胤英　杜丽虹　张　磊　张　平

出 版 人 / 王利民
组稿编辑 / 邓泳红
责任编辑 / 宋　静
责任印制 / 王京美

出　　版 / 社会科学文献出版社·皮书出版分社 (010)59367127
　　　　　　地址:北京市北三环中路甲29号院华龙大厦　邮编:100029
　　　　　　网址:www.ssap.com.cn
发　　行 / 市场营销中心 (010)59367081　59367083
印　　装 / 天津千鹤文化传播有限公司

规　　格 / 开　本:787mm×1092mm　1/16
　　　　　　印　张:21.25　字　数:318千字
版　　次 / 2021年9月第1版　2021年9月第1次印刷
书　　号 / ISBN 978-7-5201-8738-1
定　　价 / 158.00元

本书如有印装质量问题,请与读者服务中心(010-59367028)联系

▲ 版权所有 翻印必究

《中国上市公司发展报告（2021）》
编委会

主　　　编　张　平

本报告执笔人　张　鹏　杨耀武　黄胤英
　　　　　　　杜丽虹　张　磊　张　平

总　协　调　周　济

中国社会科学院上市公司研究中心

中国社会科学院上市公司研究中心的前身是1996年经中国社会科学院批准成立的"中国社会科学院经济研究所上市公司研究与预测中心"。2003年经中国社会科学院批复同意改用现名，成为院级中心，中国社会科学院经济研究所原所长张卓元学部委员、研究员担任中心主任。2016年6月开始，中心主任改由中国社会科学院经济研究所研究员、中国社会科学院国家金融与发展实验室副主任张平接任。该中心为面向市场的非实体性研究机构，基本职能定位是开展上市公司理论与政策研究，向国家有关部门提供政策建议，促进我国资本市场的健康发展，推动现代企业制度的建设。

中心自成立以来开展了一系列学术活动。第一，在中心成立伊始，每年与多家全国性证券公司以及地方政府联合召开中国上市公司论坛年会。历届论坛以其议题的前沿性、代表的广泛性、信息的准确性、组织的有序性博得广泛赞誉，成为对中国证券市场和上市公司发展产生积极影响的知名学术会议品牌。第二，多次承担了中国社会科学院、经济研究所以及有关单位、地方政府的重大课题研究，先后提交研究报告、学术论文数十篇，其中多篇在国内核心报刊发表，受到同行的普遍关注。第三，从2014年开始，每年撰写一部《中国上市公司蓝皮书：中国上市公司发展报告》。第四，人才队伍建设方面，中心依托中国社会科学院经济研究所，与企业合作成立博士后工作站，共同招收博士后研究人员，为中国上市公司和资本市场研究培养高素质人才。

中国社会科学院上市公司研究中心组织架构

主　　任	张　平
副 主 任	王宏淼　周　济　张　磊　刘煜辉 钱学宁　张　鹏
秘 书 长	周　济　程锦锥
副秘书长	张小溪　杨耀武
研 究 员	陈昌兵　程锦锥　杜丽虹　郭　路　郭　懿 黄胤英　华　丽　冀书鹏　姜昧军　刘煜辉 钱学宁　王宏淼　王进杰　王　习　王亚菲 王子阳　张　磊　张　鹏　张　平　张小溪 张　仙　张自然　仲继银　赵　侠　朱武祥

摘　要

本书认为新冠病毒传染和疫情防控能力的差异导致全球经济复苏的不一致性和全球政策协调的困难。受复苏的不一致性、通货膨胀迹象抬头影响，预计2021年第四季度发达经济体政策会适当收紧，对新兴经济体形成冲击，2021年依然是脆弱复苏的一年。中国经济在率先复苏的基础上保持着稳中求进的发展态势，全年增长预计8.1%。疫情的不确定性、各国复苏进程及政策力度的不一致性进一步导致全球资产市场波动加大，中国A股上市公司2020年的市场创值能力有所降低。但疫情冲击之下，A股上市公司的研发力度仍普遍上升，传统行业也在积极寻求新的发展之路。2021年上半年，随着经济的进一步复苏，上市公司利润明显提升，创新发展沿国家"双循环战略"、"双碳战略"和"数字化转型"等重大方向展开，中国资本市场注册制改革顺利推进，资本市场服务实体经济能力不断提高。

在此宏观背景基础上，从短期看，业绩仍是主导未来市场的关键，但要细化和细究业绩成长之源，我们需要明确业绩成长主要来自高成长还是来自高股息率，前者主要从PEG视角而后者主要集中于从周期或传统行业视角展开。从风格上，我们注重在成长与价值中动态调整，在充分控制风险基础上获得较为稳定的收益。在行业选择上，我们重点关注国家自主创新主战场的硬科技、蓝海市场，同时充分兼顾经济复苏下周期性和前期深度调整下可以适当布局的价值领域。从长远看，主要立足于创新带来的估值提升以及改革开放所带来的增量资金和投资者结构、投资风格的根本转变，通过优质资产的成长促进资本市场的长期健康发展。本报告基于之前形成的五维度价值

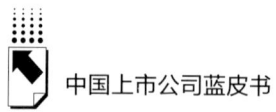

评估模型,并使用公开数据对分行业上市公司进行了评估,筛选了分行业价值较高的主体构成"漂亮100"投资组合,该投资组合回测效果良好,这也提示该组合集聚了中国各行业较为优质的微观主体,是中国宏观经济情势在微观上的反映。

针对2020年房地产行业"三道红线"等重大政策影响,本书还从偿债能力、运营效率、融资能力、成长潜力和规模因素等五个方面对上市房地产企业进行分项评分和综合评分,分析了上市房地产企业的生存矩阵,为了解整个行业潜在风险和指导投资提供了科学根据。2020年对于中国债券市场亦是不平凡的一年,债券违约规模再创近五年新高,高评级的大型国企占比明显升高,中小型房企破产率升高,一些高杠杆、内需依赖度较高的行业,债券违约率较高,而严监管下城投债违约率有所下降。2021年上半年,经济稳步复苏,债券供给节奏放缓,债市利率以春节为分水岭,先升后降。展望下半年,在基本面稳中向好、货币政策保持稳健的背景下,债市利率或呈现区间震荡态势,仍需关注美联储或退出宽松带动全球流动性收紧、通胀持续回升以及国内政策空间受限等利空因素。此外,债券违约风险依然较大,仍需予以重点防范。

本书最后还分析了互联网和数字技术对金融市场的影响。由于最初的股东主义治理滞后于技术进步,金融科技不仅未能充分发挥互联网平台双边市场创造潜力,而且加剧了金融市场不稳定。2007年全球金融危机爆发以后,为了应对股东主义带来的治理缺陷,发达经济体对金融市场发展战略进行了重大调整,开始在世界范围内推广以ESG理念和实践为代表的利益相关者治理,试图弥补金融市场发展在社会资本积累上的短板,重构其本土社会关系,修复相应的新产业和市场创造能力,并由此实现金融市场的可持续发展。因此,中国亟须采用纳入ESG框架下的金融市场发展战略,实现从股东主义向包括股东在内的利益相关者治理发展和完善拓展,运用金融科技重构金融市场,应对发达经济体金融市场发展战略调整带来的冲击。

关键词: 上市公司　债券市场　资本市场　中国经济

目 录

Ⅰ 总报告

B.1 全球复苏的不一致与中国经济的稳中求进
　　——创新转型与深化资本市场改革
　　………………………………………… 杨耀武　张　平 / 001
　一　复苏步伐不一致下的全球经济 …………………………… / 002
　二　2021年中国宏观经济展望 ………………………………… / 006
　三　中国A股上市公司业绩表现 ……………………………… / 012
　四　增强资本市场服务高质量发展能力 ……………………… / 018

Ⅱ 分报告

B.2 中国上市公司价值评估研究 ………………………… 张　鹏 / 021
B.3 在攻坚克难中砥砺前行
　　——2020年至2021年上半年中国债券市场回顾与展望
　　……………………………………………………… 黄胤英 / 086

B.4 裸泳者，退场
　　——2020年地产上市公司综合实力排行榜 ………… 杜丽虹 / 107
B.5 ESG框架下的金融市场和金融科技 ………………… 张　磊 / 171

Ⅲ 附录

B.6 全部A股与港股评估结果 …………………………………… / 191

Abstract ……………………………………………………………… / 313
Contents ……………………………………………………………… / 316

总报告
General Report

B.1
全球复苏的不一致与中国经济的稳中求进

——创新转型与深化资本市场改革

杨耀武 张 平*

摘 要: 2020年至2021年上半年,新冠肺炎疫情蔓延状况成为左右全球经济的关键因素。正是疫情蔓延和防控能力的差异导致全球经济复苏的不一致性和全球政策协调的困难。中国经济从2020年下半年开始全面复苏,而发达经济体在2021年的第二季度开始全面复苏。新兴市场国家巴西、印度、俄罗斯等则仍受疫情困扰,复苏进程缓慢。复苏的不一致性导致各国政策与增长目标的差异,发达经济体采用强刺激政策而供给端恢复慢,已经导致大宗商品价格快速上涨和通货膨胀迹象。预

---

* 杨耀武,中国社会科学院经济研究所博士、中国社会科学院上市公司研究中心研究员;张平,中国社会科学院经济研究所研究员、中国社会科学院上市公司研究中心主任、中国社会科学院大学经济学院教授、博士生导师。

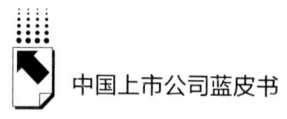

计2021年第四季度发达经济体政策会适当降低刺激力度或收紧，而这对新兴市场国家又会有所冲击。总体来看，2021年依然是脆弱复苏的一年。中国经济在率先复苏的基础上保持着"稳中求进"的发展态势，货币财政政策都趋向于"正常化"目标而不是强刺激，全年增长预计8.1%，在稳定经济的同时积极调结构和推进高水平对外开放，为后续发展留有政策激励空间。疫情的不确定性、各国复苏进程及政策力度的不一致性导致全球资产市场波动加大。在此背景下，中国A股上市公司2020年的市场创值能力明显下降，但在财政、金融等领域多项救助措施实施的背景下，A股上市公司的净资产收益率（ROE）下降幅度有所缩小。疫情冲击之下，A股上市公司的研发力度仍普遍上升，传统行业也在积极寻求新的发展之路。2021年上半年随着经济的进一步复苏，上市公司利润明显提升，创新发展沿国家"双循环战略"、"双碳战略"和"数字化转型"等方向展开，高端芯片、AI、自主软件、网络安全、绿色能源、生物医药和供应链安全等领域成为主攻方向。中国资本市场注册制改革试点取得积极进展，包容性和适应性得到拓展。未来应继续坚持市场化、法治化、国际化的方向，深化资本市场改革，稳步推进全市场注册制、强化金融监管、积极促进ESG投资和绿色金融发展，不断提高资本市场服务实体经济能力。

关键词： 上市公司　资本市场　中国经济

一　复苏步伐不一致下的全球经济

（一）世界各经济体复苏步伐不一致

随着人们恐惧心理的消退以及一些国家救助措施的实施和疫苗接种的推

进，全球经济整体处于持续复苏进程。国际货币基金组织（IMF）和世界银行，自2020年第二季度以来，已数次调降了2020年全球经济收缩程度并调高了2021年的全球经济增速预期。从2020年初至今全球各经济体复苏浪潮推进的先后顺序来看，中国无疑位于潮头，美英紧随其后，然后是欧洲大陆、日本等国家和地区，位于潮尾的则是印度、巴西等新兴和发展中经济体。

中国在疫情发生初期就采取了强有力的防控措施，成功控制住了疫情，国内复工复产在2020年第二季度快速推进，GDP在经历了2020年第一季度-6.8%的收缩后，第二季度便由负转正，全年经济实现了2.3%的增长，成为全球唯一实现正增长的主要经济体。2020年由于疫情的持续蔓延，美欧等国家和地区经济出现深度萎缩，其中美国GDP下降3.5%，欧盟GDP下降6.1%。进入2021年，发达国家中，随着美英等国疫苗的大范围接种，其国内疫情得到缓解，经济复苏步伐加快，而欧洲大陆的一些国家由于疫苗推进速度较慢，遭受了第三波疫情的袭扰，经济复苏步伐放缓；一些新兴和发展中经济体，如印度、巴西等国2021年3月后出现了疫情的急剧恶化，经济复苏步伐再次放缓。2021年预计中国经济增长8.1%，在稳定经济的同时，中国正积极调整结构和推进高水平对外开放，为后续发展留下政策激励空间。

（二）复苏步伐差异对国际贸易的影响

从供给端的恢复状况看，中国工业生产率先恢复。随着海外疫情持续蔓延对医疗防疫物品需求激增，叠加一些发达经济体对居民实行大规模现金救助，在其服务业恢复停滞、工业生产恢复缓慢的情况下，中国经济的率先复苏，特别是工业产能的及时修复有效地缓解了疫情对全球供给端的冲击，为全球物价的相对稳定和宽松货币政策实施创造了有利条件。在全球贸易明显萎缩的情况下，中国出口从2020年第二季度开始，出现了逆势增长，在全球贸易中的份额明显提升。

随着复苏进程的推进，美国等发达国家的服务业复苏步伐开始加快，前期过高的商品消费占比将会下降，实现向服务消费的转移。5月，美国供应链管理协会（ISM）非制造业PMI高达64.0；4月，欧元区服务业PMI录得50.5，进入扩张区间，5月继续攀升到55.2。从美国个人消费支出中的各分项来看，2020年服务消费占比为67.1%（见图1），较疫情前三年的平均水平低1.7个百分点；而2020年的耐用品消费支出则在个人消费总支出同比降低2.7%的情况下，提高了5.5%，其占个人消费总支出的比重较疫情前三年的平均水平高出0.9个百分点。由于耐用品消费一般具有周期性，前期耐用品消费的提高可能会透支未来的消费。同时，目前美欧日等发达国家和地区工业生产指数已经差不多恢复到疫情前水平（见图2）。叠加2020年下半年的高基数，下半年中国出口的增速可能会明显回落。

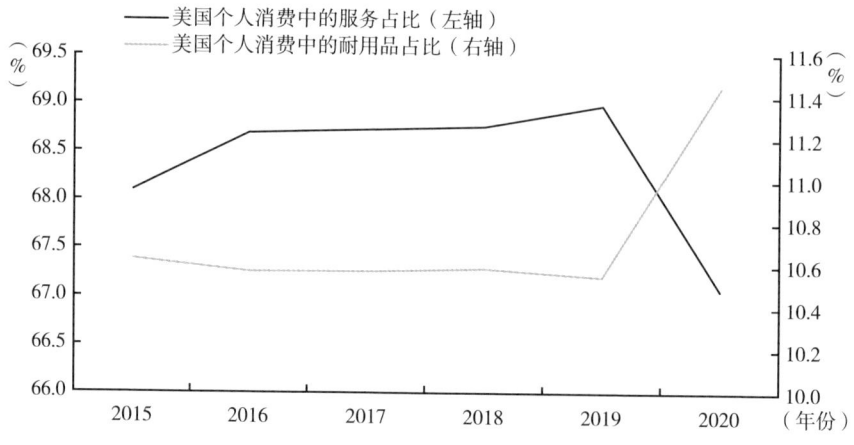

图1　2015~2020年美国个人消费支出中的服务与耐用品消费占比

2020年的全球疫情持续蔓延也引发了对全球供应链安全的大讨论，效率和安全成了新的供应链目标，引起供应链区域分工的重新调整，对中国的影响仍待评估。中美贸易冲突依然没有缓解，这也对中国的供应链安全敲响了警钟，中国以更高水平开放应对国际冲击，"双循环战略" 2021年为起步年，意味着国内结构性调整要迈出更加坚实的步伐。

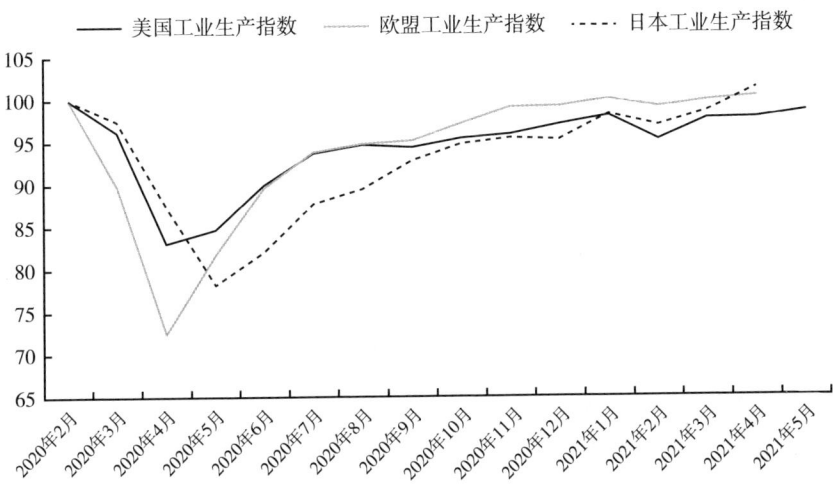

图2 美欧日新冠肺炎疫情暴发以来的工业生产恢复情况（2020年2月=100）

（三）全球经济政策的不一致性

面对疫情，各国都采取了非常规的宏观稳定政策，中国的中小企业救助政策有效地缓解了2020年的经济下滑，积极财政政策则为2020年的经济复苏提供了支撑。2021年，中国货币政策率先走向正常，M2增速从2020年6月的11.1%逐步减速到2021年5月的8.3%，2021年预计增长8.1%，名义GDP预计则在10%左右的水平。2021年M2增速预计将低于名义GDP增速，货币政策有所收紧。作为活跃性指标的M1，2021年5月增速减缓到6.1%，企业融资综合成本仍维持在较高位。中国货币政策趋于正常化，总体处于正常偏紧。2021年6月，美联储议息会议释放的政策信号显示，降低量化宽松购买量可能要等到第三季度末，2021年提高利率的概率在加大。拜登上台后，美国不断推出庞大的财政刺激方案，救助计划1.9万亿元，就业计划2.3万亿元，家庭计划1.8万亿元。欧洲和日本货币宽松政策预计将比美国延续更长时间。新兴市场国家由于疫情控制难度依然较大，仍然以复苏为基调。预计在全球原材料价格上涨的情况下，巴西等资源国家会较快复

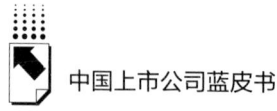

苏，但美国经济持续复苏后的政策正常化也可能对新兴市场国家形成冲击。

在经历了2020年的疫情冲击之后，全球经济数字化和绿色发展双转型加快，各国都面临新的机遇与挑战，新的基础设施投资刺激也主要集中在数字化和绿色能源等领域，可能为这一轮经济复苏打下了基础。

二 2021年中国宏观经济展望

2021年第一季度，受上年同期低基数以及境内疫情零星散发、寒冬和就地过年等因素的共同影响，中国经济实现了同比18.3%的增长，环比增长0.6%。从需求方面看，第一季度国内最终消费复苏总体偏弱。从三大需求对GDP增长的拉动作用来看，第一季度，最终消费需求、资本形成、货物和服务净出口对GDP增长的贡献率分别为63.4%、24.5%和12.2%，已基本恢复到疫情前年份的水平，消费发挥了拉动经济增长的基础性作用。在政策逐步走向正常化的情况下，经济增长的内生动力强弱将成为决定经济恢复快慢的关键性因素。随着疫情防控的更加精准有效，国内服务业活动整体正在实现更加充分的修复，叠加出口增速将逐步放缓，中国经济复苏进程应步入下半场，实现工业和服务业更加均衡的复苏。

（一）2021年下半年经济走势

1. 2021年预计中国经济增长8.1%

从最近几个月三大需求的变化来看，服务业消费因复苏空间较大，复苏步伐加快，制造业因前期利润增长影响，投资增速有所加快，而基建投资和房地产投资增速放缓，带动固定资产投资5月较4月出现下降，而对外出口受发达国家复苏向服务业延伸以及上年基数影响，增速出现回落。5月社会消费品零售总额近两年平均实际增速为4.5%，比4月提高0.2个百分点；其中餐饮消费近两年平均增长1.4%，较4月提高1.0个百分点，增速修复较快，但较2019年月均7.9%的增速尚有很大上升空间。国内民航、铁路客运量也处在较快恢复进程中。国内航线旅客运输量，3月略超2019年同期水平，4月增幅进一步扩大，两年平均增长4.1%；铁路客运量，3月较2019年同期低12.5%，两年平均增长-6.5%，4月、5月两年平均增速分别为-4.0%、-2.3%，降幅逐步收窄。随着境内零星散发疫情得到进一步控制，未来出行人数有望继续增加，从而带动商务活动和旅游业收入的增长。

固定资产投资方面，5月全国固定资产投资增速近两年平均为4.7%，较4月回落1.0个百分点；其中，基建投资3月两年平均增速为5.8%，4月、5月分别下降至3.8%、3.4%，房地产投资4月两年平均增速为10.3%，5月回落到9.0%，制造业投资在出口和利润增长较快的推动下，2月以来两年平均增速持续提升，4月由负转正为3.4%，5月继续小幅提升到3.7%（见图3）。

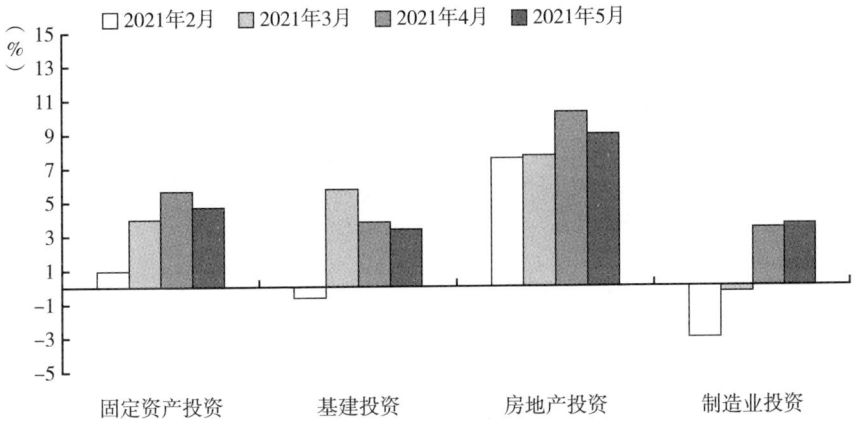

图3 2021年2月至5月固定资产及各分项两年平均投资增速

注：2021年2月为1~2月累计值，以消除春节的影响。

对外贸易方面，中国外贸进出口仍处在较快增长区间，但随着发达国家复苏向服务业延伸，近期出口增速有所走缓，叠加国际大宗商品价格上涨影响，贸易顺差已现收窄。1~5月，出口金额累计同比增长40.2%，两年平均增速13.6%，较第一季度提高0.2个百分点；1~5月，进口金额累计同比增长35.6%，两年平均增速11.5%。逐月来看，

5月中国出口两年平均增长11.1%，较4月回落5.7个百分点。随着海外复苏向服务业延伸，5月PMI新出口订单指数降为48.3，较4月下降2.1个百分点，已落入收缩区间。因国际大宗商品价格上涨等因素影响，5月进口较2019年同期增长26.4%，两年平均增速12.4%，比4月提高1.7个百分点。5月，贸易顺差为455.4亿美元，同比下降26.5%，跌幅较4月加大。

综合各方面因素，我们预计，如果疫情不发生大的反弹，2021年下半年GDP环比增速将恢复到疫情前正常年景时较为稳定的水平，但低于2019年，第三季度同比增速在5.5%左右，第四季度同比增长在4.0%左右，两年平均增速第三、四季度均在5.2%左右（见表1）；全年增速在8.1%左右，两年平均增为5.2%。世界银行和国际货币基金组织（IMF）对中国经济2021年增速的最新预测分别为8.5%、8.4%。

表1　2016~2021年GDP增速及预测值

单位：%

时间	2016年环比	2017年环比	2018年环比	2019年环比	2020年环比	2021年环比	2021年环比折年	2021年同比	2021年各季翘尾	2021年累计同比	两年平均增速
第一季度	1.6	1.8	2.0	2.0	-9.7	0.6	2.4	18.3	17.9	18.3	5.0
第二季度	1.8	1.8	1.6	1.2	11.6	1.1*	4.5*	7.4*	5.7	12.3*	5.3*
第三季度	1.7	1.6	1.3	1.2	3.0	1.1*	4.5*	5.5*	2.6	9.8*	5.2*
第四季度	1.6	1.5	1.3	1.2	2.6	1.1*	4.5*	4.0*	0	8.1*	5.2*

注：2021年后三个季度环比增速按2019年环比水平下降0.1的水平假设，而后的*代表预测值。

2. CPI和PPI分叉，难通胀，预计全年CPI依然控制在1.5%以内

近期受国际原油、铁矿石、有色金属价格走高和国内供给面政策变化等影响，PPI同比增速自1月以来，持续走高，5月同比增速高达9.0%，创2008年7月以来的新高，扣除翘尾因素影响，2021年新涨价因素贡献了6.2个百分点（见图4）。CPI在猪周期和终端消费需求恢复相对较缓的背景下，环比增速自3月以来持续为负，其中食品价格环比下降较快，非

食品价格连续3个月维持0.2%的小幅上涨态势，上游原材料价格上涨还很难向下游传导。预计，下半年随着发达国家居民出行增加和"绿色复苏"的推进，定价权主要集中在海外的原油和有色金属价格可能仍会上涨，从而带动PPI环比增速的继续上行，但是考虑到PPI翘尾因素对同比涨幅的贡献已在5月触及2.8%年内顶峰，后续将逐月下降，因此对PPI同比上升也会形成一定的制约（见图5）。CPI食品项，受猪周期影响，年内环比有可能进一步下行，而非食品项会继续维持较为温和的环比增长，在翘尾因素即将在6月触及1.0%年内顶峰的情况下，CPI下半年月度同比增速应该会维持在1.5%左右的低位水平波动。PPI与CPI剪刀差的持续存在将对上中下游企业盈利产生较大的影响。

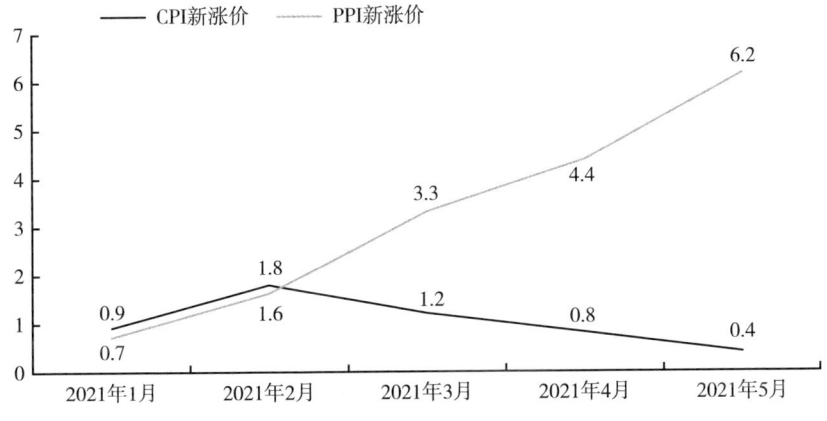

图4　2021年1~5月新涨价因素对物价的影响

3. 预计汇率以6.5%为中枢，左右窄幅波动

欧洲和美国PMI超过60，复苏特征明显，2021年6月的美联储议息会议结果显示，美联储对经济增速和通胀提升的预期明显增强，但也包含政策收紧预期。未来一段时间美元指数有可能进一步走强，下半年人民币单边升值压力将明显缓解，但中国出口强劲、中美十年期国债利差均值仍在高位等都支持人民币保持稳定，汇率可能再次转向双向波动，预计以6.5为中枢左右窄幅波动（见图6）。

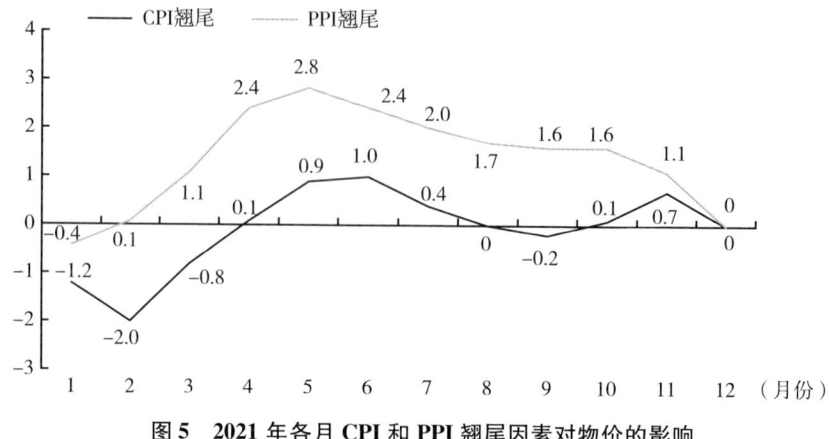

图 5　2021 年各月 CPI 和 PPI 翘尾因素对物价的影响

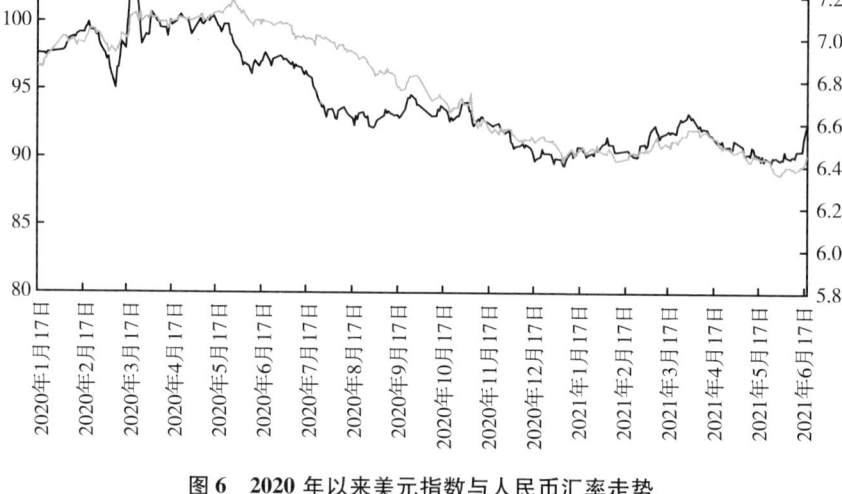

图 6　2020 年以来美元指数与人民币汇率走势

（二）上市公司业绩与宏观经济走势的高度一致性

目前，中国 A 股上市公司已经超过 4300 家，随着一批代表未来发展方向的高新技术企业登录科创板和创业板，A 股上市公司的代表性进一步增强，其经营情况直接影响整个国民经济质量，构成了整个宏观经济的重要微观基础。从 A 股上市公司经营业绩来看，2020 年第一季度至 2021 年第一季度，全部 A 股上市公司的营业总收入和归母净利润累计同比与 GDP 累计同比走势亦步亦趋，总体呈现 2020 年第一季度快速深度下探、2020 年第二至第四季度较快复苏、2021 年同比快速增长的态势（见图 7）。

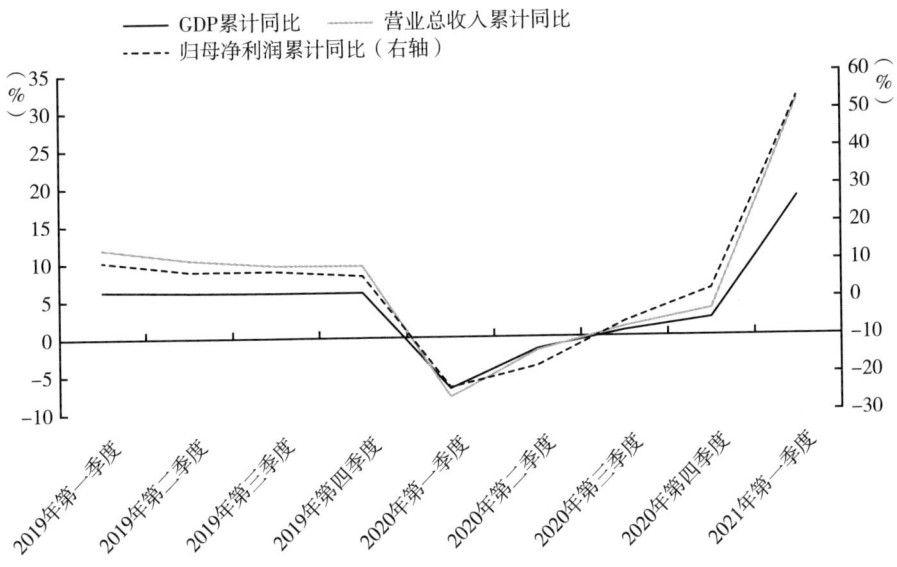

图 7　2020 年至 2021 年第一季度 A 股上市公司经营业绩与中国 GDP 季度累计同比增速

自 2020 年第二季度以来，包括原油、有色金属、铁矿石等在内的国际大宗商品价格总体出现持续较快上涨，带动国内原材料和上游工业品价格的上涨。国内 PPI 环比涨幅 2020 年 6 月以来由负转正，2020 年 12 月环比涨幅为 1.1%，2021 年 3 月和 5 月高达 1.6%；CPI 则由于国内终端消费需求仍偏弱，维持在低位波动，其中非食品 CPI 环比涨幅 2020 年 3 月至 2021 年 5 月始终维持在 -0.4%~0.4%。PPI 与 CPI 之间的剪刀差扩大，使位于产业链不同环节的企业利润出现分化，这一现象在 2016~2017 年 A 股上市公司业绩以及股价涨幅中已有所体现。

从工业行业A股上市公司上中下游2019年第一季度至2021年第一季度的利润走势来看,虽然上中下游公司自2020年第二季度利润都出现较快修复,但修复速度存在明显差异。2021年第一季度,工业行业上中下游上市公司利润近两年平均增速分别为34.2%、21.8%和6.9%,呈现上游好于中游、中游好于下游的局面(见表2)。上中下游上市公司业绩差异,在A股市场较为具有代表性指数的相对涨跌幅度中也有所体现。以中证上游、中游、下游指数为例,2020年6月30日至2021年6月25日,中证上游、中游、下游指数收盘价分别上涨了57.8%、35.5%和24.6%,同样呈现上游高于中游、中游高于下游的特点。

表2　2020年至2021年第一季度工业行业A股上市公司分上中下游利润增加情况

单位：%

时间	2020年第一季度	2020年上半年	2020年前三季度	2020年全年	2021年第一季度
上游行业	-121.1	-69.5	-30.0	-11.6	34.2
中游行业	-33.7	1.0	2.5	17.4	21.8
下游行业	-48.8	-15.3	-1.5	0.5	6.9

注：2021年第一季度利润增长为以2019年第一季度为基期的两年几何平均增长率。

三　中国A股上市公司业绩表现

国内外的宏观经济环境和政策走向会影响上市公司业绩表现,同时上市公司的价值创造和成长能力也反映了宏观经济基本面的情况。在新冠肺炎疫情的巨大冲击下,不同行业公司遭受的影响程度存在很大差异,复苏的步伐也存在较大不同。疫情之下,服务业特别是需要人员密切接触的服务业因疫情防控需要长时间处于暂停营业或限制上座率的状态,而很多工业部门则由于全球疫情防控物资、居家办公和物质消费对服务消费的替代作用出现了较快且充分的复苏。

（一）A 股上市公司价值来源与价值创造

以上市公司净资产收益率（ROE）为核心，利用各主要财务比率之间的内在关系，可以对企业财务状况和盈利能力进行综合评价。中国 A 股上市公司受到资本市场制度不完善等因素影响，企业期间费用波动和税负调整成为影响企业净利润的重要因素。2020 年，受新冠肺炎疫情冲击，中国 A 股上市公司的总体市场创值能力受损。在疫情发生之后，中国各级政府采取了迅速有力的措施，为企业提供支持，减轻企业负担。中央政府针对疫情防控采取了直接性的财政和税收优惠政策，包括各级财政直接对疫情防控进行财政性支持。很多地方政府也陆续发布了地区性的救济措施，积极与金融部门协调，保障对相关企业不抽贷、不断贷、不压贷政策的落实，部分地方政府提出降低企业成本，保障中小企业信贷存量不低于 2019 年。同时，央行也为市场注入了流动性，促进市场流动性的合理充裕，贷款市场报价利率（LPR）1 年期和 5 年期，从 2020 年 1 月 20 日的 4.15%、4.80% 经两次下跌，2020 年 4 月 20 日分别为 3.85% 和 4.65% 并维持至今，下跌幅度分别为 30BP 和 15BP。在此背景下，利用杜邦财务分析框架对净资产收益率进行分解，还原公司的息税前利润，这样可以综合分析疫情对企业市场创值能力的影响，以及公司融资成本和税负负担对企业价值创造能力的影响。具体公式如下：

$$ROE = \left(\frac{EBIT}{营业收入} \times \frac{营业收入}{总资产} - \frac{利息支出}{总资产}\right) \times \frac{总资产}{所有者权益} \times (1 - 税率)$$

上式中，营运利润率中息税前利润使用净利润、财务费用与所得税之和衡量，营运利润率和传统杜邦分析中销售净利润的区别主要在于财务费用和所得税。利息支出与总资产之比可以在一定程度上代表公司的借贷成本，但现实中通常用负债或有息负债来代替总资产，这样可以更为准确地反映上市公司的实际融资成本。

中国上市公司的收益率差异在行业间表现得很明显，特别是金融与非金融上市公司间，直接分析可能难以反映实体经济运行情况。为了降低行业间差异的影响，我们使用申万证券行业分类标准将上市公司房地产、银行和非银金融上市公司去除，并删除ST类股票，具体结果如表3所示。从中可以看出，在新冠肺炎疫情的冲击之下，2020年A股上市公司净资产收益率（ROE）和总资产收益率（ROA）在2019年较低的基础上，又有所下降。

表3 2009~2020年非金融上市公司杜邦分析（剔除房地产、金融及ST股票）

年份	ROE^a	ROE^b	ROA^a	ROA^b	营运利润率	总资产周转率	财务费用比	权益乘数	实际税率
2009	0.090	0.079	0.039	0.034	0.077	0.760	0.009	2.307	0.225
2010	0.112	0.104	0.049	0.045	0.082	0.863	0.008	2.285	0.213
2011	0.103	0.093	0.044	0.039	0.072	0.903	0.009	2.357	0.228
2012	0.082	0.070	0.034	0.029	0.064	0.860	0.011	2.414	0.241
2013	0.085	0.072	0.035	0.030	0.066	0.838	0.010	2.444	0.232
2014	0.077	0.065	0.032	0.027	0.067	0.782	0.011	2.427	0.235
2015	0.058	0.043	0.025	0.018	0.066	0.669	0.011	2.356	0.252
2016	0.064	0.052	0.027	0.022	0.069	0.637	0.009	2.333	0.234
2017	0.080	0.067	0.035	0.029	0.077	0.693	0.009	2.285	0.209
2018	0.075	0.063	0.033	0.027	0.072	0.722	0.009	2.298	0.235
2019	0.071	0.058	0.031	0.025	0.069	0.711	0.009	2.305	0.228
2020	0.067	0.052	0.030	0.023	0.070	0.660	0.008	2.263	0.213

注：净资产收益率a、净资产收益率b和总资产收益率a、总资产收益率b中a与b的区别是：a分子为净利润，b分子为扣除非经常性损益后的净利润。

根据ROE分解公式，可以看出2020年A股非金融上市公司的总体市场创值能力（营运利润率×总资产周转率）较2019年下降了近30个BP，但影响公司创造能力的主要是总资产周转率的下降，这反映了疫情冲击之下，企业停工停产的影响。疫情发生后，中国各级政府采取了一系列救助措施，降低企业的实际税率；同时，金融让利也降低了企业的融资成本，非金融上市公司的财务费用较2019年下降了10个BP，实际融资成本降低了38个BP。这有效地缓解了疫情对公司ROA和ROE的影响。如果A股非金融上市公司的实际税率和财务费用比维持在2019年的水平，并保持其他条件不变的话，那么ROE会比实际情况低约20个BP。

（二）不同行业公司受疫情的异质性冲击及复苏的非同步性

2020年第一季度疫情发生之初，餐饮娱乐、交通运输、商业贸易等需要人员密切接触的服务行业因客流量大幅下降而受到较大冲击，同时采掘、有色金属、汽车等由于消费下降也受损较为严重。但由于居家办公、疫情防控物资需求增大等，农林牧渔、食品、医药生物等行业受到的冲击较小，农林牧渔行业甚至出现逆势上扬，还有一些较难受到疫情影响的行业，如国防军工、银行业等也保持较快的增长。第二季度，随着境内疫情防控取得重大战略成果，国内复工复产全面加速，基建投资增速加快，海外对中国抗疫物资和居家办公产品需求增大，同时原油、有色金属等国际大宗商品价格从2020年3月的低位较快上涨，带动了国内有色金属、通信、化工、计算机、汽车、采掘、机械设备、医药生物等行业的较快复苏。进入2021年，在国内工业复苏已经较为充分且疫情防控更加精准有效的情况下，在还有较大复苏空间的情况下，服务业复苏的步伐开始加快，餐饮娱乐、交通运输、商业贸易等行业复苏加快。在部分国际大众商品价格持续上涨的情况下，采掘、钢铁等行业利润快速增长。

为表示A股上市公司各行业所受疫情冲击及复苏状况，图8分别列出了2020年第一季度各行业上市公司利润增长、2020年全年利润增长的情况。为呈现2021年来各行业复苏的差异，我们用2021年第一季度相对于2019年同期的两年平均增速与2020年增速之差来加以表示。从图8中可以看出，代表餐饮旅游内容的休闲服务、采掘、纺织服装、钢铁等行业2021年以来复苏或利润继续增长较快。

这些行业的利润增长，也会在一定程度上反映在公司的股价中。从各行业具有代表性的指数来看，在2021年以来复苏加快的行业中，休闲服务、采掘、纺织服装、钢铁、轻工制造、交通运输行业，各自对应的申万指数在2021年初至2021年6月25日的收盘价涨幅，分别为1.8%、21.1%、6.5%、24.2%、5.6%和2.6%，超过同期沪深300指数-0.5%的涨幅。在2021年以来复苏放缓的行业中，通信、计算机、房地产、非银金融和食品饮料行业，

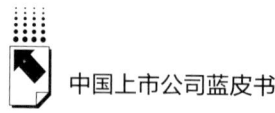

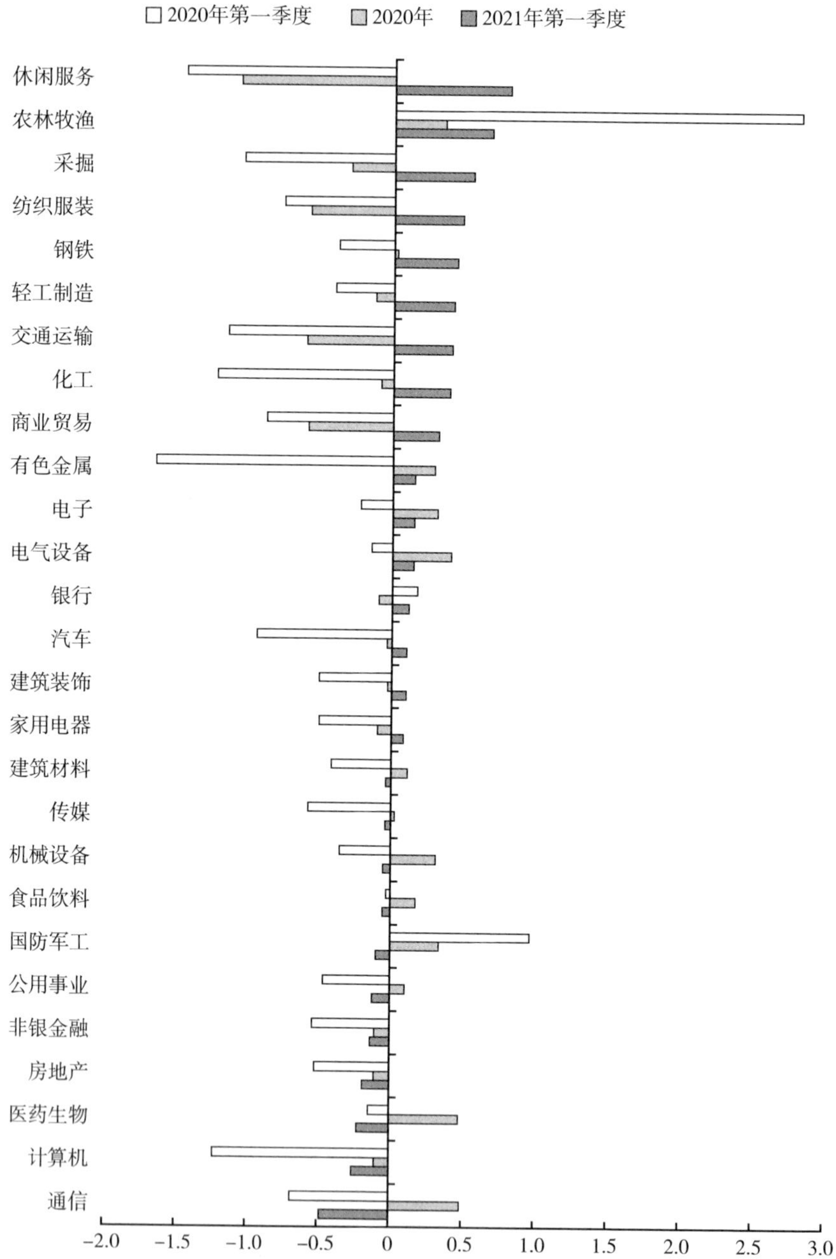

图8 A股上市公司2020年第一季度至2021年第一季度各行业利润增长情况

注：2021年第一季度利润增速为近两年平均增速与2020年利润增速之差。

各自对应的申万指数在同期的涨幅,分别为-7.1%、-4.2%、-4.8%、-12.5%和-1.2%,跌幅均超过沪深300指数。

随着中国经济复苏进入下半场,服务业可能得到进一步修复,叠加海外消费中物质消费对服务消费替代作用的减弱,下半年中国服务业与工业有望实现更加均衡的复苏。这些结构性变化对各板块的影响仍值得继续观察。

(三)疫情冲击之下的上市公司转型之路

中国A股上市公司不仅包含传统产业部门的上市公司,也包含代表未来发展方向的新兴产业上市公司。随着科创板在2019年6月开板,2020年8月创业板改革并试点注册制也正式落地,更多创新型企业陆续进入A股市场。疫情冲击之下,一些传统产业也在寻求新的突破。与传统产业上市公司相比,新兴产业上市公司在研发投入、成长性等方面表现出不同的特征。

高研发投入是保持和提高公司和产品竞争力、实现经济由规模扩张向创新驱动增长的必由之路。根据上市公司披露的2020年年报,与疫情之前的2019年相比,除商业贸易行业研发费用与营业总收入之比有所下降外,其余行业研发强度都保持了正增长。在各行业研发强度排序方面,除国防军工超过电气设备位列第5外,其他行业排序没有改变(见图9)。

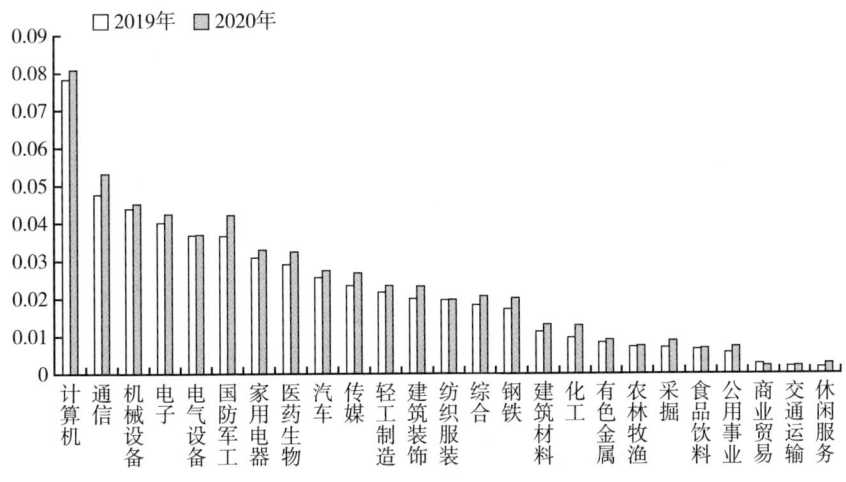

图9　2019年和2020年上市公司研发费用与营业收入之比

从 A 股上市公司平均工资增长来看，虽然受到疫情冲击的影响，但通信、交通运输、医药生物、国防军工等行业依然维持了较快的工资增长率，而一些传统行业，如钢铁、采掘、建筑装饰，以及休闲服务、商业贸易等受疫情冲击比较严重的服务性行业，人员平均工资增速大幅放缓或转为下降（见图10）。

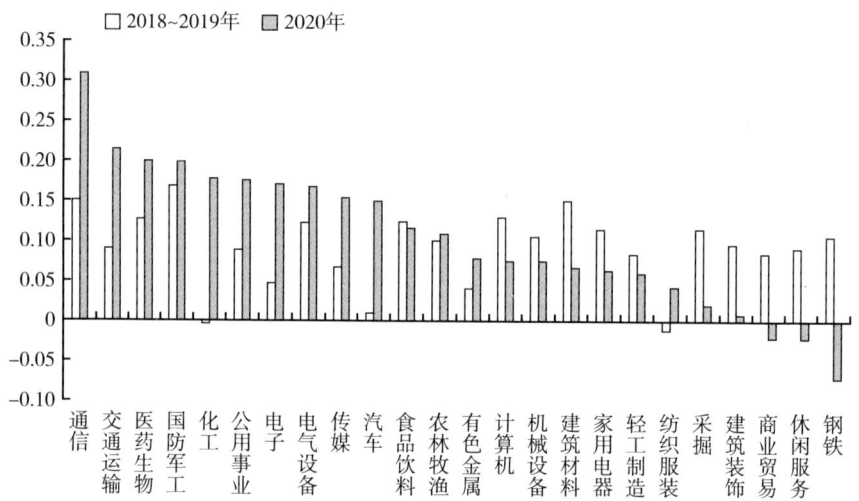

图 10　2018~2020 年 A 股各行业上市公司工资增长情况

注：2018~2019 年行业工资增速为两年工资增速的几何平均数。

从各行业资本性支出来看，疫情冲击之下，大多数行业投资都非常谨慎，汽车、休闲服务、采掘、商业贸易、传媒、纺织服装等行业投资明显放缓。农林牧渔行业利润 2020 年实现了逆势增长，投资在前两年较快增长的基础上，继续快速增长，表明产业正在向资本更加密集的方向转变；公用事业因基建投资等稳增长的需要增速也较快（见图11）。

四　增强资本市场服务高质量发展能力

近年来，中国资本市场在坚持市场化、法治化、国际化方向的基础上，推出了很多具体举措。2019 年 6 月，科创板在上海证券交易所正式开板，

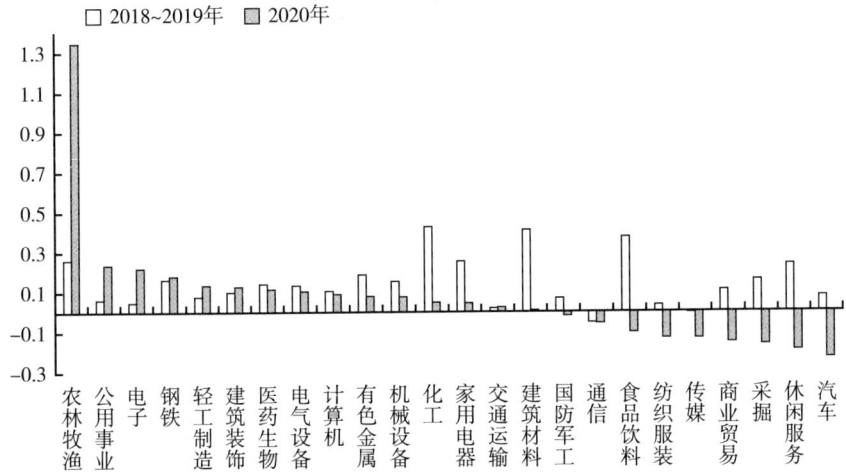

图 11　2018～2020 年 A 股各行业上市公司资本性支出增长情况

注：2018～2019 年行业工资增速为两年工资增速的几何平均。

2020 年 8 月，深圳证券交易所的创业板改革并试点注册制顺利落地。自设立科创板并试点注册制、创业板改革并试点注册制以来，已有 435 家科技类企业上市融资，募资额超 4800 亿元。中国 A 股上市公司结构明显改善，科技、医药、消费、新能源等行业的市值合计占比显著提升。同时，依法从严打击证券违法活动正在积极推进。新《证券法》和《刑法修正案（十一）》2020 年 3 月 1 日开始实施，大幅加大了对证券违法行为的处罚力度，强化了证券期货违法犯罪的"行刑衔接"。在立足新发展阶段、贯彻新发展理念、服务新发展格局过程中，应继续坚持市场化、法治化、国际化的方向深入资本市场改革，着力提升资本市场服务高质量发展能力。

一是坚持注册制改革不动摇。自科创板和创业板试点注册制以来，市场运行总体平稳，融资功能进一步完善。注册制的改革方向，不能因市场的一时涨跌而动摇，不能因惯性思维而否定注册制改革总体较为成功的事实。在坚持以信息披露为核心的基础上，应充分由市场自主形成合理价格，从而发挥市场在资源配置中的决定性作用。应及时做好注册制试点总结评估和改进优化，加强投资者合法权益保护，完善退市制度。

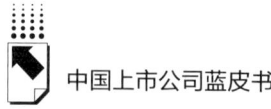

二是依法加大对证券违法行为的打击力度。加大对欺诈发行、财务造假等行为的打击力度，是维护资本市场规则的必要基础，也是市场形成合理定价的重要条件。加快修订证券期货犯罪案件刑事立案追诉标准，出台欺诈发行股票责令回购等配套制度，推动期货法立法。加强对中介机构的日常监管，强化中介机构责任。

三是支持绿色发展。为实现2030年前"碳达峰"和2060年前"碳中和"的目标，资本市场应继续支持符合条件的绿色企业融资，大力发展绿色债券市场，积极促进ESG投资。支持有利于生态环保和环境治理行业的企业发行上市，细化绿色债券支持项目目录。以环境信息披露为抓手，继续提升上市公司环境信息透明度，加强ESG评价体系建设。促进ESG投资，有效利用市场化手段，加快将企业利润最大化造成的社会成本内部化为企业的成本，引导企业主动保护环境、增强社会责任意识。

分 报 告
Topical Reports

B.2
中国上市公司价值评估研究

张 鹏*

摘　要： 虽然疫情对外部市场冲击还仍有较大不确定性，但国内经济整体处于复苏轨道，上市公司短期成长变量和资本市场改革开放这一长期变量共同托起市场变化永恒变量。从短期看，业绩仍是主导未来市场的关键，但要细化和细究业绩成长之源，我们需要明确业绩成长主要来自高成长还是来自高股息率，前者主要从PEG视角而后者主要集中于从周期或传统行业展开。从风格上，我们注重在成长与价值中动态调整，在充分控制风险基础上获得较为稳定的收益。在行业选择上，我们重点关注国家自主创新主战场的硬科技、蓝海市场，同时充分兼顾经济复苏下周期性和前期深度调整下可以适当布局的价值领域。从长远看，主要立足于创新带来的估值提升

---

* 张鹏，中国社会科学院经济研究所副研究员、中国社会科学院上市公司研究中心副主任、中国社会科学院大学经济学院副教授。

以及改革开放所带来的增量资金和投资者结构、投资风格的根本转变，通过优质资产的成长促进资本市场的长期健康发展。基于此背景，本报告在2020年价值评估模型的基础上，更加完善细化和加入、更新多维度的衡量指标，最终形成财务状况、估值与成长性、创值能力、公司治理、创新与研发等五维度的价值评估模型，充分兼顾行业差异性和公司异质性特征，并使用2016~2020年年报公开数据对中国A股和港股分行业上市公司进行了评估与综合排名，筛选出分行业价值较高的上市公司，构成"漂亮100"投资组合，该投资组合回测效果良好，组合在经风险调整后收益较高，这也提示该组合集聚了中国各行业较为优质的微观主体，是中国宏观经济情势在微观上的反映。

关键词： 上市公司　价值评估　业绩成长　公司治理　漂亮100

一　引言

我们对上市公司价值评估主要基于修正的绝对价值法。如公式（1）所示，其中 PV 代表公司价值，g 代表公司净利润增长率，α 代表分红率（股息率），r 代表综合资本化率，主要包括无风险利率 r_f 和股票风险溢价 ERP，后者也代表了投资者对股票的风险偏好。这一公式说明：第一，上市公司价值增长不仅取决于业绩增长 E，还取决于股息率 α，这与传统绝对价值法仅仅取决于 E 有显著差别。具体而言，对于传统性、周期性行业而言，行业自身成长"天花板"显现，业绩 E 增长虽无较大突破，但业绩总体而言保持稳定，这也就意味着上市公司特别是行业中头部或龙头上市公司价值成长主要来自股息率 α；同时，对于处于成长赛道的行业而言，上市公司虽然净

利润 E 保持较高增长，但行业增长还有巨大空间，蓝海市场效应明显，行业发展需要扩大再生产规模，导致的结果就是股息率 α 较低而净利润 E 增长较快。当然，现实中也有部分公司股息率和业绩增长同时较快，特别是农林牧渔、家电、食品饮料等消费品领域，这样的标的既具备未来较长时期内业绩较快增长的情景，更符合较高股息率、确定性溢价较高的场景，理论上具备较高的投资价值。第二，上市公司价值还取决于无风险利率与风险偏好。这主要与宏观环境相关，虽然我国率先控制疫情并同步推进疫情防控与经济社会发展相向而行，但受国际环境和资本市场改革开放等因素影响，未来无风险利率与风险偏好变化与多方面因素直接相关。

$$PV = \sum_{t=1}^{\infty} \frac{(1+g)^t \alpha E}{(1+r)^t} = \sum_{t=1}^{\infty} \frac{(1+g)^t \alpha E}{(1+r_{rf}+ERP)^t} = \frac{(1+g)\alpha E}{r_{rf}+ERP-g} \qquad (1)$$

一方面，短期来看，疫情发展复杂性和疫苗效果可验证性，使发达国家疫情总体上控制较为成功但反复性和差异性较为明显，这也就使疫情期间极度宽松货币政策面临转向，未来无风险利率在震荡波动中前进（见图1），利率边际上行趋势较大，叠加通胀压力维持高位，必然导致估值下降。股票风险偏好在2月初达到最低后掉头向上，风险溢价在2月初后显著上升，5月后风险偏好又回到上升轨道，从图2可知，Wind全A指数与股权风险溢价呈现显著的负相关关系，风险偏好上升一般对应着股价指数的回升，而风险偏好的下降也大概率对应指数的下降，因此，5月以来随着风险偏好的缓慢上升，全A指数在震荡中重回上升轨迹。另一方面，长期而言，发达国家经验表明人口老龄化冲击使实际利率一直处于下降通道，无风险利率中枢长期下行趋势必然带来股市估值提升。同时，中国经济在疫情冲击下表现出了强大韧性，经济长期向好的基本面没有改变，我国资本市场改革开放步伐永不停歇，险资、公募基金和国外机构投资者所占比重持续扩大，上述长期趋势进一步提高风险偏好，降低风险溢价，中国市场优质资产和核心资产必然成为广大投资者追逐的对象，这也间接推动中国上市公司将发展重心向创新转型并更加重视公司治理结构完善。

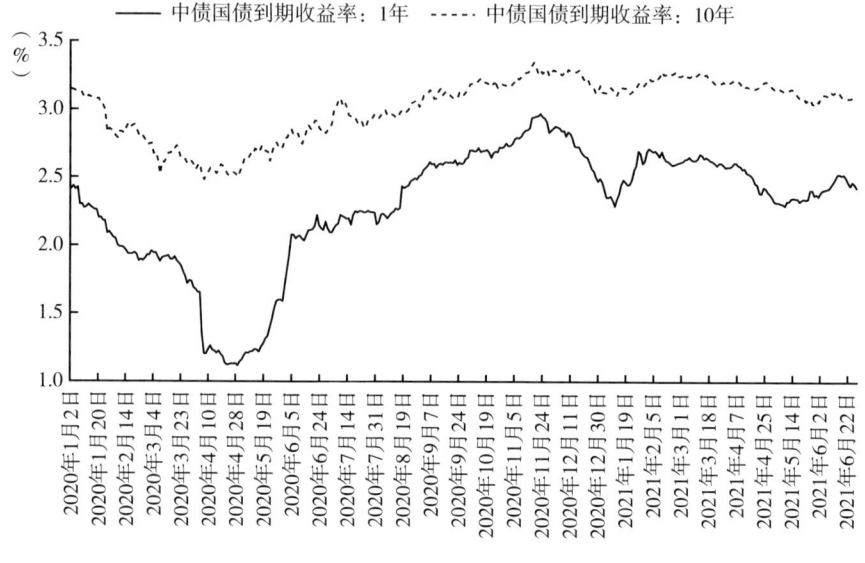

图1　2020年至2021年上半年国债到期收益率

图2　2020年至2021年上半年风险溢价与万得全A指数

(一)短期视角Ⅰ：业绩仍是主导未来市场的关键，但要细化和细究业绩成长之源

业绩构成上市公司价值增长的分子端。业绩成长进一步可以区分为高股息率和高EPS增长率两大块。从传统行业看，受行业规模、行业生命周期等因素影响，上市公司所处行业已经步入业绩稳定期，其突出特征在于EPS增长保持在低位但受成长性较弱影响，上市公司股息率通常保持在较高水平，相对较高的股息率水平构成上市公司价值成长的主要来源，这是我们选股参考的重要指标之一。从图3可以看到，股息率保持在1%以上的行业分别为银行、房地产、采掘、钢铁、纺织服装、建筑装饰、公用事业、建筑材料、家用电器、化工、商业贸易、非金融、农林牧渔、汽车、轻工制造、机械设备，这些行业多为传统性行业，而计算机、电气设备、电子、医药生物、通信等成长性较快行业股息率都较低、都在1%以下水平；业绩成长的另一来源主要是净利润的大幅增长，通常表现为净利增速较快而股息率偏低，原因主要在于为保持较高成长率需要大量的资本支出，既包括一般设备、厂房等固定资产支出也包括研发等无形资产投入，从图3可以发现，上市公司股息率与EPS增长率大体呈现负相关关系，即股息率较高通常成长性较弱，股息率较低通常成长性较强。计算机、通信、医药生物、电气设备等行业成长率处于前沿，而非银金融、公用事业、银行等传统行业成长性相对较弱。

值得一提的是，随着中国疫情防控取得阶段性胜利，经济社会恢复疫情前常态，总需求开始逐步回到内生增长轨道。从2021年第一季度来看，2020年低基数效应和总需求反弹，多数行业总需求已经逐步恢复至疫情前水平，宏观经济增长逐步回到潜在增长轨道。展望下半年宏观经济，虽然存在多重变数，包括通胀率预期，可选消费、服务消费能否恢复至疫情前水平、出口、基建投资、地产投资能否维持强劲增长，制造业能否延续扩张，等等，但短期内我们仍然预计业绩处于修复和增长通道，特别是疫情期间受影响较大的周期性行业在2021年预计净利润保持较高增长速度，休闲服务、

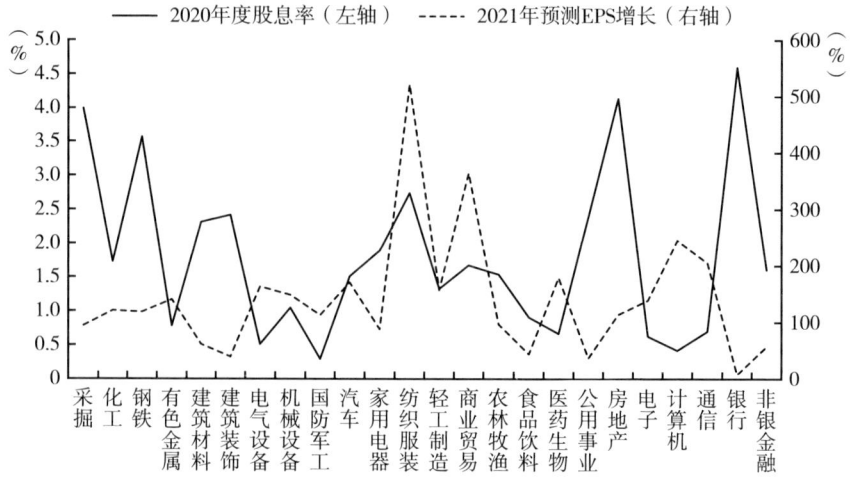

图 3 股息率和 EPS 增长率

传媒、交通运输、综合等行业 2021 年预计 EPS 都将保持高速增长,疫情期间,受出口影响较大的纺织服装、商业贸易等也大概率在 2021 年录得高速增长。

综上所述,2021 年投资策略主要有两点,一是 PEG 策略。在利率边际上升、资金面中性情景下,未来 PEG 策略将会使式(1)的重点由上年的分母端转向分子端。我们将重点关注净利润增速较快、估值较低,即 PEG＜1 的行业。从图 4 可以看出,2021 年预测净利润增长与预测 PE 散点图中多数行业都位于 PEG＜1 的区间,反映了估值小于业绩成长,这些行业突出的特征在于 2021 年归母净利润增长保持在较高水平,但目前从市场表现看价格还未充分涌动市场表现却相对滞后的部分行业,包括电气设备、计算机、电子、医药生物、有色金属等二级、三级子行业板块。二是关注传统行业中高股息率行业,特别是在经济复苏大背景下,业绩相对 2020 年边际大幅改善的行业,兼具高股息率与一定成长性,例如,部分制造业、可选消费、休闲服务业等行业还有较大的改善空间,距离恢复疫情前水平还有一定距离。我们将着重从这些行业中找寻一些优质标的,来获得较高收益。

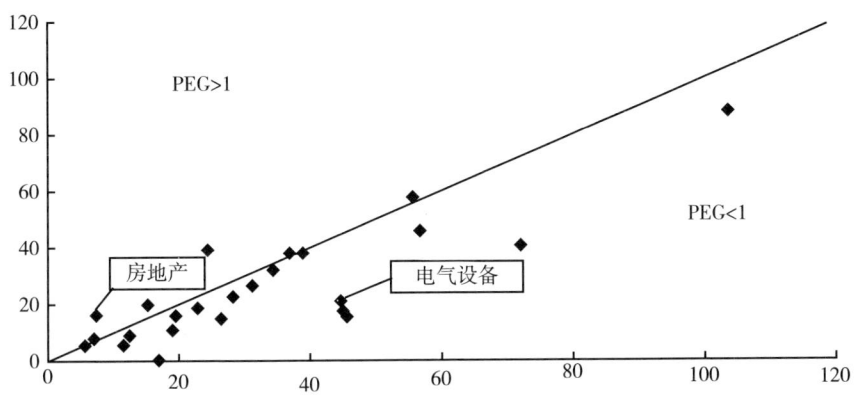

图 4　申万行业预测 PE 和预测净利润增长

（二）短期视角Ⅱ：在业绩成长主导背景下，不断实现价值与成长的动态风格切换和平衡

目前，总体宏观经济和行业成长处于复苏轨道上，大类资产配置上也处于股票占优阶段。股债资产配置上通常存在所谓的跷跷板效应，意即股票收益率与债券收益率之间存在替代关系，当股票收益率高于债券收益率达到一定程度后，即股票风险大于债券风险所得到的风险补偿，资金愿意配置更多的权益类资产，即买入股票的比例更大一些。当股债相对回报率大于 80 分位数，则股票市场的安全边际高于债券市场，当股债相对回报率低于 20 分位数，则债券市场的安全边际更高，从图 5 来看，该指标目前为 0.6 左右，接近 2010 年以来历史 80 分位，说明股票市场的相对安全系数仍处于历史高位，可以预计随着经济复苏，上市公司净利润得到修复，长期国债收益率曲线进一步上升，股债利差还会处于较高水平，偏向权益类配置策略能够取得较高投资收益。

在延续股票占优策略确定后，我们转向市场内部观察投资风格转变。2020 年第四季度至 2021 年 2 月，在资金面丰裕和风险偏好上升情况下，大盘蓝筹核心资产成为投资者竞相追逐热点，价值股延续了多年来持续占优大盘的趋势。随着大量资金流入，价值股估值已经严重脱离基本面，以沪深 300 为代表的价值股指数达到顶峰。2 月以后，以沪深 300 为代表的价值风

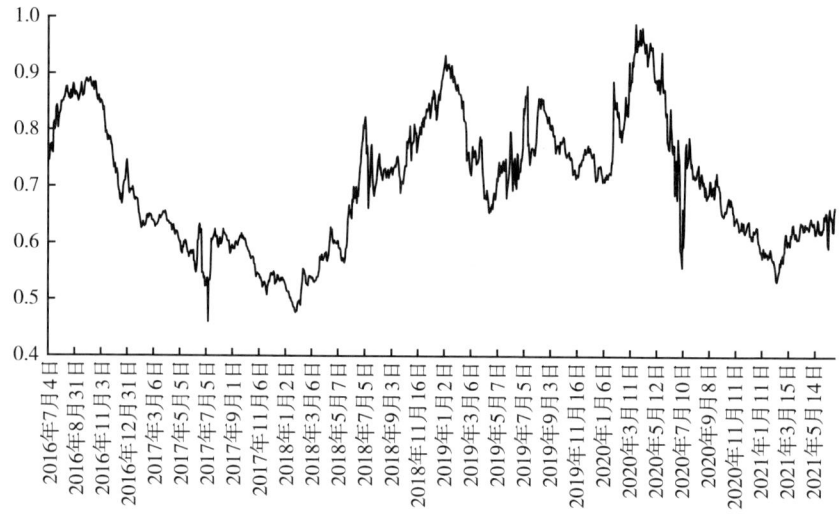

图 5 股债利差

格显著回落,取而代之的是以中小盘和成长风格为主的策略占优(见图6)。从预期看,目前中证500期货成交价不断创出新高(见图7),期货/远期价格走势反映出了现货指数的未来走势,潜在投资价值仍然较大。此外,从图8和图9也发现,2021年第一季度中小盘的成长除了基数效应外,自身业绩的高成长和相对较低的估值水平,是市场风格切换至此的主要原因。考虑到未来盈利还会在较长时间内保持在较高水平,可以预计以中证500为代表的中小盘成长风格大概率仍然会占优。

观察图7还可以发现,沪深300期货成交价目前已经在稳定中趋于上升,背后的原因也在于随着大盘蓝筹价值股业绩的恢复,前期积累的高估值也在慢慢消化,价值股的潜在投资价值依然较大。特别是考虑到未来国外疫情等外部环境和国内通胀等不确定性因素,中小企业复苏之路并不平坦,大盘价值股仍然具有较高性价比,很多优质资产目前股价调整至低位,因此我们在注重成长风格转换的同时兼配价值股,实现价值与成长风格的动态切换与平衡,从而能够保障投资组合收益一直处于稳定增长轨道并将风险控制在最优水平。

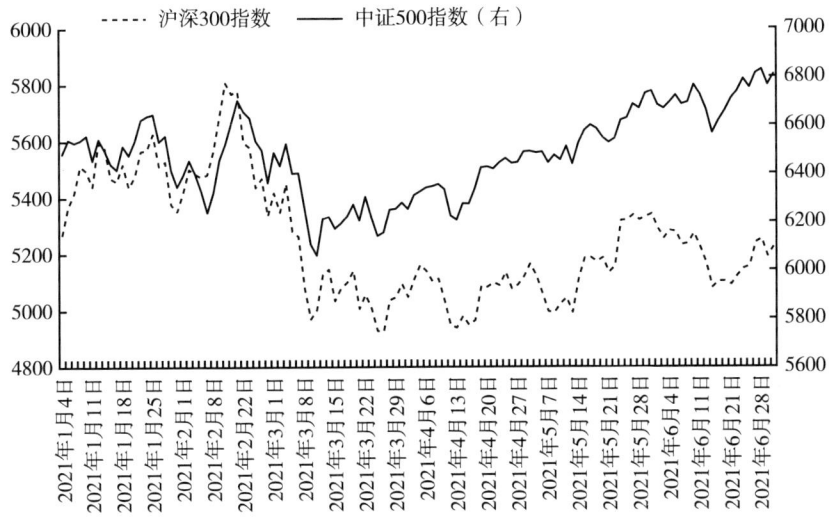

图 6 沪深 300 指数与中证 500 指数

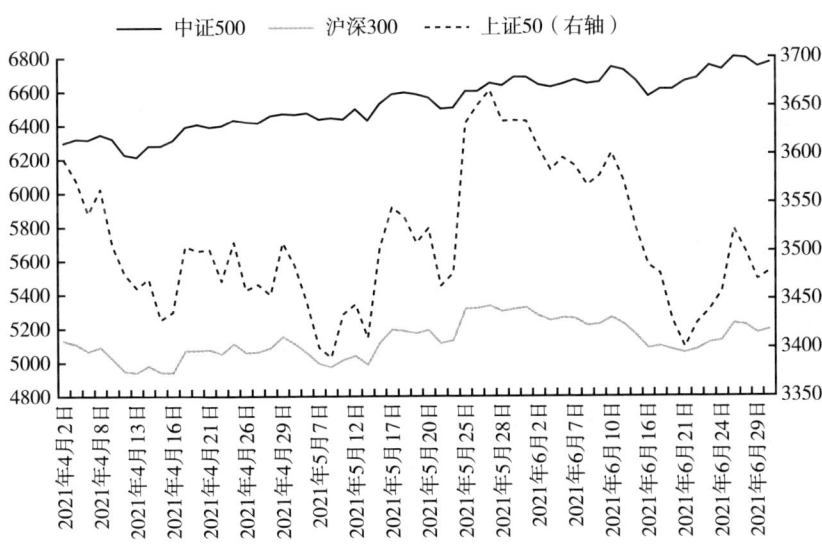

图 7 沪深 300、中证 500 和上证 50 期货成交价

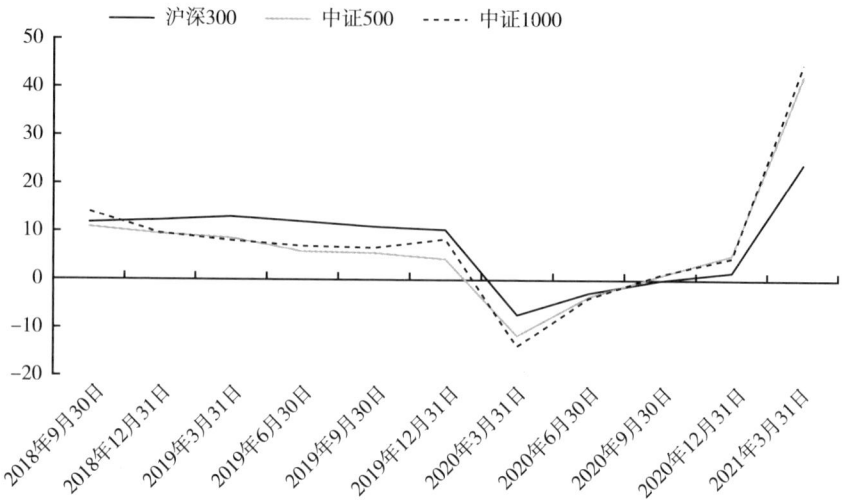

图 8　沪深 300、中证 500 和中证 1000 营收增速

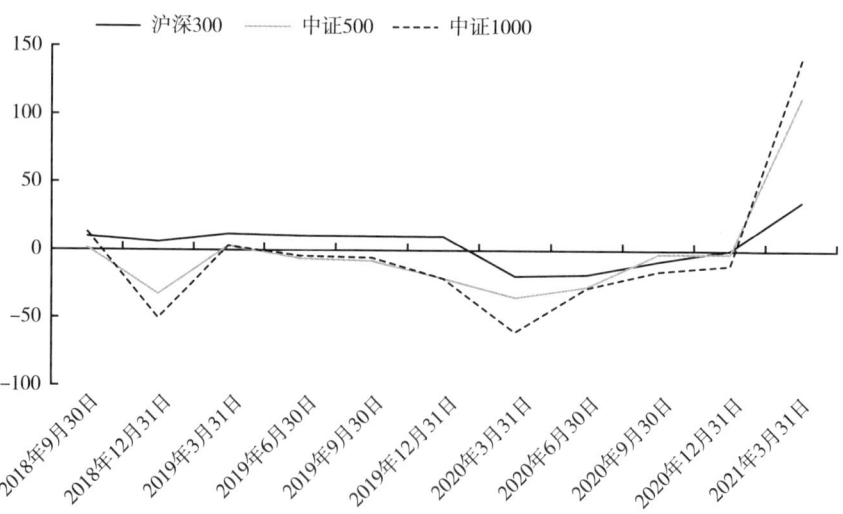

图 9　沪深 300、中证 500 和中证 1000 净利增速

（三）短期视角Ⅲ：从行业角度看，细化和差别对待成长板块、适配价值与周期成分

成长风格目前占优，但这并不意味着整个板块齐刷刷普涨。从板块内部看，这一主线内容应该更加细化和差别化对待。"十四五"规划中提出创新驱动发展并强化国家战略科技力量等论述，我们认为成长板块中与国家硬科技和卡脖子领域相关产业链和板块更能获得资金与人才各方面的支持。细分来看（见图10），2021年1~6月，与上述产业链密切相关的电气设备、电子等领域涨幅居前，其中电气设备以22.3%涨幅位居第二，这里又以半导体、新能源汽车、信息通信、光伏等子行业保持了较高景气度，反映了这些高科技行业较高的人气度和产业规模蓝海优势。虽然目前这些行业整体估值已不太低，但考虑到其高成长性和规模优势，其未来表现仍值得持续关注。

消费行业一直是我们关注的重要板块，在2月深度调整后目前已经是较为合适的布局机会。中国人均GDP突破10000美元，整体消费规模和消费结构都出现了明显变化：一方面，高等级、个性化、品牌化和定制化需求成为主流，无论是耐用品、日常消费还是轻工制造等都向一线、主流品牌聚集，头部化效应特别明显；另一方面，类似于日本后工业化时期的高性价比、简约和品牌消费模式兴起，满足城市各类消费群体的消费偏好。从市场发展看，消费板块中食品饮料、家电、轻工制造、纺织服装等行业中头部企业和市占率较高企业一直是本书关注的热点板块。

在关注通胀的基础上，适配处于景气周期并具有较好成长属性和价值属性的优质个股。下半年整体原材料价格可能会在海外高需求情景下保持高位，如果下半年全球通胀和复苏趋势更趋明朗，则可能带动上游原材料价格不断上涨，煤炭、采掘、有色金属等板块中具有较高成长属性、行业格局优化和龙头细分板块则会有较大突破。通胀等因素，对制造业成本影响较大，而下游消费恢复还比较羸弱，制造业中具有集中度高、在上下游中具有较高议价能力和较高产业链掌控能力是其价值增长的根本，我们主要从这些方面挑选制造业优质上市公司。

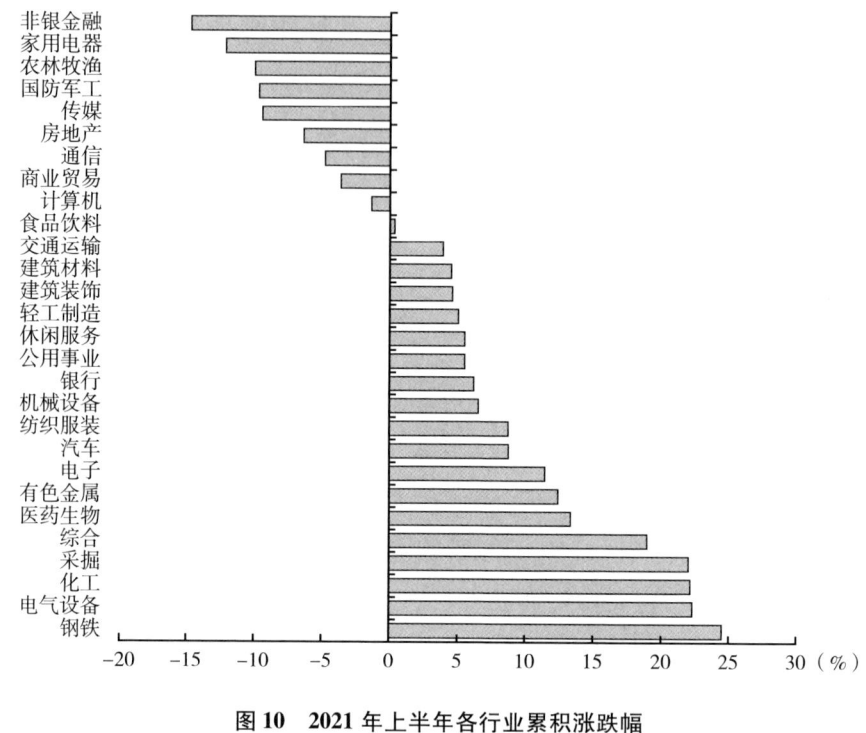

图10 2021年上半年各行业累积涨跌幅

（四）长期视角Ⅰ：更加重视创新因子和公司治理因子，突出上市公司长期投资价值

长期视角，本书一直强调上市公司现代治理制度建立与持续创新转型。长远来看，科技创新是实现宏观经济和上市公司高质量发展的根本性力量。创新可以将企业的生命延长，甚至可以使企业永远享受成长的红利，如图11所示，创新可以使企业摆脱传统生命周期的限制，"永远"的成长性真正符合上文估值公式中 g 的永续增长，理论上企业估值的任何提高都有业绩持续支撑，这也是为什么很多新技术的创新型公司享受高估值。但是，由于创新作为一个未知领域，其特征决定了自身带有不确定性和长期性基因，真正的创新成功可以说是万里挑一，创新能够达到预期的少之又少。因此，只有持续的创新投入才能够降低创新风险，将创新的不确定性降至最低，同时带

来源源不断的创新收益和公司核心竞争力的提高，这也使创新投入和产出类似于大数定律规律，创新从长远看具有"确定性"。

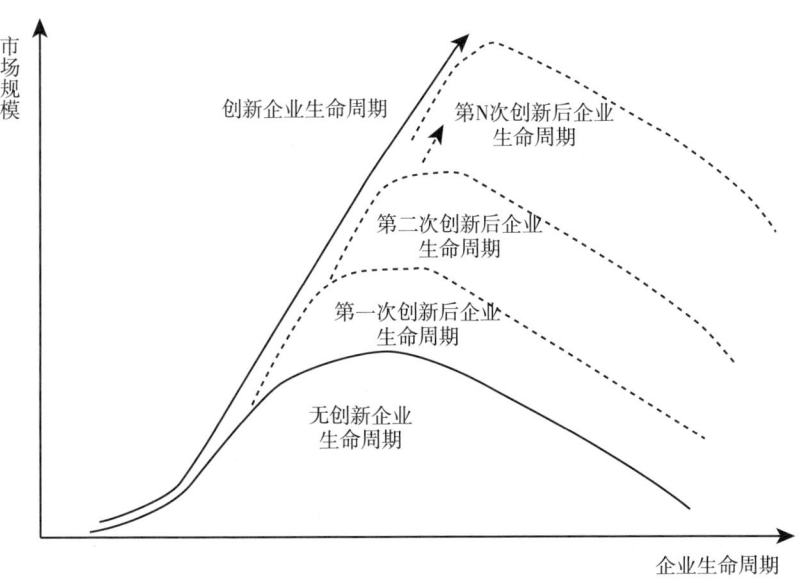

图11　企业生命周期与创新

正是由于创新的长期性和不确定性，我们认为与完善的公司治理相结合才能带来创新的高密度投入和高质量的创新产出，进一步推动将创新的不确定性转化为较为确定的概率分布的"风险"，换言之，将公司未来成长的不确定性转化为具有概率分布的"确定性"。无论是持续不断地进行研发投入还是公司将自有现金流用于原始、颠覆性创新投入都需要公司具有良好的公司治理结构。上市公司进行技术创新特别是原始创新对经营者而言着眼的是公司发展的长期目标，具有一定的外部性，这一任公司高管持续进行研发投入不一定会得到市场验证或者商业化收益，但能让继任高管坐享研发红利，若没有良好的治理结构将会使高管屈服于短期盈利目标，从而对上市公司长期可持续发展形成伤害。传统的委托代理理论认为，对公司高管给予一定的剩余控制权索取权权利，如实施股权激励、薪酬与公司业绩挂钩等措施，会有效减少委托代理问题，部分消除原始创新的外部性，激励高管加大对公司创新的支持力度。随着越来越多的互联网公司成功，人们越来越意识到公司创始人或高管团队智力资本对公司发展的重要性，国内外大型互联网公司的成功与创始人的特质具有密不可分的联系，它们治理结构中采用同股不同权或者双层股权结构本质上赋予公司高管人力资本更多的股权，使创始人或者高管团队在经营中具有掌控公司、配置公司资源的能力，使公司能够持续保持核心竞争力。因此，无论是传统理论还是新经济发展现实都说明了公司良好的治理结构是进行创新和保持核心竞争力的重要保障。

（五）长期视角Ⅱ：持续关注中国多层次资本市场体系改革与开放，增量资金和投资风格转变搅动传统格局突破

当前中国资本市场改革与开放步伐同时快速推进，但多层次资本市场体系建设还有较长的路要走，形成体系完备、层次清晰、功能互补的金字塔式的资本市场是建设创新型国家的必然要求。长远来看，资本市场改革与开放除了促进市场自身制度完善和功能完备外，最重要的还是能带来增量资金和重组市场投资者结构。资本市场的健康发展长期来看需要一批看好中国经济、与中国优质上市公司同共进的价值投资者，改变市场上以散户为主、题材炒作和过度波动的负面影响，使资本市场真正成为价值投资者回报高地和优质上市公司成长的后方。近年来，随着我国金融改革的深化，银行理财资金、险资投资股市的渠道和门槛都有改变，产品中权益类资产比重显著增加。值得一提的是，随着金融开放步伐加快，以沪港通、深港通等QFII为代表的外资持股A股的比例显著增加。2018年1月31日，北向资金累积净买入只有3826亿元，2021年6月30日，北向资金累积净买入总额为14261亿元（见图12），快速增长的背后反映了外资对中国优质资产的青睐，它们主要集中于A股中高科技行业以及传统行业中优质龙头，充分抓住中国经济转型带来行业轮动机会和传统领域头部公司稳定、高分红的收益，这些更加搅动了市场风格的转变。加之其投资理念具有前瞻性，能够充分抓住资产价格变幻背后的择时机会，这进一步造成资金不断向头部聚集，优质标的脱颖而出，加速了资本市场对表现差的上市公司的优胜劣汰。

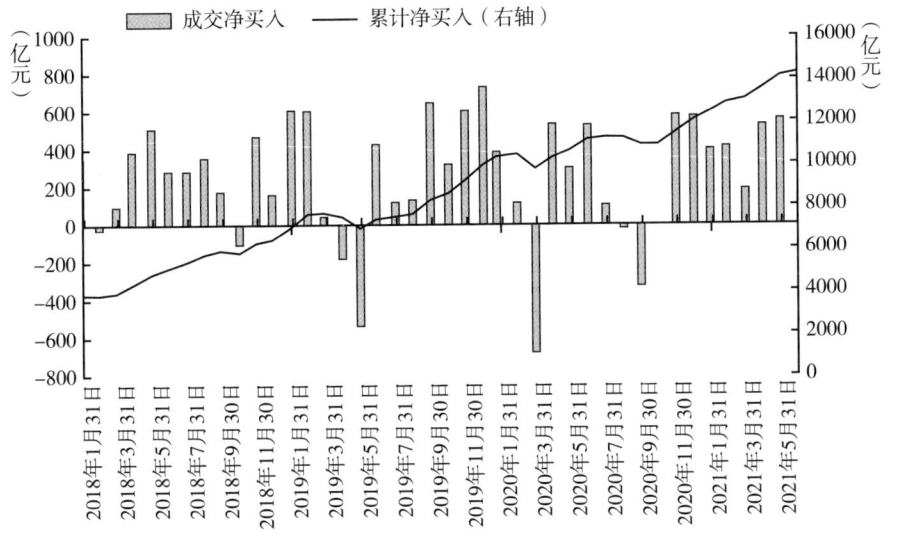

图 12　2018～2021 年北向资金净买入统计

综上所述，从短期看，业绩仍是主导未来市场的关键，但要细化和细究业绩成长之源，我们需要明确业绩成长主要来自净利润高成长还是来自高股息率，前者主要从 PEG 视角而后者主要集中于从周期或传统行业展开。从风格上，我们注重在成长与价值中动态调整，在充分控制风险的基础上获得较为稳定的收益。在行业选择上，我们重点关注国家自主创新主战场的硬科技、蓝海市场，同时充分兼顾经济复苏下周期性和前期深度调整下可以适当布局的价值领域。从长远看，主要立足于创新带来的估值提升以及改革开放所带来的增量资金和投资者结构、投资风格的根本转变，通过优质资产的成长促进资本市场的长期健康发展。

二　评估体系

本报告对中国上市公司价值评估分为 A 股和港股两个板块，鉴于 A 股和港股所使用的财务会计体系存在一定差异，并且 Wind 数据库中 A 股和港股的数据可得性也存在显著差异,因此我们分别设计了 A 股和港股上市公司价值评估指标体系。

(一)五因素综合评价模型

在历年的中国上市公司蓝皮书中,我们结合国内外公司价值评估理论和经验研究,统筹考虑内在价值、外在价值、企业治理等多方面因素,设计了衡量公司价值增长的五因素评价指标体系。本报告从公司历史现金流稳健性方面来评估传统行业的优质龙头企业,同时站在未来角度充分反映完善的公司治理体系和创新投入对新科技行业估值提升的重要作用,为此我们对综合评价指标体系中不同指标进行了更新和扩充,深度分析驱动上市公司价值成长的关键因素和兼顾不同行业的异质性。上市公司价值评估模型由如图 13 体系构成。

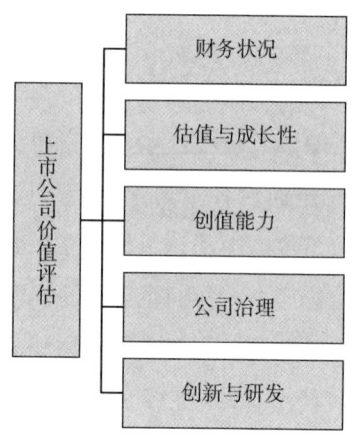

图 13 上市公司综合评价指标体系

(二)样本选择和资料来源

A 股上市公司剔除所有 ST 类股票,相关数据为截至 2020 年 12 月 31 日的数据,包括 2016～2020 年的年报数据,研究数据主要来自万得资讯金融研究终端,专利申请量和专利授权量数据、技术人员持股情况来源于国泰安

CSMAR 数据库，数据处理和排名计算采用 Python 软件进行。筛选后，按照申银万国行业分类各行业上市数量如表 1 所示。

表 1 申银万国行业分类

单位：家

	Wind 代码	申银万国行业划分	上市公司数量
1	801020.SI	采掘	59
2	801760.SI	传媒	146
3	801730.SI	电气设备	184
4	801080.SI	电子	243
5	801130.SI	纺织服装	74
6	801790.SI	非银金融	78
7	801040.SI	钢铁	33
8	801160.SI	公用事业	155
9	801740.SI	国防军工	68
10	801030.SI	化工	320
11	801890.SI	机械设备	331
12	801750.SI	计算机	219
13	801110.SI	家用电器	56
14	801710.SI	建筑材料	66
15	801720.SI	建筑装饰	123
16	801170.SI	交通运输	110
17	801010.SI	农林牧渔	75
18	801880.SI	汽车	171
19	801140.SI	轻工制造	120
20	801200.SI	商业贸易	82
21	801120.SI	食品饮料	91
22	801770.SI	通信	93
23	801210.SI	休闲服务	29
24	801150.SI	医药生物	302
25	801780.SI	银行	27
26	801050.SI	有色金属	110
27	801230.SI	综合	27
合计			3392

资料来源：Wind 资讯。

（三）数据预处理说明

1. 最近三年依靠借壳而上市的公司

审核制导致 IPO 排队，无法满足逐渐发展壮大企业的融资需求，因此一些未上市企业若能将资产注入目前已上市且经营不善、市值较低的公司，从而达到间接上市融资的需求，这就构成借壳上市。借壳上市公司通常名字或主营业务已经变更，上市当年无法与前些年业务形成对比，根据前面的财务指标计算和评价方法，若加入这些上市公司将会导致结果向上偏误，因此为谨慎起见，我们将 2017 年借壳上市的公司排除在外，如表 2 所示。

表 2　2017 年以来借壳上市公司

证券代码	证券简称	借壳上市日期	上市日期
600228.SH	返利科技	2021-03-20	1999-01-19
002758.SZ	浙农股份	2020-11-27	2015-05-27
600817.SH	宏盛科技	2020-11-13	1994-01-28
002532.SZ	天山铝业	2020-07-06	2010-12-31
002793.SZ	罗欣药业	2020-04-07	2016-04-15
002082.SZ	万邦德	2020-03-03	2006-11-20
600556.SH	天下秀	2020-01-04	2001-08-07
000785.SZ	居然之家	2019-12-19	1997-07-11
002459.SZ	晶澳科技	2019-11-27	2010-08-10
600732.SH	爱旭股份	2019-09-27	1996-08-16
002059.SZ	云南旅游	2019-07-15	2006-08-10
002015.SZ	协鑫能科	2019-06-14	2004-07-08
002053.SZ	云南能投	2019-03-22	2006-06-27
002607.SZ	中公教育	2019-01-29	2011-08-10
002755.SZ	奥赛康	2019-01-18	2015-05-15
000301.SZ	东方盛虹	2018-08-30	2000-05-29
601360.SH	三六零	2018-02-28	2012-01-16
002600.SZ	领益智造	2018-02-09	2011-07-15
600233.SH	圆通速递	2017-11-03	2000-06-08
600764.SH	中国海防	2017-10-24	1996-11-04
600545.SH	卓郎智能	2017-09-07	2003-12-03
000710.SZ	贝瑞基因	2017-08-10	1997-04-22
002352.SZ	顺丰控股	2017-01-20	2010-02-05
600528.SH	中铁工业	2017-01-14	2001-05-28

2. 最近一年发生 ST 摘帽的上市公司

年报披露期往往是 ST 股票摘帽高峰期，年报业绩的改善往往令不少 ST 公司摘去市场警示的帽子，这些股票往往受到市场热捧，从而产生较高的估值指标，不过这些公司大部分基本面并未发生与股价相符的利好改善，所以这些公司的估值与成长性指标参考意义不大，这些公司包括但不限于以下所列（见表3），特此说明。

表3 2020 年以来 ST 摘帽的上市公司

证券代码	证券简称	戴帽摘帽时间↓
000572.SZ	海马汽车	去 ST：20210527，*ST 变 ST：20200619
002336.SZ	人人乐	去 ST：20210526，*ST 变 ST：20200618
002333.SZ	罗普斯金	去 ST：20210526，*ST 变 ST：20200609
601258.SH	庞大集团	去 ST：20210520，*ST 变 ST：20200115
600423.SH	柳化股份	去 ST：20210520，*ST 变 ST：20191220
600702.SH	舍得酒业	去 ST：20210519，ST：20200922
603188.SH	亚邦股份	去 ST：20210519，ST：20190813
600610.SH	中毅达	去 ST：20210519
600539.SH	狮头股份	去 ST：20210519，*ST 变 ST：20190408
600119.SH	长江投资	去 ST：20210517，*ST 变 ST：20200421
600877.SH	电能股份	去 ST：20210513，*ST 变 ST：20200421
600080.SH	金花股份	去 ST：20210512，ST：20200602
601399.SH	国机重装	去 ST：20210511
600234.SH	山水文化	去 ST：20210511，*ST 变 ST：20200409
600157.SH	永泰能源	去 ST：20210430，*ST 变 ST：20210119
000504.SZ	南华生物	去 ST：20210428，*ST 变 ST：20200612
002289.SZ	宇顺电子	去 ST：20210428，*ST 变 ST：20200609
002290.SZ	禾盛新材	去 ST：20210420，*ST 变 ST：20200708
000868.SZ	安凯客车	去 ST：20210419，*ST 变 ST：20200623
000737.SZ	南风化工	去 ST：20210419，*ST 变 ST：20190418
600817.SH	宏盛科技	去 ST：20210419，*ST 变 ST：20180509
600149.SH	廊坊发展	去 ST：20210416，*ST 变 ST：20180510
002306.SZ	中科云网	去 ST：20210414，*ST 变 ST：20190801

续表

证券代码	证券简称	戴帽摘帽时间↓
000409.SZ	云鼎科技	去ST：20210412，*ST变ST：20190926
002420.SZ	毅昌股份	去ST：20210322，*ST变ST：20200723
000816.SZ	智慧农业	去ST：20201027，*ST变ST：20190710
000911.SZ	南宁糖业	去ST：20200904，*ST变ST：20200610
600807.SH	济南高新	去ST：20200702，*ST变ST：20190423
002207.SZ	准油股份	去ST：20200701，*ST变ST：20180911
601798.SH	蓝科高新	去ST：20200428，*ST变ST：20190424
600556.SH	天下秀	去ST：20200421，ST：20160913
600321.SH	正源股份	去ST：20200421，*ST变ST：20190401
600732.SH	爱旭股份	去ST：20200305，*ST变ST：20170606
002121.SZ	科陆电子	去*ST：20210531，ST：20200430
000953.SZ	河化股份	去*ST：20210526，ST：20190313
002280.SZ	联络互动	去*ST：20210525，ST：20200629
002354.SZ	天神娱乐	去*ST：20210525，ST：20200506
002502.SZ	鼎龙文化	去*ST：20210525，ST：20200430
600280.SH	中央商场	去*ST：20210519，ST：20200506
600836.SH	上海易连	去*ST：20210519，ST：20200430
600821.SH	津劝业	去*ST：20210519，ST：20200429
600354.SH	敦煌种业	去*ST：20210519，ST：20200323
600530.SH	交大昂立	去*ST：20210517，ST：20200506
000890.SZ	法尔胜	去*ST：20210517，ST：20200428
000837.SZ	秦川机床	去*ST：20210517，ST：20200423
603389.SH	亚振家居	去*ST：20210513，ST：20200429
000408.SZ	藏格控股	去*ST：20210512，ST：20200506
000536.SZ	华映科技	去*ST：20210511，ST：20200429
600179.SH	安通控股	去*ST：20210510，ST：20200506
600215.SH	长春经开	去*ST：20210510，ST：20200506
002426.SZ	胜利精密	去*ST：20210510，ST：20200430
002255.SZ	海陆重工	去*ST：20210510，ST：20200429
600243.SH	青海华鼎	去*ST：20210510，ST：20200422
600358.SH	国旅联合	去*ST：20210507，ST：20200506
000679.SZ	大连友谊	去*ST：20210428，ST：20200430
601777.SH	力帆科技	去*ST：20210426，ST变ST：2021030
600399.SH	抚顺特钢	去*ST：20210416，ST变ST：2019040
600651.SH	飞乐音响	去*ST：20210416，ST：20200506
600815.SH	厦工股份	去*ST：20210415，ST：20190430
002176.SZ	江特电机	去*ST：20210414，ST：20200430
002681.SZ	奋达科技	去*ST：20210412，ST：20200506

续表

证券代码	证券简称	戴帽摘帽时间↓
002168.SZ	惠程科技	去*ST：20210409，ST：20210303
600238.SH	海南椰岛	去*ST：20210409，*ST变ST：2019042
600228.SH	返利科技	去*ST：20210406，*ST变ST：2018051
600470.SH	六国化工	去*ST：20210406，*ST：20200506
000727.SZ	冠捷科技	去*ST：20210402，*ST：20200416
600860.SH	京城股份	去*ST：20210402，*ST：20200331
600416.SH	湘电股份	去*ST：20210401，*ST：20200401
600892.SH	大晟文化	去*ST：20210323，*ST：20200430
002319.SZ	乐通股份	去*ST：20210323，*ST：20200428
002192.SZ	融捷股份	去*ST：20210322，*ST：20200422
600255.SH	鑫科材料	去*ST：20210316，*ST：20200506
600212.SH	江泉实业	去*ST：20210315，*ST：20200427
000803.SZ	北清环能	去*ST：20210301，*ST：20200506
000927.SZ	中国铁物	去*ST：20210104，*ST：20200410
000010.SZ	美丽生态	去*ST：20200722，*ST：20190426
002642.SZ	荣联科技	去*ST：20200609，*ST：20190426
002190.SZ	成飞集成	去*ST：20200608，*ST：20190325
000897.SZ	津滨发展	去*ST：20200605，*ST：20190321
002263.SZ	大东南	去*ST：20200603，*ST：20180502
600726.SH	华电能源	去*ST：20200506，*ST：20190430
600526.SH	菲达环保	去*ST：20200417，*ST：20190422
600396.SH	金山股份	去*ST：20200413，*ST：20190429
600186.SH	莲花健康	去*ST：20200409，*ST：20190429

三 评价指标体系和计算方法

（一）分行业评价指标体系①

1. 财务状况

企业财务状况是上市公司价值评估的基础，良好的财务状况是公司生存

---

① 本年房地产行业上市公司评估请参考 B4。

和成长的基础，我们设立多角度财务指标综合反映企业在筹资、投资和经营全过程中的财务状况，特别突出企业现金流在企业经营中的关键作用，所以我们每年都会适时更新和调整一些财务指标以求能更好地反映企业现金流为基准的财务情况。从财务状况角度而言，我们分析的重点在于钩稽出上市公司从收入到利润、从利润到现金流的完整链条，从财务稳健角度滤出能够真正创造价值的上市公司。

考虑到不同行业的差异，银行业、证券行业以及保险行业财务报表与其他行业存在显著不同，故针对这三个行业设立与其他一般性行业不同的财务指标（见表4）。以证券和保险行业为例，考虑到券商和保险公司发展的特点，在券商收入驱动力方面，本文以经纪业务收入增长、自营业务收入增长和信用业务收入增长来反映券商收入的日益多元化，自营业务和信用业务逐步成为券商除经纪收入之外的主要收入来源。保险公司近年来随着业务多元化，资产的投资渠道也日渐多元化，本文加入净投资收益率和总投资收益率来表征这一现象。

表4 财务状况评价指标

行业	类别	指标体系
银行业	收入驱动力	净息差
		生息资产增长率
	收入结构	非利息收入占比
	资本水平	资本充足率
	资产质量	不良贷款率
		拨备覆盖率
证券行业	规模	净资本
	盈利能力	净资产收益率
	营运能力	资产周转率
	偿债能力	权益乘数
	收入驱动力	经纪业务收入增长
		自营业务收入增长
		信用业务收入增长

续表

行　业	类　别	指标体系
保险行业	盈利能力	净资产收益率
		净投资收益率
		总投资收益率
	营运能力	费用率
	偿债能力	资产负债率
一般行业	现金流动性能力	速动比率
		现金比率
		现金流量比率
		现金流稳定性
		每股经营现金流
	长期偿债能力	长期负债比
		权益乘数
		现金有息债务比
		利息保障倍数
	营运能力和财务弹性	应收账款周转率
		存货周转率
		现金营运指数
		全部资产现金回收率
		现金满足投资比率
	盈利能力和盈利质量	销售净利率
		销售毛利率
		扣非净资产收益率
		销售现金比率
		净利润现金含量

注：表中加粗指标为2021年更新的指标，下文表格类同。

2. 估值与成长性

估值有相对估值和绝对估值，我们既兼顾市盈率、市净率等相对估值指标，也考虑每股自由现金流等绝对估值指标，更加完整地对上市公司的估值能力进行评估。估值与成长性方面，我们参考加拿大皇家银行（RBC）选股模型，利用估值模块、成长性模块、稳定性模块三大模块来衡量（见表5）。

表5 估值与成长性评价指标

类　　别	估值与成长性指标
估值指标	扣除非经常性损益的市盈率
	市净率
	PEG
	每股自由现金流
成长性指标	EPS增长率
	扣非净利润增长率
	营业收入增长率
	海外业务收入比率
	资本支出增长
稳定性指标	股价收益率稳定性
	盈利稳定性
	非经常性项目频率

3. 创值能力

上市公司价值创造能力不仅反映了过去的历史实现，而且体现了未来的创值预测。我们从过去为股东创造价值和未来为股东创造价值两个角度设立经济增加值（EVA）和市场附加值（MVA）两个指标来衡量上市公司创值能力（见表6）。EVA全面反映了公司的资本成本，从而较为准确地衡量了上市公司真正和实实在在创造的价值，防止上市公司进行盈余管理制造"虚假繁荣"；而MVA计算则从市值或者说是未来估值角度衡量了上市公司真正的价值创造，反映了上市公司的预期成长能力，从而在历史创值能力评估基础上更加全面地预判公司的创值能力。

表6 创值能力评价指标

类　　别	创值指标
过去为股东创造价值	EVA（税后营业净利润－资本总成本）
未来为股东创造价值	MVA（公司市值－累计资本投入）

4. 公司治理

上市公司与非上市公司相比，实现股东利益最大化的目标更为重要。根据OECD、世界银行、南开大学公司治理研究中心与中国社会科学院公司治理研究中心的研究成果，公司治理体系通常包括董事会权利与责任、股东权利保障、利益相关者、信息披露等多维度，本文结合这些研究并考虑由于融资结构的复杂，利益相关者参与公司治理的重要性显著增加，相对于一般上市公司股权结构、公司治理方面的重要性显著增加。我们引入股权结构与股东权利、董事会运作情况、高管构成与激励、信息披露和社会责任等指标对上市公司价值进行评估（见表7）。

表7　公司治理评价指标

类　　别	公司治理
股权结构与股东权利	股息率
	流通股份占比
	机构持股增长
	基金持股
	QFII持股
	第一大股东持股比例
董事会运作情况	董事会下设专业委员会数量
	三会次数
	独立董事比例
	两职合一
	监事会规模
	监事会持股增长
	董事会持股增长
高管构成与激励	股权激励比例
	管理层持股比例
	高管薪酬
	高管海外背景
	高管年龄结构
信息披露	审计结果
	内部控制
	违规事项
	对外担保
社会责任	社会责任报告
	资产纳税率

5. 创新与研发

创新与研发涉及上市公司多个行为维度，本文分别从创新投入、创新产出、创新效益与创新资金来源等四个方面对上市公司的创新与研发行为进行捕捉，如表8所示，这些指标既反映了公司的物质投入，也列示了无形、人力资本方面的投入；既反映了公司的有形产出，也有公司无形方面的创新产出。此外，表8指标的多维度、多特征能够相对准确捕捉上市公司持续的研发投入以及由此产生的核心竞争力，譬如专利获得的连续性、核心竞争力带来的市占率、超额收益率的提高等。

表8 创新与研发评价指标

类　　别	创新与研发能力
创新投入	研发经费投入强度
	人力资本投入
	研发人员比例
	高管学术背景
	高管学历
	技术人员投入
	技术人员持股比例
创新产出	累计专利受理量
	专利申请数量
	累计专利授权量
	专利授权数量
	已获得专利数量
	累计获得专利数量
	无形资产
	开发支出
创新效益	全要素生产率
	劳动生产率
	市场占有率
	超额收益率
创新资金来源	内部融资能力
	公司自由现金流增长
	外部融资能力

6. 港股评价指标体系

港股评价指标体系与 A 股评价指标体系基本相同（见表 9），差异主要在于数据可得性的不同，各指标的释义与 A 股相同。

表 9 港股评价指标体系

行业	类别	财务指标
财务指标	现金流动性能力	速动比率
		现金比率
		现金流量比率
		现金流稳定性
		每股经营现金流净额
	长期偿债能力	资产负债率
		现金有息债务比率
		利息保障倍数
	营运能力和财务弹性	应收账款周转率
		存货周转率
		营业周期
		全部资产现金回收率
		现金满足投资比率
	盈利能力和盈利质量	销售净利率
		销售毛利率
		扣非净资产收益率（ROE）
		销售现金比率
		净利润现金含量
估值与成长性	估值指标	PE
		PB
		每股股权自由现金流 FCFE
	成长性指标	EPS 增长率
		营业收入增长率
		扣非净利润增长率
		经营现金流增长率
		资本支出
	稳定性指标	年化收益率波动
		净利润波动率
		非经常性项目波动率

续表

行　业	类　别	财务指标
创值能力	过去为股东创造价值	EVA
	未来为股东创造价值	MVA
公司治理与创新	公司治理	第一大股东持股比例
		年末股东权益增长
		审计意见类型
		社会贡献率
	创新投入	研发经费投入强度
	创新产出	无形资产（扣除土地使用权）
	创新效益	人均创收
		人均创利
		核心业务增长率
		劳动生产率
		市场占有率
		超额收益率
	创新资金来源	内部融资能力
		股权自由现金流
		公司自由现金流 FCF

（二）标准化、正交化与层次分析法

在建立指标体系后，下一步就是通过数学统计方法将多因子指标加总在一起从而依得分从低到高来对上市公司价值创造能力进行评估。具体步骤如下。

第一，通过数据清洗，将数据中缺失值、离群值和极端值进行替代、删除和删截。譬如，在缺失值较多的情况下，我们使用该行业该因子的平均值或零进行替代，离群值和极端值的存在造成评估结果出现极端抬高或极端压低的情形，我们通常使用数据删截的方法进行处理，以便使因子取值范围限定在相对合理的区间。数据清洗是影响因子质量的重要因素，进行全面的因子清洗是准确评估的第一步。需要说明的是，为了防止一些上市公司特别是ST摘帽公司业绩大幅波动所造成极端值出现概率大大增加的情形，本文对所有财务指标、成长类指标以及公司治理、研发创新的大部分指标都取各因子的近三年均值，但即使如此，仍然无法规避极端值、离群值的出现，所以合理科学的数据清洗工作步骤必不可少。

第二，将清洗后的因子进行标准化，以得到归一化和无量纲的效果。因子清洗后，各因子衡量单位不同，标准化后的因子能够统一归一化处理，使各个因子对上市公司价值创造能力影响不因衡量单位的不同而不同。

第三，将标准化后的因子进行正交化处理，以得到"纯净"因子。众所周知，因子之间存在较强的相关性，特别是五大因素内部各因子之间存在较强的相关性。相关性存在将会造成因子对创值能力的解释存在较大的误差，导致夸大或缩小某一类因子的解释能力。正交化的处理降低了因子之间的相关性，能够得到各因子"净"影响。本文提供了A股代表性的电子行业和农林牧渔行业五大因子正交化前和正交化后的相关系数热力图。图14至图18表示电子行业财务因子、估值与成长性因子、创值能力因子、公司治理因子和创新与研发因子正交化前和正交化后相关系数图，可以发现各大要素因子间在正交化前存在较强的相关性，而正交化后因子间的相关性显著降低。图19至图23表示农林牧渔行业也存在类似的现象。这充分说明了因子正交化处理的科学性和必要性，对于准确评价上市公司价值创造能力具有重要的作用。

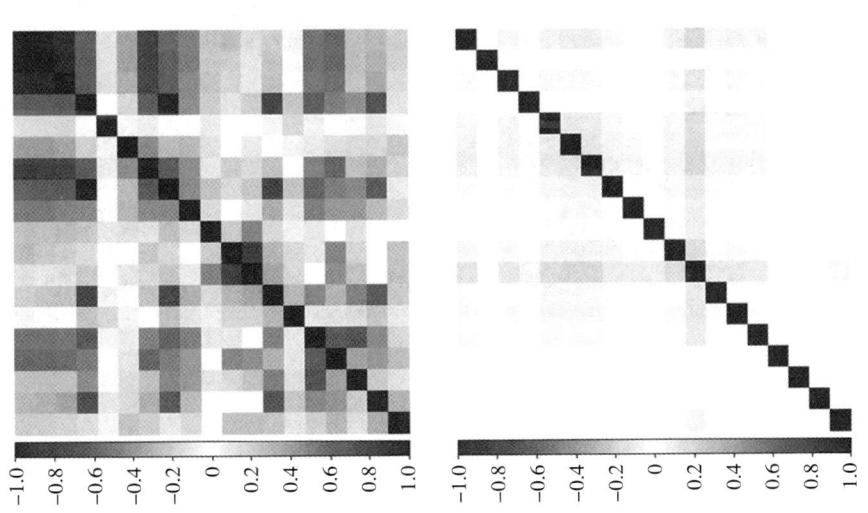

图14 电子行业财务因子正交化前（左）和正交化后（右）相关系数对比

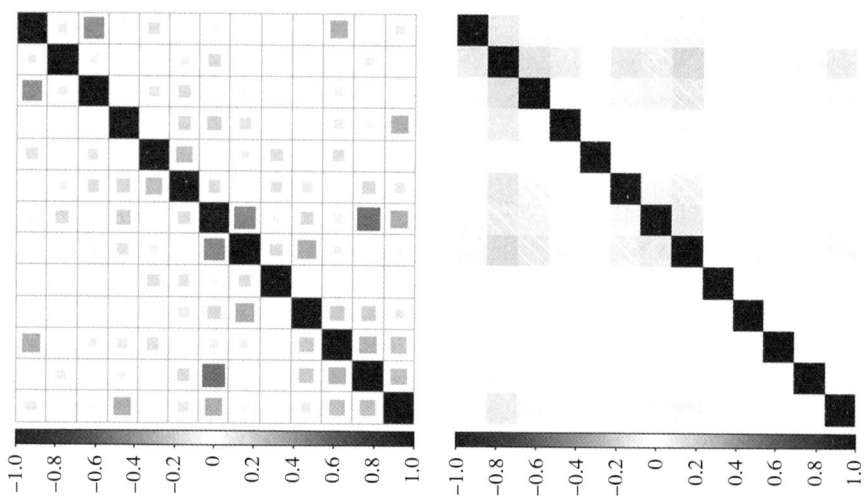

图15 电子行业估值与成长性因子正交化前（左）和正交化后（右）相关系数对比

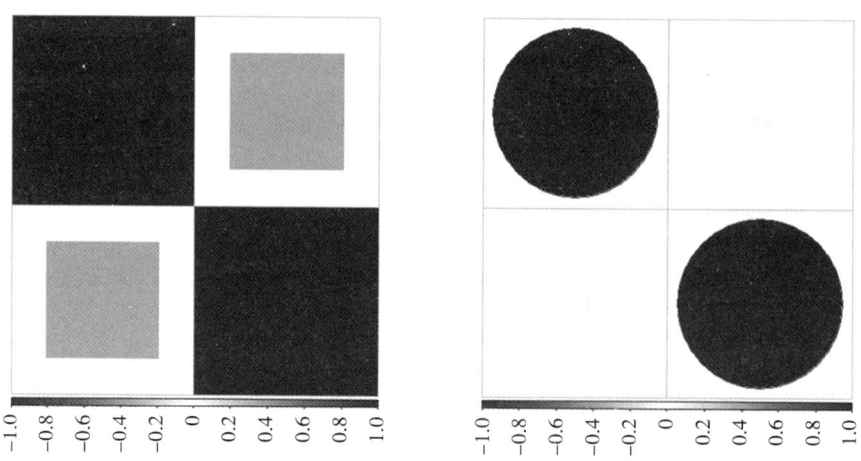

图16 电子行业创值能力因子正交化前（左）和正交化后（右）相关系数对比

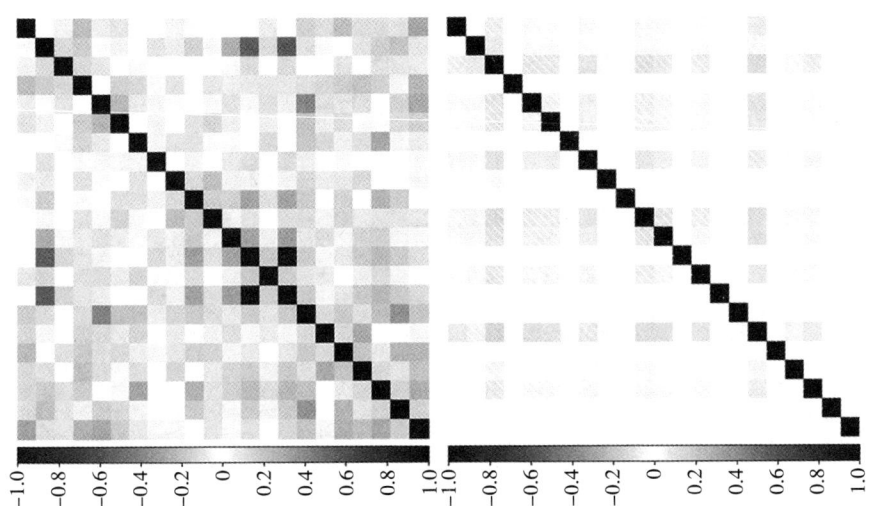

图17　电子行业公司治理因子正交化前（左）和
正交化后（右）相关系数对比

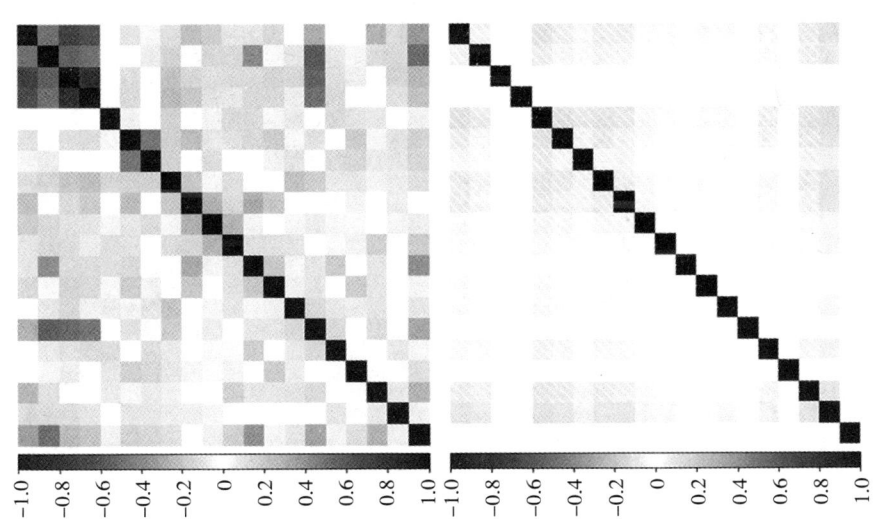

图18　电子行业创新与研发因子正交化前（左）和
正交化后（右）相关系数对比

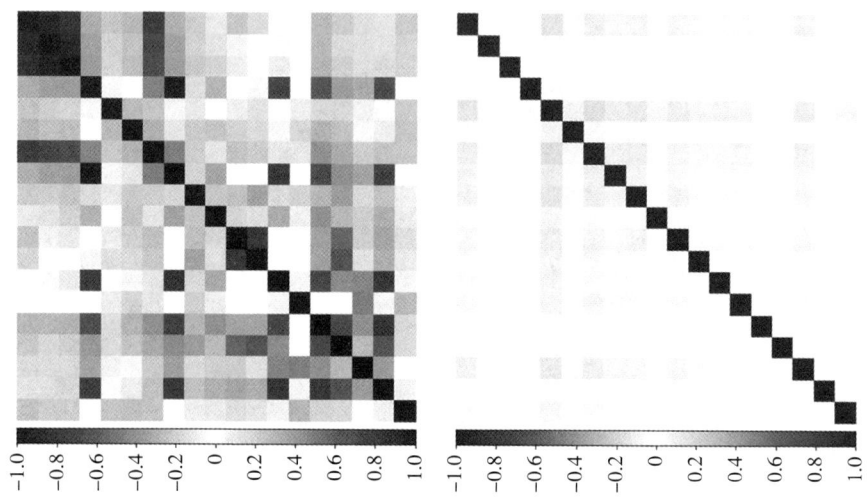

图 19　农林牧渔行业财务因子正交化前（左）和
正交化后（右）相关系数对比

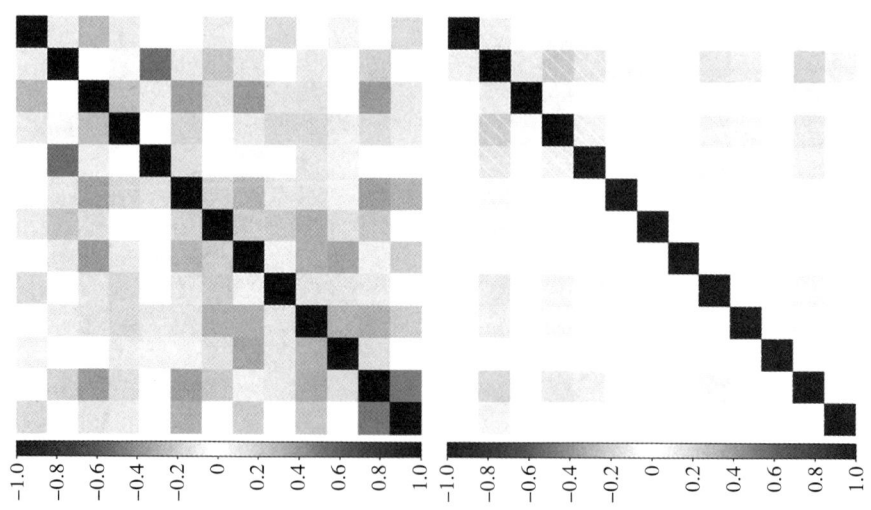

图 20　农林牧渔行业估值与成长性因子正交化前（左）和
正交化后（右）相关系数对比

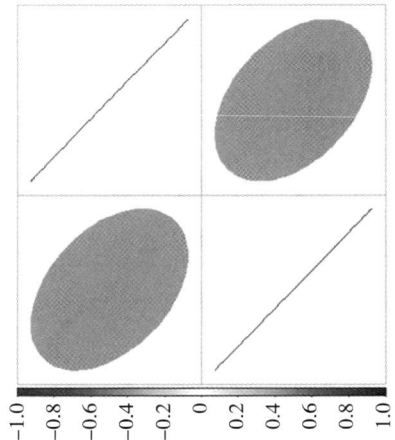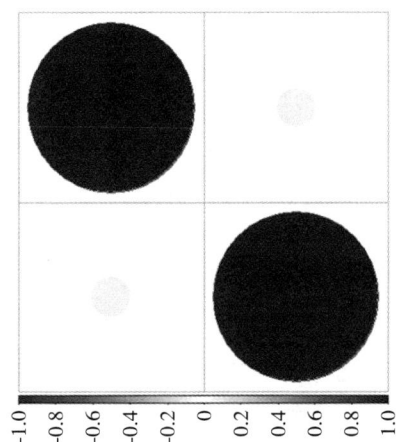

图21 农林牧渔行业创值能力因子正交化前(左)和
正交化后(右)相关系数对比

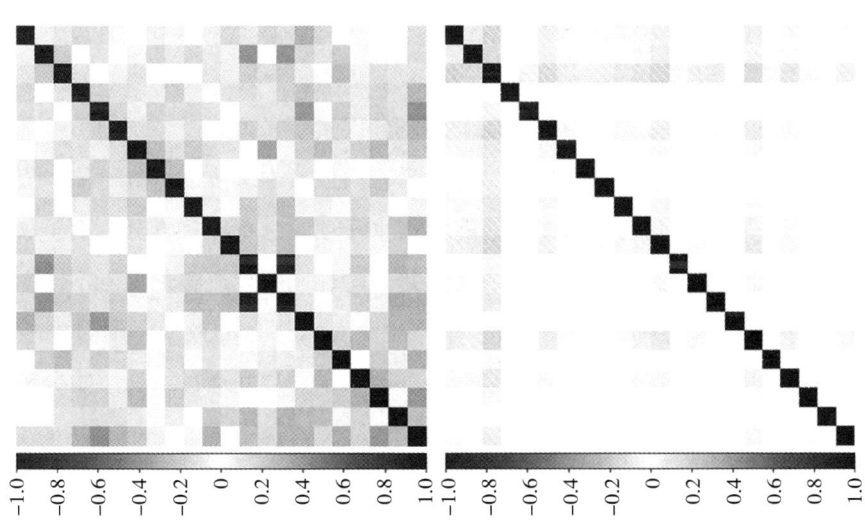

图22 农林牧渔行业公司治理因子正交化前(左)和
正交化后(右)相关系数对比

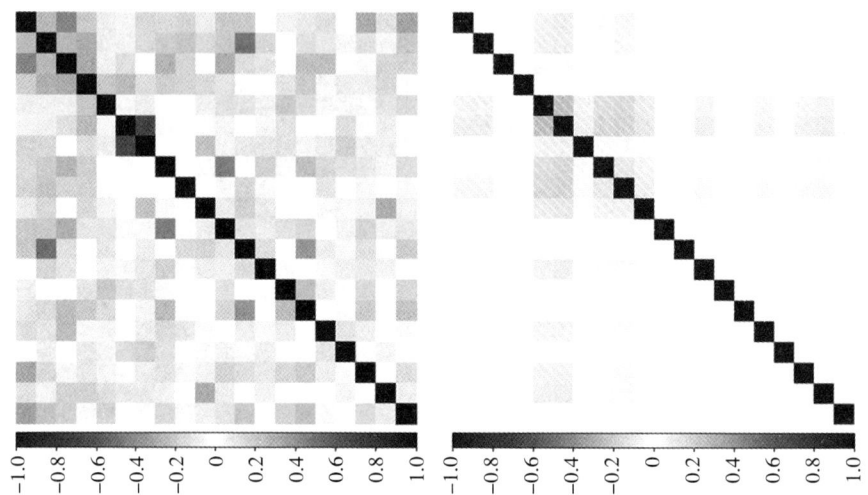

图 23　农林牧渔行业创新与研发因子正交化前（左）和
正交化后（右）相关系数对比

第四，通过层次分析法确定各因素之间和各因素下子项间权重。考虑到本文包含多达 56 个因子，各因素子项下又包含多个具体因子，如果使用层次分析法确定权重首先涉及五个因素间、各因素下子项间、各子项下具体因子间不同层次的专家打分，由于专家数量有限以及专家重复打分可能造成的主观误差，我们仅对五个因素间、各因素下子项间进行专家打分，而子项下各因子之间由于已经经过标准化、正交化处理，同时规避各子项下不同因子间"重要性"重复判断节省专家时间并提高专家打分的效率，通过加权平均处理得到各子项的数值。各因素间、各因素下子项间通过下列层次分析法规则得到权重。

首先，根据前文划分的财务状况、估值与成长性、创值能力、公司治理和创新与研发能力等驱动因素，建立起上市公司价值评估的各层指标体系。

其次，根据各个子项的相对重要程度来确定各因素权重。通过两两比较，得出每一子项相对于另一子项的"重要性"程度得分。相对重要程度度量如表 10 所示。

表 10　专家打分规则

标度	含义
1	表示两个因素 X_i 和 X_j 相比，具有相等重要性
3	表示两个因素 X_i 和 X_j 相比，X_i 比 X_j 稍微重要
5	表示两个因素 X_i 和 X_j 相比，X_i 比 X_j 明显重要
7	表示两个因素 X_i 和 X_j 相比，X_i 比 X_j 强烈重要
9	表示两个因素 X_i 和 X_j 相比，X_i 比 X_j 极端重要
2,4,6,8	表示两个因素 X_i 和 X_j 相比，在上述两个相邻等级之间
倒数	表示两个因素 X_i 和 X_j 比较得出判断 a_{ij}，则 X_j 和 X_i 比较得出判断 $a_{ji}=1/a_{ij}$

对于打分结果，对各因素及各因素下指标分别构造判断矩阵，计算判断矩阵的最大特征根和一致性指标，进行一致性检验。满足一致性检验的判断矩阵的特征向量的各个分量就是各个指标对上一级指标（因素）的权重。利用该权重计算企业价值评估值。

由于行业众多，我们将申万27类行业按照产业特征分为制造业和服务业两大类，再按照产业结构和功能的相似性进一步划分为11类子行业，每一类子行业代表一种专家打分权重，通过对这11类子行业打分，得出所有27类行业的专家打分结果。考虑到银行、证券和保险由于财务报表不同和财务指标不同，我们对于这些行业采用不同的专家打分表，房地产也由于财务指标不同采用不同的专家打分表。GICS 行业分类参照申万行业标准进行分类。

表 11　专家打分表类型

产业	产业结构和功能	包括的申万行业	包括的 GICS 行业
制造业	上游能源	采掘、有色金属	能源、原材料
	中游制造	化工、钢铁、建筑材料、建筑装饰、电气设备、机械设备、轻工制造、军工	半导体产品与设备、技术硬件与设备、资本品
	下游需求	汽车、家用电器、农林牧渔、纺织服装、食品饮料	汽车、耐用消费品与服装、家庭与个人用品、零售业、食品、饮料与烟草

续表

产业	产业结构和功能	包括的申万行业	包括的GICS行业
服务业	物流	交通运输	交通运输
	TMT	电子、计算机、传媒、通信	电信、传媒、软件与服务
	金融	银行、非银金融	银行、非银金融
	休闲服务	休闲服务	商业和专业服务、消费者服务
	公用事业	公用事业	公用事业
	零售	商业贸易	食品与主要用品零售
	医药	医药生物	制药、生物科技与生命科学，医疗保健设备与服务
	其他	综合	

四 评估结果

（一）A股上市公司价值评估综合排名结果

通过对上市公司五要素下具体因子进行标准化与正交化处理，并使用层次分析法对五要素、要素下子项进行打分（见表12至表40），通过加总可以得出分行业上市公司价值评估综合排名结果，由于报告篇幅有限，我们只选取每个行业排名前十的上市公司，[①] 其他上市公司的综合排名分值以及五个要素的具体分值在附录中体现。

1. 银行

表12 银行

排名	代码	公司名称	总得分	财务指标	估值与成长性	创值能力	公司治理	创新与研发
1	601009.SH	南京银行	5.49	5.65	5.23	6	5.32	4.85
2	600919.SH	江苏银行	5.38	5.66	5.68	5.36	4.86	4.8
3	002142.SZ	宁波银行	5.37	5.82	4.9	5.83	5.02	4.85
4	600908.SH	无锡银行	5.36	5.33	5.09	5.95	5.13	5.03
5	002966.SZ	苏州银行	5.34	5.36	5.09	6.01	5.03	4.76

① 个别行业所选上市公司不足10个，故个别表中上市公司数量小于10。

续表

排名	代码	公司名称	总得分	财务指标	估值与成长性	创值能力	公司治理	创新与研发
6	601229.SH	上海银行	5.29	5.39	5.64	5.33	4.72	4.89
7	600926.SH	杭州银行	5.29	5.34	4.97	5.86	5.11	4.84
8	601838.SH	成都银行	5.24	4.92	5.17	5.93	4.99	4.9
9	002839.SZ	张家港行	5.22	4.81	5	6.1	5.1	4.82
10	600928.SH	西安银行	5.21	4.94	4.98	6.05	4.74	5.01

2. 非银金融

表13 证券

排名	代码	公司名称	总得分	财务指标	估值与成长性	创值能力	公司治理	创新与研发
1	600909.SH	华安证券	5.45	5.42	5.44	5.96	5.17	4.79
2	601990.SH	南京证券	5.41	5.29	5.22	6.23	4.95	4.82
3	601236.SH	红塔证券	5.34	5.24	5.23	6.08	4.9	4.73
4	002945.SZ	华林证券	5.33	5.29	5.14	6.17	4.79	4.63
5	601108.SH	财通证券	5.29	5.11	5.36	5.72	5.01	4.9
6	600109.SH	国金证券	5.28	5.2	5.17	5.87	5	4.73
7	300059.SZ	东方财富	5.26	4.99	4.9	6.09	5.03	5.04
8	601162.SH	天风证券	5.25	5.01	5.23	5.82	4.96	4.89
9	002939.SZ	长城证券	5.22	4.86	5.41	5.77	4.76	4.93
10	600621.SH	华鑫股份	5.22	4.91	4.63	6.34	5.01	4.98

表14 保险

排名	代码	公司名称	总得分	财务指标	估值与成长性	创值能力	公司治理	创新与研发
1	601336.SH	新华保险	5.25	4.75	5.4	5.92	5.04	4.82
2	601319.SH	中国人保	5.24	5.18	5.39	5.52	4.89	4.9
3	601601.SH	中国太保	5.2	5.06	5.14	5.65	5.2	4.68
4	000627.SZ	天茂集团	5.16	5.18	5.05	5.62	4.75	4.81
5	601318.SH	中国平安	5	5.24	5.1	4.61	5.28	4.86
6	601628.SH	中国人寿	4.71	4.61	4.47	4.93	4.75	4.92

3. 多元金融

表 15　多元金融

	代码	公司名称	总得分	财务指标	估值与成长性	创值能力	公司治理	创新与研发
1	600643.SH	爱建集团	5.19	4.91	5.51	5.45	5.24	4.86
2	000416.SZ	民生控股	5.17	5.01	5.18	5.78	5.17	4.7
3	000666.SZ	经纬纺机	5.17	5.25	5.32	5.18	5.18	4.91
4	002961.SZ	瑞达期货	5.17	4.49	5.47	5.88	5.14	4.86
5	603093.SH	南华期货	5.16	4.82	5.37	5.75	4.93	4.93
6	600696.SH	岩石股份	5.16	5.38	4.85	5.72	4.94	4.89
7	600318.SH	新力金融	5.16	5.02	5.04	5.65	5.02	5.05
8	600053.SH	九鼎投资	5.14	5.28	5.02	5.84	4.75	4.8
9	600783.SH	鲁信创投	5.14	4.82	5.14	5.78	5.02	4.92
10	603300.SH	华铁应急	5.13	5.01	4.86	5.81	5.07	4.93

4. 采掘

表 16　采掘

排名	代码	公司名称	总得分	财务指标	估值与成长性	创值能力	公司治理	创新与研发
1	601225.SH	陕西煤业	5.21	5.42	5.12	5.59	5.04	4.9
2	603113.SH	金能科技	5.21	5.37	5.28	5.46	5.06	4.89
3	603505.SH	金石资源	5.2	5.21	5.24	5.25	5.3	4.97
4	000923.SZ	河钢资源	5.19	5.61	5.5	5.17	4.88	4.78
5	601088.SH	中国神华	5.18	5.38	5.26	5.18	5.15	4.96
6	002128.SZ	露天煤业	5.13	5.32	5.37	4.96	5.15	4.84
7	603979.SH	金诚信	5.12	4.88	5.53	5.36	5.04	4.81
8	600968.SH	海油发展	5.12	5.09	5.12	5.13	5.06	5.19
9	600395.SH	盘江股份	5.1	5.04	5.29	5.26	5.21	4.68
10	000983.SZ	山西焦煤	5.09	4.87	5.54	5.16	5.15	4.72

5. 传媒

表17　传媒

排名	代码	公司名称	总得分	财务指标	估值与成长性	创值能力	公司治理	创新与研发
1	603258.SH	电魂网络	5.46	5.7	5.6	5.58	5.31	5.1
2	603444.SH	吉比特	5.39	5.48	5.3	5.63	5.37	5.19
3	300770.SZ	新媒股份	5.36	5.62	5.31	5.75	4.96	5.13
4	002624.SZ	完美世界	5.32	5.28	5.38	5.58	5.11	5.25
5	002315.SZ	焦点科技	5.32	5.58	5.44	5.36	5.15	5.08
6	300785.SZ	值得买	5.32	5.4	5.3	5.53	5.32	5.05
7	600633.SH	浙数文化	5.3	5.25	5.47	5.61	5.04	5.1
8	300792.SZ	壹网壹创	5.29	5.57	5.35	5.59	4.91	5.03
9	002555.SZ	三七互娱	5.29	5.24	5.16	5.63	5.27	5.14
10	603533.SH	掌阅科技	5.28	5.4	5.1	5.62	5.15	5.15

6. 电气设备

表18　电气设备

排名	代码	公司名称	总得分	财务指标	估值与成长性	创值能力	公司治理	创新与研发
1	002028.SZ	思源电气	5.39	5.21	5.62	6.06	5.18	4.91
2	603218.SH	日月股份	5.38	5.57	5.36	5.86	5.26	4.85
3	603416.SH	信捷电气	5.38	5.65	5.34	5.78	5.12	4.99
4	002706.SZ	良信股份	5.37	5.52	5.23	5.72	5.21	5.16
5	603606.SH	东方电缆	5.34	5.49	5.41	6.06	4.92	4.84
6	600406.SH	国电南瑞	5.34	5.24	5.35	5.92	5.08	5.1
7	603583.SH	捷昌驱动	5.33	5.64	5.13	5.81	5.2	4.85
8	300286.SZ	安科瑞	5.32	5.58	5.22	5.48	5.22	5.08
9	300124.SZ	汇川技术	5.31	5.27	5.26	5.83	5.11	5.07
10	002851.SZ	麦格米特	5.3	5.27	5.22	6.17	4.99	4.87

7. 电子

表19 电子

排名	代码	公司名称	总得分	财务指标	估值与成长性	创值能力	公司治理	创新与研发
1	002841.SZ	视源股份	5.47	5.21	5.18	6.62	5.35	4.99
2	603160.SH	汇顶科技	5.41	5.57	5.01	5.97	5.05	5.42
3	002925.SZ	盈趣科技	5.35	5.39	5.48	5.83	5.24	4.84
4	002415.SZ	海康威视	5.35	5.12	5.15	6.09	5.16	5.23
5	300327.SZ	中颖电子	5.33	5.51	5.27	5.29	5.34	5.23
6	688008.SH	澜起科技	5.31	5.56	4.94	5.8	5.13	5.13
7	603986.SH	兆易创新	5.3	5.49	4.91	5.67	5.08	5.35
8	300782.SZ	卓胜微	5.3	5.57	5.25	5.52	5.06	5.1
9	300408.SZ	三环集团	5.27	5.43	5.01	5.8	5.3	4.82
10	600563.SH	法拉电子	5.25	5.47	5.34	5.63	4.97	4.86

8. 纺织服装

表20 纺织服装

排名	代码	公司名称	总得分	财务指标	估值与成长性	创值能力	公司治理	创新与研发
1	002293.SZ	罗莱生活	5.53	5.67	5.5	6.42	5.01	5.05
2	002327.SZ	富安娜	5.45	5.58	5.59	6.09	5.16	4.83
3	002832.SZ	比音勒芬	5.41	5.42	5.39	6.16	5.18	4.9
4	002563.SZ	森马服饰	5.38	5.51	5.15	5.93	5.35	4.96
5	603238.SH	诺邦股份	5.37	5.25	5.53	5.7	5.32	5.04
6	002003.SZ	伟星股份	5.35	5.28	5.37	5.88	5.09	5.11
7	603587.SH	地素时尚	5.33	5.51	5.29	5.92	5.13	4.83
8	002763.SZ	汇洁股份	5.33	5.54	5.53	5.35	5.3	4.93
9	603365.SH	水星家纺	5.3	5.61	5.47	5.56	5.03	4.85
10	603877.SH	太平鸟	5.28	5.06	5.3	6.36	5.04	4.64

9. 钢铁

表 21　钢铁

排名	代码	公司名称	总得分	财务指标	估值与成长性	创值能力	公司治理	创新与研发
1	600507.SH	方大特钢	5.33	5.78	5.23	5.7	4.95	4.98
2	000708.SZ	中信特钢	5.32	4.97	5.57	5.83	5.02	5.21
3	000717.SZ	韶钢松山	5.25	5.29	4.99	5.86	4.97	5.12
4	002110.SZ	三钢闽光	5.22	5.78	5.25	5.38	4.89	4.81
5	000932.SZ	华菱钢铁	5.2	5.06	5.3	5.63	5.07	4.95
6	603995.SH	甬金股份	5.18	5.37	5.64	4.87	5.15	4.85
7	002318.SZ	久立特材	5.14	5.26	5.56	4.87	5.03	5.01
8	600282.SH	南钢股份	5.12	4.74	5.37	5.6	5	4.87
9	600782.SH	新钢股份	5.11	5.01	5.33	5.39	5.02	4.8
10	002075.SZ	沙钢股份	5.1	5.75	4.73	5.17	4.93	4.92

10. 公用事业

表 22　公用事业

排名	代码	公司名称	总得分	财务指标	估值与成长性	创值能力	公司治理	创新与研发
1	603568.SH	伟明环保	5.41	5.37	5.64	5.9	5.26	4.88
2	601139.SH	深圳燃气	5.33	5.24	5.53	5.67	5.18	5.02
3	600236.SH	桂冠电力	5.33	5.07	5.25	6.38	5.11	4.83
4	600167.SH	联美控股	5.32	5.61	5.23	6.16	4.9	4.72
5	600900.SH	长江电力	5.3	5.28	5.24	6.02	5.15	4.79
6	002887.SZ	绿茵生态	5.29	5.38	5.37	5.33	5.27	5.12
7	601158.SH	重庆水务	5.29	5.44	5.51	5.68	5.07	4.75
8	600681.SH	百川能源	5.25	5.3	5.48	5.53	5.22	4.73
9	300137.SZ	先河环保	5.25	5.22	5.24	5.55	5.09	5.14
10	600323.SH	瀚蓝环境	5.23	4.92	5.58	5.76	5.08	4.78

11. 国防军工

表23　国防军工

排名	代码	公司名称	总得分	财务指标	估值与成长性	创值能力	公司治理	创新与研发
1	603267.SH	鸿远电子	5.3	5.49	5.31	5.76	5.12	4.83
2	002025.SZ	航天电器	5.28	5.04	5.25	6.19	4.91	5.03
3	603678.SH	火炬电子	5.26	4.9	5.32	6.06	5.31	4.73
4	002179.SZ	中航光电	5.26	5.02	5.37	5.83	5.02	5.04
5	000547.SZ	航天发展	5.21	4.93	5.44	5.78	4.86	5.05
6	300474.SZ	景嘉微	5.2	5.26	5.13	5.63	4.86	5.11
7	300696.SZ	爱乐达	5.19	5.22	5.22	5.54	5.22	4.75
8	002933.SZ	新兴装备	5.17	5.5	5.42	4.99	5.05	4.92
9	002465.SZ	海格通信	5.16	5.42	5.49	5.24	4.89	4.75
10	300722.SZ	新余国科	5.15	5.43	5.2	5.53	4.78	4.84

12. 化工

表24　化工

排名	代码	公司名称	总得分	财务指标	估值与成长性	创值能力	公司治理	创新与研发
1	300699.SZ	光威复材	5.33	5.67	5.34	5.67	4.92	5.07
2	600486.SH	扬农化工	5.31	5.16	5.22	6.26	4.97	4.96
3	002802.SZ	洪汇新材	5.31	5.52	5.26	5.4	5.32	5.03
4	600426.SH	华鲁恒升	5.27	5.3	5.27	6.02	4.89	4.86
5	300285.SZ	国瓷材料	5.26	5.35	5.13	5.6	5.15	5.09
6	600143.SH	金发科技	5.26	4.87	5.31	5.87	5.38	4.86
7	601058.SH	赛轮轮胎	5.25	4.92	5.36	6.04	5.03	4.94
8	600299.SH	安迪苏	5.25	5.53	5.43	5.41	4.96	4.92
9	600273.SH	嘉化能源	5.25	5.36	5.37	5.64	4.95	4.91
10	002749.SZ	国光股份	5.24	5.35	5.4	5.28	5.26	4.93

13. 机械设备

表25 机械设备

排名	代码	公司名称	总得分	财务指标	估值与成长性	创值能力	公司治理	创新与研发
1	603298.SH	杭叉集团	5.4	5.47	5.43	6.14	5.06	4.89
2	002690.SZ	美亚光电	5.38	5.67	5.2	5.71	5.28	5.06
3	002444.SZ	巨星科技	5.33	5.42	5.38	6.2	4.93	4.74
4	603277.SH	银都股份	5.33	5.62	5.4	5.61	5.33	4.69
5	688001.SH	华兴源创	5.33	5.39	5.19	5.77	5.08	5.19
6	603666.SH	亿嘉和	5.33	5.63	5.07	5.51	5.31	5.11
7	300417.SZ	南华仪器	5.32	5.56	5.15	5.38	5.24	5.27
8	002353.SZ	杰瑞股份	5.31	4.69	5.39	6.29	5.25	4.94
9	002957.SZ	科瑞技术	5.3	5.61	5.3	5.7	4.9	4.99
10	603203.SH	快克股份	5.3	5.62	5.32	5.59	4.84	5.12

14. 计算机

表26 计算机

排名	代码	公司名称	总得分	财务指标	估值与成长性	创值能力	公司治理	创新与研发
1	300033.SZ	同花顺	5.33	5.6	5.17	5.83	4.97	5.08
2	688188.SH	柏楚电子	5.32	5.62	5.2	5.51	5.28	5.01
3	300624.SZ	万兴科技	5.32	5.58	5.28	5.44	5.2	5.08
4	300768.SZ	迪普科技	5.31	5.69	5.09	5.68	5	5.09
5	002912.SZ	中新赛克	5.3	5.45	5.28	5.72	4.94	5.12
6	688288.SH	鸿泉物联	5.29	5.62	5.32	5.31	5.13	5.05
7	688111.SH	金山办公	5.28	5.72	4.84	5.83	5.01	5.01
8	688088.SH	虹软科技	5.28	5.55	5.05	5.83	4.76	5.19
9	300659.SZ	中孚信息	5.27	5.46	5.09	5.58	5.11	5.14
10	300188.SZ	美亚柏科	5.27	5.14	5.25	5.8	5.11	5.07

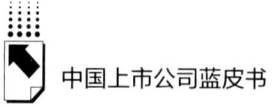

15. 家用电器

表27　家用电器

排名	代码	公司名称	总得分	财务指标	估值与成长性	创值能力	公司治理	创新与研发
1	002508.SZ	老板电器	5.36	5.7	5.34	5.49	5.08	5.19
2	002242.SZ	九阳股份	5.3	5.6	5.33	5.41	5.06	5.1
3	002677.SZ	浙江美大	5.28	5.61	5.37	5.35	5.16	4.9
4	002032.SZ	苏泊尔	5.25	5.45	5.43	5.68	4.74	4.95
5	000651.SZ	格力电器	5.24	5.23	5.27	5.72	5	4.95
6	000333.SZ	美的集团	5.22	5.07	5.26	5.92	4.99	4.85
7	603519.SH	立霸股份	5.22	5.47	5.31	5.14	5.22	4.94
8	603579.SH	荣泰健康	5.21	5.58	5.67	4.97	5	4.83
9	603355.SH	莱克电气	5.2	5.44	5.5	5.34	4.84	4.87
10	603868.SH	飞科电器	5.19	5.45	5.33	5.39	4.99	4.81

16. 建筑材料

表28　建筑材料

排名	代码	公司名称	总得分	财务指标	估值与成长性	创值能力	公司治理	创新与研发
1	002271.SZ	东方雨虹	5.31	4.95	5.24	5.88	5.34	5.15
2	002372.SZ	伟星新材	5.26	5.35	5.3	5.62	4.94	5.09
3	600585.SH	海螺水泥	5.24	5.4	5.4	5.5	5.01	4.88
4	002088.SZ	鲁阳节能	5.22	5.37	5.56	5.2	4.99	4.97
5	601636.SH	旗滨集团	5.22	5.2	5.09	5.6	5.22	4.97
6	002233.SZ	塔牌集团	5.21	5.55	5.65	4.93	5.01	4.91
7	601865.SH	福莱特	5.21	4.92	5.26	5.58	5.28	4.98
8	600801.SH	华新水泥	5.17	5.19	5.3	5.57	4.99	4.79
9	002918.SZ	蒙娜丽莎	5.17	5.13	5.5	5.24	5.22	4.75
10	300737.SZ	科顺股份	5.16	4.71	5.47	5.39	5.32	4.91

17. 建筑装饰

表 29　建筑装饰

排名	代码	公司名称	总得分	财务指标	估值与成长性	创值能力	公司治理	创新与研发
1	002949.SZ	华阳国际	5.35	5.62	5.34	5.52	5.45	4.8
2	603466.SH	风语筑	5.29	5.48	5.16	5.71	5.26	4.84
3	603357.SH	设计总院	5.28	5.8	5.4	5.5	4.82	4.89
4	603018.SH	华设集团	5.24	5.28	5.44	5.56	5.21	4.69
5	002081.SZ	金螳螂	5.23	5.29	5.39	5.63	5.07	4.78
6	000928.SZ	中钢国际	5.23	5.33	5.28	5.51	5.01	5
7	300384.SZ	三联虹普	5.23	5.7	4.9	5.57	4.99	4.97
8	603860.SH	中公高科	5.21	5.64	5.02	5.41	4.94	5.06
9	603017.SH	中衡设计	5.21	5.41	5.25	5.29	5.27	4.85
10	603081.SH	大丰实业	5.2	5.33	5.32	5.52	5.14	4.71

18. 交通运输

表 30　交通运输

排名	代码	公司名称	总得分	财务指标	估值与成长性	创值能力	公司治理	创新与研发
1	603871.SH	嘉友国际	5.4	5.47	5.54	5.53	5.4	5.03
2	601298.SH	青岛港	5.33	5.08	5.53	6.03	5.01	4.97
3	002120.SZ	韵达股份	5.32	5.44	4.96	6.18	5.08	4.94
4	600897.SH	厦门空港	5.24	5.7	5.46	5.01	5.01	4.72
5	603535.SH	嘉诚国际	5.23	5.23	5.21	5.5	5.09	5.1
6	000429.SZ	粤高速A	5.23	5.26	5.3	5.7	5.07	4.8
7	603648.SH	畅联股份	5.22	5.33	5.15	5.35	5.23	5.02
8	603713.SH	密尔克卫	5.21	5.07	5.19	5.66	5.16	4.99
9	603128.SH	华贸物流	5.21	5.07	5.26	5.59	5.15	5
10	601000.SH	唐山港	5.2	5.3	5.38	5.27	5.06	5.01

19. 农林牧渔

表 31　农林牧渔

排名	代码	公司名称	总得分	财务指标	估值与成长性	创值能力	公司治理	创新与研发
1	603566.SH	普莱柯	5.31	5.46	5.39	5.33	5.37	5
2	002311.SZ	海大集团	5.26	4.78	5.54	6.18	4.93	4.86
3	600298.SH	安琪酵母	5.24	4.88	5.42	5.71	5.13	5.05
4	600201.SH	生物股份	5.22	5.39	5.22	5.33	5.08	5.06
5	002714.SZ	牧原股份	5.21	5.03	5.04	6.11	5.11	4.74
6	600598.SH	北大荒	5.2	5.66	5.24	5.57	4.91	4.61
7	300761.SZ	立华股份	5.19	5.68	5.62	5.14	4.96	4.57
8	002458.SZ	益生股份	5.19	5.72	5.03	5.53	5.05	4.64
9	688098.SH	申联生物	5.18	5.26	5.28	5.16	5.04	5.15
10	002299.SZ	圣农发展	5.18	5.31	5.22	5.85	4.83	4.68

20. 汽车

表 32　汽车

排名	代码	公司名称	总得分	财务指标	估值与成长性	创值能力	公司治理	创新与研发
1	601965.SH	中国汽研	5.4	5.57	5.48	5.49	5.33	5.14
2	600066.SH	宇通客车	5.31	5.22	5.36	6.06	4.96	4.97
3	000951.SZ	中国重汽	5.3	5.03	5.41	6.1	5.08	4.91
4	603037.SH	凯众股份	5.27	5.45	5.65	4.93	5.26	5.06
5	603596.SH	伯特利	5.25	5.38	5.35	5.42	5.07	5.02
6	603730.SH	岱美股份	5.25	5.4	5.29	5.62	5.12	4.79
7	603786.SH	科博达	5.24	5.43	5.25	5.55	4.95	5.02
8	603129.SH	春风动力	5.23	5.16	5.31	5.36	5.14	5.17
9	603040.SH	新坐标	5.21	5.52	5.32	5.28	4.95	5
10	603348.SH	文灿股份	5.21	5.17	5.56	5.2	5.34	4.77

21. 轻工制造

表33　轻工制造

排名	代码	公司名称	总得分	财务指标	估值与成长性	创值能力	公司治理	创新与研发
1	603801.SH	志邦家居	5.42	5.46	5.52	5.85	5.26	4.99
2	002803.SZ	吉宏股份	5.41	5.25	5.6	6.02	5.32	4.86
3	002605.SZ	姚记科技	5.4	5.11	4.97	6.66	5.19	5.07
4	603180.SH	金牌厨柜	5.38	5.3	5.45	5.77	5.29	5.06
5	002867.SZ	周大生	5.37	5.57	5.51	6.04	4.88	4.83
6	603992.SH	松霖科技	5.36	5.64	5.07	5.81	5.19	5.11
7	002572.SZ	索菲亚	5.36	5.48	5.2	5.94	5.46	4.72
8	603848.SH	好太太	5.35	5.7	5.17	5.63	5.22	5.04
9	002014.SZ	永新股份	5.34	5.56	5.64	5.37	5.16	4.99
10	601515.SH	东风股份	5.32	5.27	5.45	5.85	4.94	5.11

22. 商业贸易

表34　商业贸易

排名	代码	公司名称	总得分	财务指标	估值与成长性	创值能力	公司治理	创新与研发
1	000906.SZ	浙商中拓	5.44	4.92	5.81	6.13	5.24	5.11
2	002818.SZ	富森美	5.43	5.63	5.08	6.28	5.18	5
3	600729.SH	重庆百货	5.35	5.05	5.53	6	5.32	4.84
4	603214.SH	爱婴室	5.35	5.46	5.37	5.76	5.27	4.87
5	002127.SZ	南极电商	5.32	5.6	5.03	5.83	4.84	5.3
6	002091.SZ	江苏国泰	5.3	5.23	5.82	5.34	5.32	4.77
7	002697.SZ	红旗连锁	5.26	5.28	5.37	6.13	4.91	4.63
8	002416.SZ	爱施德	5.26	5.19	5.17	5.76	5.2	5
9	600814.SH	杭州解百	5.26	5.6	5.3	5.59	5.1	4.72
10	300622.SZ	博士眼镜	5.22	5.41	5.21	5.68	5	4.81

23. 食品饮料

表35　食品饮料

排名	代码	公司名称	总得分	财务指标	估值与成长性	创值能力	公司治理	创新与研发
1	000858.SZ	五粮液	5.44	5.46	5.33	6.07	5.16	5.17
2	000568.SZ	泸州老窖	5.39	5.19	5.26	6.33	5.07	5.11
3	603288.SH	海天味业	5.37	5.5	5	6.32	4.89	5.16
4	002304.SZ	洋河股份	5.33	5.23	5.02	6.47	5.08	4.87
5	600519.SH	贵州茅台	5.32	5.49	5.1	6.1	5.04	4.89
6	000895.SZ	双汇发展	5.32	5.17	5.23	6.18	5.2	4.83
7	600887.SH	伊利股份	5.2	4.93	5.17	5.93	5.19	4.77
8	300146.SZ	汤臣倍健	5.19	5.09	5.23	5.22	5.19	5.23
9	002507.SZ	涪陵榨菜	5.17	5.47	5.33	5.34	5.04	4.66
10	603043.SH	广州酒家	5.17	5.39	5.44	5.1	5.07	4.83

24. 通信

表36　通信

排名	代码	公司名称	总得分	财务指标	估值与成长性	创值能力	公司治理	创新与研发
1	300628.SZ	亿联网络	5.53	5.73	5.33	6.26	5.36	4.96
2	300394.SZ	天孚通信	5.26	5.52	5.34	5.71	5.07	4.66
3	002396.SZ	星网锐捷	5.26	5.21	5.49	5.61	4.94	5.05
4	300627.SZ	华测导航	5.25	5.21	5.22	5.46	5.24	5.14
5	300578.SZ	会畅通讯	5.23	5.58	5.19	5.34	5.09	4.98
6	300563.SZ	神宇股份	5.23	5.41	5.42	5.2	5.27	4.87
7	300590.SZ	移为通信	5.23	5.69	4.96	5.55	5	4.94
8	300620.SZ	光库科技	5.23	5.46	5.24	5.24	5.3	4.9
9	300502.SZ	新易盛	5.22	5.59	4.96	5.57	5.32	4.68
10	300638.SZ	广和通	5.22	5.16	5.23	5.52	5.21	4.96

25. 休闲服务

表37　休闲服务

排名	代码	公司名称	总得分	财务指标	估值与成长性	创值能力	公司治理	创新与研发
1	601888.SH	中国中免	5.32	5.35	5.07	5.83	5.15	5.18
2	300662.SZ	科锐国际	5.29	4.93	5.33	5.42	5.27	5.5
3	300144.SZ	宋城演艺	5.22	5.6	5.1	5.26	5	5.14
4	603136.SH	天目湖	5.19	5.41	5.39	5.3	5.13	4.75
5	002033.SZ	丽江股份	5.13	5.54	5.51	4.8	4.9	4.89
6	603199.SH	九华旅游	5.12	5.51	5.37	4.8	5.02	4.91
7	000888.SZ	峨眉山A	5.08	5.43	5.61	4.69	4.89	4.79
8	600054.SH	黄山旅游	5.06	5.37	5.52	4.67	4.8	4.93
9	600965.SH	福成股份	5.05	5.18	5.15	5.04	4.81	5.08
10	600593.SH	大连圣亚	4.99	4.56	5.24	5.4	4.92	4.84

26. 医药生物

表38　医药生物

排名	代码	公司名称	总得分	财务指标	估值与成长性	创值能力	公司治理	创新与研发
1	002223.SZ	鱼跃医疗	5.49	5.41	5.61	6.39	5.2	4.83
2	600867.SH	通化东宝	5.41	5.42	5.27	6.11	5.1	5.16
3	300482.SZ	万孚生物	5.41	5.41	5.29	5.91	5.33	5.09
4	002007.SZ	华兰生物	5.39	5.62	5.19	6.06	5.08	5.01
5	300760.SZ	迈瑞医疗	5.37	5.55	5.12	5.83	4.98	5.35
6	002603.SZ	以岭药业	5.35	5.01	5.49	5.99	5.2	5.06
7	300529.SZ	健帆生物	5.35	5.58	5.17	5.77	5.09	5.12
8	603658.SH	安图生物	5.35	5.27	4.96	6.24	5.14	5.13
9	300676.SZ	华大基因	5.33	5.06	5.25	6.57	4.79	4.98
10	688399.SH	硕世生物	5.31	5.65	5.13	5.51	5.25	5

27. 有色金属

表39 有色金属

排名	代码	公司名称	总得分	财务指标	估值与成长性	创值能力	公司治理	创新与研发
1	000975.SZ	银泰黄金	5.4	5.48	5.38	6.08	5.2	4.84
2	688357.SH	建龙微纳	5.39	5.44	5.37	5.81	5.29	5.03
3	688300.SH	联瑞新材	5.38	5.51	5.37	5.8	5.14	5.08
4	688388.SH	嘉元科技	5.3	5.56	5.27	5.77	5.04	4.87
5	002056.SZ	横店东磁	5.3	5.25	5.5	5.81	4.94	4.98
6	000603.SZ	盛达资源	5.29	5.37	5.35	6.09	4.86	4.8
7	300127.SZ	银河磁体	5.27	5.39	5.35	5.74	5.04	4.84
8	300811.SZ	铂科新材	5.26	5.32	5.2	5.84	5.15	4.8
9	600338.SH	西藏珠峰	5.26	5.19	5.38	6.09	4.97	4.65
10	300395.SZ	菲利华	5.26	5.46	5.27	5.72	5.08	4.75

28. 综合

表40 综合

排名	代码	公司名称	总得分	财务指标	估值与成长性	创值能力	公司治理	创新与研发
1	603060.SH	国检集团	5.52	5.51	5.34	6.51	5.11	5.12
2	300012.SZ	华测检测	5.42	5.49	5.2	6.1	5.32	5
3	002967.SZ	广电计量	5.37	5.17	5.1	6.53	5.08	4.96
4	300797.SZ	钢研纳克	5.33	5.48	5.31	6.02	4.76	5.09
5	603183.SH	建研院	5.33	5.51	5.48	5.69	5.13	4.84
6	600603.SH	广汇物流	5.23	5.18	5.7	5.46	5.29	4.53
7	600234.SH	山水文化	5.16	4.63	5.3	6.06	5.05	4.77
8	300688.SZ	创业黑马	5.13	5.08	4.97	5.89	4.85	4.88
9	600624.SH	复旦复华	5.1	4.9	4.93	5.73	4.9	5.03
10	600051.SH	宁波联合	5.07	5.23	5.12	5.29	5.04	4.68

（二）"漂亮100"投资组合

我们根据申万各行业上市公司价值评估综合排名并参考各行业上市公司数量，在每个行业排名前5%的上市公司中选出最能代表本行业未来发展方向和价值驱动的上市公司，构成"漂亮100"投资组合（见表41）。

表41 "漂亮100"投资组合

行业	相关收益公司
采掘	陕西煤业、金能科技
传媒	电魂网络、吉比特、新媒股份、完美世界
电气设备	思源电气、日月股份、信捷电气、良信股份、东方电缆、国电南瑞
电子	视源股份、汇顶科技、盈趣科技、海康威视、中颖电子、澜起科技、兆易创新、卓胜微、三环集团
纺织服装	罗莱生活、富安娜、比音勒芬
钢铁	方大特钢、中信特钢
公用事业	伟明环保、深圳燃气
化工	光威复材、扬农化工、洪汇新材
机械设备	杭叉集团、美亚光电、巨星科技、银都股份、华兴源创
计算机	同花顺、柏楚电子、万兴科技、迪普科技、中新赛克
家用电器	老板电器、九阳股份、浙江美大、苏泊尔、格力电器、美的集团
建筑材料	东方雨虹、伟星新材、海螺水泥
建筑装饰	华阳国际、风语筑、设计总院
交通运输	嘉友国际、青岛港、韵达股份
国防军工	鸿远电子、航天电器
农林牧渔	普莱柯、海大集团、安琪酵母
汽车	中国汽研、宇通客车
轻工制造	志邦家居、吉宏股份、姚记科技、金牌厨柜、周大生
商业贸易	浙商中拓、富森美、重庆百货
食品饮料	五粮液、泸州老窖、海天味业、洋河股份、贵州茅台、双汇发展
通信	亿联网络、天孚通信、星网锐捷
休闲服务	中国中免、科锐国际
医药生物	鱼跃医疗、通化东宝、万孚生物、华兰生物、迈瑞医疗、以岭药业、健帆生物、华大基因、恒瑞医药
有色金属	银泰黄金、建龙微纳、联瑞新材
综合	国检集团、华测检测、广电计量
银行	南京银行
非银金融	新华保险、华安证券

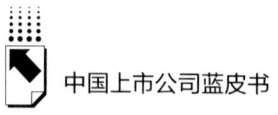

(三)港股上市公司价值评估综合排名结果

以下为按照GICS行业分类下港股综合评估排名和各因素得分情况(见表42至表59)。

1. 半导体产品与设备

表42 半导体产品与设备

排名	代码	公司名称	总得分	财务指标	估值与成长性	创值能力	公司治理与创新
1	0981.HK	中芯国际	5.2	4.87	5.16	5.68	4.96
2	0522.HK	ASM PACIFIC	5.03	5.71	5.29	3.92	5.39
3	3800.HK	保利协鑫能源	4.99	4.79	4.73	5.83	4.19
4	0968.HK	信义光能	4.79	5.07	5.27	3.97	4.88
5	1347.HK	华虹半导体	4.69	5.21	4.8	4.01	4.83
6	1799.HK	新特能源	4.61	4.59	4.57	4.78	4.41
7	1385.HK	上海复旦	4.55	4.71	4.62	4.14	4.89

2. 电信业务

表43 电信业务

排名	代码	公司名称	总得分	财务指标	估值与成长性	创值能力	公司治理与创新
1	0008.HK	电讯盈科	5.31	5.1	5.1	5.83	5.07
2	0941.HK	中国移动	5.26	6.21	5.03	4.48	5.33
3	1310.HK	香港宽频	5.23	5	5.14	5.83	4.64
4	0762.HK	中国联通	5.22	5.15	4.8	6.03	4.62
5	1883.HK	中信国际电讯	4.97	5.12	5.56	4.19	5.05
6	0552.HK	中国通信服务	4.83	5.3	4.92	4.14	5.09
7	0788.HK	中国铁塔	4.52	4.78	4.84	3.96	4.5
8	0215.HK	和记电讯香港	4.51	4.62	4.98	3.88	4.61
9	0728.HK	中国电信	4.44	4.95	4.35	3.88	4.71
10	6823.HK	香港电讯-SS	-12.52	-55.89	5.58	3.88	5.2

3. 公用事业

表 44 公用事业

排名	代码	公司名称	总得分	财务指标	估值与成长性	创值能力	公司治理与创新
1	3868.HK	信义能源	6.58	11.71	4.76	4.06	5.01
2	0002.HK	中电控股	5.55	5.86	5.25	5.83	4.99
3	0003.HK	香港中华煤气	5.39	5.06	5.14	6.19	5
4	2688.HK	新奥能源	5.3	6.11	5.08	4.78	5.17
5	0270.HK	粤海投资	5.24	5.47	5.41	4.84	5.24
6	1038.HK	长江基建集团	5.22	5.12	4.95	5.83	4.72
7	0451.HK	协鑫新能源	5.2	4.64	4.69	6.55	4.61
8	1635.HK	大众公用	5.06	4.68	4.87	5.83	4.64
9	0836.HK	华润电力	5.04	5.18	4.96	4.95	5.07
10	1193.HK	华润燃气	5.03	5.62	5.36	3.9	5.45

4. 技术硬件与设备

表 45 技术硬件与设备

排名	代码	公司名称	总得分	财务指标	估值与成长性	创值能力	公司治理与创新
1	0148.HK	建滔集团	5.35	5.48	4.93	5.83	4.97
2	6869.HK	长飞光纤光缆	5.27	5.05	5.35	5.83	4.44
3	2382.HK	舜宇光学科技	5.26	5.76	5.51	4.46	5.38
4	0861.HK	神州控股	5.12	4.77	5.21	5.81	4.24
5	1810.HK	小米集团-W	5.11	4.92	4.87	5.83	4.52
6	0763.HK	中兴通讯	5.09	4.88	4.64	5.98	4.65
7	2018.HK	瑞声科技	4.99	5.64	5.03	4.46	4.68
8	2038.HK	富智康集团	4.9	4.87	4.99	4.79	4.98
9	1888.HK	建滔积层板	4.86	5.31	5.14	4.07	5
10	0327.HK	百富环球	4.84	5.4	4.79	4.04	5.44

5. 零售业

表46 零售业

排名	代码	公司名称	总得分	财务指标	估值与成长性	创值能力	公司治理与创新
1	6288.HK	FAST RETAIL-DRS	68.47	227.31	5.36	4.45	5.05
2	9988.HK	阿里巴巴-SW	5.75	7.56	5.46	4.44	5.31
3	3690.HK	美团-W	5.17	4.72	5.1	5.83	4.88
4	1212.HK	利福国际	5.13	5.26	5.01	5.44	4.51
5	0881.HK	中升控股	5.06	5.3	5.45	4.44	5.09
6	1929.HK	周大福	5.01	5.12	5.27	4.44	5.43
7	3308.HK	金鹰商贸集团	4.99	5.16	5.24	4.51	5.13
8	1268.HK	美东汽车	4.98	5.18	5.2	4.45	5.22
9	1528.HK	红星美凯龙	4.98	5	5.36	4.81	4.53
10	3669.HK	永达汽车	4.87	5.21	4.8	4.44	5.16

6. 媒体和娱乐

表47 媒体和娱乐

排名	代码	公司名称	总得分	财务指标	估值与成长性	创值能力	公司治理与创新
1	8032.HK	非凡中国	5.25	5.02	5.09	5.83	4.84
2	0772.HK	阅文集团	5.24	5.22	4.76	5.78	5.14
3	0811.HK	新华文轩	4.82	5.09	5.07	3.96	5.48
4	1137.HK	香港电视	4.71	4.72	4.91	4.53	4.63
5	1896.HK	猫眼娱乐	4.62	4.76	4.7	4.16	5.11
6	0863.HK	BC科技集团	4.55	4.82	4.75	3.99	4.75
7	1060.HK	阿里影业	4.5	4.71	4.69	4.1	4.52

7. 耐用消费品与服装

表 48　耐用消费品与服装

排名	代码	公司名称	总得分	财务指标	估值与成长性	创值能力	公司治理与创新
1	2020.HK	安踏体育	5.23	5.66	5.28	4.65	5.43
2	1691.HK	JS环球生活	5.17	4.76	4.72	5.83	5.52
3	2313.HK	申洲国际	5.13	5.59	5.3	4.65	4.8
4	2331.HK	李宁	5.03	5.4	5.02	4.66	5.07
5	1478.HK	丘钛科技	5.03	5.11	4.99	4.66	5.7
6	1234.HK	中国利郎	5.02	5.1	5.24	4.66	5.14
7	6110.HK	滔搏	5.01	5.27	5.04	4.65	5.14
8	3709.HK	赢家时尚	5	5.21	4.88	4.65	5.53
9	0669.HK	创科实业	4.98	4.92	5.35	4.65	5.03
10	0921.HK	海信家电	4.98	5.2	4.97	4.65	5.21

8. 能源

表 49　能源

排名	代码	公司名称	总得分	财务指标	估值与成长性	创值能力	公司治理与创新
1	1088.HK	中国神华	5.11	5.46	5.09	4.54	5.6
2	3668.HK	兖煤澳大利亚	5.1	4.79	4.89	5.82	4.71
3	0650.HK	IDG能源投资	5.1	4.82	5.07	5.83	4.23
4	0467.HK	联合能源集团	5.01	5.16	5.1	4.72	5.12
5	1171.HK	兖州煤业股份	5	5.22	5.27	4.58	4.9
6	0639.HK	首钢资源	4.96	4.98	5.07	4.77	5.04
7	1898.HK	中煤能源	4.87	5.01	5.29	4.44	4.65
8	2386.HK	中石化炼化工程	4.85	4.88	4.92	4.65	5.05
9	3948.HK	伊泰煤炭	4.84	5.28	4.73	4.49	4.86
10	0934.HK	中石化冠德	4.82	5.11	4.97	4.52	4.55

9. 汽车与汽车零部件

表 50　汽车与汽车零部件

排名	代码	公司名称	总得分	财务指标	估值与成长性	创值能力	公司治理与创新
1	0868.HK	信义玻璃	5.56	5.21	5.6	5.83	5.61
2	3606.HK	福耀玻璃	5.48	5.44	5.26	5.83	5.27
3	2333.HK	长城汽车	5.36	5.24	5.07	5.79	5.3
4	1211.HK	比亚迪股份	5.35	5.8	5.19	5.15	5.18
5	2238.HK	广汽集团	5.09	4.78	4.89	5.83	4.63
6	1958.HK	北京汽车	5.08	5.58	5.28	4.4	5.08
7	0425.HK	敏实集团	4.88	5.29	5.11	4.16	5.01
8	0489.HK	东风集团股份	4.86	4.62	5.08	4.78	5.07
9	1809.HK	浦林成山	4.84	5.12	5.47	3.79	5.11
10	0175.HK	吉利汽车	4.69	5.19	5.01	3.84	4.75

10. 软件与服务

表 51　软件与服务

排名	代码	公司名称	总得分	财务指标	估值与成长性	创值能力	公司治理与创新
1	0700.HK	腾讯控股	5.43	6.54	5.35	4.62	4.98
2	8083.HK	中国有赞	5.32	4.75	4.98	6.6	4.56
3	0799.HK	IGG	5.06	5.25	4.72	5.13	5.21
4	3798.HK	家乡互动	5.05	4.88	5.06	5.11	5.3
5	1119.HK	创梦天地	4.93	4.81	4.97	5.2	4.56
6	0777.HK	网龙	4.93	5.36	4.88	4.31	5.41
7	1357.HK	美图公司	4.93	4.76	4.76	5.24	4.97
8	0696.HK	中国民航信息网络	4.87	5.05	5.13	4.49	4.72
9	1675.HK	亚信科技	4.86	5.04	5.06	4.31	5.21
10	0797.HK	第七大道	4.86	4.72	5.27	4.91	4.23

11. 商业与专业服务

表 52　商业与专业服务

排名	代码	公司名称	总得分	财务指标	估值与成长性	创值能力	公司治理与创新
1	6100.HK	同道猎聘	5.41	4.98	4.81	6.36	5.58
2	0586.HK	海螺创业	5.3	5	5.13	6.09	4.65
3	1381.HK	粤丰环保	4.84	4.77	5.45	4.17	5.13
4	0257.HK	光大环境	4.82	4.57	4.88	4.85	5.11

12. 食品、饮料与烟草

表 53　食品、饮料与烟草

排名	代码	公司名称	总得分	财务指标	估值与成长性	创值能力	公司治理与创新
1	6186.HK	中国飞鹤	5.49	5.31	5.33	5.83	5.48
2	0336.HK	华宝国际	5.16	5.1	4.52	5.83	5.2
3	1610.HK	中粮家佳康	5.11	4.95	4.79	5.83	4.64
4	3799.HK	达利食品	4.96	5.26	5.07	4.43	5.17
5	0322.HK	康师傅控股	4.95	5.16	5.1	4.62	4.93
6	1717.HK	澳优	4.91	4.98	5.12	4.42	5.34
7	1579.HK	颐海国际	4.87	5.19	5.04	4.32	4.97
8	0142.HK	第一太平	4.86	4.7	4.57	5.41	4.7
9	0168.HK	青岛啤酒股份	4.85	5.34	4.87	4.37	4.75
10	0043.HK	卜蜂国际	4.84	4.8	5.36	4.35	4.85

13. 消费者服务

表 54　消费者服务

排名	代码	公司名称	总得分	财务指标	估值与成长性	创值能力	公司治理与创新
1	1890.HK	中国科培	4390.95	15357.39	5.06	4.33	4.59
2	0667.HK	中国东方教育	13.78	36.16	4.99	4.41	5.32
3	6889.HK	DYNAM JAPAN	6.12	8.79	5.45	4.69	5.03
4	1935.HK	嘉宏教育	5.47	5.14	5.55	6.09	4.72
5	6169.HK	宇华教育	5.45	5.06	5.26	6.37	4.8
6	0839.HK	中教控股	5.3	5.23	5.43	5.58	4.59

续表

排名	代码	公司名称	总得分	财务指标	估值与成长性	创值能力	公司治理与创新
7	1680. HK	澳门励骏	5.13	4.55	5.07	5.83	4.99
8	0780. HK	同程艺龙	5.1	4.79	5.32	5.23	5.02
9	1769. HK	思考乐教育	5.06	5	5.3	4.8	5.24
10	2006. HK	锦江资本	5.06	4.73	5.18	5.3	5.01

14. 医疗保健设备与服务

表55　医疗保健设备与服务

排名	代码	公司名称	总得分	财务指标	估值与成长性	创值能力	公司治理与创新
1	1302. HK	先健科技	5.3	5.09	4.92	5.83	5.43
2	2500. HK	启明医疗－B	5.24	4.84	5.27	5.83	4.77
3	0853. HK	微创医疗	5.13	4.97	4.89	5.49	5.16
4	1112. HK	H&H 国际控股	4.97	5.47	5.2	4.17	5.14
5	1951. HK	锦欣生殖	4.95	5.03	5.08	4.96	4.55
6	1789. HK	爱康医疗	4.9	5.14	5.14	4.3	5.17
7	1501. HK	康德莱医械	4.89	5.2	5.05	4.38	4.96
8	1858. HK	春立医疗	4.84	5.11	5.14	4.11	5.17
9	1066. HK	威高股份	4.84	5.15	5.11	4.23	4.86
10	3309. HK	希玛眼科	4.83	5.12	5.1	4.4	4.57

15. 运输

表56　运输

排名	代码	公司名称	总得分	财务指标	估值与成长性	创值能力	公司治理与创新
1	0548. HK	深圳高速公路股份	5.53	5.22	5.71	5.83	5.21
2	0152. HK	深圳国际	5.38	5.07	5.33	5.93	4.99
3	0144. HK	招商局港口	5.29	5.14	5.04	5.83	5.03
4	80737. HK	湾区发展－R	5.25	4.6	5.22	6	5.09
5	0737. HK	湾区发展	5.24	4.6	5.18	6	5.09
6	0062. HK	载通	5.22	5.31	4.89	5.83	4.5
7	0699. HK	神州租车	5.2	5.13	4.64	5.83	5.21
8	0032. HK	港通控股	5.08	4.83	4.87	5.83	4.5
9	0357. HK	美兰空港	5.08	5.26	5.17	4.86	4.98
10	0177. HK	江苏宁沪高速公路	4.95	5.26	5.49	4.07	5.01

16. 制药、生物科技与生命科学

表 57　制药、生物科技与生命科学

排名	代码	公司名称	总得分	财务指标	估值与成长性	创值能力	公司治理与创新
1	3692.HK	翰森制药	1942.56	6786.71	5.19	4.67	5.44
2	9966.HK	康宁杰瑞制药-B	5.3	4.84	4.87	6.4	4.87
3	3613.HK	同仁堂国药	5.11	5.43	5.27	4.67	5.02
4	0867.HK	康哲药业	5.05	5.13	5.26	4.67	5.23
5	1513.HK	丽珠医药	5.03	5.12	5.22	4.67	5.21
6	0874.HK	白云山	5.03	5.16	5.39	4.67	4.81
7	1093.HK	石药集团	5.02	5.07	5.26	4.67	5.12
8	2552.HK	华领医药-B	4.99	4.44	4.76	5.83	4.85
9	0512.HK	远大医药	4.98	4.97	5.21	4.67	5.17
10	2186.HK	绿叶制药	4.97	4.99	5.16	4.67	5.19

17. 资本货物

表 58　资本货物

排名	代码	公司名称	总得分	财务指标	估值与成长性	创值能力	公司治理与创新
1	0001.HK	长和	5.34	6.66	5.17	4.67	4.39
2	1196.HK	伟禄集团	5.23	4.72	5.28	5.83	4.95
3	3808.HK	中国重汽	5.14	5.54	5.18	4.67	5.18
4	2338.HK	潍柴动力	5.12	5.45	5.23	4.67	5.15
5	0019.HK	太古股份公司 A	5.11	6.3	4.85	4.7	4.08
6	3339.HK	中国龙工	5.08	5.22	5.12	4.72	5.46
7	0235.HK	中策集团	5.03	4.89	4.51	5.83	4.77
8	1882.HK	海天国际	5.03	5.39	5.15	4.68	4.8
9	0363.HK	上海实业控股	5.01	5.17	5.16	4.7	5.02
10	0819.HK	天能动力	5.01	5.27	4.95	4.67	5.26

18. 综合金融

表59　综合金融

排名	代码	公司名称	总得分	财务指标	估值与成长性	创值能力	公司治理与创新
1	0165.HK	中国光大控股	5.21	4.55	4.85	6.17	5.35
2	1141.HK	民银资本	5.15	5.1	5.52	4.89	5.03
3	1911.HK	华兴资本控股	5.14	4.6	5	5.83	5.08
4	0388.HK	香港交易所	5.13	6.02	4.99	4.51	4.87
5	0412.HK	山高金融	5.1	4.57	5.22	5.83	4.44
6	1821.HK	ESR	5.03	4.99	5.17	4.9	5.11
7	2858.HK	易鑫集团	5.02	5.3	5.27	4.52	4.97
8	6030.HK	中信证券	5.02	5.2	5.33	4.53	4.99
9	6178.HK	光大证券	5.01	5.23	5.11	4.69	5.02
10	6066.HK	中信建投证券	5.01	4.8	5.28	4.95	4.98

五　"漂亮100"市场表现

通过将漂亮100投资组合的100只股票采用流通市值加权的方法构建"漂亮100指数",如图24所示,自2020年1月1日至2021年5月31日17个月内,漂亮100指数同期涨幅高达99.9%,同期沪深300指数仅仅录得30.2%的收益率,说明漂亮100指数相对沪深300指数在此期间取得了69.8%的超额收益。

表60列示了漂亮100投资组合策略收益的相关评价指标。我们可以发现策略收益为99.90%,策略年化收益率为63.13%。策略的夏普比率达到2.22,Sortino比率为3.53,跟踪误差为1.81%,充分显示组合策略经风险调整的收益较高。从风险波动情况看,策略的最大回撤为-23.36%,波动率为27.80%,都处于较低水平;跟踪误差为1.33%,投资组合主动风险较低;下行风险为17.48%,下行风险较低。表61列示了漂亮100投资组合自成立以来在不同区间收益和风险比较。

中国上市公司价值评估研究

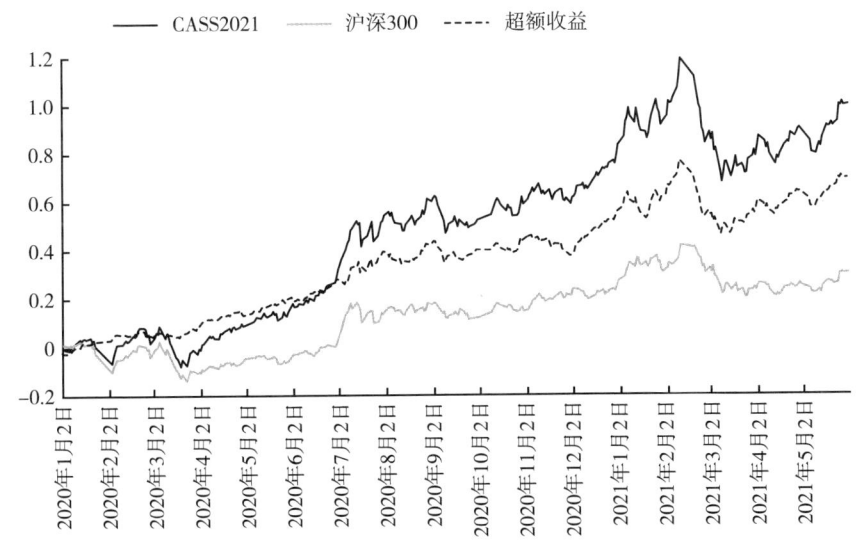

图 24　漂亮 100 指数、沪深 300 指数业绩对比

表 60　策略收益评价

项目	CASS 收益	CASS 年化收益	沪深 300 收益	沪深 300 年化收益	Alpha	Beta	夏普比率
数值	99.90%	63.13%	30.15%	20.46%	0.40	1.15	2.22
项目	Sortino	信息比率	波动率	最大回撤	跟踪误差	下行风险	
数值	3.53	38.55	27.80%	-23.36%	1.81%	17.48%	

表 61　策略收益区间评价

单位：%

项目	最近 1 个月	最近 3 个月	最近 6 个月	最近 1 年	2021 年以来	成立以来
总回报	5.53	8.63	25.69	74.25	9.03	99.90
相对总回报	1.47	8.73	18.21	36.37	6.73	69.76
最大涨幅	12.03	19.76	37.69	90.88	19.76	137.18
最大跌幅	-5.28	-11.01	-23.36	-23.36	-23.36	-23.36
年化平均回报	94.75	38.58	57.98	73.88	23.39	63.13
年化平均超额回报	19.80	39.07	39.73	36.21	17.14	45.34
下行风险	20.68	15.19	23.22	17.60	25.41	17.48

续表

项目	最近1个月	最近3个月	最近6个月	最近1年	2021年以来	成立以来
年化波动率	30.89	24.76	33.21	29.06	35.38	27.80
跟踪误差	1.75	1.59	2.12	1.89	2.15	1.81
相关系数	0.71	0.86	0.89	0.89	0.89	0.89
Alpha	-2.68	39.10	37.19	27.73	15.38	39.52
Beta	1.53	1.38	1.34	1.22	1.4	1.15
Sharpe	3.02	1.5	1.7	2.49	0.62	2.22
Treynor	60.97	26.82	42.20	59.13	15.58	53.41
Jensen	-1.88	39.68	37.70	28.06	15.99	39.75
R2	0.5	0.75	0.79	0.79	0.8	0.8
半方差	0	0	0.01	0.01	0.01	0.01
Sortino	4.51	2.44	2.43	4.11	0.86	3.53

图25进一步从漂亮100组合自2020年成立以来各月收益率阐述了组合收益的时间差异性。可以发现，2020年除3月、9月外，其他10个月都录得了正收益，其中2020年7月的收益率最高，达到19.5%，2020年上半年收益率整体高于2020年下半年，特别是2020年第二季度和第四季度表现明显；而2021年前5个月中有3个月录得正收益，仅有2月、3月为负收益，比较发现2021年2月到3月收益率较低，而进入4月后随着风险偏好逐步提升，2020年4月至5月都录得正收益，从上文分析也可以发现后续市场值得期待。

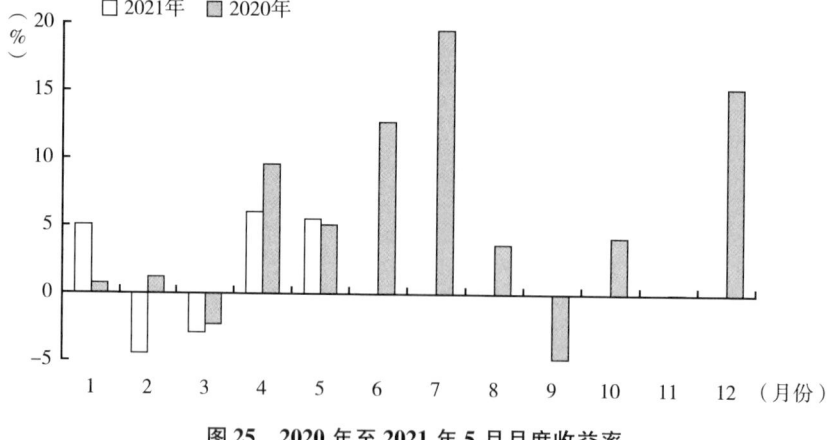

图25 2020年至2021年5月月度收益率

参考文献

爱德华·索普:《战胜一切市场的人》(中译本),中信出版社,2019。

白重恩、刘俏、陆洲等:《中国上市公司治理结构的实证研究》,《经济研究》2005年第5期。

大卫·F. 史文森:《机构投资的创新之路》(中译本),中国人民大学出版社,2015。

邓可斌、曾海舰:《中国企业的融资约束:特征现象与成因检验》,《经济研究》2014年第2期。

龚强、张一林、林毅夫:《产业结构、风险特性与最优金融结构》,《经济研究》2014年第4期。

卡尔·夏皮罗、哈尔·瓦里安:《信息规则:网络经济的策略指导》(中译本),中国人民大学出版社,2017。

李维安、张国萍:《公司治理评价指数:解析中国公司治理现状与走势》,《经济理论与经济管理》2005年第9期。

李维安:《深化公司治理改革的风向标:治理有效性》,《南开管理评论》2013年第5期。

林毅夫、孙希芳、姜烨:《经济发展中的最优金融结构理论初探》,《经济研究》2009年第8期。

刘仁和、陈英楠、吉晓萌、苏雪锦:《中国的资本回报率:基于q理论的估算》,《经济研究》2018年第6期。

刘煜辉、钱学宁、张平、张鹏:《新经济动能转换与资本市场结构转变》,载《中国上市公司发展报告(2018)》,社会科学文献出版社,2018。

鲁桐、仲继银、孔杰:《2008年中国上市公司100强公司治理评价报告》,《首席财务官》2008年第9期。

鲁桐、仲继银、叶扬、于换军、吴国鼎、党印:《中国中小上市公司治理研究》,《学术研究》2014年第6期。

罗伯特·戈登:《美国增长的起落》(中译本),中信出版社,2018。

罗伯特·哈格斯特朗:《巴菲特之道》(中译本),机械工业出版社,2018。

马克·鲁宾斯坦:《投资思想史》中译本,机械工业出版社,2012。

亚历山大·格申克龙:《经济落后的历史透视》(中译本),商务印书馆,2009。

张成思、刘贯春:《经济增长进程中金融结构的边际效应演化分析》,《经济研究》2015年第12期。

张磊、张鹏:《互联网经济发展、颠覆性创新和中国增长动力重构》,载《中国上市公司发展报告(2018)》,社会科学文献出版社,2018。

张磊、张鹏:《互联网经济中的服务业》,载《中国上市公司发展报告(2015)》,

社会科学文献出版社，2015。

张磊、张鹏：《中国上市公司创值挑战和体制改革》，载《中国上市公司发展报告（2014）》，社会科学文献出版社，2014。

张磊、张鹏：《中国互联网经济发展与增长动力重构》，载《中国上市公司发展报告（2016）》，社会科学文献出版社，2016。

张鹏、王习、王亚菲：《中国上市公司价值评估研究》，载《中国上市公司发展报告（2016）》，社会科学文献出版社，2016。

张鹏：《中国上市公司价值评估研究》，载《中国上市公司发展报告（2017）》，社会科学文献出版社，2017。

张鹏：《中国上市公司价值评估研究》，载《中国上市公司发展报告（2018）》，社会科学文献出版社，2018。

张鹏：《中国上市公司价值评估研究》，载《中国上市公司发展报告（2019）》，社会科学文献出版社，2019。

张鹏：《中国上市公司价值评估研究》，载《中国上市公司发展报告（2020）》，社会科学文献出版社，2020。

张平、王习、张磊、符旸、张鹏：《中国经济从规模供给转向"需求－价值创造"——2014年经济转型和上市公司价值创造评估》，载《中国上市公司发展报告（2014）》，社会科学文献出版社，2014。

张平、张鹏、王宏淼：《宏观之困和微观之变：中国上市公司的创新与治理》，载《中国上市公司发展报告（2016）》，社会科学文献出版社，2016。

张平、张鹏、张磊、王习：《新常态、新转型——2015年经济转型和上市公司价值创造评估》，载《中国上市公司发展报告（2015）》，社会科学文献出版社，2015。

张平、张鹏：《弱复苏与严监管：信用收缩下的"安全价值"》，载《中国上市公司发展报告（2017）》，社会科学文献出版社，2017。

中国经济增长前沿课题组、张平、刘霞辉等：《突破经济增长减速的新要素供给理论、体制与政策选择》，《经济研究》2015年第11期。

Arrow, J., "The Role of Securities in the Optimal Allocation of Risk Bearing," *The Review of Economic Studies*, 1964. 2, 91 – 96.

Debreu, G., "Theory of Value: An Axiomatic Analysis of Economic Equilibrium," *Cowles Foundation Monograph*, 1959. 17, Wiley.

Farrell, L., "Analyzing Covariation of Returns to Determine Homogeneous Stock Groupings," *The Journal of Business*, 1974. 47, 186 – 207.

Fazzari, S., Hubbard., Petersen, C., Financing Constraints and Corporate Investment, Brookings Papers on Economic Activity, 1988. 1, 141 – 195.

Fisher, I., The Theory of Interest: As Determined by Impatience and Opportunity to Invest It, Macmillan Press. 1930.

Garman, M., "An Algebra for Evaluating Hedge Portfolios," *Journal of Financial Economics*, 1976, 10, 403 – 428.

Harvey, R., Siddque, A., "Conditional Skewness and Asset Pricing Tests," *Journal of Finance*, 2000, 55, 1263 – 1295.

Jensen, C., "The Performance of Mutual Funds in the Period 1945 – 1964," *Journal of Finance*, 1967, 23, 389 – 416.

Katz, Shapiro, C., "Technology Adoption in the Presence of Network Externalities," *Journal of Political Economy*, 1986, 94, 822 – 841.

Kelly, L. "A New Interpretation of Information Rate," *Bell System Technical Journal*, 1956. 35, 917 – 926.

Lee M. I. H., Syed M. M. H., Xueyan M. L., *Is China Over-Investing and Does it Matter?*, International Monetary Fund. 2012.

Markowitz, M., "Portfolio Selection," *Journal of Finance*, 1952, 7, 77 – 91.

Markowitz, M., Portfolio Selection: Efficient Diversification of Investments, John Wiley Sons Press. 1959.

Merton, R., "Optimal Consumption and Portfolio Rules in a Continuous-Time Model," *Journal of Economy Theory*, 1971, 3, 373 – 413.

Merton, R., "An Intertemporal Asset Pricing Model," *Econometrica*, 1973. 41, 867 – 887.

Patrick, H. T., "Financial Development and Economic Growth in Underdeveloped Countries," *Economic Development and Cultural Change*, 1966. 14, 174 – 89.

Rubinstein, E. The Fundamental Theorem of Parameter-Preference Security Valuation, 1973, 8, 61 – 69.

Shannon, E., "A Mathematical Theory of Communication," *Bell System Technical Journal*, 1948, 27, 623 – 656.

Sharpe, F., "A Simplified Model for Portfolio Analysis," *Management Science*, 1963, 9, 277 – 293.

Sharpe, F., "Asset Allocation: Management Style and Performance Measurement," *The Journal of Portfolio Management*, 1992, 18, 7 – 19.

Thorp, O., Kassouf, T., Beat the Market, Random House Press, 1967.

Thorp, O., Beat the Dealer: A Winning Strategy for the Games of Twenty-one, Vintage Books Press, 1962.

Thorp, O., "Optimal Gambling Systems for Favorable Games," *Review of The International Statistical Institute*, 1969, 37, 273 – 293.

Tobin, J., "Liquidity Preference as Behavior Towards Risk," *Review of Economic Studies*, 1958, 25, 65 – 86.

B.3
在攻坚克难中砥砺前行

——2020年至2021年上半年中国债券市场回顾与展望

黄胤英*

摘　要： 2020年，面对严峻的国内外环境，尤其是新冠肺炎疫情的影响，我国经济平稳运行，成为2020年全球唯一实现了经济增速为正的主要经济体，也是仍坚持实施正常货币政策的少数国家之一。2020年，对于中国债券市场亦是不平凡的一年，债券违约规模再创近五年内新高，主要呈现以下特点：在债券违约主体中，高评级的大型国企占比明显升高；房企信用风险进一步攀升，中小型房企破产率升高；制造业、建筑业、批发和零售贸易等高杠杆、内需依赖度较高的行业，债券违约率较高；严监管下，城投债违约率有所下降。从债市利率走势来看，在延续了2019年债市震荡调整后，2020年债市跌宕起伏，国内经济"V"形反弹带动债市先涨后跌。2021年上半年，经济持续稳步复苏，债券供给节奏放缓，债市利率以春节为分水岭，先升后降。展望下半年，在基本面稳中向好、货币政策保持稳健的背景下，债市利率或呈现区间震荡态势，仍需关注美联储或退出宽松带动全球流动性收紧、通胀持续回升以及国内政策空间受限等利空因素。此外，债券违约风险依然较大，仍需予以重点防范：一是下半年通常作为全年违约爆发的集中期，且上半年的一系列疫情维稳政策

---

* 黄胤英，中国农业银行总行资深专员、中国社会科学院上市公司研究中心研究员。

或将债券违约节奏后移；二是地产、交通类等一些违约率较高的行业，需要重点防范；三是自上年高评级大型国企违约频发，国企违约达近年高峰，后续对高评级国企信用债的违约风险仍需要持续关注。最后，绿色债券作为绿色金融的重要组成部分，对于实现碳达峰、碳中和目标有重要意义，未来需要加快与全球市场接轨，以吸引更多的海外投资者进入。

关键词： 债券市场　债券违约风险　绿色金融　碳中和债　可转债

一　2020年债券违约及其特点分析

2020年，面对严峻的国内外环境，尤其是新冠肺炎疫情的影响，在此特殊背景下，债券违约规模超过1600亿元，创近五年内新高，并呈现以下特点：在债券违约主体中，高评级的大型国企占比明显升高；房企信用风险进一步攀升，中小型房企破产率升高，偿债能力受限；制造业、建筑业、批发和零售贸易等高杠杆、内需依赖度较高的行业，受疫情影响较大，债券违约率较高；严监管下，城投债违约率有所下降，发行规模继续创新高，城投信仰仍较为坚挺。

（一）高评级国企信用风险集中爆发

从债券违约主体的评级来看，2019年的违约债券中，高评级债券发行主体的违约风险已经显著上升，以AA、AA-、AA+级别涉及的债券违约为主。而2020年，AAA评级的大型国企信用债违约事件集中爆发，永煤等大型国企信用债违约引发债市抛售潮。从违约主体的企业性质来看，自2020年之前，债券市场违约的主体以民企为主，民企发行的债券违约数量和规模均大幅高于国企。2019年债券违约最多的企业为民营企业，违约余额超过千亿元，占全年债券违约余额的75%。而自2019年包商银行信用违

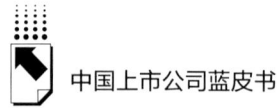

约事件后，2020年，天房、华晨、永城煤电债，作为AAA级国企信用债，其违约事件再次打破"刚兑"和高评级的国企信仰。其中，永煤、华晨集团、森工集团、北京北大科技园建设开发有限公司、盛京能源均为首次违约的大型国企。

与2018年爆发的"信用违约潮"相比较，2020年信用债违约具有以下特点：首先，2018年债券违约数量和规模均创造了历史新高，故被称为"信用违约潮"，而2020年违约规模较上一年并未出现实质性飞跃；其次，2018年债券违约主体仍以民企为主，未集中出现高评级国企违约事件，而2020年大型国企信用违约事件对一直以来的"国企信仰"带来强烈冲击；最后，尽管2020年疫情因素对相关行业的债券违约造成一定影响，但随之而来的利好政策对相关信用债融资也形成了一定支撑，这与2018年出现的再融资断裂现象不尽相同。

（二）房企信用风险进一步攀升

2020年，在新冠肺炎疫情之后，房企复苏劲头强劲，一系列限购政策出台。在地产规模扩张的同时，破产企业数量也在不断增加，债券违约主体中的房企占比也在明显攀升。从企业规模来看，2020年资不抵债、破产的房企以小型房企居多，并逐步向中型房企蔓延。而在排名较靠前的房企中，秦禾集团作为前50名房企，此前一直评级下调，直到2020年资不抵债，形成实质性违约。秦禾集团此前融资较为激进，且赶上2020年债券到期较为集中，叠加疫情影响销售下滑，较高的流动性风险最终造成实质性违约。后期来看，仍要进一步警惕房企信用债风险，特别是对于杠杆率较高、存在明股实债、融资不太稳定的房企要予以高度关注。

（三）城投平台违约范围得到有效控制

2020年，严监管下，城投债违约率有所下降，全年发行继续扩增，城投信仰仍较为坚挺。从新增违约平台来看，2020年，新增19家城投平台违约，较上年下降一半，违约平台范围进一步缩小；从债券规模来看，2020

年底,城投债存量余额达到10.7万亿元,再创历史新高,较2019年底增加1.7万亿元;从整个债券市场份额来看,城投债占比约10%,占信用债总规模的28%;从发行主体评级来看,2020年有150家城投上调了主体评级,较上一年显著增加;从二级市场交易活跃度来看,2020年全年交易量达到9.4万亿元,较上一年增加2万亿元。2020年城投债延续发展较好势头,离不开较为宽松的流动性环境以及国家对于"两新一重"建设重点推动等政策利好因素。

(四)内需依赖较强、杠杆率较高的行业违约率升高

2020年信用债违约较高的行业主要集中在制造业、批发和零售贸易、建筑业。2019年债券违约行业主要集中在综合、建筑、商业贸易、化工等行业。与2019年相比,2020年的批发和零售贸易、制造业的违约率明显上升。而批发和零售贸易作为对内需依赖较强的行业,2020年在疫情影响下,内需下降,批发和零售贸易行业的经营活动受到影响,偿债能力受限;传统的制造业多为高杠杆企业,负债率较高,在疫情期间、经济下行压力加大时,资金链容易断裂,增大违约风险。

二 2020年债市走势及风险影响因素分析

(一)2020年我国债券市场利率走势

从债券发行量来看,2020年全年,债券市场较2019年大幅增发,各类债券市场发行总量达37.75万亿元,同比增幅高达39.62%。其中,2020年在中央结算公司登记发行的债券规模达21.87万亿元,同比增长42.91%;2020年在上海清算所登记发行的债券规模达9.69万亿元,同比增长34.30%;在中证登登记发行的债券规模达6.19万亿元,同比增长36.93%(见图1)。

从债券市场利率走势来看,在延续了2019年债市震荡调整后,2020年

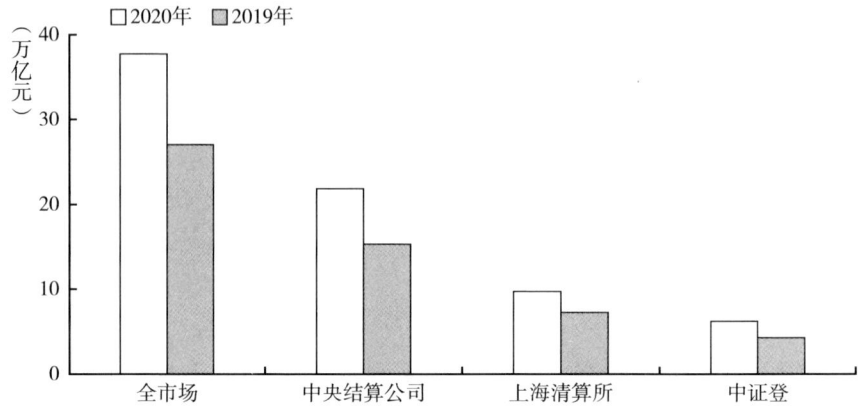

图 1　2019 年、2020 年债券发行量比较

债市跌宕起伏，大体可以划分为以下几个阶段。

第一阶段，1~4 月，疫情叠加政策宽松，风险偏好下降，债市走强。

从基本面来看，受疫情影响，经济下行压力加大，全球经济承压。综观 1~4 月的经济数据，多数低于市场预期，叠加疫情影响，避险情绪快速升温，为债市回暖创造了时机。

从货币政策来看，为抵抗疫情冲击，向实体投放信贷积极性，2020 年前四个月，央行 1 月 6 日、3 月 16 日、4 月 3 日实施了多次降准，合计共释放了 1.75 万亿元。央行通过多次降准以及多种公开市场操作，营造较为宽松的货币政策环境，进一步促进债市走强。

从海外环境来看，随着海外疫情的快速扩张，全球经济增速逐步放缓，对防疫周期的预期延长，降低了全球投资者的风险偏好。美股多次熔断，油价持续下跌，全球大宗商品价格齐跌，全球金融系统共振，也在一定程度上促进了海外投资者对国内债券的增持，从而利好国内债市。

第二阶段，5~7 月，流动性预期收紧，复工复产，风险偏好上升，债市承压。

首先，从债券供给来看，5 月债券供给压力推动债市调整。5 月全月利率债发行量约 1.5 万亿元，财政部专项债发行下达任务，债券供给压力上升。

其次，从政策来看，MLF减量续作，"维持常规状态的货币财政政策，不搞大水漫灌"防范资金空转，市场对政策预期有所收紧，债市需求受到一定影响。

最后，从经济基本面来看，经济回暖提升风险偏好。进入5月，海内外疫情均有所控制，市场重拾经济复苏信心。国内经济数据逐步回暖，5月发布的月度金融数据、第三季度经济数据小幅超出市场预期，提升市场风险偏好，也进一步打压债市行情。

第三阶段，8月至11月初，利率债供给压力，需求偏弱，货币政策边际收紧，债市继续调整。

债券供给方面，国债和地方债供给均增加，利率债供给压力继续加大。8月、9月、10月三个月，国债、地方债发行量合计超过1万亿元，利率债供给承压。但从债券需求来看，银行上半年的配债量已达高峰，加之流动性未见明显宽松，下半年债市需求不大。

基本面方面，第三季度，国内经济增速持续向好，经济回暖加速风险偏好回升。叠加11月初美国大选尘埃落定，全球市场风险偏好抬升，债市再次承压。

第四阶段，11月至年底。国企信用债违约，政策托底维稳流动性，债市逐渐企稳。

11月上旬，永城煤电信用债违约，之后发生魏桥集团、紫光集团等系列AAA评级的国企信用债违约事件，市场恐慌情绪升温，挤兑现象频发，债市出现剧烈波动。

政策方面，央行超额续作中期借贷便利MLF，维持市场资金面稳定、安抚市场情绪。随着永煤等国企信用违约的处置进展，债市情绪有所恢复，经历剧烈调整后，终在年底有所企稳。

（二）国内经济"V"形反弹，带动债市先涨后跌

2020年，从全球经济来看，我国是唯一实现GDP正增长的主要经济

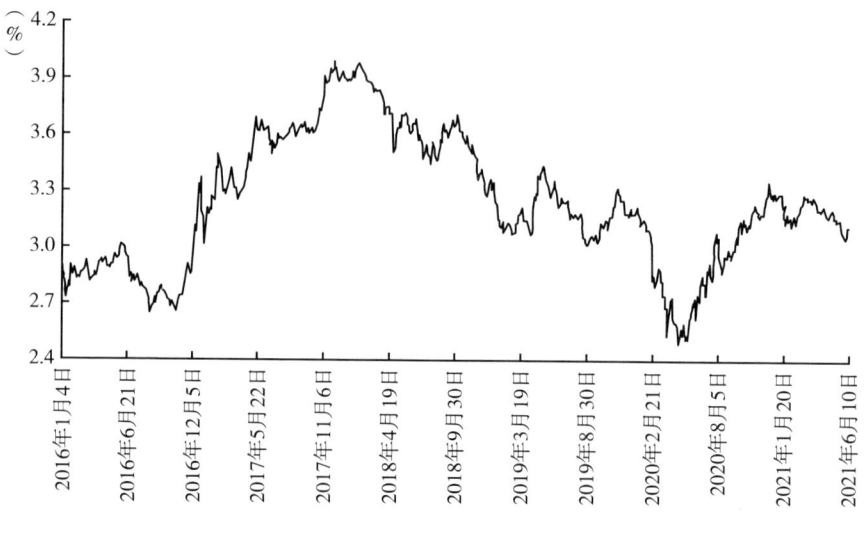

图2 2016年至2021年上半年10年期国债到期收益率走势

体,GDP首次突破100万亿元大关,经济复苏态势良好。具体来看,我国全年GDP增速2.3%,并且逐季度稳步回升。其中,第一季度,在全球疫情冲击下,GDP下降6.8%,第二季度全面复工复产,实现GDP增长3.2%,第三季度增长4.9%,第四季度增速达6.5%,基本恢复到疫情前经济增速。

从拉动经济的"三驾马车"来看,消费、出口、投资均呈现平稳回升趋势(见图3)。其中,出口同比增长1.9%,我国也是2020年全球唯一实现贸易正增长的主要经济体;投资增长1.0%,亦呈现逐季改善态势;消费全年同比下降3.9%,但逐月改善,降幅在逐季收窄后,呈现稳步回升态势。

从上述三大需求对GDP的贡献率来看,2020年全年,投资和出口作为经济增长的主要拉动力。而以往经济增长的主要引擎——消费,于2020年有所下滑,向下拉动GDP增长0.5个百分点(见图4)。总体来看,在疫情冲击下,外需韧性较强,内需有所疲软,投资在经济恢复中发挥了积极作用。

通胀方面,2020年CPI同比上涨2.5%,低于3.5%的控制目标。全年呈现前高后低、逐季下行的趋势。年初受疫情影响,一度创下5.4%的高点,之后一路回落,甚至呈现负增长。主要是受到高基数和供给扰动等因素

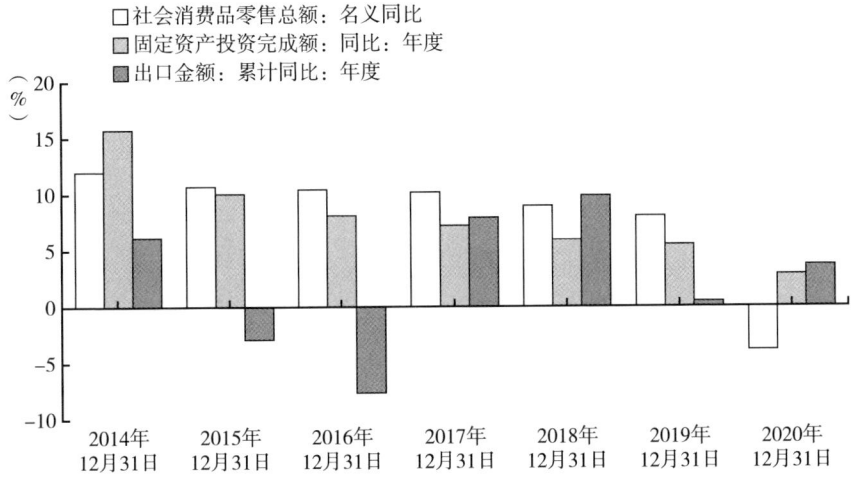

图3 2014~2020年消费、投资、出口同比增速比较

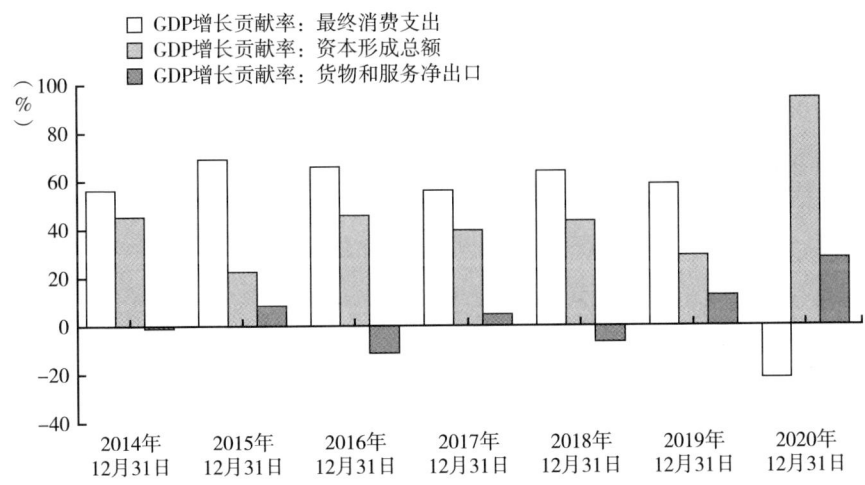

图4 2014~2020年消费、投资、出口三大需求对GDP贡献率

的影响。全年PPI同比下降1.8%（见图5）。PPI降幅逐渐收窄，临近转正。随着经济强劲复苏，市场信心逐步改善，PPI不断修复。

2020年，受到新冠肺炎疫情、美国大选等各种因素影响，美国国债市

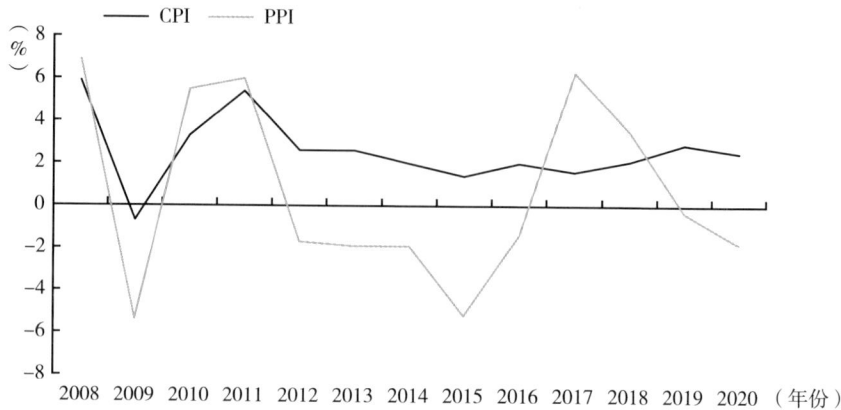

图 5　2008~2020 年 CPI、PPI 价格指数变化

场剧烈波动，全年呈现"W"形走势：从年初到 3 月初，美债利率从 1.9% 一路下行至 0.54%；3 月至 5 月末，回升；6 月至 8 月初，又再次回落至 0.52%；8 月至 2021 年初，又再次回升至 1.1% 以上。从经济增长来看，在新冠肺炎疫情冲击下，2020 年美国经济下滑 3.5%（见图 6），是自 1946 年以来的最大下滑幅度。经济加速回落，避险情况升温，带动全年债券利率多次冲击 0.5% 的历史低位。

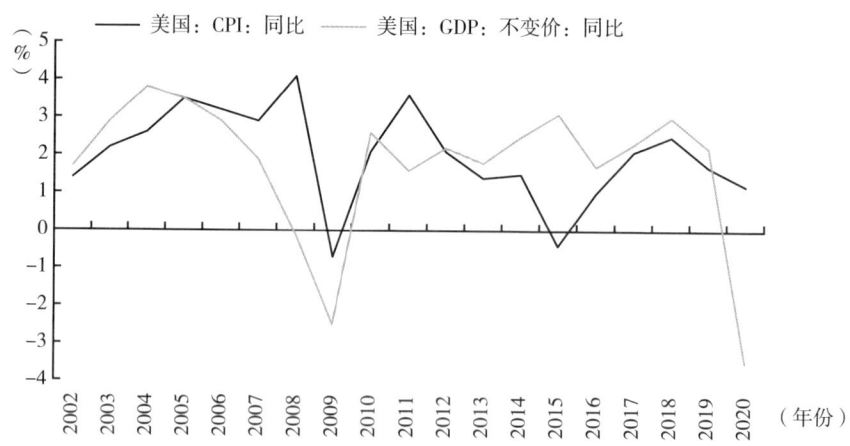

图 6　2002~2020 年美国 GDP、CPI 同比增速走势

2021年上半年,美国国债利率震荡上行,主要受以下方面因素影响:一是受债券供求关系影响,美国国债供给放量,价格出现下跌;二是通胀预期升温,美国2021年5月CPI同比升至5%,创近13年来新高,带动市场利率上行;三是美国经济持续复苏,带动市场风险偏好回升,避险资产价格下降。

(三)坚持常规货币政策,保持流动性合理充裕

2020年全年,在全球疫情扩散和经济下行压力加大的背景下,我国是少数坚持实施正常货币政策的主要经济体之一。我国央行及时调整政策力度和节奏,综合运用多种政策工具,满足复工复产的流动性需求,稳定金融市场,发挥为实体经济托底的作用。

具体来看,我国央行灵活开展公开市场操作,维稳流动性,引导利率下行。综合运用包括降准、再贷款、再贴现、中期借贷便利(MLF)等在内的工具投放中长期资金,并灵活运用逆回购等工具调控短期资金,始终监测并保持市场流动性平稳(见图7)。MLF和逆回购利率均下行30个基点,并通过LPR传导进一步降低民营和小微企业的融资成本。此外,连续开展央

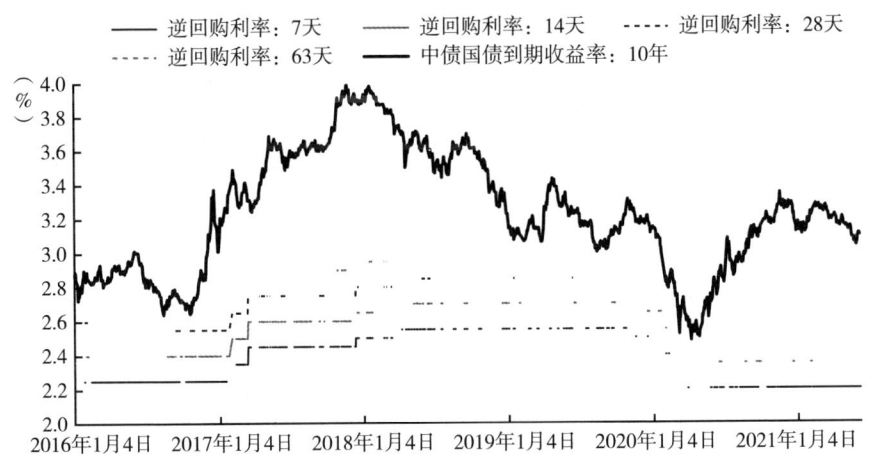

图7 2016年至2021年上半年逆回购利率及国债收益率走势

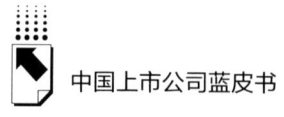

行票据互换（CBS）操作，全年累计开展610亿元互换操作，对于提高银行永续债的流动性起到了重要作用。

一方面，通过适时开展中期借贷便利和常备借贷便利（SLF），保证市场中长期流动性，发挥利率引导作用。全年，开展MLF操作共计5.15万亿元，期限均为1年，开展SLF操作共计1862亿元。下调SLF利率，有效发挥了SLF利率走廊上限的作用，引导市场利率下行。

另一方面，加大货币信贷支持，有效支持实体经济。全年央行三次降准，向市场共提供1.75万亿元长期资金。全年再贷款、再贴现合计1.8万亿元。全年累计发放普惠小微信用贷款3.9万亿元，比前一年多放1.6万亿元。央行通过多次降准、再贷款、再贴现操作，不仅向市场释放了长期资金，降低了商业银行的负债成本，同时也起到了稳定市场信心的作用。

（四）人民币汇率震荡走强，中美利差走阔创新高

从汇率走势来看，2020年人民币兑美元汇率一波三折，在年初小幅升值后，经历了先降后升的"V"字形走势，而且上升空间已经超过前期下跌幅度。全年来看，总体走强，2020年末汇率已从上年末的6.96升至6.5，升值幅度接近7%。

首先，2020年我国经济基本面率先修复向好，增强了人民币信心，促进升值。我国作为2020年唯一经济实现正增长的国家，稳定的经济增长和坚持常规的货币政策，激励了投资者对中国市场的信心。

其次，我国持续扩大对外开放，吸引外资进入。国外投资者对国内市场，尤其是债券市场的关注不断提高。2020年，在全球跨国直接投资都在显著收缩的环境下，我国实际使用外资的规模逆势扩张。

最后，美元贬值，中美利差持续走阔，人民币资产价值升高。我国和主要发达经济体之间仍存在较大的利差，中美利差一度达到250BP左右的高位，吸引国际资本进入（见图8）。

美债方面，2020年美债收益率剧烈波动，全年呈现震荡下行的趋势。

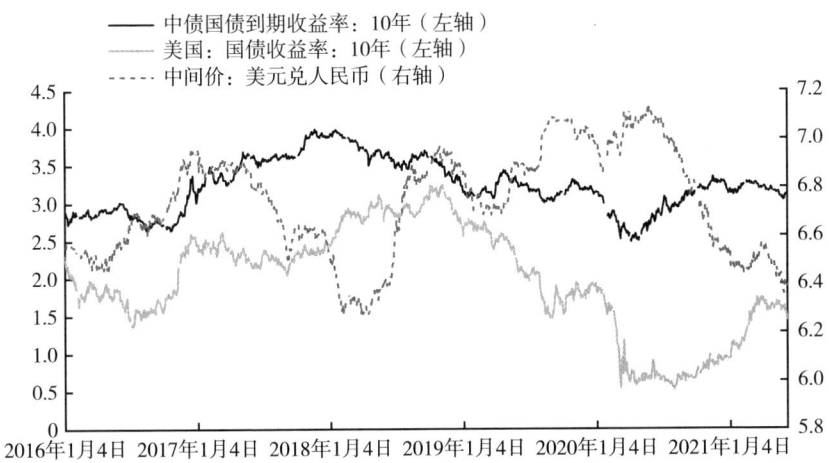

图 8　2016 年至 2020 年上半年美元汇率及中美国债利差走势

2020 年的美债行情大体可以分为三个阶段。

1~2 月，受海外疫情蔓延、市场避险情绪升温，美债上涨，10 年期国债收益率从上年底的 1.9% 回落至 0.54%。

3 月至 8 月初，美债呈现小幅震荡行情，先跌后涨，收益率先升后降，8 月初收益率降至 0.52%，基本恢复到 3 月初的收益率水平。

8 月中旬后，美国经济逐步复苏，风险偏好回落，叠加全球商品价格回升，美债收益率维持上行趋势，2021 年 1 月上升至 1.15%，之后继续上行。此期间，美国通胀预期也有所抬头，通胀预期的改善对美债收益率上行形成了一定支撑。

对比中美 10 年期国债的利差（见图 9），于 2020 年 11 月创下 148BP 的历史高点，之后有所收窄，但仍处于历史较高水平。在 2020 年全球跨国投资市场疲软的环境下，人民币债券一枝独秀，具备较高的投资吸引力。

2020 年新冠肺炎疫情发生以来，以美联储为主的主要发达国家货币当局均采取了超级宽松的货币政策，力度堪比 2008 年全球金融危机的时候。全球大部分国家均实施了低利率政策和量化宽松政策，为实体经济托底，并稳定金融市场。在超宽松货币政策带动下，美国债券市场利率中枢明显下移。而中国仍维持常规货币政策，中国国债利率中枢基本维持稳定。在不同的货币政策背景下，中美利率中枢出现明显差异，进一步拉动中美利差显著走阔，创下历史新高。

图9 2016年至2021年上半年10年期中美国债利差走势

三 2020年可转债市场表现分析

（一）发行略降，更注重为中小企业提供融资便利

2020年全年可转债共发行196只，发行规模达2671亿元，发行只数较2019年继续增加，发行规模略低于2019年。近年来可转债发行规模扩张离不开再融资新规的政策鼓励。2017年2月，监管部门对再融资规模进行修订，并且收紧定增，对于可转债的发展进行了鼓励。利好政策下，2017年、2018年均是可转债发行大年，2019年可转债规模显著扩张，突破千亿元、两千亿元的规模，之后2020年仍维持在两千亿元以上的发行高位（见图10）。

从提供融资的对象来看，2020年可转债更加注重为中小企业创造融资

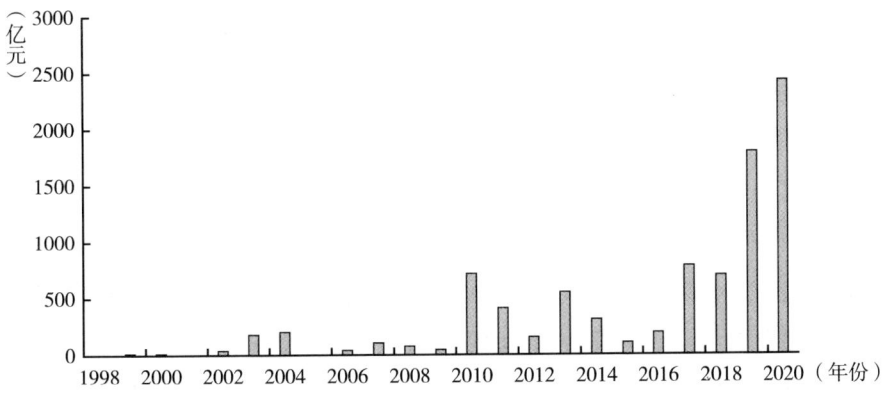

图10 1998~2020年可转债发行规模统计

便利，发行方也从大盘银行转债转向规模较小的个券。从发行资质来看，在2019年可转债巨额发行规模中，以银行转债和非金融企业发行的可转债为主。其中，银行转债贡献了主要力量，2019年银行转债发行规模约为1360亿元，占据全年总可转债发行规模一半以上。而2020年全年可转债发行中并无大盘银行转债，而且AA-评级的发行量较上一年明显增多，个券发行规模缩小。

（二）估值分化，受正股基本面与行业轮动驱动

具体来看，2020年可转债的估值走势可以划分为以下几个阶段。

第一季度，随着股债同步先涨后跌，转债估值先升后降，呈现"V"字形反转。2020年春节前后，股市、债市双强下，转债市场表现较好。随着年初突如其来的疫情，经济基本面下行压力较大，货币边际宽松，债市走强，同时股市表现强劲；进入3月，随着海外疫情快速蔓延，全球市场情绪出现恐慌，股债同时走弱，也带动转债估值回落。

第二季度，转债受债市影响较大，呈现下跌行情。进入第二季度，经济刺激政策下，带动基本面回暖，叠加货币政策仍保持常规、未大量放水，债市下跌调整，股市呈现结构性的行情，转债赎回压力加大，进入回调阶段，

5月一度出现了连跌现象。第二季度转债指数下跌1.86%。

第三季度，转债受股市影响较大，随着股市先涨后跌。随着经济快速复苏，顺周期板块涨势显著，转债亦随之大涨；但随后监管趋严，严查配资，叠加中美摩擦加剧，股市迅速降温，转债估值出现回落。

第四季度，经济复苏叠加美大选落地，转债呈现两极分化。进入第四季度，国内经济持续复苏，各项经济指标持续向好，海外美国大选也逐步落地，全球股票市场震荡上行，年末一度创下两年来股市的最高值。虽然大盘表现较好，但部分小盘股仍呈现较差行情，股市内部呈现两极分化状态。转债内部亦随之两极分化，其中，顺周期行业且股性较强的转债表现较好，而股性较弱的转债在第四季度永煤等大型国企违约后表现不佳。

（三）监管趋严，加强可转债市场规范发展

在经历了2019年、2020年可转债连续两年发行规模突破两千亿元的大年后，2020年底，证监会发布《可转换公司债券管理办法》（以下简称《管理办法》），于2021年1月末开始实施。该《管理办法》对于近年来发展迅速的可转债市场进一步规范，防止资金空转和炒作。

一方面，《管理办法》是针对目前各类可转债市场问题进行整治。将此前相关的各类监管规定系统化，并结合目前市场问题，进行逐一补丁。特别是要根据可转债自身兼具股性和债性等产品属性和特点，来制定交易规则。从交易转让、信息披露、转股、赎回、回售、监管处罚等方面进行了规范。

另一方面，《管理办法》严格限制转债炒作，防范和抑制过度投机。例如，对于盘中成交价变化较大的，可以盘中临时停盘，并且延长了停盘时间。其中，规定首次上涨或下跌幅度达到20%的，临时停牌半小时；而对于首次上涨或下跌幅度达到30%的，临时停牌时间调整至14:57，而不仅仅是停牌半小时。这一规则的修订，停牌时间的延长，严格限制了当日T+0炒作的时间。

四 绿色债券现状及后续展望

(一)绿色债券发展延革

我国绿色债券市场自2015年开始发展,目前已成为全球第二大绿色债券市场;但与国际相比,在发行标准、信息披露等方面仍存在一定差异。需要进一步厘清,向国际看齐,加快与全球市场接轨,吸引更多的海外投资者进入。

2015年,国务院发布《生态文明体制改革总体方案》,鼓励银行和企业发行绿色债券,将绿色信贷资产证券化。同年,中国人民银行发布《关于在银行间债券市场发行绿色金融债券有关事宜的公告》,标志着绿色债券市场开始在我国正式发展起来。2016年,中国人民银行联合财政部等部委发布《关于构建绿色金融体系的指导意见》,提出了"要完善绿色债券的相关规章制度,统一绿色债券界定标准"等。此后,各监管部门相继发布了绿色债券相关的发行指引、信息披露等各项政策规定,对绿色债券相关制度进行全方位的完善。2017年开始在江西、贵州、新疆等地建设绿色金融改革创新试验区,同时出台多项围绕绿色债券的补贴政策等,支持绿色债券发展。关于绿色项目的界定,证监会发布《绿色债券支持项目目录(2020年版)》,首次对绿色债券的标准进行了统一。

(二)绿色债券发展现状

2020年,我国提出二氧化碳排放力争于2030年前达到峰值,努力争取2060年前实现碳中和的长期目标。中央经济工作会议明确指出,碳达峰、碳中和工作是2021年的重点任务之一,要加大绿色发展的金融支持。绿色债券作为绿色金融的重要组成部分,绿色债券市场发展对于完善绿色金融体系,实现碳达峰、碳中和目标有重要意义。

气候债券倡议组织（CBI）数据显示，截至2020年末，全球累计发行绿色债券约1万亿美元。从各国发行规模来看，绿色债券发行规模最大的三个国家依次是美国、中国、法国，发行规模分别达到2117亿美元、1273亿美元、1156亿美元。从2020年全年来看，全球绿色债券发行规模达2690亿美元，募集的资金主要用于能源、绿色建筑、交通运输等几个方面（见图11）。投资人主要包括环境、社会和公司治理（ESG）投资人，社会责任投资者（SRI），金融机构，企业和个人投资者等。

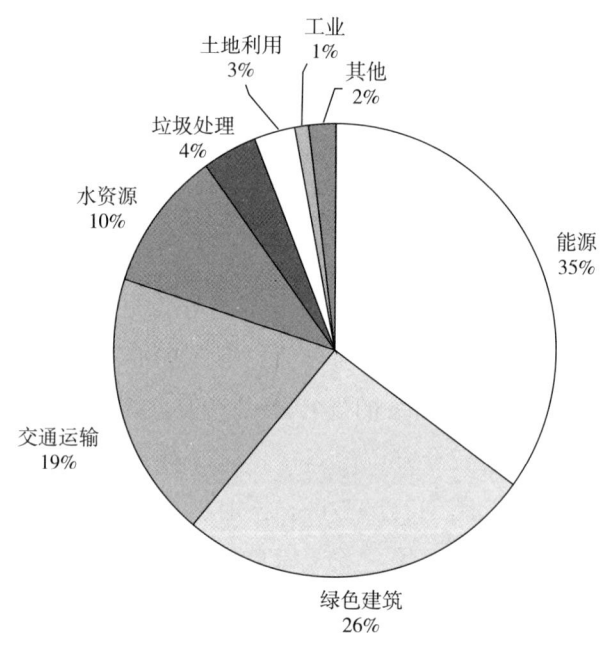

图11 境外绿色债券资金投向分布

资料来源：气候债券倡议组织（CBI）。

从我国绿色债券市场来看，2020年全年，我国企业在境内外发行的绿色债券规模约2753亿元，占全球总发行量的16%。绿色债券募投领域主要包括节能减排、绿色交通、污染防治等方面。发行人主要包括金融机构和企业等；投资人包括银行、证券公司、保险公司、境外机构投资人等，也在逐步发展社会责任投资人和ESG投资人。

从 2020 年全年来看，绿色债券的发行人评级、涉及行业、企业性质都较以往更加分散。从我国绿色债券的存量上看，此前评级为 AAA 级别的国企居多，但 2020 年投资级、无评级的非国企发行规模明显上升；行业方面，此前较为集中的银行业发行的绿色债券占比有所下降，2020 年房地产和工业其他行业占比有所上升。

（三）碳中和债券发展现状

在我国二氧化碳排放量力争在 2030 年前达到峰值、2060 年前努力实现碳中和目标的大背景下，2021 年 2 月，中国交易商协会首次推出碳中和债券。首批发行的碳中和债券，从发行人来看，以 AAA 评级的电力企业为主，发行主体的评级较高；从发行期限来看，以中长期期限为主，3 年期的品种居多；从利差来看，由于发行人信用较高，首批碳中和债券的票面收益率均低于同期限的中债估值曲线收益率；从募投方向来看，主要围绕风电、水电、绿色建筑等碳减排领域，符合碳中和债券募集资金的投向要求。

我国碳中和债券的推出，不仅为实现碳达峰、碳中和目标提供了有力支持，而且也起到加强与国际接轨、吸引外资、推动我国债券市场国际化的作用。

（四）未来发展重点

一方面，从发行标准来看，我国仍与国际标准存在一定差异，目前仅有一半左右的绿色债券符合国际发行标准；另一方面，从发行激励来看，由于绿色债券与其他债券发行相比，发行成本并无明显优势，故发行人的激励相对受限，尽管监管机构出台了相应的激励措施，但效果并不明显。

未来在绿色债券制定标准方面，要继续向国际看齐，引入国际标准，吸引更多的境外投资者。进一步完善未来绿色债券相关的制度安排。预计在政策利好的推动下，未来绿色债券发行和存续规模都将稳步上升，绿色债券的融资渠道也将逐步拓宽。

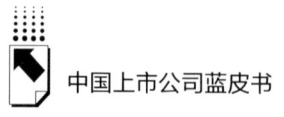

五 2021年上半年债市走势及后期风险防范

(一)债券发行节奏后置,上半年供给节奏较缓

2021年以来,在冬季疫情风险和国际环境不确定性增加的背景下,我国经济仍保持了稳定恢复的态势。经济稳步复苏,稳增长压力有所下降,地方债发行限制较为严格,供给弱于预期,发行节奏有所后置。从信用债发行来看,由于第一季度到期信用债规模同比显著增加,供给相对不足,第一季度信用债净融资额为0.69万亿元,同比收缩1.04万亿元。此外,受地产监管进一步趋严的影响,与房地产相关的债券、非标等产品供给也随之收缩。总体来看,上半年债市供给节奏有所放缓。从财政来看,上年财政赤字率上调到3.6%,并发行针对疫情的特别国债。2021年上半年,实施结构性减税,对经济薄弱环节进行重点支持,并且更关注中长期的风险,预计下半年财政将总体上回归正常化。

(二)稳增长与防风险并重,货币政策维持稳健中性

2021年上半年货币政策维持稳健中性,综合运用中期借贷便利、公开市场操作等多种货币政策工具,保证市场流动性合理充裕,资金面连续维稳。央行对流动性精准调节,维护市场预期稳定,既不让市场流动性持紧,也不大水漫灌。上半年,资金面大体以春节为分水岭:从2020年底至2021年春节前,为缓和永煤违约事件造成的市场流动性紧张局面,央行向市场以投放资金为主,保证跨年资金充裕;春节后,为防范资金过度宽松并控制杠杆率,在必要时适度回笼流动性,市场资金面维持较为平稳状态。

(三)以春节为分水岭,上半年债市利率先升后降

2020年前五个月国内债市利率以春节为分水岭,先升后降。

春节前,债券发行量增加,国债收益率小幅上升,信用利差有所收窄。

第一季度,各类债券累计发行规模达14.1万亿元,同比增加16.7%,其中,金融债较上年同期增加1.9万亿元。10年期国债收益率上行5个基点至3.19%,3年期AAA级和AA级中短期票据和国开债收益率的利差较上年末分别收窄16个、29个基点。

春节之后,截至5月末,海外主要经济体国债利率普遍呈现震荡上行趋势。其中,美国、英国、法国、意大利国债利率均上行了50~70BP。而相比之下,我国10年期国债利率呈现倒"V"形走势,春节后债券发行量收缩,债市利率在资金利率带动下稳步回落,10年期国债收益率在5月创下年内新低水平,6月上旬有所回升(见图12)。

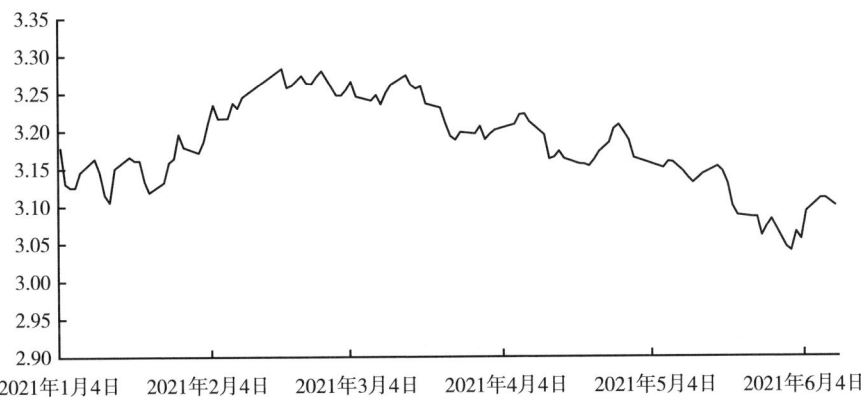

图12　2021年上半年10年期国债利率走势

(四)违约行业较集中,后期关注再融资收紧风险

从债券违约来看,2021年上半年债券违约主要呈现以下特点。一方面,违约主要受内部公司治理等因素影响,如海航系企业重整,导致海航系新增违约主体十余家(仅第一季度就新增13家),违约债券规模上千亿元;另一方面,新增违约主体行业分布较为集中,主要为房地产行业、交通运输行业等,受海航系违约影响,一半以上的违约主体为交通运输行业,房地产行业受调控政策影响违约率明显抬头。

展望下半年：从往年来看，下半年通常作为全年违约爆发的集中期，仍需要密切关注，且上半年的一系列疫情维稳政策或将债券违约节奏后移；地产、交通类等一些违约率较高的行业，需要重点防范；自上年高评级大型国企违约频发，国企违约达近年高峰，后续对高评级国企信用债的违约风险仍需要持续关注。

下半年，从债券供给来看，供求紧张程度或较上半年有所缓解，地方债上半年供给减慢，或在下半年加快供给。国债方面，剩余的供给压力也会在下半年逐步释放。总体来看，下半年供给或有所提速。银行理财整改进入收尾期，还存在一定的不确定性。资金面方面，下半年中期借贷便利集中到期，公开市场续作压力较大，货币政策回归正常化，资金面或边际趋紧。综观各方面不确定因素，债市利率或呈现区间震荡态势。

总体来看，下半年仍要重点关注以下风险：从外部来看，美联储若考虑退出量化宽松政策，或带来一定程度的全球货币回笼和资金面收紧，美债利率也将面临一定上升压力；原油价格上涨，国内通胀压力抑或有所显现；从内部来看，我国经济修复压力仍存，前期疫情下稳增长政策背景下杠杆率有所抬升，下一步稳增长与防风险并重，政策空间受到一定限制。预计下半年企业融资仍面临较大压力，信用风险也存在一定的释放压力，仍要高度关注债券违约风险及信用风险传导等问题。

B.4
裸泳者，退场
——2020年地产上市公司综合实力排行榜

杜丽虹*

摘　要： 2020年，受疫情影响以及房住不炒、央行三道红线等政策影响，地产行业的销售增速放缓，周转速度减慢，多数企业都在积极减债，但行业整体的财务压力仍很大，地产行业面临深度调整可能。本报告分别从偿债能力、运营效率、融资能力、成长潜力和规模因素等维度对上市房地产企业进行评分，然后综合地产企业上述指标得分对地产上市公司的综合实力进行了评分，结果显示135家地产上市公司综合实力评分的均值为3.84分，中位数也为3.84分。其中，剔除规模因素后各项经营评分（偿债能力、运营效率、融资能力、成长潜力）均在2分以上、没有显著问题的公司有49家，占地产上市公司总数的36.3%；而各项经营评分均在5分以上、没有明显短板的公司仅有11家，占地产上市公司总数的8.1%；与之相对，全体地产上市公司中超六成企业都至少有一项经营评分低于2分，即面临较严重的经营问题。而在主要地产上市公司中，没有明显短板的企业占12.6%，有56.3%的企业至少在一项经营评分上得分低于2分；龙湖地产、中国海外、华润置地、保利地产、金地集团、万科、世茂集团、建发股份、新城控股、碧桂园、龙光集团、绿地控股、滨江集团、仁恒置地、

---

* 杜丽虹，中国社会科学院上市公司研究中心研究员。

华侨城、中国国贸、旭辉控股、雅居乐、荣安地产、招商蛇口进入2020年度地产上市公司综合实力排行榜的TOP 20。最后，我们以偿债能力和融资能力为横轴，以运营效率和成长潜力为纵轴，对地产企业生存矩阵进行了分析，结论是有18%的企业当前就面临生存压力，有14%的企业虽然财务压力较大但尚有转型以自救的空间；有23%的企业虽然短期的财务压力不大，但受效率水平和成长空间的限制，只能通过合作开发来拓展生存空间；余下的、具有真正可持续发展潜力的企业仅占45%，其中有15%的企业具有整合潜能。

关键词： 地产上市公司　偿债能力　运营效率　融资能力　成长潜力

一　引言

2020年，受到疫情影响，以及房住不炒和央行三道红线等政策影响，地产行业的销售增速放缓，周转速度减慢，多数企业都在积极减债，但行业整体的财务压力仍很大。

截至2020年底，销售总额在百亿元以上的地产上市公司剔除预收款后，总负债率的中位数为71.9%，净负债率的中位数为80.2%，现金短债比的中位数为1.25倍，有13%的公司同时踩了央行的三道红线，有20%的公司突破其中两道红线，有37%的公司突破一道红线，完全符合三道红线要求的公司占31%。

根据我们的测算，主要地产上市公司有28%的企业短期内就面临资金缺口的压力，有95%的企业面临中期资金缺口压力——即使在不扩张的情况下，主要地产上市公司平均也有55%的债务需要续借，有36%的企业需要续借70%以上的债务。此外，由于国内地产企业普遍缺乏长期融资渠道，所以，当前82%的企业都面临资金来源无法覆盖项目投资回收周期的期限结构缺口问题，平均的期限缺口达到9个月，26%的企业面临两年以上的期限缺口。

进一步，为了减轻账面的债务负担、增强企业的债务融资能力，地产企业明股实债和表外负债问题严峻：少数股东权益平均已占到主要地产上市公司净资产的39%，但少数股东应占利润普遍低于权益占比，有32%的企业少数股东的利润占比不到权益占比的一半，还有部分企业由于少数股东不承担亏损，而出现利润占比显著高于权益占比的情况；表外销售方面，主要地产企业平均有48%的合同销售来自表外，有45%的企业表外销售的贡献比例大于50%；再加上合约负债中的融资成分，行业整体的隐性债务压力较大。

在财务压力下，企业间的分化进一步加剧，主要地产上市公司平均的税前投入资本回报率为9.2%，有7%的企业税前投入资本回报率在15%以上，但也有10%的企业税前投入资本回报率不到5%；考虑周期波动并调减超额负债后，行业平均的内生增长率在3%~4%，有5%的企业内生增长率大于10%，但也有9%的企业内生增长率不到1%，甚至为负。

另外，虽然2020年主要地产上市公司的综合债务融资成本略有降低，平均的债务融资成本较2019年下降0.2个百分点至7.2%，平均的利息保障倍数为2.0倍，但仍有6%的企业利息保障倍数小于1倍，有34.5%的企业税前投入资本回报率已低于债务融资成本，并失去了外生成长空间。

最后，适量的土地储备是成长潜力的物质基础，截至2020年底，主要地产上市公司的总土地储备（待建+在建+已竣工待售面积）平均相当于年销售量的5.1倍，可售土地储备平均相当于年销售量的3.3倍。尽管多数地产企业的土地储备总量可以满足未来3~5年的发展需求，但仍有23%的企业其土地储备总量小于4年的销售量，有4%的企业土地储备总量不足未来3年的销售量，若以可售面积计算，其土地储备总量不足未来2年的销售量，从而影响了其可持续发展的潜力。

综合偿债能力、运营效率、融资能力、成长潜力和规模因素，龙湖地产、中国海外、华润置地、保利地产、金地集团、万科、世茂集团、建发股份、新城控股、碧桂园进入综合实力排名榜的TOP 10。

总之，2020年是地产行业风云变幻的一年，三道红线为地产行业划出了明确的债务指引，一些地产企业开始出现了实质性的债务违约，而2021年集中供地的推行将加速行业变革。如果我们以偿债能力和融资能力为横轴，以运营效率和成长潜力为纵轴，则在主要地产上市公司的生存矩阵中，有18%的企业当前就面临生存压力；有14%的企业虽然财务压力较大但尚有转型以自救的空间；有23%的企业虽然短期的财务压力不大，但受到效率水平和成长空间的限制，只能通过合作开发来拓展生存空间；余下的、具有真正可持续发展潜力的企业仅占45%，其中有15%的企业具有整合潜能。

潮起潮落终有时，当潮水退去时，"裸泳者们"是否已做好了退场的准备？

二 2020年度地产上市公司的销售规模排行榜

尽管有新冠肺炎疫情的影响，但2020年合同销售总额在100亿元以上的地产上市公司（A+H）仍有84家，其中有19家公司合同销售总额在2000亿元以上，有23家公司的合同销售总额在1000亿~2000亿元，有11家公司的合同销售总额在500亿~1000亿元，有31家公司的合同销售总额在100亿~500亿元。规模排名TOP 10的地产上市公司合同销售总额都在2800亿元以上，规模排名TOP 20的地产上市公司合同销售总额需达到1600亿元以上，规模排名TOP 50的地产上市公司合同销售总额也至少要达到600亿元以上。如果加上其他业务收入，则共有87家地产上市公司的销售总额在百亿元以上。

不过，就上市公司整体而言，平均有44%的销售额来自表外，在销售总额大于百亿元的87家地产上市公司中，平均有48%来自表外贡献。若以并表销售额计算，则有9家地产上市公司的并表销售额大于2000亿元，有8家地产上市公司的并表销售额在1000亿~2000亿元，有20家地产上市公司的并表销售额在500亿~1000亿元，有42家地产上市公司的并表销售额在100亿~500亿元（见图1）。

规模也在一定程度上影响着地产企业的综合实力。2020年度地产上市公司综合实力排行榜TOP 10的企业合同销售总额都在千亿元以上，有9家在2000亿元以上。当然，规模不是一切，在我们的排行榜上也有一些合同销售总额过千亿元的企业综合实力排名在50名甚至100名之外，同时，一些合同销售总额不是很大的企业也能凭借经营优势进入综合实力榜的TOP 20，这其中，偿债能力、运营效率、成长潜力、融资成本发挥了重要作用。

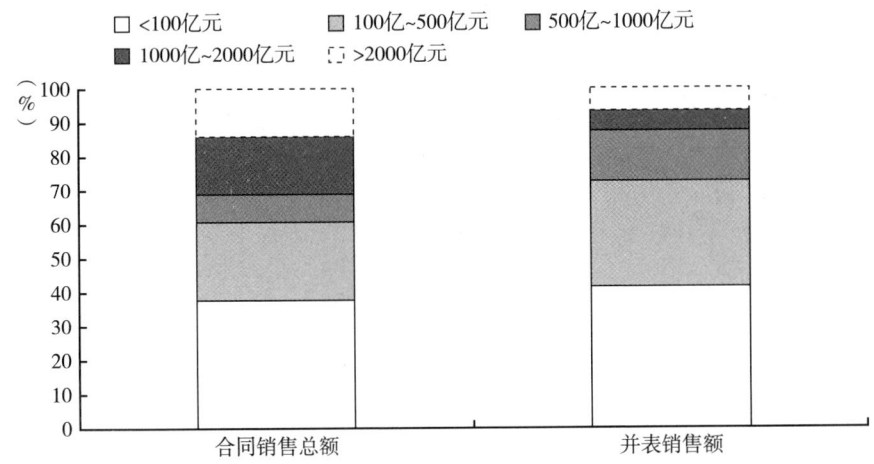

图1 地产上市公司的合同销售总额和并表销售额的分布

三 2020年度主要地产上市公司的偿债能力排行榜

综合考虑表内偿债能力及表外负债预警，中国海外、龙湖地产、华润置地、建发股份、万科、世茂集团、世茂股份、仁恒置地、五矿地产、保利地产进入我们的偿债能力排行榜TOP 10。

（一）主要地产上市公司的短期偿债能力

截至2020年底，A+H共135家地产上市公司的带息负债总额达到8万亿元,另有近2200亿元的永续资本证券,带息负债总额合计达到8.2万亿元,较2019年底增长了5.3%,占到总资产的30.1%,占比较2019年底的29.9%略上升了0.2个百分点。销售总额(含其他业务收入)在百亿元以上的87家主要地产上市公司净负债率[净负债率=(带息负债-现金)/净资产]的均值为98.4%,中位数为80.2%;其中,有27家公司的净负债率在100%以上,占主要地产上市公司总数的31%;有14家公司的净负债率在150%以上,占主要地产上市公司总数的16%;有6家公司的净负债率在200%及以上,占主要地产上市公司总数的7%(见图2)。

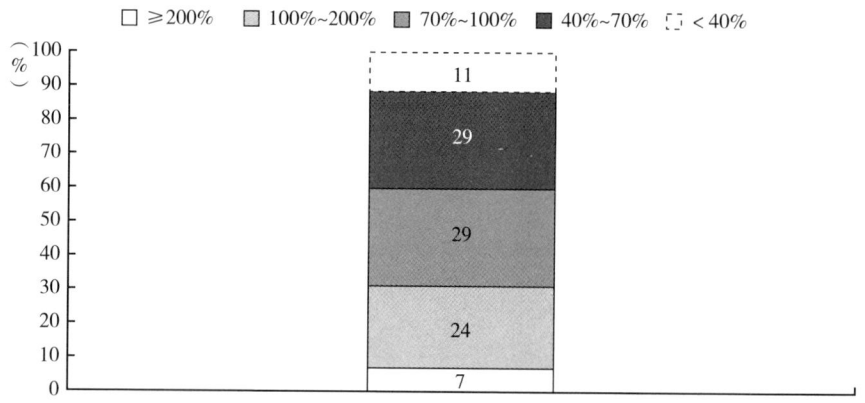

图2 主要地产上市公司的净负债率分布

87家主要地产上市公司平均的现金短债比为1.37倍,中位数为1.25倍,有21家公司的现金短债比小于1,占总数的24%(见图3),有13家公司的现金短债比小于0.5,占总数的15%。相应的,主要地产上市公司短期富余资金的中位数为5.2%,其中有28%的企业面临短期资金缺口,有11%的企业面临相当于总资产10%以上的短期资金缺口。

(二)主要地产上市公司的中期偿债能力

在两年或更长的时间周期里,87家主要地产上市公司平均的中期资金缺口约相当于总资产的19.6%,中位数为17.1%;95%的企业都面临中期

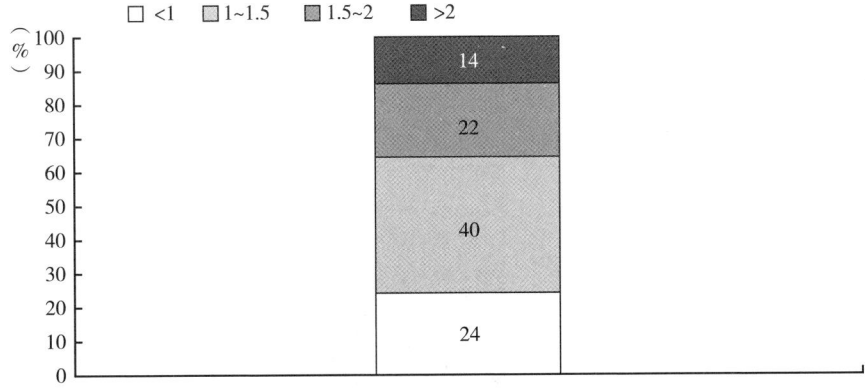

图 3 主要地产上市公司的现金短债比分布

资金缺口；有 63 家公司的中期资金缺口超过总资产的 10%，占主要地产上市公司总数的 72%；有 35 家公司的中期资金缺口超过总资产的 20%，占主要地产上市公司总数的 40%；有 20 家公司的中期资金缺口超过总资产的 30%，占主要地产上市公司总数的 23%。

上述资金缺口需要通过新增或续借债务来弥补，根据我们的测算，在不扩张的情况下，87 家主要地产上市公司平均的续借比例为 57%，中位数为 55%，即平均有约 55% 的债务无法偿还，需要通过新增或续借债务来延续资金链平衡。其中，有 46 家公司的最低续借比例在 50% 以上，占主要地产上市公司总数的 53%；有 31 家公司的续借比例在 70% 以上，占主要地产上市公司总数的 36%；有 8 家公司的续借比例在 100% 以上，占主要地产上市公司总数的 9%（见图 4）。

（三）主要地产上市公司对央行三道红线的遵守情况

截至 2020 年底，87 家主要地产上市公司剔除预收款后平均的总负债率为 72.3%，中位数为 71.9%，有 51 家公司的总负债率大于 70%，占主要地产上市公司总数的 59%；有 11 家公司的总负债率大于 80%，占主要地产上市公司总数的 13%。

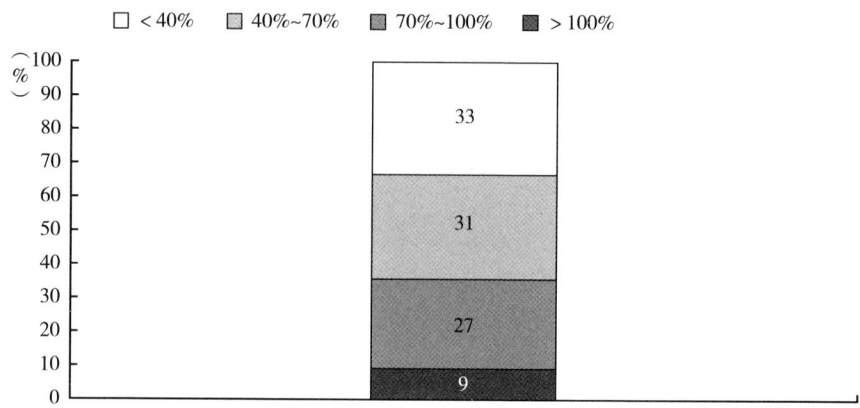

图 4　主要地产上市公司在不扩张情况下的债务续借比例分布

综合总负债率、净负债率和现金短债比,有 11 家公司在这三项上均已突破红线,占主要地产上市公司总数的 13%;有 17 家公司突破两道红线,占主要地产上市公司总数的 20%;有 32 家公司突破其中一道红线,占主要地产上市公司总数的 37%;有 27 家公司同时符合三项要求,占总数的 31%(见图 5)。

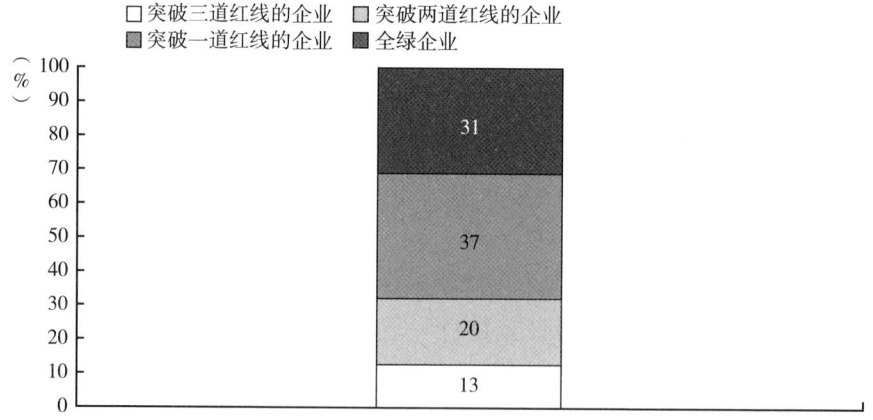

图 5　主要地产企业突破央行红线的情况

（四）主要地产上市公司的债务期限结构匹配

在债务期限结构匹配方面，以 2020 年的周转速度计算，87 家主要地产上市公司当前投资回收周期的中位数为 3 年，与之相对，主要地产上市公司平均的债务期限约为 2 年，平均面临约 9 个月的期限结构缺口。有 71 家公司在当前运营效率下面临期限结构缺口，占主要地产上市公司总数的 82%；有 39 家公司当前的期限结构缺口在 1 年以上，占主要地产上市公司总数的 45%；有 23 家公司当前的期限结构缺口在 2 年以上，占主要地产上市公司总数的 26%（见图 6）。

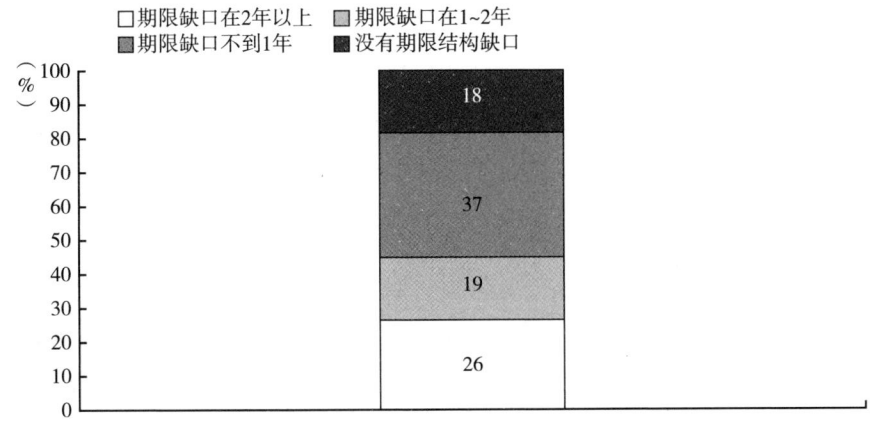

图 6 主要地产上市公司的期限结构缺口分布

进一步，低谷中所有企业的投资回收周期都会有不同程度的延长，预期 87 家地产上市公司低谷中投资回收周期的中位数会延长到 3.5 年，在当前债务结构下，平均面临 17 个月的期限结构缺口。86% 的企业都将面临低谷中的期限结构缺口问题；有 51 家公司低谷期的期限结构缺口在 1 年以上，占主要地产上市公司总数的 59%；有 29 家公司低谷期的期限结构缺口在 2 年以上，占主要地产上市公司总数的 33%，这部分企业在低谷中需要进行多轮再融资才能维系资金链平衡。

综合企业的总负债率水平（剔除预收款后）、净负债率水平、现金短债比及低谷期债务的期限结构缺口等因素，我们对地产上市公司的偿债能力进行综合评分。其中，偿债能力评分在 8 分以上的企业债务续借压力较小，偿债能力较强；而评分在 5 分以下的企业债务续借压力较大，面临一定的财务风险；尤其是评分在 2 分以下的企业，短期内就面临较大的财务压力。

（五）主要地产上市公司的隐性负债问题

实际中，为了降低账面负债率，尽早符合三道红线要求，提高企业的债务再融资能力，一些地产企业利用表外负债和明股实债等渠道将表内负债转为表外债务或转入权益项下，为此我们通过对表外负债、明股实债以及合约内含融资成分的测度来识别地产上市公司的隐性债务负担。

其中，表外负债以并表销售额与销售总额之比进行测度，即当企业并表销售额与销售总额之比小于 30% 时为零分，当并表销售额与销售总额之比大于 100% 时为 10 分，中间比例插值赋分。2020 年 87 家主要地产上市公司并表销售额与销售总额之比平均值为 55%，中位数为 52%，即行业平均有近半销售来自表外贡献；有 39 家公司的并表销售额不到销售总额的 50%，占总数的 45%；有 24 家公司的并表销售额占比小于 40%，占总数的 28%；更有 6 家公司的并表销售额占比不到 30%，占总数的 7%。随着表外销售贡献的增大，表外负债也随之增大，很多上市公司在表外合联营公司中的实际债务承担高于权益比例，从而带来隐性负债（见表 1）。

表 1 主要地产上市公司的表外销售贡献

单位：%

股票代码	证券名称	并表销售额/销售总额	长期股权投资/总资产	应占合联营公司利润/核心经营利润
600648.SH	外高桥	105.8	3.1	-1.28
600663.SH	陆家嘴	104.6	8.6	-0.83
000926.SZ	福星股份	100.0	0.2	2.54
601588.SH	北辰实业	94.8	0.6	4.69
600153.SH	建发股份	94.5	2.2	1.20
600736.SH	苏州高新	89.2	4.7	16.37
0604.HK	深圳控股	87.8	9.1	14.23

续表

股票代码	证券名称	并表销售额/销售总额	长期股权投资/总资产	应占合联营公司利润/核心经营利润
2007.HK	碧桂园	87.6	3.1	6.20
601992.SH	金隅集团	87.3	1.4	1.97
600665.SH	天地源	82.8	0.9	0.91
600223.SH	鲁商置业	81.3	0.8	8.18
600606.SH	绿地控股	80.8	2.0	4.54
600340.SH	华夏幸福	80.4	1.2	-0.08
600649.SH	城投控股	79.4	10.2	33.28
600657.SH	信达地产	77.2	3.4	2.34
600266.SH	城建发展	77.1	2.3	4.86
3333.HK	中国恒大	76.5	4.0	-1.12
600823.SH	世茂股份	76.5	0.8	0.26
0960.HK	龙湖地产	74.5	2.4	2.37
600565.SH	迪马股份	71.4	5.1	13.64
1862.HK	景瑞控股	69.1	4.6	6.81
0754.HK	合生创展	68.4	3.9	0.18
600094.SH	大名城	67.3	3.2	0.23
000069.SZ	华侨城A	67.0	4.1	0.10
0230.HK	五矿地产	66.1	5.4	0.18
600743.SH	华远地产	65.6	0.7	0.53
000002.SZ	万科A	65.4	7.6	8.16
2777.HK	富力地产	65.0	3.0	1.10
0272.HK	瑞安房地产	64.0	17.1	13.96
1109.HK	华润置地	60.3	6.1	5.41
0123.HK	越秀地产	59.3	7.3	8.02
1638.HK	佳兆业	59.3	10.4	-0.05
601155.SH	新城控股	58.5	4.2	8.75
2608.HK	阳光100	58.2	2.1	-1.28
1622.HK	力高集团	57.5	1.1	0.94
0688.HK	中国海外	57.1	4.0	8.70
3990.HK	美的置业	56.3	6.8	3.01
3383.HK	雅居乐	55.7	5.8	6.58
600208.SH	新湖中宝	54.5	28.6	70.28
600048.SH	保利地产	54.1	5.8	6.58
0813.HK	世茂集团	53.9	5.2	0.40

续表

股票代码	证券名称	并表销售额/销售总额	长期股权投资/总资产	应占合联营公司利润/核心经营利润
001979.SZ	招商蛇口	53.3	5.4	3.63
3380.HK	龙光集团	52.8	5.1	-0.23
2768.HK	佳源国际	52.3	3.2	2.11
000031.SZ	大悦城	52.0	5.7	-11.92
600708.SH	光明地产	51.6	1.9	-15.20
0832.HK	建业地产	51.5	3.5	4.21
600466.SH	蓝光发展	50.7	2.6	2.22
000540.SZ	中天金融	49.2	6.2	0.23
0137.HK	金辉集团	48.9	4.0	10.50
000042.SZ	中洲控股	48.6	0.9	0.53
002146.SZ	荣盛发展	48.5	1.0	-0.31
3377.HK	远洋集团	47.4	10.7	11.86
000656.SZ	金科股份	46.9	6.5	6.57
1918.HK	融创中国	44.9	7.8	8.26
Z25.SI	仁恒置地	43.7	7.2	0.22
1098.HK	路劲	43.3	14.8	8.25
1966.HK	中骏集团	42.3	8.6	8.16
000736.SZ	中交地产	42.0	2.3	-2.13
2772.HK	中梁控股	41.9	6.8	6.97
1238.HK	宝龙地产	41.6	3.9	5.20
6158.HK	正荣地产	40.9	4.0	8.39
000402.SZ	金融街	40.5	2.6	-3.37
600376.SH	首开股份	39.8	7.9	5.63
1233.HK	时代中国	38.8	6.4	4.01
0884.HK	旭辉控股	38.7	9.1	13.63
600383.SH	金地集团	37.8	11.4	9.99
2868.HK	首创置业	37.6	3.2	0.28
1107.HK	当代置业	37.5	11.0	2.02
3883.HK	中国奥园	37.2	3.3	-1.28
000517.SZ	荣安地产	37.0	3.2	5.54
1777.HK	花样年	36.5	6.8	0.64
600325.SH	华发股份	36.5	4.4	3.63
3900.HK	绿城中国	34.4	5.9	4.48

续表

股票代码	证券名称	并表销售额/销售总额	长期股权投资/总资产	应占合联营公司利润/核心经营利润
3301.HK	融信中国	33.9	4.7	11.51
002244.SZ	滨江集团	33.4	3.0	-0.17
0817.HK	中国金茂	32.5	7.1	8.83
000671.SZ	阳光城	32.1	8.5	14.36
2019.HK	德信中国	32.0	5.6	15.19
000961.SZ	中南建设	31.0	7.5	19.27
6111.HK	大发地产	30.2	6.5	-1.28
000732.SZ	泰禾集团	29.6	3.2	34.23
1813.HK	合景泰富	28.4	22.5	26.51
1996.HK	弘阳地产	28.2	9.7	9.83
1628.HK	禹洲集团	23.3	5.7	47.98
2103.HK	新力控股	17.0	14.9	0.94
0106.HK	朗诗地产	14.9	18.4	40.73

除了表外负债,明股实债也成为近年来地产企业转移表内债务的重要渠道。在明股实债安排下,项目公司层面的少数股东权益具有较强的债性,它体现为利润分配上的同股不同权,即在项目公司亏损时,少数股东不承担或少承担亏损,而在项目盈利丰厚时,少数股东只获取相对固定的利润分配。为此,本文以净资产中明股实债的成分比例来测度企业的明股实债风险,其中,

净资产中明股实债的成分比例=少数股东权益占比×少数股东权益中同股不同权的成分比例=少数股东权益/剔除永续资本后的净资产×少数股东权益中同股不同权的成分比例

其中,少数股东权益中同股不同权的成分比例由"当期少数股东应占利润比例 [少数股东应占利润/(净利润-永续资本分配)] 与少数股东应占权益比例的比值"推算而来。具体的,当"少数股东应占利润比例与应占权益比例的比值"在0.3~1时,利润占比与权益占比的比值越低,同股不同权的成分比例越高。当少数股东应占利润比例与应占权益

比例的比值小于0.3时可以近似认为全部少数股东权益都是同股不同权的，即同股不同权的成分比例为100%；反之，当少数股东应占利润比例与应占权益比例的比值为1时，则全部少数股东权益都是同股同权的，即同股不同权的成分比例为0。但如果少数股东的应占利润为负数，显示少数股东也承担了损失，则同股不同权的成分比例为0。另外，如果少数股东的利润占比显著高于权益占比，其原因可能是少数股东不承担项目公司层面的亏损，此时同股不同权的成分比例也较高；当少数股东应占利润比例与应占权益比例的比值大于2时，近似认为同股不同权的成分比例达到100%。

结果，87家主要地产上市公司，截至2020年末，少数股东权益占比的平均值为34%，中位数为39%，有18家公司的少数股东权益占比超过50%，占总数的21%，更有8家公司的少数股东权益占比甚至超过60%，占总数的9%。

在同股同权方面，上述少数股东的应占利润比例普遍低于应占权益比例，2020年有32%的企业其少数股东的应占利润比例不到应占权益比例的一半，更有21%的企业应占利润比例还不到应占权益比例的30%；还有部分企业由于少数股东不承担亏损，而出现利润占比显著高于权益占比的情况。根据应占利润比例与应占权益比例的比值估算的少数股东中同股不同权的成分比例，结果显示，87家公司平均的同股不同权比例为58%，中位数为62%，即超过一半的少数股东权益是同股不同权的。

进一步，2020年我们根据主要地产上市公司"少数股东权益占比"与"少数股东权益中同股不同权的成分比例"的乘积计算的"净资产中明股实债的成分比例"，平均为20%，中位数为14%；其中，有24家公司明股实债的成分比例已超过净资产的30%，占总数的28%；更有5家公司的明股实债成分比例大于50%，占总数的6%。据此，我们对"净资产中明股实债的成分比例"给予评分，其中，比例为0的赋予10分，比例大于50%的赋予0分，中间数值插值赋分，由此得到地产上市公司的明股实债风险评分（见表2）。

表2 主要地产上市公司的少数股东权益情况

单位：%，分

股票代码	证券名称	少数股东权益/净资产	少数股东权益应占利润/(净利润-永续资本分配)	同股不同权成分比例	明股实债成分/净资产	明股实债风险评分
600649.SH	城投控股	6.6	0.0	0.0	0.0	10.00
000926.SZ	福星股份	9.7	-5.3	0.0	0.0	10.00
000042.SZ	中洲控股	3.9	-75.9	0.0	0.0	10.00
600743.SH	华远地产	7.0	-48.6	0.0	0.0	10.00
600266.SH	城建发展	9.3	-15.3	0.0	0.0	10.00
000732.SZ	泰禾集团	27.0	2.1	0.0	0.0	10.00
000402.SZ	金融街	8.6	-12.6	0.0	0.0	10.00
1638.HK	佳兆业	60.0	-3.2	0.0	0.0	10.00
0230.HK	五矿地产	48.0	48.2	0.3	0.2	9.97
002244.SZ	滨江集团	34.5	34.4	0.5	0.2	9.97
1238.HK	宝龙地产	29.4	30.5	3.8	1.1	9.78
2777.HK	富力地产	2.7	1.5	61.8	1.7	9.66
600208.SH	新湖中宝	1.8	3.8	100.0	1.8	9.64
600648.SH	外高桥	2.5	6.2	100.0	2.5	9.50
600665.SH	天地源	7.5	5.7	34.2	2.6	9.48
2007.HK	碧桂园	31.9	35.3	10.7	3.4	9.32
000540.SZ	中天金融	15.9	19.5	22.1	3.5	9.29
0688.HK	中国海外	4.3	8.0	84.4	3.6	9.27
0604.HK	深圳控股	8.6	6.1	42.4	3.7	9.27
1098.HK	路劲	19.8	23.6	19.4	3.8	9.23
1777.HK	花样年	40.3	44.2	9.7	3.9	9.22
600823.SH	世茂股份	47.7	52.3	9.5	4.6	9.09
600657.SH	信达地产	4.6	13.9	100.0	4.6	9.07
0817.HK	中国金茂	40.5	45.7	13.0	5.3	8.95
Z25.SI	仁恒置地	23.2	29.0	25.3	5.9	8.83
600708.SH	光明地产	6.0	-51.7	100.0	6.0	8.79
3383.HK	雅居乐	19.8	15.1	33.4	6.6	8.68
600094.SH	大名城	7.0	14.3	100.0	7.0	8.60
1107.HK	当代置业	38.9	33.3	18.5	7.2	8.56
0813.HK	世茂集团	40.3	35.2	17.9	7.2	8.56
3900.HK	绿城中国	49.6	44.3	15.4	7.6	8.47

续表

股票代码	证券名称	少数股东权益/净资产	少数股东权益应占利润/(净利润-永续资本分配)	同股不同权成分比例	明股实债成分/净资产	明股实债风险评分
6111. HK	大发地产	58.3	52.6	14.0	8.1	8.37
000002. SZ	万科A	35.8	30.0	23.3	8.3	8.33
0106. HK	朗诗地产	9.3	408.6	100.0	9.3	8.14
600048. SH	保利地产	35.1	28.4	27.0	9.5	8.11
0272. HK	瑞安房地产	9.6	-34.3	100.0	9.6	8.08
002146. SZ	荣盛发展	10.5	3.5	95.1	10.0	8.01
0754. HK	合生创展	10.1	0.4	100.0	10.1	7.99
600383. SH	金地集团	38.9	31.8	26.1	10.1	7.97
0832. HK	建业地产	22.0	14.3	50.1	11.0	7.80
1109. HK	华润置地	20.6	12.0	59.7	12.3	7.54
3377. HK	远洋集团	26.4	38.8	47.1	12.4	7.52
601992. SH	金隅集团	39.9	53.7	34.5	13.8	7.25
000069. SZ	华侨城A	29.2	19.3	48.3	14.1	7.18
601588. SH	北辰实业	15.7	70.5	100.0	15.7	6.87
3333. HK	中国恒大	58.1	74.3	27.9	16.2	6.76
600153. SH	建发股份	56.7	45.0	29.6	16.8	6.64
600736. SH	苏州高新	46.2	33.1	40.5	18.7	6.26
0960. HK	龙湖地产	43.8	30.6	42.9	18.8	6.25
1813. HK	合景泰富	19.3	3.3	100.0	19.3	6.15
600340. SH	华夏幸福	39.3	25.6	49.6	19.5	6.11
2768. HK	佳源国际	22.0	7.2	95.8	21.1	5.79
000736. SZ	中交地产	76.3	61.2	28.2	21.5	5.70
000517. SZ	荣安地产	22.0	2.0	100.0	22.0	5.59
2608. HK	阳光100	22.9	65.9	100.0	22.9	5.42
600606. SH	绿地控股	45.4	29.1	51.2	23.2	5.35
2019. HK	德信中国	64.8	47.2	38.7	25.1	4.98
1918. HK	融创中国	29.4	9.4	97.1	28.5	4.30
600663. SH	陆家嘴	40.0	20.0	71.5	28.6	4.28
6158. HK	正荣地产	45.9	25.5	63.4	29.1	4.18
1862. HK	景瑞控股	45.4	24.8	64.9	29.5	4.10
2772. HK	中梁控股	63.9	43.0	46.7	29.8	4.04
1628. HK	禹洲集团	29.9	96.0	100.0	29.9	4.03
3380. HK	龙光集团	31.3	2.7	100.0	31.3	3.73

续表

股票代码	证券名称	少数股东权益/净资产	少数股东权益应占利润/(净利润-永续资本分配)	同股不同权成分比例	明股实债成分/净资产	明股实债风险评分
0137.HK	金辉集团	40.3	18.1	78.7	31.7	3.66
0123.HK	越秀地产	31.9	9.3	100.0	31.9	3.61
000656.SZ	金科股份	51.3	27.9	65.1	33.4	3.32
0884.HK	旭辉控股	55.0	31.1	62.0	34.1	3.18
2868.HK	首创置业	52.2	88.5	69.5	36.3	2.74
601155.SH	新城控股	38.4	7.3	100.0	38.4	2.32
600565.SH	迪马股份	41.1	13.2	97.1	39.9	2.02
000961.SZ	中南建设	40.7	9.3	100.0	40.7	1.87
600376.SH	首开股份	55.1	26.5	74.0	40.8	1.85
600223.SH	鲁商置业	43.4	0.0	100.0	43.4	1.32
3990.HK	美的置业	44.4	10.4	100.0	44.4	1.11
1996.HK	弘阳地产	44.6	10.5	100.0	44.6	1.08
1966.HK	中骏集团	46.4	14.4	98.3	45.6	0.88
1622.HK	力高集团	47.4	10.2	100.0	47.4	0.51
1233.HK	时代中国	47.7	7.9	100.0	47.7	0.47
2103.HK	新力控股	48.2	3.8	100.0	48.2	0.35
600325.SH	华发股份	74.2	40.3	65.1	48.3	0.34
3301.HK	融信中国	65.0	30.5	75.8	49.3	0.14
000031.SZ	大悦城	59.8	134.5	100.0	59.8	—
600466.SH	蓝光发展	63.0	10.2	100.0	63.0	—
3883.HK	中国奥园	65.8	16.2	100.0	65.8	—
000671.SZ	阳光城	51.7	5.1	100.0	51.7	—
001979.SZ	招商蛇口	65.3	29.2	78.9	51.5	—

最后，少数地产公司在执行新收入准则时，由于其商品交易价格（从客户处实际收取的购房款）低于合同对价，此时，差额部分根据新会计准则将产生重大融资成分（从客户付款到实际交付的时间间隔超过1年），重大融资成分按照实际利率法在合同期间予以资本化处理，同时增加存货和合同负债的金额。上述行为将导致企业的利息支出总额和利息资本化金额大幅上升，虽然这部分资本化利息并没有发生实际的现金流出，但会导致合同负债和存货的增加，更重要的是在未来收入确认时会导致收入和并表销售额的增加（当然，成本也会上升，所以，利润率并

不会提升，还可能降低），进而导致企业的规模数据、周转率数据失真。实际中，我们发现那些合约负债内含融资成分资本化金额很高的企业（有时这个金额甚至可以高达几十亿元），通常其净负债率都显著低于行业水平，显示这种变相的促销方式确实起到了融资作用，并具有一定的隐性负债性质。

本文以企业当期合约负债内含融资成分的资本化利息额与含资本化利息的利息支出总额之比来度量相关隐性负债的大小，当该比值为0时为10分，比值大于50%时为0分，中间数值插值赋分，由此得到地产上市公司的合约负债内含融资成分的风险评分。结果，87家主要地产上市公司中，有12家公司有合约负债内含融资成分，有2家公司合约负债内含融资成分的资本化利息额超过当期利息支出总额的50%（见表3）。

表3　主要地产上市公司的合约负债内含融资成分

单位：%

股票代码	证券名称	合约负债内含融资成分/带息负债利息支出总额
3333.HK	中国恒大	0.0
000002.SZ	万科A	0.0
600606.SH	绿地控股	0.0
1918.HK	融创中国	0.0
2007.HK	碧桂园	0.0
600048.SH	保利地产	0.0
600153.SH	建发股份	0.0
0688.HK	中国海外	0.0
0813.HK	世茂集团	0.0
1109.HK	华润置地	0.0
001979.SZ	招商蛇口	0.0
3900.HK	绿城中国	0.0
0960.HK	龙湖地产	0.0
601155.SH	新城控股	96.3
600383.SH	金地集团	0.0
000961.SZ	中南建设	0.0

续表

股票代码	证券名称	合约负债内含融资成分/带息负债利息支出总额
0884.HK	旭辉控股	0.0
0817.HK	中国金茂	0.0
000656.SZ	金科股份	0.0
000671.SZ	阳光城	0.0
2772.HK	中梁控股	18.0
3380.HK	龙光集团	0.0
3301.HK	融信中国	0.0
000069.SZ	华侨城A	0.0
3383.HK	雅居乐	0.0
2777.HK	富力地产	0.0
6158.HK	正荣地产	12.0
3377.HK	远洋集团	0.0
002244.SZ	滨江集团	0.0
002146.SZ	荣盛发展	0.0
3883.HK	中国奥园	0.0
601992.SH	金隅集团	0.0
3990.HK	美的置业	0.0
600325.SH	华发股份	0.0
2103.HK	新力控股	15.1
1638.HK	佳兆业	0.0
600376.SH	首开股份	0.0
1233.HK	时代中国	0.0
600466.SH	蓝光发展	0.0
1628.HK	禹洲集团	0.0
1813.HK	合景泰富	0.0
0832.HK	建业地产	95.5
1966.HK	中骏集团	0.0
0123.HK	越秀地产	0.0
0137.HK	金辉集团	15.5
600340.SH	华夏幸福	0.0
1996.HK	弘阳地产	31.9
1238.HK	宝龙地产	0.0
Z25.SI	仁恒置地	0.0
000031.SZ	大悦城	0.0

续表

股票代码	证券名称	合约负债内含融资成分/带息负债利息支出总额
2868.HK	首创置业	0.0
2019.HK	德信中国	0.0
1777.HK	花样年	24.9
000736.SZ	中交地产	26.7
0754.HK	合生创展	0.0
000517.SZ	荣安地产	0.0
1098.HK	路劲	0.0
1107.HK	当代置业	0.0
000402.SZ	金融街	0.0
0106.HK	朗诗地产	26.3
1622.HK	力高集团	0.0
600708.SH	光明地产	0.0
2768.HK	佳源国际	0.0
6111.HK	大发地产	13.3
000732.SZ	泰禾集团	0.0
600208.SH	新湖中宝	0.0
600823.SH	世茂股份	0.0
1862.HK	景瑞控股	0.0
600565.SH	迪马股份	0.0
0272.HK	瑞安房地产	0.0
600266.SH	城建发展	0.0
600657.SH	信达地产	0.0
0230.HK	五矿地产	0.0
600743.SH	华远地产	0.0
600223.SH	鲁商置业	0.0
0604.HK	深圳控股	44.5
600094.SH	大名城	0.0
600736.SH	苏州高新	0.0
600663.SH	陆家嘴	0.0
000540.SZ	中天金融	0.0
000042.SZ	中洲控股	0.0
601588.SH	北辰实业	0.0
000926.SZ	福星股份	0.0
2608.HK	阳光100	0.0
600665.SH	天地源	0.0
600649.SH	城投控股	0.0
600648.SH	外高桥	0.0

综合以上几项隐性负债的度量指标，我们分别赋予"表外负债风险"、"明股实债风险"以及"合约负债内含融资成分风险"三项指标各 1/3 权重，加权后即得到该公司在隐性负债上的总体评分，它是企业偿债能力的预警指标。

结果显示，87 家主要地产上市公司在隐性负债上评分的中位数为 6.6 分，有 35 家公司的评分小于 6 分，占总数的 40%（见表 4）——这部分企业的隐性债务负担较重，其偿债能力评分将被减半。

表 4 主要地产上市公司的隐性债务负担评分及预警

单位：分

股票代码	证券名称	明股实债风险评分	表外负债风险评分	合约负债内含融资成分风险评分	隐性负债评分
000926.SZ	福星股份	10.00	10.00	10.00	10.00
600648.SH	外高桥	9.50	10.00	10.00	9.83
2007.HK	碧桂园	9.32	8.22	10.00	9.18
600649.SH	城投控股	10.00	7.06	10.00	9.02
600665.SH	天地源	9.48	7.54	10.00	9.01
600266.SH	城建发展	10.00	6.73	10.00	8.91
601588.SH	北辰实业	6.87	9.25	10.00	8.71
600153.SH	建发股份	6.64	9.22	10.00	8.62
600657.SH	信达地产	9.07	6.74	10.00	8.60
600823.SH	世茂股份	9.09	6.64	10.00	8.58
601992.SH	金隅集团	7.25	8.19	10.00	8.48
0230.HK	五矿地产	9.97	5.16	10.00	8.38
600743.SH	华远地产	10.00	5.08	10.00	8.36
600736.SH	苏州高新	6.26	8.46	10.00	8.24
2777.HK	富力地产	9.66	5.00	10.00	8.22
600663.SH	陆家嘴	4.28	10.00	10.00	8.09
1638.HK	佳兆业	10.00	4.18	10.00	8.06
600094.SH	大名城	8.60	5.33	10.00	7.98
0754.HK	合生创展	7.99	5.48	10.00	7.82
3333.HK	中国恒大	6.76	6.65	10.00	7.80
000002.SZ	万科 A	8.33	5.06	10.00	7.80
600340.SH	华夏幸福	6.11	7.20	10.00	7.77

续表

股票代码	证券名称	明股实债风险评分	表外负债风险评分	合约负债内含融资成分风险评分	隐性负债评分
0688.HK	中国海外	9.27	3.88	10.00	7.72
600208.SH	新湖中宝	9.64	3.50	10.00	7.71
0272.HK	瑞安房地产	8.08	4.86	10.00	7.65
000042.SZ	中洲控股	10.00	2.66	10.00	7.55
600606.SH	绿地控股	5.35	7.26	10.00	7.54
0960.HK	龙湖地产	6.25	6.36	10.00	7.54
000069.SZ	华侨城A	7.18	5.29	10.00	7.49
3383.HK	雅居乐	8.68	3.67	10.00	7.45
000540.SZ	中天金融	9.29	2.74	10.00	7.34
0813.HK	世茂集团	8.56	3.41	10.00	7.32
600708.SH	光明地产	8.79	3.09	10.00	7.29
1109.HK	华润置地	7.54	4.33	10.00	7.29
600048.SH	保利地产	8.11	3.44	10.00	7.18
000402.SZ	金融街	10.00	1.50	10.00	7.17
1238.HK	宝龙地产	9.78	1.65	10.00	7.14
1098.HK	路劲	9.23	1.90	10.00	7.04
Z25.SI	仁恒置地	8.83	1.95	10.00	6.93
002146.SZ	荣盛发展	8.01	2.65	10.00	6.88
002244.SZ	滨江集团	9.97	0.49	10.00	6.82
3377.HK	远洋集团	7.52	2.48	10.00	6.67
000732.SZ	泰禾集团	10.00	0.00	10.00	6.67
1862.HK	景瑞控股	4.10	5.59	10.00	6.56
1107.HK	当代置业	8.56	1.07	10.00	6.54
2608.HK	阳光100	5.42	4.03	10.00	6.48
0817.HK	中国金茂	8.95	0.35	10.00	6.43
3900.HK	绿城中国	8.47	0.62	10.00	6.37
600383.SH	金地集团	7.97	1.11	10.00	6.36
2768.HK	佳源国际	5.79	3.19	10.00	6.32
600223.SH	鲁商置业	1.32	7.33	10.00	6.22
0604.HK	深圳控股	9.27	8.25	1.10	6.21
600565.SH	迪马股份	2.02	5.92	10.00	5.98
0123.HK	越秀地产	3.61	4.19	10.00	5.93

续表

股票代码	证券名称	明股实债风险评分	表外负债风险评分	合约负债内含融资成分风险评分	隐性负债评分
3380.HK	龙光集团	3.73	3.25	10.00	5.66
000517.SZ	荣安地产	5.59	1.00	10.00	5.53
1918.HK	融创中国	4.30	2.13	10.00	5.48
1813.HK	合景泰富	6.15	0.00	10.00	5.38
000656.SZ	金科股份	3.32	2.42	10.00	5.25
6111.HK	大发地产	8.37	0.03	7.33	5.25
2019.HK	德信中国	4.98	0.28	10.00	5.09
1777.HK	花样年	9.22	0.94	5.02	5.06
3990.HK	美的置业	1.11	3.76	10.00	4.96
1622.HK	力高集团	0.51	3.93	10.00	4.82
0884.HK	旭辉控股	3.18	1.24	10.00	4.81
1628.HK	禹洲集团	4.03	0.00	10.00	4.68
2868.HK	首创置业	2.74	1.08	10.00	4.61
6158.HK	正荣地产	4.18	1.56	7.60	4.45
001979.SZ	招商蛇口	0.00	3.32	10.00	4.44
0137.HK	金辉集团	3.66	2.71	6.90	4.42
600376.SH	首开股份	1.85	1.40	10.00	4.42
000031.SZ	大悦城	0.00	3.14	10.00	4.38
600466.SH	蓝光发展	0.00	2.95	10.00	4.32
0106.HK	朗诗地产	8.14	0.00	4.74	4.29
1966.HK	中骏集团	0.88	1.76	10.00	4.21
2772.HK	中梁控股	4.04	1.71	6.41	4.05
000736.SZ	中交地产	5.70	1.71	4.66	4.02
000961.SZ	中南建设	1.87	0.14	10.00	4.00
1233.HK	时代中国	0.47	1.25	10.00	3.91
600325.SH	华发股份	0.34	0.93	10.00	3.76
3883.HK	中国奥园	0.00	1.03	10.00	3.68
0832.HK	建业地产	7.80	3.07	0.00	3.62
3301.HK	融信中国	0.14	0.55	10.00	3.56
000671.SZ	阳光城	0.00	0.30	10.00	3.43
2103.HK	新力控股	0.35	0.00	6.97	2.44
601155.SH	新城控股	2.32	4.07	0.00	2.13
1996.HK	弘阳地产	1.08	0.00	3.62	1.57

（六）主要地产上市公司的偿债能力排行榜

综合企业剔除预收款后的总负债率、净负债率、现金短债比、期限结构以及隐性负债情况，结果显示，87 家主要地产上市公司 2020 年偿债能力评分的均值为 2.98 分，中位数为 2.66 分。其中，有 4 家公司评分在 8 分以上，占总数的 4.6%；有 13 家公司评分在 5~8 分，占总数的 14.9%；有 36 家公司评分在 2~5 分，占总数的 41.4%；还有 34 家公司评分小于 2 分，占总数的 39.1%（见图 7）。

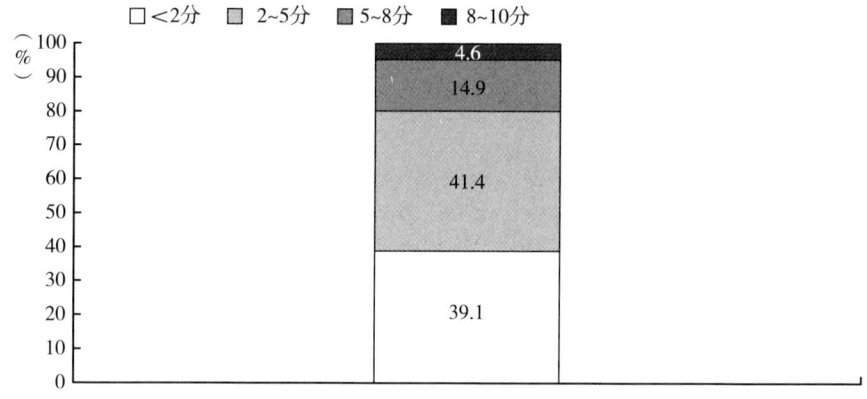

图 7　主要地产上市公司的偿债能力评分分布

由表 5 可见，中国海外、龙湖地产、华润置地、建发股份、万科、世茂集团、世茂股份、仁恒置地、五矿地产、保利地产进入 2020 年度地产上市公司偿债能力排行榜的 TOP 10（见表 5）。

表 5　主要地产上市公司的偿债能力排行榜

单位：分

排名	股票代码	公司名称	总负债率得分	净负债率得分	现金短债比得分	期限结构得分	隐性负债评分	偿债能力得分
1	0688.HK	中国海外	10.00	10.00	7.29	8.94	7.72	9.06
2	0960.HK	龙湖地产	6.54	8.92	10.00	10.00	7.54	8.86
3	1109.HK	华润置地	10.00	10.00	7.31	8.01	7.29	8.83

续表

排名	股票代码	公司名称	总负债率得分	净负债率得分	现金短债比得分	期限结构得分	隐性负债评分	偿债能力得分
4	600153.SH	建发股份	5.51	6.71	10.00	10.00	8.62	8.06
5	000002.SZ	万科A	4.13	10.00	5.85	7.54	7.80	6.88
6	0813.HK	世茂集团	5.77	7.41	3.35	9.69	7.32	6.56
7	600823.SH	世茂股份	7.29	10.00	8.60	0.00	8.58	6.47
8	Z25.SI	仁恒置地	6.56	6.28	5.47	7.46	6.93	6.44
9	0230.HK	五矿地产	10.00	3.05	4.04	7.46	8.38	6.14
10	600048.SH	保利地产	5.07	5.10	6.25	6.99	7.18	5.85
11	2768.HK	佳源国际	6.12	6.70	1.37	7.55	6.32	5.43
12	0604.HK	深圳控股	10.00	10.00	1.34	0.00	6.21	5.34
13	600736.SH	苏州高新	7.81	0.00	3.74	9.33	8.24	5.22
14	600383.SH	金地集团	5.32	6.59	1.41	7.39	6.36	5.18
15	000069.SZ	华侨城A	5.00	4.23	6.06	5.34	7.49	5.16
16	600094.SH	大名城	10.00	6.48	0.00	3.99	7.98	5.12
17	002244.SZ	滨江集团	4.14	2.43	3.45	10.00	6.82	5.00
18	600649.SH	城投控股	8.45	10.00	1.47	0.00	9.02	4.98
19	3377.HK	远洋集团	5.51	4.08	2.54	6.13	6.67	4.56
20	601992.SH	金隅集团	8.02	0.00	0.00	10.00	8.48	4.50
21	2007.HK	碧桂园	0.00	7.40	3.68	6.88	9.18	4.49
22	0272.HK	瑞安房地产	10.00	6.85	0.46	0.00	7.65	4.33
23	3900.HK	绿城中国	4.03	0.00	4.16	8.72	6.37	4.23
24	0817.HK	中国金茂	6.62	2.07	2.82	4.72	6.43	4.06
25	1638.HK	佳兆业	5.13	0.36	2.82	7.24	8.06	3.89
26	600665.SH	天地源	0.00	0.00	4.79	10.00	9.01	3.70
27	601155.SH	新城控股	2.26	10.00	7.09	10.00	2.13	3.67
28	1862.HK	景瑞控股	0.00	5.16	0.96	8.45	6.56	3.64
29	001979.SZ	招商蛇口	10.00	10.00	2.41	6.26	4.44	3.58
30	1238.HK	宝龙地产	5.03	4.05	1.13	3.15	7.14	3.34
31	3380.HK	龙光集团	5.09	6.02	4.68	10.00	5.66	3.22
32	002146.SZ	荣盛发展	2.63	3.30	0.44	6.04	6.88	3.10
33	0884.HK	旭辉控股	3.73	4.79	8.65	7.23	4.81	3.05
34	000926.SZ	福星股份	6.53	0.00	0.00	5.61	10.00	3.04
35	0123.HK	越秀地产	5.38	8.75	3.51	6.09	5.93	2.97
36	600648.SH	外高桥	4.70	0.61	0.00	6.54	9.83	2.97
37	1966.HK	中骏集团	5.67	6.15	1.21	10.00	4.21	2.88

续表

排名	股票代码	公司名称	总负债率得分	净负债率得分	现金短债比得分	期限结构得分	隐性负债评分	偿债能力得分
38	0832.HK	建业地产	0.00	10.00	2.41	10.00	3.62	2.80
39	2019.HK	德信中国	2.92	6.59	3.42	9.38	5.09	2.79
40	600657.SH	信达地产	5.24	5.32	0.46	0.00	8.60	2.76
41	3383.HK	雅居乐	3.87	0.72	0.44	5.87	7.45	2.73
42	1622.HK	力高集团	0.94	8.55	2.19	10.00	4.82	2.71
43	6111.HK	大发地产	5.69	6.47	0.00	9.48	5.25	2.71
44	0106.HK	朗诗地产	1.26	10.00	10.00	0.00	4.29	2.66
45	1098.HK	路劲	7.31	0.00	0.24	2.95	7.04	2.62
46	1996.HK	弘阳地产	5.28	8.16	0.42	7.06	1.57	2.62
47	000517.SZ	荣安地产	2.19	5.03	2.97	10.00	5.53	2.52
48	600606.SH	绿地控股	0.00	0.00	0.00	10.00	7.54	2.50
49	0137.HK	金辉集团	5.49	4.12	0.37	10.00	4.42	2.50
50	600565.SH	迪马股份	5.43	8.63	1.24	4.44	5.98	2.47
51	000656.SZ	金科股份	4.91	3.38	1.34	10.00	5.25	2.45
52	0754.HK	合生创展	7.80	1.84	0.16	0.00	7.82	2.45
53	6158.HK	正荣地产	1.71	3.39	3.98	10.00	4.45	2.38
54	2772.HK	中梁控股	0.07	5.70	0.45	9.56	4.05	1.97
55	3990.HK	美的置业	1.19	3.09	2.59	8.43	4.96	1.91
56	3301.HK	融信中国	5.06	2.86	0.00	7.12	3.56	1.88
57	600663.SH	陆家嘴	7.39	0.00	0.00	0.00	8.09	1.85
58	1233.HK	时代中国	0.72	5.28	3.81	4.12	3.91	1.74
59	600208.SH	新湖中宝	6.74	0.00	0.00	0.00	7.71	1.69
60	1777.HK	花样年	3.78	3.79	1.85	3.82	5.06	1.65
61	000031.SZ	大悦城	4.12	2.28	3.53	2.63	4.38	1.57
62	1813.HK	合景泰富	2.45	6.38	3.04	0.00	5.38	1.48
63	2103.HK	新力控股	3.42	6.06	0.00	1.32	2.44	1.35
64	600466.SH	蓝光发展	2.94	0.38	0.16	7.29	4.32	1.35
65	000736.SZ	中交地产	0.00	0.00	0.40	10.00	4.02	1.30
66	601588.SH	北辰实业	4.44	0.00	0.64	0.00	8.71	1.27
67	1107.HK	当代置业	0.00	0.72	0.52	3.77	6.54	1.25
68	600223.SH	鲁商置业	0.00	0.00	0.00	4.85	6.22	1.21
69	1918.HK	融创中国	0.65	0.66	0.39	6.80	5.48	1.06
70	000402.SZ	金融街	2.81	0.00	1.33	0.00	7.17	1.04
71	000042.SZ	中洲控股	1.50	0.00	2.19	0.00	7.55	0.92

续表

排名	股票代码	公司名称	总负债率得分	净负债率得分	现金短债比得分	期限结构得分	隐性负债评分	偿债能力得分
72	000961.SZ	中南建设	0.12	0.46	0.22	6.57	4.00	0.92
73	600266.SH	城建发展	2.47	0.00	0.49	0.00	8.91	0.74
74	2777.HK	富力地产	1.67	0.00	0.00	1.27	8.22	0.74
75	600743.SH	华远地产	0.29	0.00	0.00	2.42	8.36	0.68
76	000671.SZ	阳光城	0.46	0.00	1.23	2.43	3.43	0.51
77	2608.HK	阳光100	1.90	0.00	0.00	0.00	6.48	0.48
78	3883.HK	中国奥园	0.57	2.89	0.00	0.00	3.68	0.43
79	600340.SH	华夏幸福	1.69	0.00	0.00	0.00	7.77	0.42
80	600376.SH	首开股份	2.32	0.00	1.04	0.00	4.42	0.42
81	2868.HK	首创置业	2.84	0.00	0.48	0.00	4.61	0.41
82	600708.SH	光明地产	0.34	0.00	0.00	1.31	7.29	0.41
83	3333.HK	中国恒大	0.00	0.00	0.00	1.45	7.80	0.36
84	1628.HK	禹洲集团	1.04	0.01	0.92	0.00	4.68	0.25
85	600325.SH	华发股份	1.76	0.00	0.00	0.00	3.76	0.22
86	000732.SZ	泰禾集团	0.00	0.00	0.00	0.00	6.67	0.00
87	000540.SZ	中天金融	0.00	0.00	0.00	0.00	7.34	0.00

四 2020年度主要地产上市公司的运营效率排行榜

2020年，主要地产上市公司存量资产周转率的中位数较2019年减慢了7%，至0.258倍；毛利润率的中位数降至24.4%，平均的核心经营利润率也降至12.2%，有34%的企业核心经营利润率不到10%。综合利润率和周转率，主要地产上市公司税前投入资本回报率的中位数为9.2%，有7%的企业税前投入资本回报率大于15%，但同时也有10%的企业税前投入资本回报率不到5%。结果，龙光集团、佳源国际、荣安地产、万科、龙湖地产、新城控股、滨江集团、华侨城、中国海外、保利地产进入效率排行榜的TOP 10。

（一）主要地产上市公司的周转率

2020年87家主要地产上市公司存量资产周转率（并表销售额/年初总资产）的平均值为0.266倍，中位数为0.258倍，较2019年减慢了7%。其中，有5家公司当前的存量资产周转率大于等于0.4倍，占主要地产上市公司总数的5.7%；有18家公司当前的存量资产周转率在0.3~0.4倍，占主要地产上市公司总数的20.7%；但也有43家公司当前的存量资产周转率在0.2~0.3倍，占主要地产上市公司总数的49.4%；还有21家公司当前的存量资产周转率小于0.2倍，占主要地产上市公司总数的24.1%；其中更有2家公司当前的存量资产周转率小于0.1倍，占主要地产上市公司总数的2.3%。

而在行业低谷中，预期所有企业的存量资产周转率都将进一步减慢。历史数据显示，87家主要地产上市公司在低谷中平均的存量资产周转率将进一步减慢至0.237倍，中位数为0.231倍。其中仅有3家公司的低谷存量资产周转率仍能保持在0.4倍及以上，占主要地产上市公司总数的3.4%；有11家公司的低谷存量资产周转率在0.3~0.4倍，占主要地产上市公司总数的12.6%；有44家公司的低谷存量资产周转率在0.2~0.3倍，占主要地产上市公司总数的50.6%；有29家公司的低谷存量资产周转率小于0.2倍，占主要地产上市公司总数的33.3%；更有7家公司的低谷存量资产周转率小于0.1倍，占主要地产上市公司总数的8.0%（见图8）。

（二）主要地产上市公司的利润率

利润率方面，87家主要地产上市公司2020年的毛利润率[=（营业收入-营业成本-土地增值税）/营业收入]的平均值为25.7%，中位数为24.4%；再从中剔除其他营业税金及附加、销售费用、管理费用、研发费用后，核心经营利润率[=（毛利润-其他营业税金及附加-销售费用-管理费用-研发费用）/营业收入]的平均值为13.0%，中位数为12.2%。其中，有13家公司的核心经营利润率在20%以上，占主要地产上市公司总数

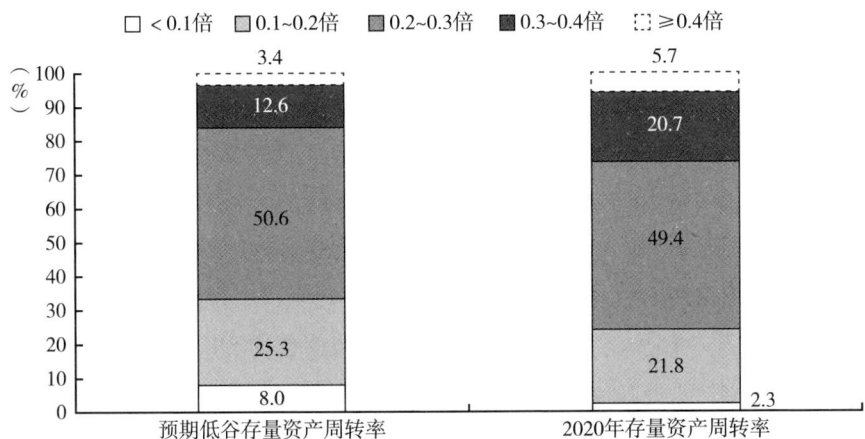

图8　主要地产上市公司的存量资产周转率分布

的14.9%；有5家公司的核心经营利润率在25%及以上，占主要地产上市公司总数的5.7%；但同时也有30家公司的核心经营利润率为10%~15%，占主要地产上市公司总数的34.5%；有8家公司的核心经营利润率不到5%，占主要地产上市公司总数的9.2%（见图9），过低的利润率在一定程度上损害了这些企业的盈利能力和抗风险能力。

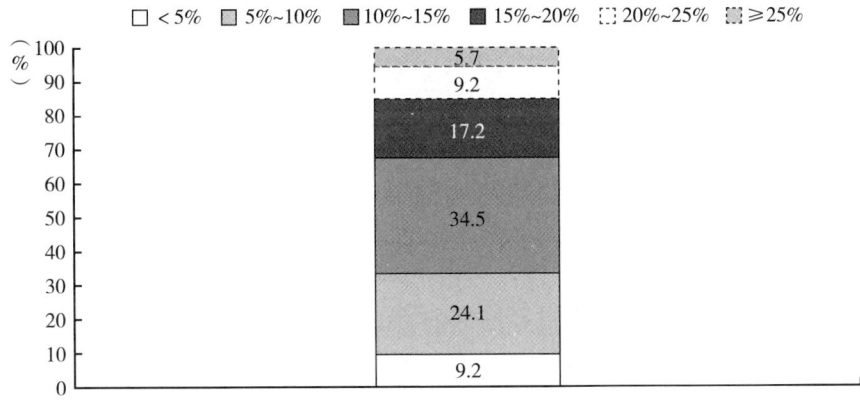

图9　主要地产上市公司的核心经营利润率分布

（三）主要地产上市公司的税前投入资本回报率

综合利润率和周转率，87家主要地产上市公司平均的税前投入资本回报率 [= 不使用财务杠杆情况下的回报率 = （核心经营利润 + 财务费用 + 资本化利息）/（带息负债 + 永续资本 + 权益资本）] 为9.5%，中位数为9.2%。其中，有6家公司的投入资本回报率为15%及以上，占主要地产上市公司总数的6.9%；有34家公司的投入资本回报率在10%~15%，占主要地产上市公司总数的39.1%；有38家公司的投入资本回报率在5%~10%，占主要地产上市公司总数的43.7%；有9家公司的投入资本回报率小于5%，占主要地产上市公司总数的10.3%（见图10）。

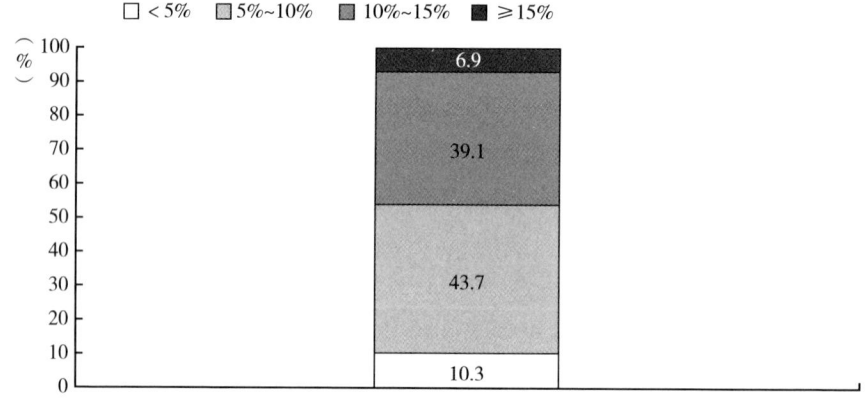

图10 主要地产上市公司的投入资本回报率分布

不难看出，随着效率的分化，地产行业的投资回报率也呈现分化趋势：回报率最高的企业在不使用财务杠杆的情况下也可以实现15%及以上的回报；而回报率低的企业甚至会出现负回报。由表6可见，鲁商置业、佳源国际、新城控股、中梁控股、龙光集团、万科、建业地产、荣安地产、碧桂园、中南建设进入投资回报率排行榜TOP 10。

表6 主要地产上市公司的税前投入资本回报率排行榜

单位：%

排行	股票代码	公司名称	2020年的投入资本回报率
1	600223.SH	鲁商置业	20.45
2	2768.HK	佳源国际	18.99
3	601155.SH	新城控股	17.34
4	2772.HK	中梁控股	17.30
5	3380.HK	龙光集团	16.45
6	000002.SZ	万科A	16.07
7	0832.HK	建业地产	14.72
8	000517.SZ	荣安地产	14.60
9	2007.HK	碧桂园	14.37
10	000961.SZ	中南建设	13.95
11	600565.SH	迪马股份	13.23
12	2103.HK	新力控股	13.17
13	1233.HK	时代中国	12.79
14	2019.HK	德信中国	12.61
15	0960.HK	龙湖地产	12.55
16	600340.SH	华夏幸福	12.42
17	1918.HK	融创中国	12.33
18	000656.SZ	金科股份	12.31
19	1107.HK	当代置业	12.25
20	600048.SH	保利地产	11.92
21	1238.HK	宝龙地产	11.45
22	3383.HK	雅居乐	11.42
23	0754.HK	合生创展	11.32
24	6111.HK	大发地产	11.31
25	600657.SH	信达地产	11.04
26	0813.HK	世茂集团	11.03
27	002244.SZ	滨江集团	10.98
28	000069.SZ	华侨城A	10.92
29	000736.SZ	中交地产	10.89
30	600663.SH	陆家嘴	10.83
31	600383.SH	金地集团	10.82
32	3883.HK	中国奥园	10.80
33	000671.SZ	阳光城	10.77

续表

排行	股票代码	公司名称	2020年的投入资本回报率
34	0688.HK	中国海外	10.76
35	600466.SH	蓝光发展	10.68
36	600606.SH	绿地控股	10.64
37	600153.SH	建发股份	10.61
38	1109.HK	华润置地	10.55
39	3333.HK	中国恒大	10.32
40	002146.SZ	荣盛发展	10.19
41	0137.HK	金辉集团	9.95
42	1813.HK	合景泰富	9.55
43	0884.HK	旭辉控股	9.33
44	1638.HK	佳兆业	9.21
45	1966.HK	中骏集团	9.19
46	Z25.SI	仁恒置地	9.08
47	1098.HK	路劲	8.98
48	1622.HK	力高集团	8.98
49	3990.HK	美的置业	8.77
50	600665.SH	天地源	8.75
51	6158.HK	正荣地产	8.63
52	000042.SZ	中洲控股	8.56
53	1996.HK	弘阳地产	8.48
54	600743.SH	华远地产	8.46
55	600823.SH	世茂股份	8.45
56	0106.HK	朗诗地产	8.10
57	0123.HK	越秀地产	8.10
58	600325.SH	华发股份	7.86
59	001979.SZ	招商蛇口	7.72
60	601588.SH	北辰实业	7.54
61	1862.HK	景瑞控股	7.32
62	2608.HK	阳光100	7.21
63	600094.SH	大名城	7.00
64	3301.HK	融信中国	6.93
65	600376.SH	首开股份	6.68
66	0604.HK	深圳控股	6.66
67	000926.SZ	福星股份	6.55

续表

排行	股票代码	公司名称	2020年的投入资本回报率
68	1777.HK	花样年	6.40
69	601992.SH	金隅集团	6.39
70	3900.HK	绿城中国	6.38
71	2777.HK	富力地产	6.26
72	000031.SZ	大悦城	6.11
73	600208.SH	新湖中宝	5.68
74	3377.HK	远洋集团	5.63
75	600736.SH	苏州高新	5.57
76	000732.SZ	泰禾集团	5.23
77	600266.SH	城建发展	5.18
78	600648.SH	外高桥	5.17
79	000402.SZ	金融街	4.73
80	1628.HK	禹洲集团	4.59
81	600708.SH	光明地产	4.33
82	0817.HK	中国金茂	4.17
83	2868.HK	首创置业	4.11
84	600649.SH	城投控股	3.59
85	0272.HK	瑞安房地产	3.09
86	0230.HK	五矿地产	2.03
87	000540.SZ	中天金融	-0.81

（四）主要地产上市公司的综合效率排行榜

综合企业当前和低谷状态的周转率以及利润率和税前投入资本回报率，结果，2020年87家主要地产上市公司的效率评分均值为4.38分，中位数为4.32分。有6家公司的效率评分在8分及以上，占主要地产上市公司总数的6.9%；但同时也有49家公司的效率评分不到5分，占主要地产上市公司总数的56.3%；更有22家公司的效率评分不到2分，占主要地产上市公司总数的25.3%（见图11）。效率水平的优劣分化日益明显，佳源国家、龙光集团、荣安地产、万科、龙湖地产、新城控股、滨江集团、华侨城、中国海外、保利地产进入当前效率排行榜的TOP 10（见表7）。

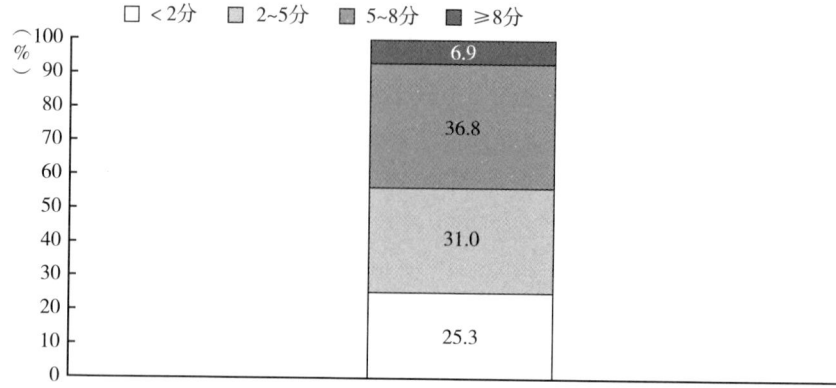

图 11　主要地产上市公司的综合效率评分分布

表 7　主要地产上市公司的综合效率排行榜

单位：%，分

排名	股票代码	证券名称	2020年存量资产周转率	2020年核心经营利润率	2020年投入资本回报率	综合效率评分
1	2768.HK	佳源国际	0.268	22.6	18.99	10.00
2	3380.HK	龙光集团	0.425	22.9	16.45	10.00
3	000517.SZ	荣安地产	0.425	20.3	14.60	9.80
4	000002.SZ	万科A	0.273	17.6	16.07	8.81
5	0960.HK	龙湖地产	0.325	17.9	12.55	8.60
6	601155.SH	新城控股	0.325	13.1	17.34	8.24
7	002244.SZ	滨江集团	0.354	19.2	10.98	7.99
8	000069.SZ	华侨城A	0.265	25.1	10.92	7.96
9	0688.HK	中国海外	0.289	22.8	10.76	7.88
10	600048.SH	保利地产	0.272	19.8	11.92	7.85
11	2019.HK	德信中国	0.302	16.1	12.61	7.67
12	1233.HK	时代中国	0.256	18.5	12.79	7.63
13	2772.HK	中梁控股	0.316	11.1	17.30	7.52
14	1238.HK	宝龙地产	0.219	23.9	11.45	7.16
15	600663.SH	陆家嘴	0.172	51.9	10.83	7.14
16	0813.HK	世茂集团	0.354	16.7	11.03	7.04
17	600383.SH	金地集团	0.282	18.3	10.82	7.03
18	0754.HK	合生创展	0.182	45.3	11.32	7.02

续表

排名	股票代码	证券名称	2020年存量资产周转率	2020年核心经营利润率	2020年投入资本回报率	综合效率评分
19	0832.HK	建业地产	0.373	9.6	14.72	6.96
20	2007.HK	碧桂园	0.268	11.8	14.37	6.85
21	3383.HK	雅居乐	0.303	15.4	11.42	6.83
22	600153.SH	建发股份	1.563	3.3	10.61	6.79
23	000656.SZ	金科股份	0.335	12.3	12.31	6.76
24	000736.SZ	中交地产	0.472	15.0	10.89	6.67
25	600340.SH	华夏幸福	0.161	23.9	12.42	6.56
26	1109.HK	华润置地	0.243	17.8	10.55	6.12
27	002146.SZ	荣盛发展	0.260	16.9	10.19	5.98
28	2103.HK	新力控股	0.202	14.8	13.17	5.98
29	6111.HK	大发地产	0.332	12.0	11.31	5.97
30	Z25.SI	仁恒置地	0.274	28.5	9.08	5.93
31	000961.SZ	中南建设	0.260	8.9	13.95	5.80
32	1918.HK	融创中国	0.274	10.7	12.33	5.61
33	600223.SH	鲁商置业	0.282	5.6	20.45	5.46
34	600565.SH	迪马股份	0.238	9.2	13.23	5.31
35	600657.SH	信达地产	0.168	19.5	11.04	5.30
36	1107.HK	当代置业	0.233	10.9	12.25	5.16
37	001979.SZ	招商蛇口	0.264	17.8	7.72	5.06
38	600466.SH	蓝光发展	0.267	12.0	10.68	5.03
39	600606.SH	绿地控股	0.433	7.2	10.64	4.95
40	0137.HK	金辉集团	0.319	10.8	9.95	4.91
41	1966.HK	中骏集团	0.290	13.0	9.19	4.86
42	1098.HK	路劲	0.239	17.0	8.98	4.56
43	0884.HK	旭辉控股	0.286	12.2	9.33	4.54
44	600823.SH	世茂股份	0.172	20.9	8.45	4.32
45	1638.HK	佳兆业	0.244	14.2	9.21	4.31
46	3883.HK	中国奥园	0.175	13.7	10.80	4.30
47	000671.SZ	阳光城	0.231	10.1	10.77	4.23
48	3333.HK	中国恒大	0.255	9.2	10.32	3.84
49	600743.SH	华远地产	0.218	13.9	8.46	3.70
50	1622.HK	力高集团	0.379	7.0	8.98	3.65
51	0123.HK	越秀地产	0.249	13.0	8.10	3.48

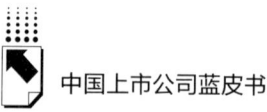

续表

排名	股票代码	证券名称	2020年存量资产周转率	2020年核心经营利润率	2020年投入资本回报率	综合效率评分
52	600665.SH	天地源	0.313	9.1	8.75	3.47
53	3990.HK	美的置业	0.287	8.8	8.77	3.41
54	6158.HK	正荣地产	0.344	10.0	8.63	3.38
55	000031.SZ	大悦城	0.214	16.7	6.11	3.12
56	1813.HK	合景泰富	0.139	16.2	9.55	3.06
57	1996.HK	弘阳地产	0.258	9.6	8.48	3.05
58	601992.SH	金隅集团	0.398	8.9	6.39	2.90
59	600325.SH	华发股份	0.192	11.9	7.86	2.72
60	000042.SZ	中洲控股	0.156	11.3	8.56	2.53
61	600648.SH	外高桥	0.309	12.5	5.17	2.47
62	0604.HK	深圳控股	0.145	20.3	6.66	2.38
63	600376.SH	首开股份	0.142	17.3	6.68	2.29
64	600094.SH	大名城	0.244	8.7	7.00	2.04
65	3900.HK	绿城中国	0.303	8.3	6.38	2.02
66	1862.HK	景瑞控股	0.347	6.0	7.32	1.88
67	000926.SZ	福星股份	0.221	9.7	6.55	1.83
68	601588.SH	北辰实业	0.123	11.6	7.54	1.70
69	1777.HK	花样年	0.208	10.2	6.40	1.69
70	0106.HK	朗诗地产	0.242	0.5	8.10	1.55
71	0272.HK	瑞安房地产	0.133	25.1	3.09	1.52
72	2777.HK	富力地产	0.222	8.3	6.26	1.47
73	600736.SH	苏州高新	0.285	7.7	5.57	1.37
74	600266.SH	城建发展	0.137	15.8	5.18	1.26
75	3301.HK	融信中国	0.248	4.8	6.93	1.12
76	3377.HK	远洋集团	0.268	8.0	5.63	1.11
77	2608.HK	阳光100	0.111	5.6	7.21	1.10
78	000402.SZ	金融街	0.106	18.8	4.73	0.99
79	2868.HK	首创置业	0.151	13.1	4.11	0.88
80	600708.SH	光明地产	0.226	7.4	4.33	0.61
81	600208.SH	新湖中宝	0.110	10.1	5.68	0.45
82	600649.SH	城投控股	0.211	8.4	3.59	0.38
83	000732.SZ	泰禾集团	0.039	−39.0	5.23	0.12
84	1628.HK	禹洲集团	0.174	−10.2	4.59	0.00
85	0817.HK	中国金茂	0.236	2.8	4.17	0.00
86	0230.HK	五矿地产	0.300	1.2	2.03	0.00
87	000540.SZ	中天金融	0.061	−7.1	−0.81	0.00

142

五　2020年度地产上市公司的融资能力排行榜

2020年，主要地产上市公司平均的综合债务融资成本略有下降，从2019年的7.4%降至7.2%，有25%的公司综合债务融资成本不到6%，但也有13%的企业综合债务融资成本仍在10%以上。

利息支出平均已经占到并表销售额的13.5%，中位数为10.7%，有15%的企业利息支出占比在20%以上；调整后的利息保障倍数平均为2.3倍，中位数为2.0倍，有6%的企业利息保障倍数小于1倍。

（一）主要地产上市公司的综合债务融资成本

地产企业的投资回报率在分化，债务融资成本也在分化。2020年，87家主要地产上市公司综合债务融资成本的平均值为7.2%，较2019年下降了约0.2个百分点；其中，有11家公司的综合债务融资成本在10%及以上，占主要地产上市公司总数的12.6%；有21家公司的综合债务融资成本在8%~10%，占主要地产上市公司总数的24.1%；有33家公司的综合债务融资成本在6%~8%，占主要地产上市公司总数的37.9%；有22家公司的综合债务融资成本不到6%，占主要地产上市公司总数的25.3%（见图12）。

融资成本反映了企业的综合融资能力，2020年，深圳控股、中国海外、外高桥几家公司的综合债务融资成本最低，平均不到4%；陆家嘴、越秀地产、城投控股、五矿地产、华润置地等国企的综合债务融资成本也在4%~5%；而龙湖地产、仁恒置地、金地集团、保利地产、建发股份、美的置业、绿地控股、金隅集团、远洋集团、城建发展、金融街、瑞安地产、光明地产、中天金融的综合债务融资成本也较低，在5%~6%。

（二）主要地产上市公司的利息保障倍数

2020年主要地产上市公司平均的债务融资成本从2019年的7.4%略降

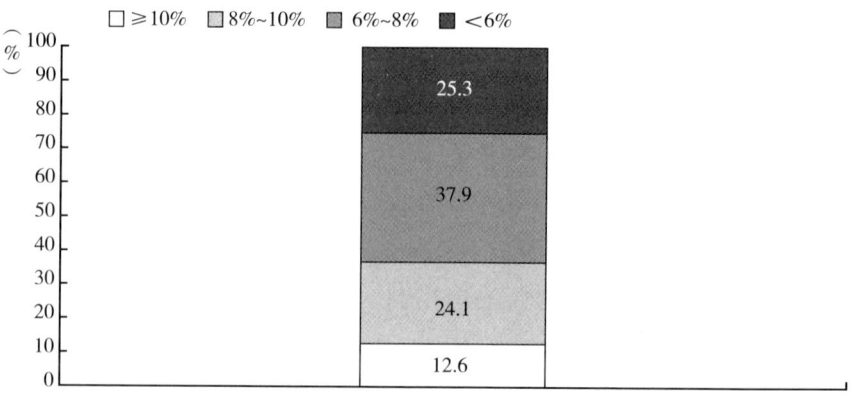

图12　主要地产上市公司的综合债务融资成本分布

到7.2%；但地产企业的利息支出负担仍然很重，87家主要地产上市公司的利息支出平均已占到同期并表销售额的13.5%，中位数为10.7%；其中，有13家公司的利息支出占比在20%以上，占主要地产上市公司总数的14.9%；有3家公司的利息支出占比在30%及以上，占主要地产上市公司总数的3.4%（见图13）。

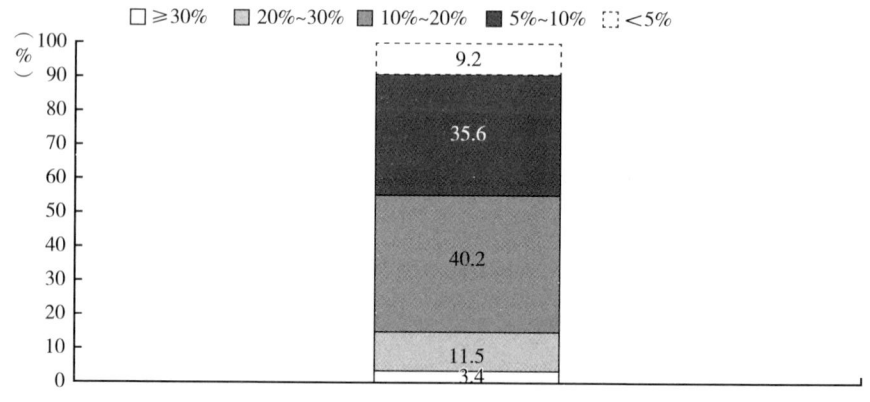

图13　主要地产上市公司的利息支出与并表销售额之比的分布

相应的，87家主要地产上市公司的调整后利息保障倍数（=加回资本化利息的息税前利润/总利息支出）的平均值为2.3倍，中位数为2.0倍；

其中，有42家公司的调整后利息保障倍数大于等于2倍，占主要地产上市公司总数的48.3%；更有18家公司的调整后利息保障倍数大于等于3倍，占主要地产上市公司总数的20.7%；但与此同时，也有5家公司的调整后利息保障倍数小于1倍，占主要地产上市公司总数的5.7%；有20家公司的调整后利息保障倍数在1~1.5倍，占主要地产上市公司总数的23.0%，较低的利息保障倍数将影响企业后续的债务融资能力（见图14）。

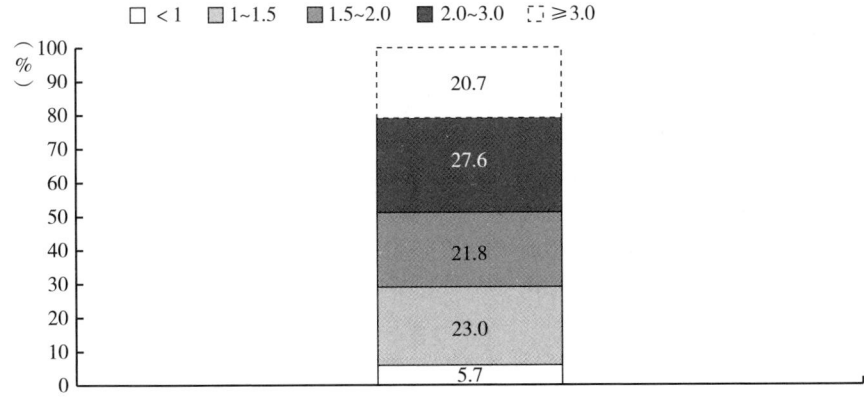

图14 主要地产上市公司的利息保障倍数分布

（三）主要地产上市公司的融资能力排行榜

综合企业的债务融资成本和利息保障倍数，结果显示，2020年87家主要地产上市公司融资能力的评分均值为5.18分，中位数为5.02分。有19家公司的融资能力评分在8分以上，占主要地产上市公司总数的21.8%；但同时也有43家公司的融资能力评分不到5分，占主要地产上市公司总数的49.4%；更有16家公司的融资能力评分不到2分，占主要地产上市公司总数的18.4%；深圳控股、中国海外、陆家嘴、越秀地产、华润置地、龙湖地产、仁恒置地、金地集团、保利地产、建发股份进入融资能力排行榜的TOP 10（见表8）。

表 8　主要地产上市公司的融资能力排行榜

排名	股票代码	证券名称	实际的综合债务融资成本(%)	调整后利息保障倍数(倍)	融资能力评分(分)
1	0604.HK	深圳控股	3.7	5.19	10.00
2	0688.HK	中国海外	3.9	6.90	10.00
3	600663.SH	陆家嘴	4.2	4.43	10.00
4	0123.HK	越秀地产	4.9	3.05	10.00
5	1109.HK	华润置地	5.0	5.58	10.00
6	0960.HK	龙湖地产	5.1	5.30	9.92
7	Z25.SI	仁恒置地	5.4	3.24	9.65
8	600383.SH	金地集团	5.6	3.61	9.44
9	600048.SH	保利地产	5.6	3.97	9.37
10	600153.SH	建发股份	5.9	3.22	9.11
11	000002.SZ	万科A	6.1	5.78	8.90
12	002244.SZ	滨江集团	6.2	2.97	8.72
13	3990.HK	美的置业	5.5	2.61	8.58
14	0813.HK	世茂集团	6.6	3.19	8.35
15	2007.HK	碧桂园	6.7	3.62	8.33
16	001979.SZ	招商蛇口	6.6	2.94	8.29
17	600648.SH	外高桥	3.8	2.29	8.21
17	600606.SH	绿地控股	5.9	2.63	8.15
18	000517.SZ	荣安地产	6.9	3.58	8.09
19	0754.HK	合生创展	7.2	3.09	7.81
20	0884.HK	旭辉控股	6.3	2.57	7.66
21	1238.HK	宝龙地产	7.0	2.85	7.59
22	601155.SH	新城控股	7.5	4.32	7.50
23	1098.HK	路劲	6.6	2.62	7.40
24	600823.SH	世茂股份	7.7	3.48	7.32
25	601992.SH	金隅集团	5.4	2.05	7.21
26	000069.SZ	华侨城A	7.2	2.70	7.00
27	3380.HK	龙光集团	8.1	3.58	6.92
28	3377.HK	远洋集团	5.4	1.76	6.53
29	600649.SH	城投控股	4.6	1.61	6.52
30	3383.HK	雅居乐	7.6	2.62	6.46
31	1966.HK	中骏集团	7.0	2.31	6.28
32	2019.HK	德信中国	8.0	2.63	6.02
33	000671.SZ	阳光城	7.2	2.21	5.82

续表

排名	股票代码	证券名称	实际的综合债务融资成本(%)	调整后利息保障倍数(倍)	融资能力评分(分)
34	002146.SZ	荣盛发展	7.2	—	5.70
35	1813.HK	合景泰富	7.1	2.10	5.63
36	601588.SH	北辰实业	6.5	1.84	5.59
37	600266.SH	城建发展	5.5	1.38	5.40
38	000031.SZ	大悦城	6.1	1.62	5.40
39	0832.HK	建业地产	8.4	2.50	5.34
40	0230.HK	五矿地产	4.3	1.04	5.09
41	600376.SH	首开股份	6.3	1.54	5.05
42	2103.HK	新力控股	8.6	2.45	5.03
43	0137.HK	金辉集团	7.6	2.04	5.02
44	000402.SZ	金融街	5.6	1.22	4.94
45	3883.HK	中国奥园	7.7	2.00	4.77
46	0272.HK	瑞安房地产	5.9	1.21	4.59
47	600736.SH	苏州高新	6.9	1.57	4.50
48	6158.HK	正荣地产	7.4	1.74	4.45
49	000656.SZ	金科股份	8.9	2.27	4.33
50	600208.SH	新湖中宝	6.5	1.33	4.32
51	600325.SH	华发股份	7.1	1.57	4.29
52	600708.SH	光明地产	5.8	1.02	4.22
53	0817.HK	中国金茂	6.4	1.24	4.22
54	3900.HK	绿城中国	7.1	1.51	4.16
55	000540.SZ	中天金融	5.9	-0.21	4.13
56	2772.HK	中梁控股	10.2	2.62	4.05
57	000961.SZ	中南建设	9.2	2.28	4.04
58	2768.HK	佳源国际	12.9	2.59	3.96
59	2868.HK	首创置业	6.1	1.00	3.88
60	1233.HK	时代中国	9.4	2.21	3.64
61	600340.SH	华夏幸福	8.8	1.96	3.61
62	600743.SH	华远地产	7.7	1.48	3.53
63	600565.SH	迪马股份	12.2	2.31	3.28
64	3301.HK	融信中国	8.0	1.46	3.16
65	1918.HK	融创中国	9.3	1.96	3.13
66	600665.SH	天地源	8.0	1.43	3.12
67	600657.SH	信达地产	9.4	1.94	2.98

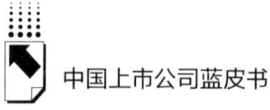

续表

排名	股票代码	证券名称	实际的综合债务融资成本(%)	调整后利息保障倍数(倍)	融资能力评分(分)
68	2777.HK	富力地产	8.1	1.15	2.29
69	0106.HK	朗诗地产	9.4	1.65	2.22
70	000926.SZ	福星股份	8.6	1.27	2.05
71	600094.SH	大名城	9.7	1.67	1.97
72	000042.SZ	中洲控股	9.1	1.43	1.94
73	1622.HK	力高集团	9.4	1.53	1.91
74	6111.HK	大发地产	11.0	1.70	1.76
76	1638.HK	佳兆业	9.6	1.50	1.66
77	600466.SH	蓝光发展	10.3	1.64	1.61
78	1628.HK	禹洲集团	8.5	0.81	1.51
79	1107.HK	当代置业	11.4	1.56	1.41
80	1996.HK	弘阳地产	10.0	1.47	1.18
81	3333.HK	中国恒大	10.8	1.41	1.01
82	600223.SH	鲁商置业	22.2	1.35	0.88
83	1777.HK	花样年	9.4	1.04	0.67
84	000736.SZ	中交地产	12.0	1.25	0.62
85	000732.SZ	泰禾集团	9.6	0.70	0.37
86	1862.HK	景瑞控股	10.0	1.10	0.24
87	2608.HK	阳光100	12.2	0.87	0.00

六 2020年度主要地产上市公司的成长潜力排行榜

内生增长潜力是在调减了超额负债并考虑了周期波动后，由企业自身效率决定的净资产回报率以及由此确定的内生增长率，它是企业的安全成长基线。根据我们的测算，以2020年的效率水平为基础，主要地产上市公司内生增长率的中位数只有3.4%，有9.2%的企业内生增长率不到1%甚至为负，但也有不到5%的企业内生增长率大于10%。

地产企业的外生增长空间依赖于外部融资工具的使用，它在本质上取决于企业的投入资本回报率与债务融资成本之间的利差空间。统计显示，2020年主要地产上市公司平均的税前投入资本回报率为9.5%，中位数为9.2%，平均的综合债务融资成本为7.2%。结果显示，主要地产上市公司2020年的税前投入资本回报率与债务融资成本之间利差空间的均值为1.8个百分点，中位数则缩小到1.2个百分点；有34.5%的公司税前投入资本回报率已低于债务融资成本，外生增长空间进一步分化。

最后，适量的土地储备是成长潜力的物质基础，截至2020年底，以2020年的销售面积计算，主要地产上市公司的总土地储备（待建＋在建＋已竣工待售面积）平均相当于年销售量的5.1倍，可售土地储备平均相当于年销售量的3.3倍。尽管多数地产企业的土地储备总量可以满足未来3～5年的发展需求，但主要地产上市公司中仍有23%的企业其土地储备总量小于4年的销售量，有4%的企业土地储备总量不足未来3年的销售量，若以可售面积计算，其土地储备总量不足未来2年的销售量，从而影响了其可持续发展潜力。

综合内生增长空间、外生增长空间以及土地储备总量，龙光集团、建业地产、新城控股、德信中国、保利地产、金地集团、中梁控股、龙湖地产、中国海外、佳源国际进入成长潜力排行榜的TOP 10。

（一）主要地产上市公司的内生增长潜力

内生增长潜力是企业自身效率决定的增长潜力，它由企业的效率隐含回报决定，即企业在财务安全下[①]、考虑周期波动后的净资产回报率（在分红率为零的情况下，内生增长率＝效率隐含回报）。相应的，企业当前和低谷状态的周转率、利润率以及由此决定的安全资本结构成为影响内生增长率的关键因素。实际中，由于多数企业都面临中期资金缺口，所以，多数企业都存在超额负债问题；也因此，在调减了负债水平[②]并考虑了周期波动后，效率隐含回报通常会低于企业的实际净资产回报率。不过，效率隐含回报才是

---

① 企业中期风险头寸为零时的杠杆率水平。
② 如果企业当前的债务水平低于财务安全时的债务水平，就以当前债务水平为财务安全的负债水平。

企业真正的内生回报率水平，是企业的安全成长基线；基线之上的成长空间更多地需要借助外部融资工具的使用，即企业的外生增长潜力——本文将在下一节讨论地产上市公司的外生增长空间。

根据本文的测算，2020年87家主要地产上市公司平均的效率隐含回报仅为4.2%，中位数为3.4%，即在不使用股权融资并维持安全的负债水平的情况下，主要地产上市公司依靠内生资源能够支撑的增长率在3%~4%水平。不过，企业间的分化明显，有4家公司的内生增长率（效率隐含回报）在10%及以上，占总数的4.6%；有25家公司的内生增长率在5%~10%，占总数的28.7%；有20家公司的内生增长率在3%~5%，占总数的23.0%；有30家公司的内生增长率在1%~3%，占总数的34.5%；还有8家公司的内生增长率不到1%甚至为负数，占总数的9.2%（见图15）。地产企业普遍面临内生增长力不足的问题。

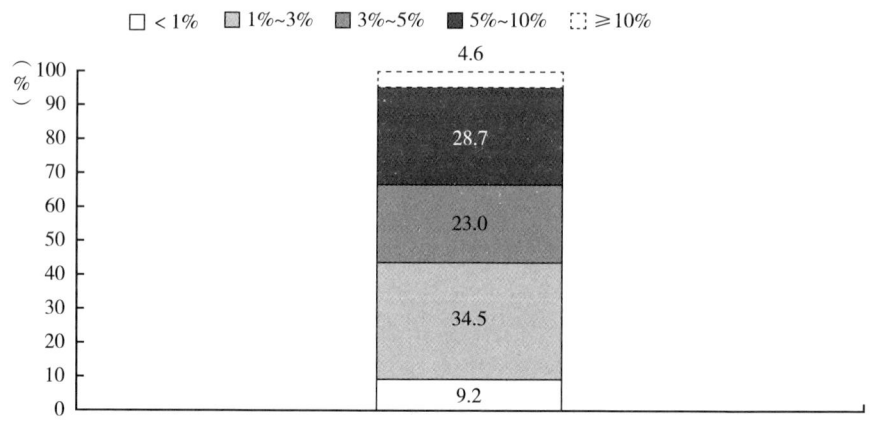

图15 主要地产上市公司的内生增长潜力分布

（二）主要地产上市公司的外生增长潜力

在内生增长潜力的基础上，多数地产企业可以通过引入股权资本或使用超额财务杠杆来进一步放大增长空间，即所谓的外生增长空间；但并非所有企业都有外生增长空间，如果企业的投入资本回报率已低于综合债务融资成本，则继续使用财务杠杆只会侵蚀股东价值，此时企业不具备外生增长空间[1]；反之，企业的税前投入资本回报率与债务融资成本之间的利差空间越大，对潜在股东和债权人的吸引力就越大，股权和债权的融资空间也就更大，因为股东和债权人的安全边际都提高了。所以，从根本上讲，企业的外生增长空间取决于其税前投入资本回报率与债务融资成本之间的利差空间。

2020年，由于主要地产上市公司的周转速度普遍减慢、利润率也有所降低，所以，整体的税前投入资本回报率降低；虽然同期的债务融资成本也有所降低，但87家主要地产上市公司平均的投入资本回报率与债务融资成本之间的利差空间仍缩小至1.8个百分点，中位数为1.2个百分点，较2019年缩小了1~2个百分点。其中，有14家公司的税前投入资本回报率与债务融资成本之间的利差空间大于5个百分点，占主要地产上市公司总数的16.1%；有27家公司的税前投入资本回报率与债务融资成本之间的利差空间在2~5个百分点，占主要地产上市公司总数的31.0%；有16家公司的税前投入资本回报率与债务融资成本之间的利差空间在0~2个百分点，占主要地产上市公司总数的18.4%；还有30家公司的税前投入资本回报率已低于综合债务融资成本，占主要地产上市公司总数的34.5%（见图16）。

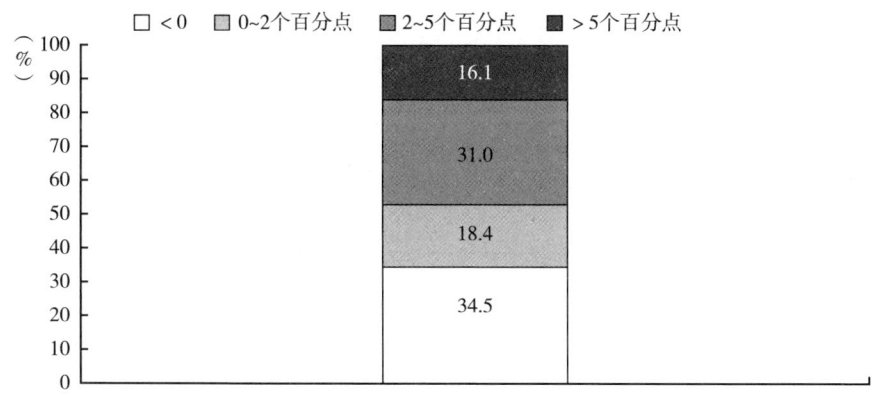

图16　主要地产上市公司投入资本回报率与债务融资成本之间的利差空间分布

---

[1] 本报告中税前投入资本回报率＝不使用财务杠杆情况下的回报率＝（核心经营利润＋财务费用＋资本化利息）／（带息负债＋永续资本＋权益资本）。

(三)主要地产上市公司的土地储备总量

适量的土地储备是成长潜力的物质基础,尤其是随着集中供地的推行,合理的土地储备显得尤为重要。截至 2020 年底,以 2020 年的销售面积计算,主要地产上市公司的总土地储备(待建+在建+已竣工待售面积)平均相当于年销售量的 5.1 倍,可售土地储备平均相当于年销售量的 3.3 倍。尽管多数地产企业的土地储备总量可以满足未来 3~5 年的发展需求,但主要地产上市公司中仍有 23.3% 的企业其土地储备总量小于 4 年的销售量,有 4.1% 的企业土地储备总量不足未来 3 年的销售量(见图 17),若以可售面积计算,其土地储备总量不足未来 2 年的销售量,从而影响了其可持续发展潜力(见图 18)。当然,土地储备也并不是越多越好,过多的土地储备通常意味着过慢的销售速度以及大量的资本占压,所以,从这个意义上讲,土地储备更多地代表着成长潜力的限制性因素,而非推动因素。

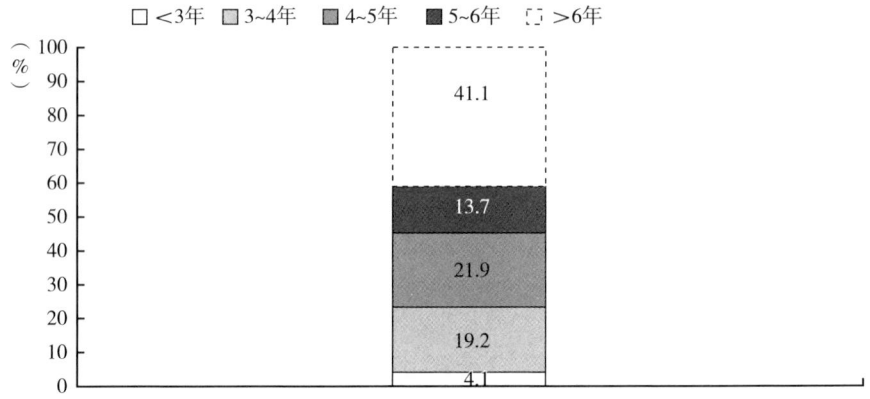

图 17 主要地产上市公司的土地储备总量分布

(四)主要地产上市公司的成长潜力排行榜

综合考虑企业的内生增长潜力、外生增长潜力和土地储备总量的支撑,结果显示,87 家主要地产上市公司 2020 年的成长潜力评分均值为 5.22 分,

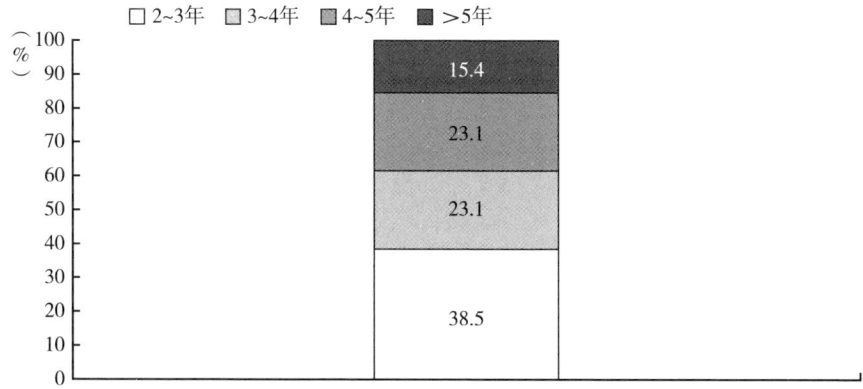

图18 主要地产上市公司的可售土地储备量分布

中位数为4.76分。有14家公司的成长潜力评分在8分以上，占主要地产上市公司总数的16.1%；但同时也有47家公司的成长潜力评分不到5分，占主要地产上市公司总数的54.0%；更有6家公司的成长潜力评分不到2分，占主要地产上市公司总数的6.9%；其中，龙光集团、建业地产、新城控股、德信中国、保利地产、金地集团、中梁控股、龙湖地产、中国海外、佳源国际进入成长潜力排行榜TOP 10（见表9）。

表9 主要地产上市公司的成长潜力排行榜

排名	股票代码	公司名称	效率隐含的内生增长率（%）	投入资本回报率与债务融资成本之间的利差空间(%)	土地储备总量/年销售量	成长潜力评分（分）
1	3380.HK	龙光集团	10.3	8.4	7.44	10.00
2	0832.HK	建业地产	13.4	6.3	6.08	10.00
3	601155.SH	新城控股	9.9	9.8	6.09	9.96
4	2019.HK	德信中国	8.9	4.6	5.22	9.35
5	600048.SH	保利地产	7.5	6.3	5.01	9.17
6	600383.SH	金地集团	7.4	5.3	5.05	9.12
7	2772.HK	中梁控股	7.4	7.1	4.82	8.84
8	0960.HK	龙湖地产	7.8	7.5	4.58	8.55
9	0688.HK	中国海外	6.6	6.8	4.79	8.51

续表

排名	股票代码	公司名称	效率隐含的内生增长率（%）	投入资本回报率与债务融资成本之间的利差空间（%）	土地储备总量/年销售量	成长潜力评分（分）
10	2768.HK	佳源国际	5.5	6.1	6.43	8.49
11	600606.SH	绿地控股	5.5	4.7	7.07	8.29
12	600663.SH	陆家嘴	4.8	6.7	32.52	8.26
13	Z25.SI	仁恒置地	6.9	3.7	4.97	8.07
14	1109.HK	华润置地	5.2	5.6	4.80	8.06
15	000517.SZ	荣安地产	19.6	7.7	2.79	7.98
16	0754.HK	合生创展	5.7	4.1	18.71	7.98
17	0813.HK	世茂集团	6.2	4.4	4.77	7.95
18	1238.HK	宝龙地产	4.8	4.4	6.85	7.87
19	000069.SZ	华侨城A	5.4	3.7	5.10	7.59
20	3383.HK	雅居乐	4.8	3.8	5.17	7.49
21	600153.SH	建发股份	6.6	4.7	3.28*	7.47
22	0123.HK	越秀地产	4.9	3.2	6.47	7.08
23	1918.HK	融创中国	4.8	3.1	6.55	6.97
24	600340.SH	华夏幸福	3.6	3.6	10.30	6.95
25	2007.HK	碧桂园	7.2	7.7	2.69*	6.88
26	3990.HK	美的置业	4.7	3.3	4.86	6.87
27	000002.SZ	万科A	8.1	10.0	3.39	6.70
28	000736.SZ	中交地产	9.8	-1.1	6.75	6.61
29	2103.HK	新力控股	3.0	4.6	4.53	6.58
30	002244.SZ	滨江集团	11.2	4.8	2.46	6.52
31	0604.HK	深圳控股	3.6	3.0	7.69	6.50
32	600223.SH	鲁商置业	8.6	-1.7	10.42	6.20
33	000656.SZ	金科股份	5.6	3.5	3.18*	6.12
34	1966.HK	中骏集团	3.9	2.2	5.11	6.11
35	600565.SH	迪马股份	5.3	1.0	7.02	5.77
36	0137.HK	金辉集团	4.6	2.4	4.44	5.49
37	000961.SZ	中南建设	6.4	4.8	2.65	5.31
38	000671.SZ	阳光城	4.6	3.6	2.78*	5.23
39	3883.HK	中国奥园	1.9	3.1	4.44	5.06
40	0884.HK	旭辉控股	5.7	3.1	3.67	5.05
41	600657.SH	信达地产	1.6	1.7	6.34	4.99
42	600648.SH	外高桥	1.9	1.4	39.10	4.89

续表

排名	股票代码	公司名称	效率隐含的内生增长率（%）	投入资本回报率与债务融资成本之间的利差空间（%）	土地储备总量/年销售量	成长潜力评分（分）
43	600823.SH	世茂股份	3.1	0.8	18.84	4.87
44	600325.SH	华发股份	2.8	0.7	5.12	4.76
45	1813.HK	合景泰富	4.3	2.4	4.00	4.70
46	601588.SH	北辰实业	1.7	1.0	10.19	4.60
47	600743.SH	华远地产	3.4	0.8	4.64	4.40
48	1622.HK	力高集团	2.9	−0.5	4.92*	4.31
49	600208.SH	新湖中宝	2.9	−0.8	8.64	4.29
50	2608.HK	阳光100	2.8	−5.0	11.11	4.27
51	600376.SH	首开股份	1.8	0.4	6.68	4.17
52	000042.SZ	中洲控股	2.4	−0.6	6.84	4.15
53	3377.HK	远洋集团	1.8	0.3	5.39	4.12
54	2777.HK	富力地产	2.1	−1.8	4.50*	4.03
55	600266.SH	城建发展	2.0	−0.4	13.72	3.99
56	600649.SH	城投控股	1.8	−1.0	6.91	3.92
57	1233.HK	时代中国	3.8	3.4	3.21	3.88
58	0272.HK	瑞安房地产	1.6	−2.8	23.33*	3.87
59	000732.SZ	泰禾集团	1.4	−4.4	19.73	3.81
60	3900.HK	绿城中国	1.2	−0.7	4.08*	3.72
61	000031.SZ	大悦城	1.0	0.0	5.51	3.67
62	600708.SH	光明地产	1.0	−1.5	5.02	3.66
63	0817.HK	中国金茂	0.9	−2.2	8.42	3.64
64	000402.SZ	金融街	0.9	−0.9	9.88	3.62
65	6158.HK	正荣地产	7.2	1.2	3.20	3.56
66	002146.SZ	荣盛发展	3.2	3.0	3.27	3.55
67	1098.HK	路劲	2.9	2.3	3.56*	3.45
68	2868.HK	首创置业	0.1	−2.0	5.75*	3.38
69	600665.SH	天地源	3.2	0.8	4.06	3.37
70	0230.HK	五矿地产	0.0	−2.3	11.29	3.34
71	000540.SZ	中天金融	0.0	−6.7	9.90	3.34
71	1638.HK	佳兆业	1.4	−0.4	4.66	3.24
73	1628.HK	禹洲集团	0.7	−3.9	3.69*	3.04
74	600736.SH	苏州高新	1.5	−1.3	4.34	2.73
75	601992.SH	金隅集团	2.1	1.0	3.79	2.66

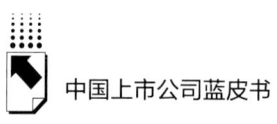

续表

排名	股票代码	公司名称	效率隐含的内生增长率（%）	投入资本回报率与债务融资成本之间的利差空间（%）	土地储备总量/年销售量	成长潜力评分（分）
76	001979.SZ	招商蛇口	3.4	1.2	3.46	2.66
77	1862.HK	景瑞控股	1.2	-2.7	4.28	2.55
78	600094.SH	大名城	1.8	-2.7	4.04	2.35
79	0106.HK	朗诗地产	5.5	-1.3	2.27*	2.27
80	1107.HK	当代置业	1.3	0.8	3.63	2.06
81	3301.HK	融信中国	1.3	-1.1	3.96	2.03
82	600466.SH	蓝光发展	3.1	0.3	2.19*	1.56
83	3333.HK	中国恒大	4.4	-0.5	2.86	1.45
84	6111.HK	大发地产	2.1	0.3	3.28	1.33
85	1996.HK	弘阳地产	2.0	-1.5	3.39	1.30
86	000926.SZ	福星股份	2.3	-2.1	—	1.13
87	1777.HK	花样年	0.1	-3.0	3.44	0.76

注：*为可售土地储备量/2020年销售量。

七 2020年度地产上市公司的综合实力排行榜

综合地产企业的规模、偿债能力、运营效率、融资能力、成长潜力指标，我们对地产上市公司的综合实力进行评分，结果显示：龙湖地产、中国海外、华润置地、保利地产、金地集团、万科、世茂集团、建发股份、新城控股、碧桂园、龙光集团、绿地控股、滨江集团、仁恒置地、华侨城、中国国贸、旭辉控股、雅居乐、荣安地产、招商蛇口进入2020年度地产上市公司综合实力排行榜TOP 20。

综合地产企业的规模、偿债能力、运营效率、融资能力、成长潜力指标，本文对地产上市公司的综合实力进行评分。

结果显示，135家地产上市公司综合实力评分的均值为3.84分，中位数也为3.84分。其中，别除规模因素后各项经营评分（偿债能力、融资能力、运营效率、成长潜力）均在2分以上、没有显著问题的公司有49家，占地产上市公司总数的36.3%;而各项经营评分均在5分以上、没有明显短板的公司仅有11家,占地产上市公司总数的8.1%;与之相对,全体地产上市公司中超六成企业都至少有一项经营评分的得分低于2分,即面临较严重的经营问题。而在主要地产上市公司中,没有明显短板的企业占12.6%,有56.3%的企业至少在一项经营评分上得分低于2分(见图19)。

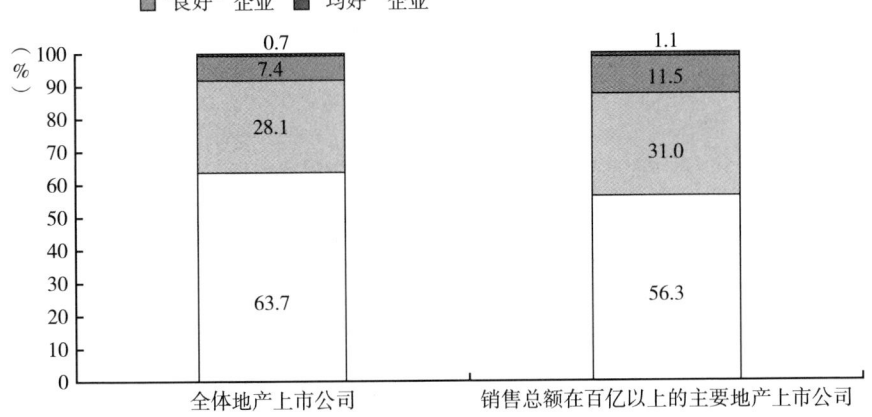

图19 从各单项评分看主要地产上市公司的经营状况分布

注:将各项经营评分均在8分以上的企业称为"均好"企业;将各项经营评分均在5分以上,但至少有一项评分低于8分的企业称为"良好"企业;将各项经营评分均在2分以上,但至少有一项评分低于5分的企业称为"短板"企业;将至少有一项经营评分低于2分的企业称为"问题"企业。

综合上述四项经营评分及规模评分,2020年度,全体地产上市公司的综合实力评分中,只有6家公司的综合实力评分在8及分以上,占地产上市公司总数的4.4%;有29家公司的综合实力评分在5~8分,占地产上市公司总数的21.5%;有73家公司的综合实力评分在2~5分,占地产上市公司总数的54.1%;有27家公司的综合实力评分还不到2分,占地产上市公司总数的20.0%。而在主要地产上市公司中,综合实力评分在8分及以上的企业占6.9%,在5~8分的企业占28.7%,在2~5分的企业占55.2%,另有9.2%的企业综合实力评分不到2分(见图20)。

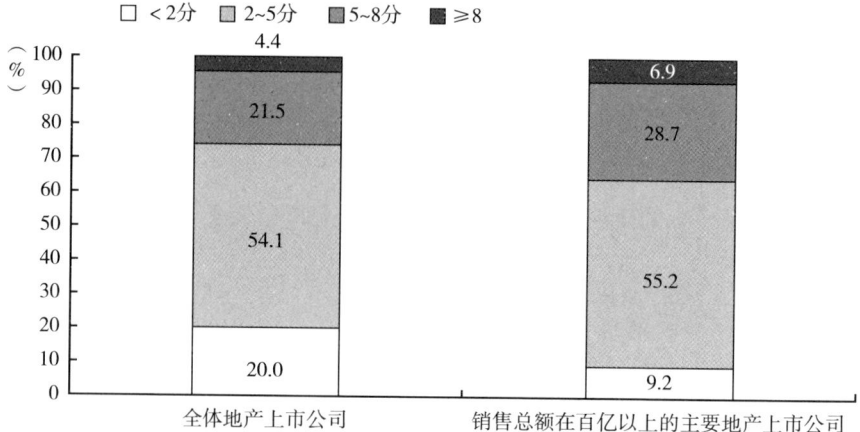

图20 地产上市公司的综合实力评分分布

其中,龙湖地产、中国海外、华润置地、保利地产、金地集团、万科、世茂集团、建发股份、新城控股、碧桂园、龙光集团、绿地控股、滨江集团、仁恒置地、华侨城、中国国贸、旭辉控股、雅居乐、荣安地产、招商蛇口进入综合实力排行榜TOP 20(见表10)。

表10 全体地产上市公司的综合实力排行榜

单位:分

排名	股票代码	公司名称	偿债能力得分	运营效率得分	融资能力评分	成长潜力评分	规模得分	综合评分
1	0960.HK	龙湖地产	8.86	8.60	9.92	8.55	10.00	9.17
2	0688.HK	中国海外	9.06	7.88	10.00	8.51	10.00	9.09
3	1109.HK	华润置地	8.83	6.12	10.00	8.06	10.00	8.60
4	600048.SH	保利地产	5.85	7.85	9.37	9.17	10.00	8.32
5	600383.SH	金地集团	5.18	7.03	9.44	9.12	10.00	8.04
6	000002.SZ	万科A	6.88	8.81	8.90	6.70	10.00	8.04
7	0813.HK	世茂集团	6.56	7.04	8.35	7.95	10.00	7.65
8	600153.SH	建发股份	8.06	6.79	9.11	7.47	6.73	7.45
9	601155.SH	新城控股	3.67	8.24	7.50	9.96	10.00	7.37
10	2007.HK	碧桂园	4.49	6.85	8.33	6.88	10.00	6.98
11	3380.HK	龙光集团	3.22	10.00	6.92	10.00	7.35	6.88
12	600606.SH	绿地控股	2.50	4.95	8.15	8.29	10.00	6.78

续表

排名	股票代码	公司名称	偿债能力得分	运营效率得分	融资能力评分	成长潜力评分	规模得分	综合评分
13	002244.SZ	滨江集团	5.00	7.99	8.72	6.52	6.65	6.75
14	Z25.SI	仁恒置地	6.44	5.93	9.65	8.07	3.60	6.67
15	000069.SZ	华侨城A	5.16	7.96	7.00	7.59	5.01	6.25
16	600007.SH	中国国贸	9.32	8.05	10.00	3.33	0.00	6.14
17	0884.HK	旭辉控股	3.05	4.54	7.66	5.05	10.00	6.03
18	3383.HK	雅居乐	2.73	6.83	6.46	7.49	6.75	5.72
19	000517.SZ	荣安地产	2.52	9.80	8.09	7.98	1.83	5.66
20	001979.SZ	招商蛇口	3.58	5.06	8.29	2.66	10.00	5.64
21	600173.SH	卧龙地产	9.15	10.00	7.85	3.33	0.00	5.64
22	1238.HK	宝龙地产	3.34	7.16	7.59	7.87	3.77	5.62
23	0123.HK	越秀地产	2.97	3.48	10.00	7.08	4.51	5.61
24	0832.HK	建业地产	2.80	6.96	5.34	10.00	4.88	5.56
25	000656.SZ	金科股份	2.45	6.76	4.33	6.12	10.00	5.52
26	3990.HK	美的置业	1.91	3.41	8.58	6.87	6.11	5.48
27	000011.SZ	深物业A	8.50	9.44	7.94	3.33	0.00	5.43
28	2772.HK	中梁控股	1.97	7.52	4.05	8.84	8.36	5.34
29	2019.HK	德信中国	2.79	7.67	6.02	9.35	2.82	5.31
30	3900.HK	绿城中国	4.23	2.02	4.16	3.72	10.00	5.15
31	000671.SZ	阳光城	0.51	4.23	5.82	5.23	10.00	5.12
32	3377.HK	远洋集团	4.56	1.11	6.53	4.12	6.37	5.08
33	600639.SH	浦东金桥	6.06	6.18	10.00	2.90	0.00	5.03
34	1918.HK	融创中国	1.06	5.61	3.13	6.97	10.00	5.02
35	2768.HK	佳源国际	5.43	10.00	3.96	8.49	1.10	5.00
36	0817.HK	中国金茂	4.06	0.00	4.22	3.64	10.00	4.99
37	1966.HK	中骏集团	2.88	4.86	6.28	6.11	4.82	4.94
38	600675.SH	中华企业	7.26	4.52	10.00	2.75	0.00	4.91
39	002146.SZ	荣盛发展	3.10	5.98	5.70	3.55	6.16	4.90
40	0604.HK	深圳控股	5.34	2.38	10.00	6.50	0.24	4.89
41	0754.HK	合生创展	2.45	7.02	7.81	7.98	1.36	4.89
42	000718.SZ	苏宁环球	5.00	8.50	8.66	3.33	0.00	4.83
43	000961.SZ	中南建设	0.92	5.80	4.04	5.31	10.00	4.74
44	000029.SZ	深深房A	9.63	7.01	7.85	1.25	0.00	4.72
45	0137.HK	金辉集团	2.50	4.91	5.02	5.49	4.62	4.47
46	600663.SH	陆家嘴	1.85	7.14	10.00	3.33	0.00	4.46

续表

排名	股票代码	公司名称	偿债能力得分	运营效率得分	融资能力评分	成长潜力评分	规模得分	综合评分
47	2103.HK	新力控股	1.35	5.98	5.03	6.58	5.46	4.43
48	600064.SH	南京高科	5.00	3.42	10.00	3.33	0.00	4.35
49	002133.SZ	广宇集团	9.75	4.43	7.99	1.39	0.00	4.31
50	6158.HK	正荣地产	2.38	3.38	4.45	3.56	6.94	4.30
51	601992.SH	金隅集团	4.50	2.90	7.21	2.66	2.22	4.29
52	002016.SZ	世荣兆业	7.96	10.00	5.00	3.33	0.00	4.26
53	600823.SH	世茂股份	6.47	4.32	7.32	4.87	0.91	4.24
54	600895.SH	张江高科	3.53	4.09	10.00	3.33	0.00	4.19
55	3883.HK	中国奥园	0.43	4.30	4.77	5.06	6.47	4.16
56	600159.SH	大龙地产	9.04	3.63	8.91	0.00	0.00	4.10
57	600641.SH	万业企业	7.50	2.88	10.00	0.00	0.00	4.08
58	002208.SZ	合肥城建	6.47	7.84	6.24	3.33	0.00	4.02
59	600748.SH	上实发展	4.81	4.14	9.40	1.65	0.00	4.02
60	0230.HK	五矿地产	6.14	0.00	5.09	3.34	0.52	4.00
61	1813.HK	合景泰富	1.48	3.06	5.63	4.70	4.93	3.99
62	600658.SH	电子城	6.07	3.37	8.83	0.80	0.00	3.98
63	000006.SZ	深振业A	6.90	5.04	5.70	1.97	0.00	3.92
64	600376.SH	首开股份	0.42	2.29	5.05	4.17	5.13	3.88
65	600649.SH	城投控股	4.98	0.38	6.52	3.92	0.03	3.86
66	600325.SH	华发股份	0.22	2.72	4.29	4.76	5.82	3.85
67	1233.HK	时代中国	1.74	7.63	3.64	3.88	4.76	3.85
68	000031.SZ	大悦城	1.57	3.12	5.40	3.67	3.13	3.84
69	1098.HK	路劲	2.62	4.56	7.40	3.45	1.79	3.83
70	600340.SH	华夏幸福	0.42	6.56	3.61	6.95	2.13	3.70
71	0272.HK	瑞安房地产	4.33	1.52	4.59	3.87	0.59	3.69
72	600716.SH	凤凰股份	7.50	0.00	6.22	0.00	0.00	3.50
73	000797.SZ	中国武夷	4.32	8.22	4.64	2.09	0.00	3.49
74	1638.HK	佳兆业	3.89	4.31	1.66	3.24	5.10	3.48
75	600067.SH	冠城大通	4.75	4.57	8.12	1.43	0.00	3.43
76	600162.SH	香江控股	4.86	5.93	6.09	1.19	0.00	3.38
77	000736.SZ	中交地产	1.30	6.67	0.62	6.61	2.28	3.37
78	2777.HK	富力地产	0.74	1.47	2.29	4.03	6.78	3.37
79	3301.HK	融信中国	1.88	1.12	3.16	2.03	7.64	3.34
80	000965.SZ	天保基建	4.93	1.55	10.00	0.11	0.00	3.32

续表

排名	股票代码	公司名称	偿债能力得分	运营效率得分	融资能力评分	成长潜力评分	规模得分	综合评分
81	600246.SH	万通发展	7.50	0.66	5.78	0.00	0.00	3.30
82	600648.SH	外高桥	2.97	2.47	8.21	0.92	0.00	3.27
83	000402.SZ	金融街	1.04	0.99	4.94	3.62	1.59	3.20
84	000631.SZ	顺发恒业	7.50	0.28	9.04	0.00	0.00	3.17
85	600736.SH	苏州高新	5.22	1.37	4.50	2.73	0.21	3.14
86	3333.HK	中国恒大	0.36	3.84	1.01	1.45	10.00	3.13
87	2868.HK	首创置业	0.41	0.88	3.88	3.38	3.20	3.13
88	600266.SH	城建发展	0.74	1.26	5.40	3.99	0.59	3.10
89	600657.SH	信达地产	2.76	5.30	2.98	4.99	0.58	2.98
90	0410.HK	SOHO中国	4.93	0.09	4.84	0.00	0.00	2.94
91	600665.SH	天地源	3.70	3.47	3.12	3.37	0.05	2.94
92	601588.SH	北辰实业	1.27	1.70	5.59	4.60	0.12	2.94
93	600708.SH	光明地产	0.41	0.61	4.22	3.66	1.38	2.88
94	600208.SH	新湖中宝	1.69	0.45	4.32	4.29	0.83	2.85
95	600565.SH	迪马股份	2.47	5.31	3.28	5.77	0.67	2.84
96	600743.SH	华远地产	0.68	3.70	3.53	4.40	0.48	2.78
97	000897.SZ	津滨发展	10.00	3.29	4.43	0.11	0.00	2.69
98	1622.HK	力高集团	2.71	3.65	1.91	4.31	1.64	2.69
99	600773.SH	西藏城投	1.79	0.98	7.17	0.53	0.00	2.66
100	600223.SH	鲁商置业	1.21	5.46	0.88	6.20	0.40	2.65
101	600466.SH	蓝光发展	1.35	5.03	1.61	1.56	4.92	2.57
102	000573.SZ	粤宏远A	6.84	0.00	2.42	0.00	0.00	2.33
103	1628.HK	禹洲集团	0.25	0.00	1.51	3.04	5.00	2.26
104	600638.SH	新黄浦	6.15	0.00	2.95	0.00	0.00	2.23
105	6111.HK	大发地产	2.71	5.97	1.76	1.33	1.07	2.21
106	1996.HK	弘阳地产	2.62	3.05	1.18	1.30	4.06	2.21
107	600094.SH	大名城	5.12	2.04	1.97	2.35	0.26	2.07
108	1107.HK	当代置业	1.25	5.16	1.41	2.06	1.70	2.03
109	000014.SZ	沙河股份	9.82	0.01	1.08	0.00	0.00	1.97
110	600185.SH	格力地产	0.53	2.49	4.42	0.34	0.00	1.93
111	000042.SZ	中洲控股	0.92	2.53	1.94	4.15	0.21	1.91
112	0106.HK	朗诗地产	2.66	1.55	2.22	2.27	1.64	1.86
113	1207.HK	上置集团	1.86	0.00	3.62	0.00	0.00	1.82
114	1862.HK	景瑞控股	3.64	1.88	0.24	2.55	0.82	1.78

续表

排名	股票代码	公司名称	偿债能力得分	运营效率得分	融资能力评分	成长潜力评分	规模得分	综合评分
115	000926.SZ	福星股份	3.04	1.83	2.05	1.13	0.07	1.77
116	000608.SZ	阳光股份	5.00	1.18	4.36	0.00	0.00	1.76
117	600533.SH	栖霞建设	0.45	1.44	4.37	0.00	0.00	1.75
118	000540.SZ	中天金融	0.00	0.00	4.13	0.00	0.00	1.65
119	600791.SH	京能置业	3.09	0.00	2.24	0.00	0.00	1.51
120	1396.HK	粤港湾控股	4.31	3.03	2.13	0.00	0.00	1.47
121	1777.HK	花样年	1.65	1.69	0.67	0.76	2.06	1.46
122	002305.SZ	南国置业	2.96	3.64	0.00	0.00	0.00	1.32
123	600082.SH	海泰发展	5.00	0.00	0.56	0.00	0.00	1.22
124	2608.HK	阳光100	0.48	1.10	0.00	4.27	0.03	1.18
125	600684.SH	珠江股份	2.52	3.22	0.00	0.00	0.00	1.15
126	000732.SZ	泰禾集团	0.00	0.12	0.37	3.81	0.95	1.13
127	000514.SZ	渝开发	3.58	1.45	3.15	0.00	0.00	1.01
128	000667.SZ	美好置业	4.22	0.00	0.37	0.00	0.00	0.99
129	600393.SH	ST粤泰	4.73	0.00	0.00	0.00	0.00	0.95
130	600322.SH	天房发展	0.00	1.18	0.91	0.00	0.00	0.56
131	600225.SH	*ST松江	2.50	0.00	0.00	0.00	0.00	0.50
132	3639.HK	亿达中国	1.38	0.18	0.00	0.00	0.00	0.31
133	600239.SH	*ST云城	0.00	0.40	0.00	0.00	0.00	0.08
134	000918.SZ	嘉凯城	0.00	0.00	0.00	0.00	0.00	0.00
135	0845.HK	恒盛地产	0.00	0.00	0.00	0.00	0.00	0.00

八 裸泳者，退场

（一）潮起潮落终有时

近年来，地产行业整体的销售增速减缓，周转率减慢，利润率呈下降趋势，投资回报率与债务融资成本之间的利差空间缩小；而随着地产行业融资政策日趋严格，地产企业的财务风险终于开始暴露，近七成企业踩线，超三成企业突破两道以上的红线，一些企业甚至出现了债务违约，那些已经习惯用高负债来支撑高速扩张、用九个锅盖来盖十口锅的企业,在大潮退去之后终于开始"裸泳"了。2020 年全体地产上市公司偿债能力评分的中位数为 3.09 分,而销售总额大于百亿元的地产上市公司,偿债能力评分的中位数更低,只有 2.66 分(见图 21 至图 27),有 39% 的企业偿债能力评分不到 2 分,更有 19.5% 的企业偿债能力评分还不到 1 分,上述企业如果再没有融资能力上的优势以弥补偿债能力的短板,将面临严峻的财务压力。

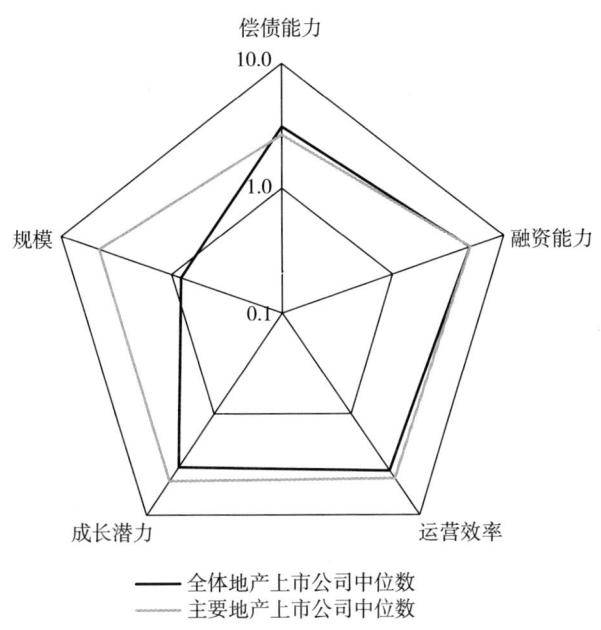

图 21　地产上市公司的五力蛛网

(二)地产行业的生存矩阵

根据本文的测算,在主要地产上市公司中,2020 年偿债能力评分低于 2 分且不具备融资能力优势的企业〔偿债能力评分在 1~2 分且融资能力评分低于行业中位数(5.0 分)的企业,或偿债能力评分小于 1 分且融资能力评分低于 8 分的企业〕共有 28 家,占主要地产上市公司总数的 32%,这些企业都面临较大的财务压力,其中,有 12 家公司当前的效率水平或成长潜力

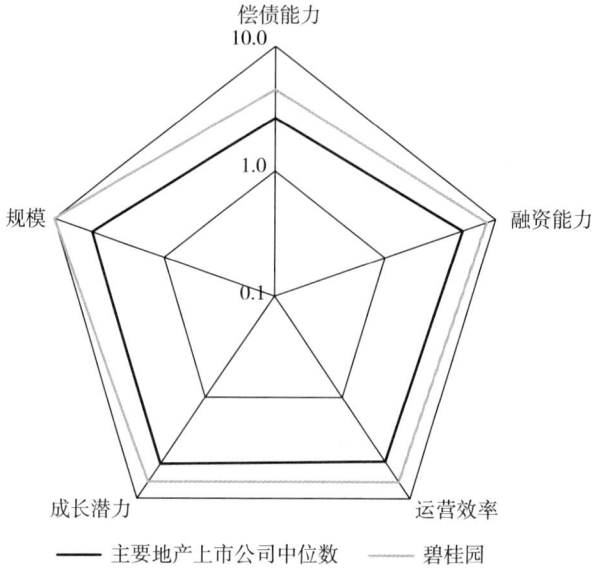

图22 碧桂园的五力蛛网

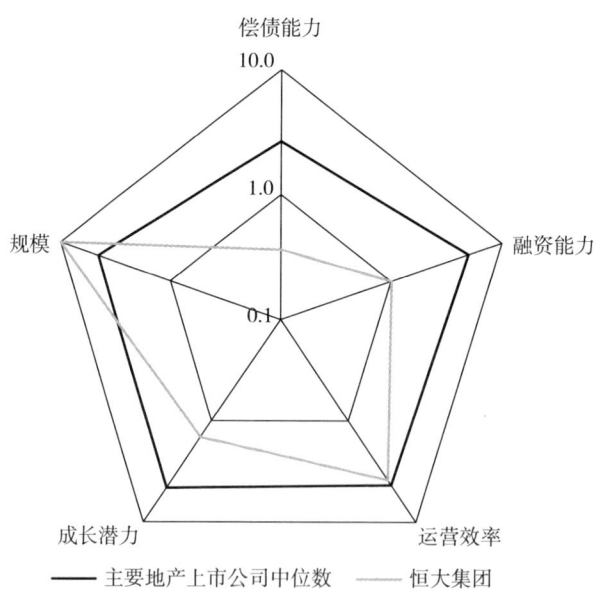

图23 中国恒大的五力蛛网

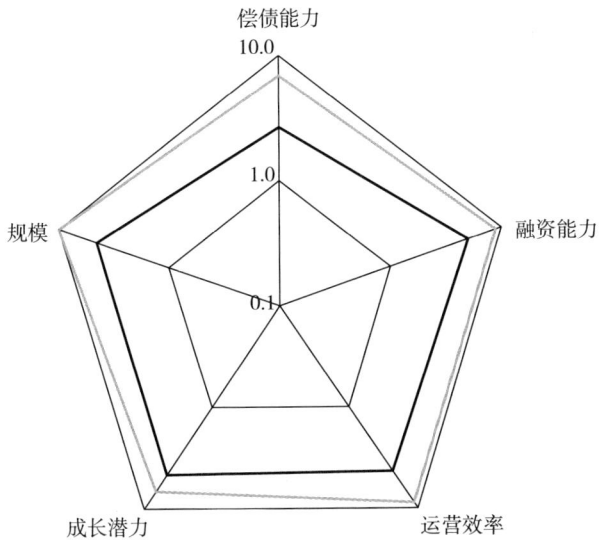

图 24 万科的五力蛛网

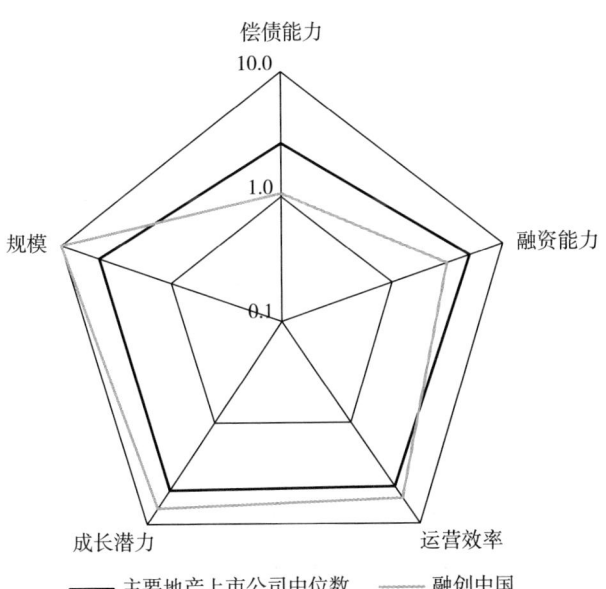

图 25 融创中国的五力蛛网

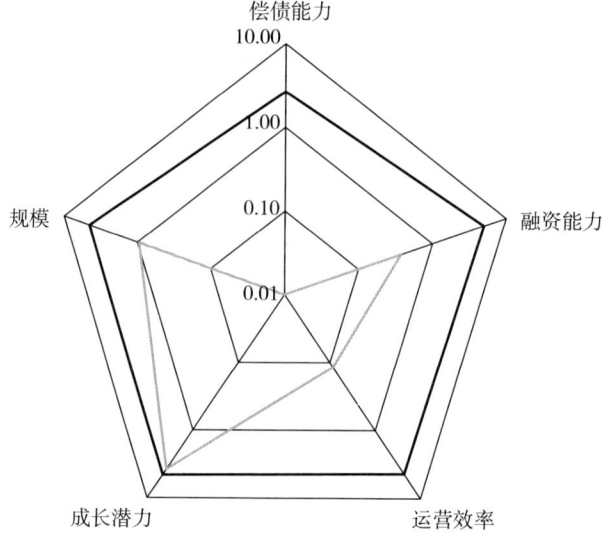

图 26　泰禾集团的五力蛛网

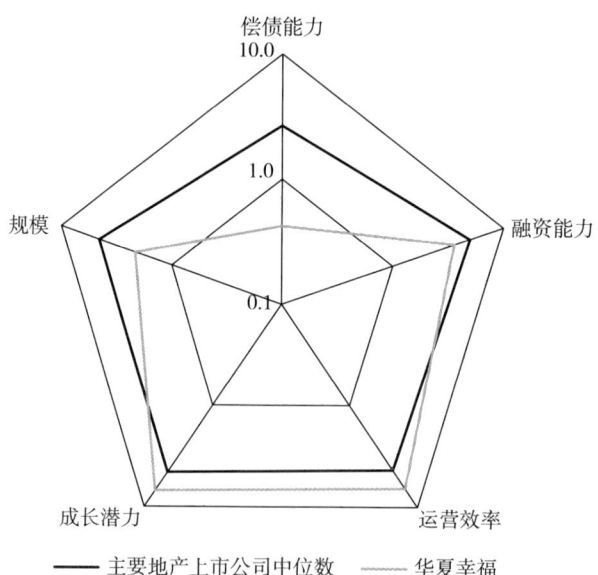

图 27　华夏幸福的五力蛛网

仍优于行业平均水平，尚有转型减债以自救的空间；其余 16 家公司不仅财务压力大，而且当前的效率水平和成长空间均逊于行业平均水平，从而面临较大的生存压力，这部分企业占到主要地产上市公司总数的 18.4%。

与之相对，2020 年，有 13 家公司的偿债能力和融资能力评分均在 5 分以上，且效率水平或成长潜力优于行业平均水平，占主要地产上市公司总数的 15%，这部分企业当前的财务安全性好，也具有一定的效率或回报率优势，具有整合潜力。

余下的企业分为两类，一类是财务状况尚可（偿债能力评分在 2 分以上，或虽然偿债能力评分较低，但融资能力上的优势明显，能够弥补偿债能力短板）但效率水平和成长潜力均低于行业平均水平的企业，在集中供地模式下，这类企业的发展空间越来越小，只能通过合作开发来拓展生存空间。在主要地产上市公司中，这类企业约占 23%。

另一类则是财务状况尚可，效率水平或成长潜力优于行业平均水平的企业，这类企业暂时没有生存危机，具有一定的发展空间，但其金融资源尚不足以支持大规模的行业整合。截至 2020 年底，这类企业占到主要地产上市公司总数的 30%。

综上，截至 2020 年底，地产行业的生存结构进一步演化，以偿债能力和融资能力为横轴，以运营效率和成长潜力为纵轴，则在主要地产上市公司的生存矩阵中，有 18% 的企业当前就面临生存压力；有 14% 的企业虽然财务压力较大但尚有转型以自救的空间；有 23% 的企业虽然短期的财务压力不大，但受到效率水平和成长空间的限制，只能通过合作开发来拓展生存空间；余下的、具有真正可持续发展潜力的企业仅占 45%，其中有 15% 的企业具有整合潜力。图 28 是 2020 年主要地产上市公司的生存矩阵——风云变幻，你的企业又处在生存矩阵的哪个象限呢（见表 11）？

其实，在以往每年的排名报告中，我们都会点算一次行业的整合者与危机者，"行业分化"这个主题也讨论了好几年，但"危机者"似乎总是有机可寻，不过这次，"潮水"真的要退去了，而"裸泳者们"真的做好退场准备了吗？

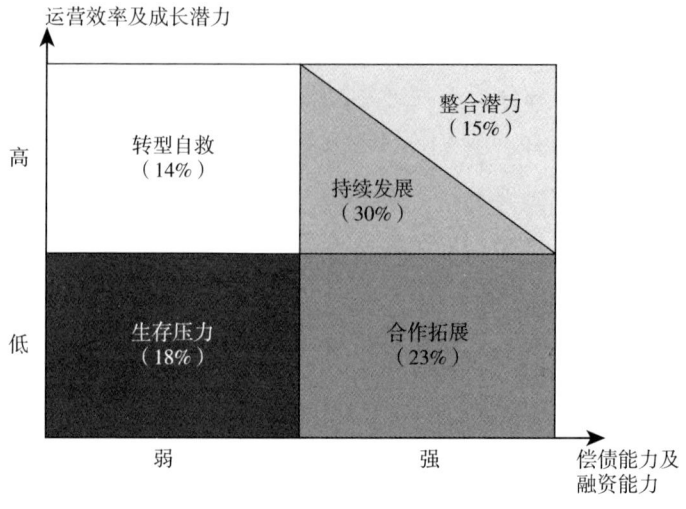

图 28 地产行业的生存矩阵

表 11 主要地产上市公司的生存矩阵

单位：分

股票代码	公司名称	规模得分	偿债能力得分	融资能力得分	运营效率得分	成长潜力评分	综合评分	生存矩阵
2007.HK	碧桂园	10.00	4.49	8.33	6.85	6.88	6.98	持续发展
3333.HK	中国恒大	10.00	0.36	1.01	3.84	1.45	3.13	生存压力
000002.SZ	万科A	10.00	6.88	8.90	8.81	6.70	8.04	整合潜力
1918.HK	融创中国	10.00	1.06	3.13	5.61	6.97	5.02	转型自救
600048.SH	保利地产	10.00	5.85	9.37	7.85	9.17	8.32	整合潜力
0688.HK	中国海外	10.00	9.06	10.00	7.88	8.51	9.09	整合潜力
600606.SH	绿地控股	10.00	2.50	8.15	4.95	8.29	6.78	持续发展
0813.HK	世茂集团	10.00	6.56	8.35	7.04	7.95	7.65	整合潜力
3900.HK	绿城中国	10.00	4.23	4.16	2.02	3.72	5.15	合作拓展
1109.HK	华润置地	10.00	8.83	10.00	6.12	8.06	8.60	整合潜力
001979.SZ	招商蛇口	10.00	3.58	8.29	5.06	2.66	5.64	持续发展
0960.HK	龙湖地产	10.00	8.86	9.92	8.60	8.55	9.17	整合潜力
601155.SH	新城控股	10.00	3.65	7.50	8.24	9.96	7.37	持续发展
600383.SH	金地集团	10.00	5.18	9.44	7.03	9.12	8.04	整合潜力
0817.HK	中国金茂	10.00	4.06	4.22	0.00	3.64	4.99	合作拓展
0884.HK	旭辉控股	10.00	3.05	7.66	4.54	5.05	6.03	持续发展

续表

股票代码	公司名称	规模得分	偿债能力得分	融资能力得分	运营效率得分	成长潜力评分	综合评分	生存矩阵
000961.SZ	中南建设	10.00	0.92	4.04	5.80	5.31	4.74	转型自救
000656.SZ	金科股份	10.00	2.45	4.33	6.76	6.12	5.52	持续发展
000671.SZ	阳光城	10.00	0.51	5.82	4.23	5.23	5.12	转型自救
2772.HK	中梁控股	8.36	1.97	4.05	7.52	8.84	5.34	转型自救
3301.HK	融信中国	7.64	1.88	3.16	1.12	2.03	3.34	生存压力
3380.HK	龙光集团	7.35	3.22	6.92	10.00	10.00	6.88	持续发展
6158.HK	正荣地产	6.94	2.38	4.45	3.38	3.56	4.30	合作拓展
2777.HK	富力地产	6.78	0.74	2.29	1.47	4.03	3.37	生存压力
3383.HK	雅居乐	6.75	2.73	6.46	6.83	7.49	5.72	持续发展
600153.SH	建发股份	6.73	8.06	9.11	6.79	7.47	7.45	整合潜力
002244.SZ	滨江集团	6.65	5.00	8.72	7.99	6.52	6.75	整合潜力
3883.HK	中国奥园	6.47	0.43	4.77	4.30	5.06	4.16	转型自救
3377.HK	远洋集团	6.37	4.56	6.53	1.11	4.12	5.08	合作拓展
002146.SZ	荣盛发展	6.16	3.10	5.70	5.98	3.55	4.90	持续发展
3990.HK	美的置业	6.11	1.91	8.58	3.41	6.87	5.48	持续发展
600325.SH	华发股份	5.82	0.22	4.29	2.72	4.76	3.85	转型自救
2103.HK	新力控股	5.46	1.35	5.03	5.98	6.58	4.43	持续发展
600376.SH	首开股份	5.13	0.42	5.05	2.29	4.17	3.88	生存压力
1638.HK	佳兆业	5.10	3.89	1.66	4.31	3.24	3.48	合作拓展
000069.SZ	华侨城A	5.01	5.16	7.00	7.96	7.59	6.25	整合潜力
1628.HK	禹洲集团	5.00	0.25	1.51	0.00	3.04	2.26	生存压力
1813.HK	合景泰富	4.93	1.48	5.63	3.06	4.70	3.99	持续发展
600466.SH	蓝光发展	4.92	1.35	1.61	5.03	1.56	2.57	转型自救
0832.HK	建业地产	4.88	2.80	5.34	6.96	10.00	5.56	持续发展
1966.HK	中骏集团	4.82	2.88	6.28	4.86	6.11	4.94	持续发展
1233.HK	时代中国	4.76	1.74	3.64	7.63	3.88	3.85	转型自救
0137.HK	金辉集团	4.62	2.50	5.02	4.91	5.49	4.47	持续发展
0123.HK	越秀地产	4.51	2.97	10.00	3.48	7.08	5.61	持续发展
1996.HK	弘阳地产	4.06	2.62	1.18	3.05	1.30	2.21	合作拓展
1238.HK	宝龙地产	3.77	3.34	7.59	7.16	7.87	5.62	持续发展
Z25.SI	仁恒置地	3.60	6.44	9.65	5.93	8.07	6.67	整合潜力
2868.HK	首创置业	3.20	0.41	3.88	0.88	3.38	3.13	生存压力
000031.SZ	大悦城	3.13	1.57	5.40	3.12	3.67	3.84	合作拓展
2019.HK	德信中国	2.82	2.79	6.02	7.67	9.35	5.31	持续发展
000736.SZ	中交地产	2.28	1.30	0.62	6.67	6.61	3.37	转型自救
601992.SH	金隅集团	2.22	4.50	7.21	2.90	2.66	4.29	合作拓展
600340.SH	华夏幸福	2.13	0.42	3.61	6.56	6.95	3.70	转型自救

169

续表

股票代码	公司名称	规模得分	偿债能力得分	融资能力得分	运营效率得分	成长潜力评分	综合评分	生存矩阵
1777.HK	花样年	2.06	1.65	0.67	1.69	0.76	1.46	生存压力
000517.SZ	荣安地产	1.83	2.52	8.09	9.80	7.98	5.66	持续发展
1098.HK	路劲	1.79	2.62	7.40	4.56	3.45	3.83	持续发展
1107.HK	当代置业	1.70	1.25	1.41	5.16	2.06	2.03	转型自救
1622.HK	力高集团	1.64	2.71	1.91	3.65	4.31	2.69	合作拓展
0106.HK	朗诗地产	1.64	2.66	2.22	1.55	2.27	1.86	合作拓展
000402.SZ	金融街	1.59	1.04	4.94	0.99	3.62	3.20	生存压力
600708.SH	光明地产	1.38	0.41	4.22	0.61	3.66	2.88	生存压力
0754.HK	合生创展	1.36	2.45	7.81	7.02	7.98	4.89	持续发展
2768.HK	佳源国际	1.10	5.43	3.96	10.00	8.49	5.00	持续发展
6111.HK	大发地产	1.07	2.71	1.76	5.97	1.33	2.21	持续发展
000732.SZ	泰禾集团	0.95	0.00	0.37	0.12	3.81	1.13	生存压力
600823.SH	世茂股份	0.91	6.47	7.32	4.32	4.87	4.24	整合潜力
600208.SH	新湖中宝	0.83	1.69	4.32	0.45	4.29	2.85	生存压力
1862.HK	景瑞控股	0.82	3.64	0.24	1.88	2.55	1.78	合作拓展
600565.SH	迪马股份	0.67	2.47	3.28	5.31	5.77	2.84	持续发展
600266.SH	城建发展	0.59	0.74	5.40	1.26	3.99	3.10	生存压力
0272.HK	瑞安地产	0.59	4.33	4.59	1.52	3.87	3.69	合作拓展
600657.SH	信达地产	0.58	2.76	2.98	5.30	4.99	2.98	持续发展
0230.HK	五矿地产	0.52	6.14	5.09	0.00	3.34	4.00	合作拓展
600743.SH	华远地产	0.48	0.68	3.53	3.70	4.40	2.78	生存压力
600223.SH	鲁商置业	0.40	1.21	0.88	5.46	6.20	2.65	转型自救
600094.SH	大名城	0.26	5.12	1.97	2.04	2.35	2.07	合作拓展
0604.HK	深圳控股	0.24	5.34	10.00	2.38	6.50	4.89	整合潜力
000042.SZ	中洲控股	0.21	0.92	1.94	2.53	4.15	1.91	生存压力
600736.SH	苏州高新	0.21	5.22	4.50	1.37	2.73	3.14	合作拓展
601588.SH	北辰实业	0.12	1.27	5.59	1.70	4.60	2.94	合作拓展
000926.SZ	福星股份	0.07	3.04	2.05	1.83	1.13	1.77	合作拓展
600665.SH	天地源	0.05	3.70	3.12	3.47	3.37	2.94	合作拓展
600649.SH	城投控股	0.03	4.98	6.52	0.38	3.92	3.86	合作拓展
2608.HK	阳光100	0.03	0.48	0.00	1.10	4.27	1.18	生存压力
600663.SH	陆家嘴	0.00	1.85	10.00	7.14	3.33	4.46	持续发展
000540.SZ	中天金融	0.00	0.00	4.13	0.00	0.00	1.65	生存压力
600648.SH	外高桥	0.00	2.97	8.21	2.47	0.92	3.27	合作拓展

B.5
ESG框架下的金融市场和金融科技

张 磊*

摘　要： 互联网和数字技术在金融市场的应用形成了金融科技。然而，由于最初的股东主义治理滞后于技术进步，金融科技不仅未能充分发挥互联网平台双边市场创造潜力，而且加剧了金融市场不稳定。2007年全球金融危机爆发以后，为了应对股东主义带来的治理缺陷，发达经济体对金融市场的发展战略进行了重大调整，开始在世界经济范围内推广以ESG理念和实践为代表的利益相关者治理，试图弥补金融市场发展在社会资本积累上的短板，重构其本土社会关系，修复相应的新产业和市场创造能力，并由此实现金融市场的可持续发展。因此，中国亟须采用纳入ESG框架下的金融市场发展战略，实现从股东主义向包括股东在内的利益相关者治理发展和完善的拓展，运用金融科技重构金融市场，应对发达经济体金融市场发展战略调整带来的冲击。

关键词： ESG　金融市场　金融科技

2007年全球金融危机的爆发，特别是东亚新兴经济体与美国生产率差距的明显缩小引发对以金融市场为核心的盎格鲁-撒克逊发展模式的普

---

* 张磊，中国社会科学院经济研究所研究员、中国社会科学院上市公司研究中心副主任。

遍反思。布雷顿森林体系固定汇率制瓦解以后，在浮动汇率制、资本自由流动和非中介金融市场发展几股金融自由化趋势相互作用和影响下，盎格鲁-撒克逊模式曾盛极一时，股东主义也相应发展成为影响企业治理的最重要力量。然而，以追求股东利益最大化为目标的股东主义却阻碍了利益相关者治理的发展和完善，极大地限制了互联网平台在产品和客户都高度不确定的双边/多边市场上创新潜力发挥，最终造成发达经济体新产业培育跟不上产业转移速度。正是为了弥补股东主义带来的治理缺陷，发达经济体开始对金融市场发展战略进行调整，源自莱茵模式以 ESG 理念和实践为代表的利益相关者治理得以兴起。因此，亟须探讨中国在 ESG 框架下的金融市场发展战略。

一 金融市场发展理论的简要回顾

金融市场发展的实质在于摆脱初始债权、债务关系的束缚，实现融资的非中介化。非中介金融市场发展对初始债权、债务关系束缚摆脱的好处显而易见。一方面，能够扩大金融服务覆盖范围，扩大金融宽度；另一方面，可以促进资产流通（流动性），降低融资成本，提高金融深度。

为了达到这样的金融市场发展目的，发达经济体对（金融）投资策略进行了长期的探索。有效市场理论（The Efficient Markets Hypothesis，EMH）以股票等风险资产价格不可预测为由，倡导买入持有的指数化投资策略。指数或投资组合则根据由如表 1 所示的投资因子选择形成。除了主动趋势投资的动量策略外，所有的指数化投资策略都具有个体风险分散化和低交易成本的优点，但也存在由此形成被动趋势投资、超出投资人风险承受能力的不足。很显然，在买入持有策略中，投资组合个股涨跌不一定会引发个股投资比重失衡，形成涨（跌）得过快的个股投资比重上升（下降）的被动趋势投资，以致改变投资人风险承受能力。

表1 在风险回报模型中的投资因子

类别	模型	投资因子
资本资产定价模型	预期回报 = 无风险利率 + $\beta_{资产}$ × 股权风险溢价	包括所有风险资产的市场组合
套利定价模型	预期回报 = 无风险利率 + $\sum_{j=1}^{k} \beta_j$ × 风险溢价j	单个(非特定)市场风险因素
多因素模型	预期回报 = 无风险利率 + $\sum_{j=1}^{k} \beta_j$ × 风险溢价j	单个(特定)市场风险因素
代理模型	预期回报 = $a + b$ × 代理指标1 + c × 代理指标2(这些代理指标都是公司的特征指标,如总市值、市账率或回报动量)	代理指标

资料来源:达莫达兰(2017)。

正是为了缓解买入持有的被动趋势投资带来的投资风险承受能力不稳定,期权等金融衍生工具被设计出来用于再平衡策略的风险对冲。再平衡策略要求投资者卖出价格相对走强的资产,买入价格相对走弱的资产。这样就可以维持目标风险水平,平衡被动趋势投资可能带来的风险失控。根据期权理论,尽管风险资产价格不可预测,即风险资产价格变动对时间的导数可能趋近于无穷大,但这样的极端事件却较少发生,风险资产预期回报率及其方差更多地会在极短期限内收敛于一个有限值,那么,通过足够数量的连续交易积累盈利,就能够弥补极端事件发生带来的巨大损失,从而实现风险对冲。对冲基金正是通过复制某种投资组合(实质为衍生工具)进行投资再平衡,实现这样的风险对冲。史文森将对冲基金归入另类资产类别中的绝对收益投资,并进一步将再平衡策略区分为事件驱动型和价值驱动型两类子策略。事件驱动型投资者侧重于事件,如并购有关的信息生产,价值驱动型投资者则要求投资经理挖掘出被低估或高估的证券,进行建仓并通过对冲保值降低市场系统性风险。

遗憾的是,这样的再平衡策略要求有市场流动性充足的假定前提,不可避免地会在使用规模上受到严格的限制。即使放弃期权理论不切实际的正态分布假定,引入极端事件更多发生的肥尾分布,运用在险价值 VaR(Value at Risk)和预期亏空 ES(Expected Shortfall)更准确地计算极端事件发生带来的损失和风险承受能力,运用再平衡策略,特别是对外融资补充资本金仍然离不开存在充足的市场流动性这一重要前提。然而,在实际交易中,市场流动性充足这一要求却非常严苛。一个特定资产的市场流动性除了取决于自身估值外,还受到资产被出售数量、速度以及市场环境等诸多因素影响。因此,相较于按月度、季度或年度进行再平衡操作,或为了控制交易成本,规定宽泛的上下限,当组合中的资产配置比例超出这个范围时,才进行再平衡操作,史文森认为持续再平衡策略更为可取,并要求投资者对组合资产进行每日评估。如果一个资产类别的价值偏离目标价值达 0.1% 或 0.2%,投资经理需要买卖证券使该资产类别恢复目标比重。此时,交易量相对较小,而且适应市场变化。很显然,只有这样的持续再平衡策略才有助于降低冲击成本,可以保证市场流动性的存在。

为了应对市场流动性充足的严苛要求,更多地应用于私募股权投资的价值投资策略提供了另一种风险管理思路。价值投资策略可以通过 Shannon(香农)的信息论,特别是 Kelly(凯利)公式得到更清楚的阐释。香农借助热力学第二定律,引入核心的信息熵概念,提出打破终极的随机过程,实现最优化信息传递的设想。Shannon 提出了一个可以计算通过铜线传输最优数量信息成功概率的公式,Kelly 进一步指出香农的各种传输率只不过是涉及机会事件的可能结果的特例,在本质上都属于概率,从而提出用于资本配置的凯利公式。凯利公式不仅可以应用于双数值回报的情况,而且适用于所有概率可被估计的投资。针对输 - 赢两种情况的凯利公式可以表述为:

$$f = \frac{b \times p + p - 1}{b} \tag{1}$$

其中,f 为下注占总资金的百分比,p 为获胜概率,b 为赌注所赢得的倍数,即赔率。事实上,凯利公式本身就是由信息熵公式

$$E = p \times \ln(1 + f \times b) + (1 - p) \times \ln(1 - f) \tag{2}$$

一阶求导为 0 后直接推算出来的，其中 E 为期望值，其余经济含义同式（1）。式（2）可分为两部分理解：加号之前是获胜的信息熵，即有 p 的概率获得 $f \times b$ 的盈利；加号以后的部分是失败的信息熵，即有 $1-p$ 的概率损失所有赌注，损失的所有赌注就是 f，因此，后半部分用 $-f$ 替代前半部分的 $f \times b$ 即可。这条公式也可以推广到大于两种结果的情况，广义的结果可以被概括为 $E = \sum_i p_i \times \ln(1+q_i)$，即总期望等于每一种结果的概率乘以结果数值的对数，换言之，第 i 种结果的概率为 p_i，其对应的收益/损失为 q_i，可正可负，正的代表获利，负的代表损失，对 E 一阶求导为 0 就得到凯利最优解。凯利公式具有如下主要特征：①投资者通常可以避免损失全部的资产；②优势概率越大，赌注越大；③风险越小，赌注越大。按此规则下注，凯利证明了在长期中可以实现财富最大化。很显然，与投资组合的个体风险分散以及系统风险对冲不同，价值投资策略侧重于集中投资的个体风险管理。由于资产价格可能波动性更大，有效利用凯利公式，需要知道收益结果的确切概率，当面对不确定的投资时，需使用更保守的结果估计来计算相应的凯利赌注。因此，价值投资策略在严格控制投资头寸的基础上，激励利益相关者信息生产，获取关于收益结果的更确切概率，由此产生学习效应，并管理个体风险。这样价值投资就能够最终产生足够的企业现金流和盈利，减轻风险管理对市场流动性环境依赖。很显然，价值投资策略提供了另一种买入持有投资的风险管理思路，即转而强调培育企业现金流和盈利能力，减轻对市场流动性环境依赖。由于更多针对企业个体风险，价值投资的风险管理思路被私募股权投资广泛吸收。私募股权投资包括杠杆收购和风险投资两大类。杠杆收购是指以高于通常资产负债表债务水平，即加大杠杆的方式获得成熟企业的所有权，其目的在于通过完善企业治理来改善企业经营效率。风险投资基金为初创企业注入资金，传授经营技巧，帮助其尽快盈利、做大做强。

作为逆势投资策略，无论是运用对冲基金进行投资再平衡还是运用价值投资都会对市场流动性产生有益影响。其中投资经理通过及时地持续再平衡操作，卖出其他投资者要买入的资产，买入其他人要卖出的资产，可以直接为市场提供流动性。与此同时，价值投资更是会培育出合格资产，减轻对市场流动性环境依赖。然而，这两类逆势投资策略又会在投资规模上受到严格限制，并不能始终保证投资策略的多样性，实现逆势投资和趋势投资之间的平衡。投资策略的多样性一旦丧失，就有可能由流动性不足引发金融危机，届时所有风险管理方法都将难以发挥作用。由此可见，投资策略的多样性才是保证流动性充足、实现风险管理的关键。只有确保投资策略的多样性，金融市场才能得到健康发展。

二 发达经济体金融市场发展的新阶段

尽管在理论上已经得到阐释，但投资策略的多样性对金融市场发展的重要作用仍然在发达经济金融市场发展过程中很大程度上遭到忽视。

1950~1973年，作为应对大萧条的产物，即使在发达经济体金融市场发展也一度受到抑制。与此同时，宽松的货币政策作为凯恩斯主义需求管理的重要工具，促使银行信贷扩张在资本配置中发挥了更大的作用。长期宽松的货币政策支持下的银行信贷扩张推动了通货膨胀式的投资和增长。一方面，使发达经济体工业化和城市化一度得以加速，并迎来资本主义经济的三十年黄金增长；另一方面，最终诱发了严重的通货膨胀。特别是到了1973年，随着工业化和城市化完成，发达经济体开始普遍面临由鲍莫尔病引发的结构性减速难题挑战。所谓鲍莫尔病，是指由于生产率，特别是增速不同的产业部门要求相同的工资水平，那么，低生产率或生产率停滞部门的成本和相对产出就会上升。因此，随着经济中生产率停滞服务业的占比越来越大，经济全面增长最终会放缓。通货膨胀更是加剧了这一挑战压力。

正是为了应对这样的增长结构性减速难题，以美国为代表的发达经济体积极倡导贸易自由化，并最终推动第二次经济全球化形成。第二次经济全球化主要通过两种技术路径缓解发达经济体经济减速压力。①促使发达经济体将低附加值产业转移出去，把释放的资源更多地用于高附加值产业扩张。这样就可以通过生产率持续提高来消化不断攀升的工资成本。②将贸易自由化拓展至服务业部门，提高服务业可贸易性，缩短与制造业劳动生产率发展差距。很显然，这是一种通过产业转移促进产业创造和升级的发展战略。

与这样的产业国际转移和升级发展战略相适应，原来用于抑制金融市场发展的布雷顿森林体系固定汇率制遭到瓦解。非中介金融市场发展同浮动汇率和资本流动相结合实现了发达经济体金融一体化和资本全球配置，促进股东主义在世界经济范围内形成。然而，非中介金融市场空前发展，特别是股东主义盛行却对新产业及其市场的创造产生双重效应。一方面，非中介金融市场发展能够摆脱初始债权债务关系束缚，提高资产流动性，降低融资成本，特别是金融服务覆盖范围的扩大有助于新兴企业扩张和发展，从而促进新产业及其市场的创造，并提升价值生产能力；另一方面，非中介金融市场极端发展也使其可能完全沦为价值转移和分配工具，通过解构空间聚集的社会关系，实现从本地企业经营者、客户和员工等利益相关者向外来股东的价值转移，形成股东利益至上和最大化的股东主义。由此可见，股东主义可能阻碍利益相关者治理的发展和完善，损及新产业及其市场的创造。股东主义带来的治理缺陷在产品和客户都高度不确定的双边/多边市场上影响尤为突出。究其原因，面对双边/多边市场产品和客户的高度不确定，仅仅像股东主义那样保证（金融）投资者产权明晰和保护是不够的，还必须吸收和激励利益相关者积极参与治理，新产业及其市场才能被从无到有地协同创造出来。

作为经济和技术的领先者，发达经济体新产业及其市场创造无疑会更多带有双边/多边市场特征。资本全球配置，特别是股东主义在世界经济范围内的形成不可避免地引发全球化的股东和本土的经营者、员工、客户等其他利益相关者利益冲突，最终损及发达经济体新产业及其市场创造能力。

通过对垂直专业化生产和全球价值链建设的简要分析，我们可以更全面地揭示股东主义带来的治理缺陷对发达经济体新产业及其市场创造能力的负面影响。得益于新一代信息技术，特别是互联网平台的推动，垂直专业化生产和全球价值链建设对第二次经济全球化的产业国际转移产生最为深远的影响。垂直专业化生产描述了这样一种可能，就是把产品拆分成各个组件，这些组件可以组装成最终产品。如果每一个组件都在专业化的工厂生产，而工厂的选址又位于成本最低、差异化和创新最高的地区，那么最终产品就可以以较低的成本和较高的质量生产出来。如果垂直专业化引导产品组件在本企业之外生产，就叫作外包（outsourcing）。如果生产在另一个国家进行，就叫作离岸生产（offshoring）。

互联网平台为运用双边合同缓解威廉姆森提出的创新专用资产投资机会主义行为、节约企业纵向一体化代理成本提供了卓有成效的技术手段。互联网平台可以通过调整对双边市场参与者的收费水平和收费结构，提供足够多的双边合同的谈判者，更好地实现双边概率匹配，促进双边合同有效形成和履行。正是基于这样的技术特性，互联网平台得以掀起与纵向一体化相反的外包和离岸生产浪潮。

不过，作为股东主义对纵向一体化导致企业代理成本高企及其治理反思的产物，基于互联网平台的外包和离岸生产的治理却仍停留在股东主义之上，结果阻碍了利益相关者治理的发展和完善，并限制了互联网平台在双边市场上潜力的发挥。随着股东主义在世界经济范围内的形成，发达经济体认为可以从垂直专业化生产中获取双重利益。一方面，垂直专业化生产能够充分发挥基于互联网平台的外包和离岸生产节约纵向一体化代理成本的作用，在世界经济范围内实现生产成本最小化，提高股东价值。另一方面，股东主义对企业治理的决定性影响能够继续保留跨国公司内部技术交易对知识外溢的抑制，加大离岸生产商的技术依赖。Caves 和 Markusen 论证了跨国公司选择 FDI 而不是通过现成的市场交易去出售生产技术许可的成因。当存在严重的外部效应和市场失灵时，公司将无法在市场交易中完全保护和利用自身的无形资产，于是激励其在公司内部以 FDI 的形式进行交易来配置这些资产。跨国公司这种形式的 FDI 对知识外溢的抑制也为发展中经济体水平的技术外溢（外国企业的分支机构与国内企业在同一行业的竞争）不足实证研究所证实。

正是由于股东主义的治理与互联网平台技术不相适应，垂直专业化的实际运行与发达经济体股东主义原初设想产生明显背离。由股东主义推动的建基于互联网平台的外包和离岸生产尽管起到了节约纵向一体化代理成本的作用，却也低估了离岸生产商作为双边，更准确地说作为多边市场重要参与方获取知识外溢的潜力，特别是忽视了当生产从外包发展到离岸时可能给本土生产网络和创新生态完整性带来的负外部性。离岸生产商对知识外溢的分享和股东主义对产业创新能力的损害分别导致发达经济体产业过度转移和新产业培育不足，最终造成新产业培育跟不上产业转移速度。

由此可见，正如我们对垂直专业化生产分析所揭示的那样，伴随着非中介金融市场的自由化发展而起的股东主义阻碍了利益相关者治理的发展和完善，损害了发达经济体本土的新产业及其市场创造能力，使其产业创造跟不上产业转移速度。正是由于受到股东主义带来的治理缺陷影响，第二次经济全球化并没有能完全实现发达经济体通过产业转移促进产业升级、应对结构性减速的政策初衷。股东主义尽管促进了有利于股东利益分配的资产回报率提升，并推动了部分高新技术产业发展，但其带来的治理缺陷却可能在长期中损害股权价值。考虑到价值投资策略主要通过利益相关者信息生产带来的学习效应管理企业个体风险，股东主义对利益相关者治理发展和完善的阻碍无疑会限制价值投资策略的使用，并由此进一步损害新产业及其市场创造能力。股东主义带来的治理缺陷对新产业及其市场创造能力损害势必导致合格资产不足和形成金融市场一致性预期，进而破坏投资策略多样性，直至最终不仅拖累经济和投资增速，而且还引发了金融不稳定。2007年全球金融危机爆发充分佐证了这一点。

正是为了弥补股东主义带来的治理缺陷，发达经济体进入金融发展市场的新阶段，试图通过必要的社会资本积累，发展和完善包括股东在内的利益相关者治理，修复其本土的新产业和市场创造能力。

综上所述，二战结束后，发达经济体金融市场发展也经历了一个曲折过程。①1950~1973年，作为应对大萧条的产物，发达经济体金融市场发展一度受到抑制。②1973~2007年，为了应对金融市场发展受抑制的通货膨胀式增长后果，特别是由鲍莫尔病引发的结构性减速难题挑战，发达经济体转而鼓励金融市场自由化发展，希望由此推行通过产业转移促进产业创造和升级的发展战略。然而，由于伴随着非中介金融市场的自由化发展而起的股东主义阻碍了利益相关者治理的发展和完善，损害了发达经济体本土的新产业及其市场创造能力，这一发展战略初衷并没有得到完全实现，也最终影响到了金融市场发展的可持续性。③2007年至今，为了应对股东主义带来的治理缺陷，发达经济体金融市场发展进入社会资本积累和市场发展并重的新阶段。发达经济体试图弥补金融市场发展在社会资本积累上的短板，发展和完善包括股东在内的利益相关者治理，重构其本土社会关系，修复相应的新产业和市场创造能力，并由此实现金融市场的可持续发展。

三 发达经济体金融市场发展战略调整

发达经济体进入社会资本积累和金融市场发展并重的新阶段，并不意味着对原有的金融市场发展完全抛弃，而是对金融市场发展的社会资本积累不足进行必要调整，实现从股东主义向利益相关者治理的拓展，在继续维持金融市场优势的基础上，修复新产业及其市场的创造能力。

在维持金融市场既有优势方面，美国的表现尤为典型。美国在引入宏观审慎监管、力图提升自身金融市场调节能力的同时，却仍在推动金融一体化向新兴市场经济体的拓展，继续促进金融市场在世界经济范围内的自由化扩张。具体地讲，就是利用区块链点对点交易和支付技术特性，试图突破对汇率和资本流动管制，进一步发挥美元作为国际货币及其在金融市场的优势，实现金融一体化向新兴市场经济体的拓展。目前的金融一体化仍集中于发达经济体内部，作为重要的审慎监管手段，新兴市场经济体汇率和资本流动管制对此形成了限制。以Libra为代表的稳定币利用区块链点对点交易和支付技术特性，彻底消除境内、境外、离岸、在岸金融交易差别，突破新兴市场经济体汇率和资本流动管制的意图十分明显。此外，以比特币为代表的加密数字货币作为特殊资产市场则能够进一步便利新兴市场经济体资本转移。很显然，所有这些数字货币技术都可以促进金融一体化向新兴市场经济体拓展，并有助于继续维持有利于发达经济体的利益分配格局。

不过，发达经济体也为弥补金融市场发展在社会资本积累上的短板做出了更大努力，并在世界经济范围内推广以 ESG 理念和实践为代表的利益相关者治理上得到集中体现。

与以金融市场为核心的盎格鲁-撒克逊发展模式不同，莱茵模式依据社会资本理论，一直高度重视社会关系和社会资本在金融市场发展上的作用。在经济社会系统中，Polanyi 认为经济活动必须嵌入社会关系中，而且这种嵌入是动态变化的。Granovetter 则认为在社会经济系统中存在社会化的过度、不足和适当这三种情况，进一步突出了社会资本积累的重要性。正是由于对社会关系和社会资本作用的合理关注，以 ESG 理念和实践为代表的利益相关者治理最初在莱茵模式下得到发展。

ESG 理念和实践最早只是作为一种社会责任投资策略出现。这种被称为环境、社会和公司治理（Environment、Social Resoponsibility、Corporate Governace，简称 ESG）的社会责任投资策略将以上三者作为投资决策因子，包括信息披露、评级评估和投资者指引三个方面，集中地反映了发达经济体推广利益相关者治理的努力。ESG 核心理念就在于只有发展和完善了利益相关者治理，才能有效管理环境、社会、企业治理风险，保障股东长期利益。ESG 中的环境（E）风险就代表了环境问题产生的直接成本和间接影响。随着消费者越来越趋向偏好对环境友善的产品（例如电动车）和企业，环境问题对业务产生的间接影响将更为深远。与此同时，环保程度较低的公司还可能必须承受更高的监管风险，包括需要就污染物排放缴纳更高的税款和征费。ESG 中的社会（S）风险则涉及与消费者，特别是劳工保护有关的广泛议题，例如数据安全、产品安全、职场安全、多元性、薪酬和福利等。其中最重要的风险之一，就是来自未能善待员工而衍生的机会成本。随着知识产权和服务的重要性与日俱增，人力资本也日渐成为企业最有价值的资产。提供较安全职场和较佳薪酬待遇的公司更能吸引和留住人才，旗下员工通常也会表现出更高的生产率。ESG 中的治理（G）就直接代表了对激励长期投资的企业治理需要，可以在长期中实现股东利益最大化。ESG 代表了企业治理从股东主义向利益相关者治理的拓展是显而易见的。

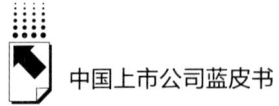

美国和德国先后出现过对"清洁网络计划"和"清洁供应链法"立法倡议则代表了对 ESG 发展和完善利益相关者治理理念的国内政策和法律回应。德国供应链法立法倡议相对较为宽松。这部供应链法只针对大型企业，比如员工数量超过 3000 人、只针对直系供应商进行监督，确保各环节都符合德国版供应链法的指标。涉及的内容主要包括禁止童工，完善供应商厂房的安全设施，禁止强迫劳动，遵守社会准则如薪水不能低于最低工资，注意环保事项、可持续性等。欧盟议会立法倡议则对德国版供应链法进行了明显强化。①受欧盟供应链法影响的欧盟企业不限于人数超过 3000 的大企业，中小型企业也纳入其中；②如果欧盟企业发现其供应商做出明显的违规行为或发现供应商有违规行为的嫌疑，但没有做出应对措施，将受到惩罚；③欧盟企业不仅仅针对直系供应商，而是对供应商的下家（的下家），即全供应链也要起到尽职调查职能。2021 年 3 月 10 日，欧盟就供应链法的自发倡议进行表决，并以压倒性票数通过。欧盟委员会对此有义务出台相关法律。欧盟司法委员表示，欧盟将在 2021 年出台相关草案。最早可于 2022 年初生效。

ESG 发展和完善利益相关者治理理念也在社会资本积累更为不足的美国得到呼应。2021 年 3 月 31 日，美国总统拜登提出了 2 万亿美元的基础设施投资计划，旨在重建美国老化的基础设施，推动电动汽车和清洁能源，创造就业机会。该计划包括了与 ESG 相关的大量内容。如创造高质量的工作，提供安全健康的工作场所、支付可观的薪资；确保工人加入工会的权力，提升其与雇主集体谈判的能力。又如该计划多个项目中涵盖了与新能源相关的支出，涉及新能源车、新能源技术、绿色建筑等领域。

ESG 发展和完善利益相关者治理理念同样得到众多主流自由贸易协定，如《美国-墨西哥-加拿大协定》（USMCA）和 CPTPP 等的支持。针对劳工标准，CPTPP 核心规则包括：①维护国际劳工组织提出的自由结社权、集体谈判权等核心劳工权利；②允许成立独立公会；③建立公众和第三方参与劳工参与劳工事务的渠道；④适用争端解决，将贸易投资与劳工问题挂钩。针对环保标准，CPTPP 核心规则包括：①将多边环境协议义务纳入自贸协定框架，包括广泛的强制性义务，如保护臭氧层、防止船舶污染、禁止造成过度捕捞和产能过剩的补贴措施等；②对公众参与、透明度等做出详细规定；③将贸易投资与环境问题挂钩，建立包括贸易制裁在内的多层级争端解决机制。

由此可见，ESG 发展和完善利益相关者治理理念从企业自愿选择行为逐步发展成为发达经济体的国内法，并被众多主流自由贸易协定广泛吸收。在世界经济范围内推广以 ESG 理念和实践为代表的利益相关者治理，对发达经济体弥补金融市场发展在社会资本积累上的短板至关重要。从理论上讲，发展和完善利益相关者治理有助于促进双边市场协同，推动发达经济体本土新产业及其市场创造能力的修复，并可以在确保投资策略多样性的基础上，实现股东长期价值最大化。但是从金融市场发展角度看，由于发展和完善利益相关者治理意在创造出足够多的合格资产，保证投资策略多样性，通常在短期，甚至相当长的时期内会提高企业营运成本，特别是多样性的探索成本，反而可能削弱自愿引入利益相关者治理的竞争力。很显然，只有当发达经济体将发展和完善利益相关者治理上升到国内法高度，并在世界经济范围内推广，才能有效获取利益相关者治理溢价，达到最终修复本土新产业及其市场创造能力和实现金融市场可持续发展的目的。

互联网和数字技术在金融市场的应用就形成了金融科技，但由于相关治理跟不上科技进步的速度，金融科技不仅未能充分发挥互联网平台双边市场创造潜力，而且加剧了金融市场不稳定。正是这种源自对互联网平台治理滞后于技术发展的修正的需要，发达经济体得以在世界经济范围内推广以 ESG 理念和实践为代表的利益相关者治理。与此同时，互联网和数字技术的进步也降低了推广利益相关者治理的成本。正是受益于互联网和数字技术的进步，发达经济体得以将金融市场发展纳入 ESG 框架，对金融市场发展战略进行调整。因此，欧盟希望通过以区块链为代表的密码技术实现数据确权，发展和完善利益相关者治理，重构发达经济体本土社会关系，弥补金融市场发展在社会资本积累上的短板。这样就可以充分发挥互联网平台在双边市场上的创新潜力，确保足够多的合格资产创造和投资策略多样性，从而在风险

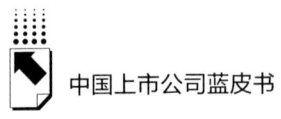

可控的基础上激励长期投资，修复新产业及其市场的创造能力，实现金融市场可持续发展。

密码学的进步提供了数据确权的技术手段。可用于数据确权的密码学技术包括可验证计算、同态加密和安全多方计算等。对复杂的计算任务，可验证计算会生成一个简短证明。只要验证这个简短证明，不需要重复执行计算任务，就能够判断计算任务是否被准确执行。在同态加密和安全多方计算下，对外提供数据时，采用密文而非明文方式，从而使数据具备排他性。这些密码学技术支持数据确权，使在不影响数据所有权的前提下交易数据使用权成为可能，并影响数据主体和数据控制者的经济利益关系。区块链技术用于数据存证和使用授权，也在数据产权界定中发挥重大作用。

为了充分利用密码学进步提供的数据确权技术手段完善利益相关者治理，欧盟不仅通过了有关数据确权立法，而且还设想了数据委托模式，推动数据产权交易和数据要素市场发展。

2018年5月欧盟开始实施《通用数据保护条例》，奠定了数据确权的立法基础。《通用数据保护条例》给予数据主体广泛权力，包括：个人数据删除权（也称为被遗忘权），指数据主体有权要求数据控制者删除其个人数据，以避免个人数据被传播；可携带权，指数据主体有权向数据控制者索取本人数据并自主决定用途；数据主体在自愿、基于特定目的且在与数据控制者地位平衡等情况下，授权数据控制者处理个人数据，但授权在法律上不具备永久效力，可随时撤回（有条件授权）；特殊类别的个人数据的处理条件，比如医疗数据。《通用数据保护条例》还提高了对数据控制者的要求，包括：企业作为数据控制者必须在事前数据采集和事后数据泄露两个环节履行明确的告知业务；数据采用与数据使用目标的一一对应原则；以及数据采集（范围、数量、时间、接触主体等）最小化原则；个人数据跨境传输条件。

此外，欧盟还设想了数据委托模式，推动数据产权交易和数据要素市场发展。根据本尼特公共政策研究所（Bennett Institute for Public Policy，简称BIPP）2020年的介绍，数据信托保管多个委托人收集并持有的数据，按委托人事先确定目标使用和分享数据。欧盟计划在 2022 年之前,通过数据信托机制建立一个泛欧个人数据市场,为需要使用个人数据的商业机构和政府部门提供一站式服务。跨国技术公司将不被允许存储或传输欧盟的个人数据,而必须通过数据信托来使用这些个人数据。欧盟居民将从该市场获得"数据红利"。

综上所述,以欧盟和美国为代表的发达经济体采取双管齐下的策略,对金融市场发展战略进行调整。一方面,将金融市场发展纳入 ESG 框架,试图实现从股东主义向利益相关者治理的拓展,弥补金融市场发展在社会资本积累上的短板,实现金融市场可持续发展;另一方面,在继续维持金融市场优势的基础上,促进金融一体化向新兴市场经济体拓展,形成有利于发达经济体的利益分配格局。这两者相结合就是要在实现金融市场可持续发展的基础上,帮助发达经济体获得更多的世界经济利益。

四 中国金融市场发展面临的新冲击

发达经济体金融市场发展战略调整给中国在保护投资者利益、发展和完善利益相关者治理以及保证流动性供给充足等三方面都带来新冲击。

与拥有较为成熟的金融市场的发达经济体不同,中国迄今为止金融体制仍以银行信贷的间接融资为主导,金融市场发展滞后,更为接近发达经济体 1950~1973 年金融市场发展受压抑阶段的体制。中国改革开放之初之所以选择这种金融市场发展受压抑体制,无疑与当时实现快速工业化和城市化的经济增长赶超任务密切相关。Patrick 就经济增长和金融发展间的互动关系提出了金融发展的"需求导向"和"供给导向"两分法。"需求导向"的金融发展是实体经济部门发展的结果。这就意味着市场不断开拓和产品不断增长,必须更有效地分散风险以及更好地控制交易成本,因此金融(市场)发展在经济增长过程中起了更好的推动作用。另外,"供给导向"的金融发展先于对金融服务的需求,因而对经济增长有着自主的积极影响。特别是对动员那些阻滞在传统部门的资源,使之转移到能够促进经济增长的现代部门,并确保投资于最有活力的项目方面,起到基础性作用。Patrick 提出的假说是"供给导向"的金融发展对早期的经济发展有着支配作用。一旦经济发展趋于成熟,"需求导向"的金融发展就该发挥作用了。此外,发展中经济体同发达经济体之间的差距越大,则越有可能遵循"供给导向"的金融发展模式。究其原因,发展中经济体遵循"供给导向"的金融发展模式既有必要性,又有可行性。Patrick 金融发展假说意味着发展中经济体面临的最大增长障碍是低收入贫困陷阱密切相关的市场失败,这才要求政府对金融中介和投资进行双重补贴,通过政府干预培育市场。然而,该假说成立的前提是从发达经济体的技术引进和产业转移能够有效降低市场的不确定性,只有这样,才可以较为准确地计算投资和融资的外部性,从而成功控制补贴可能引发的政府失败成本。当发展中经济体处于极度落后状态,这样的前提条件显然是成立的。不过,随着经济增长赶超任务的完成,Patrick 金融发展假说成立的前提条件势必会因产业国际转移停滞而最终丧失。

2012 年,中国人均制造业增加值为 1856 美元,已经逼近与美国等发达经济体(人均 6280 美元)收入差距的产业国际转移 3 倍警戒线。生产率差距的这种明显缩小随即削弱了发达经济体产业转移动力,中国也由快速工业化和城市化发展阶段转向高质量增长的新阶段,并对金融市场发展提出迫切要求。正如古典经济危机的循环理论所揭示的那样,银行信贷主导的金融体系易引发通货膨胀式的投资和增长。因此,一方面,亟须促进从关系型贷款向交易型贷款的发展,扩大金融服务覆盖范围,扩大金融市场宽度;另一方面,要求促进资产流通(流动性),降低融资成本,提高金融深度。只有这样,才能实现金融市场发展,为抑制通货膨胀创造良好条件。

然而,发展金融市场极易将对包括股东在内的投资者利益保护演变成为股东主义,形成对发展和完善利益相关者治理的阻碍,损害金融市场发展的可持续性。在发达经济体将金融市场发展纳入 ESG 框架,试图实现从股东主义向利益相关者治理的拓展,弥补金融市场发展在社会资本积累上的短板。这方面的压力变得尤为突出。

与此同时,随着数字货币推动金融一体化向新兴市场经济体的拓展,汇率和资本流动管制等传统审慎监管手段会遭到明显削弱,如何保证流动性供给充足变得更为紧迫。考虑到由中央银行借入资金是金融机构获得融资流动性最后的不可替代来源,新兴市场经济体货币又不属于国际货币范畴,在保证流动性供给方面受到严格限制,发达经济体推动金融一体化向新兴市场经济体的拓展有可能加剧后者的金融市场脆弱性和不稳定。

中国对发达经济体金融市场发展战略调整带来的三重冲击进行了积极应对。中国除了对供给侧金融改革和发展金融市场形成共识外,还积极部署数据要素市场建设,促进利益相关者治理的发展和完善,并对央行数字货币进行有益探索。2020年4月9日,中共中央、国务院发表《关于构建更加完善的要素市场化配置体制机制的意见》,首次将数据与土地、劳动力、资本、技术等传统要素并列为要素之一,提出要加快培育数据要素市场。2020年7月和10月全国人大分别就《数据安全法(草案)》和《个人信息保护法(草案)》向社会征求意见。此外,中国在央行数字货币的研究和实践上更是先行一步。根据央行数字货币的设想,人民币现金将以可追溯的电子钱包方式管制起来。

然而,要素市场建设必须同发展和完善利益相关者治理的机制相结合,积极探索具有中国特色的社会资本积累方式,才能发挥应有作用。央行数字货币发行方式尽管可以有效管理以 Libra 为代表的稳定币带来的资本流入冲击,但仍无法阻碍以比特币为代表的加密数字货币引发的资本流出冲击。因此,亟须在发展国内金融市场的基础上推动人民币国际化,而不能继续保持对汇率和资本流动管制的过度依赖。只有这样,才可以更好地应对资本流动的双向冲击。由此可见,应对发达经济体金融市场发展战略调整给中国带来的冲击仍任重道远。

五 对策

根据前面的分析,互联网和数字技术在金融市场的应用形成了金融科技。然而,由于最初的股东主义治理滞后于技术进步,金融科技不仅未能充分发挥互联网平台双边市场创造潜力,而且加剧了金融市场不稳定。因此,中国需采取如下一系列治理改革措施,采用纳入ESG框架下的金融市场发展战略,实现从股东主义向包括股东在内的利益相关者治理发展和完善的拓展,运用金融科技重构金融市场,应对发达经济体金融市场发展战略调整带来的冲击。

第一,完善对强制信息披露、市场操纵和内幕交易等金融市场行为监管,增强包括股东在内的投资者利益保护,推动金融市场发展。

第二,在对金融机构实施差别化监管的基础上,适度鼓励对冲基金发展。对冲基金作为逆势投资者可以提高市场流动性,如果实施统一的强监管,反而有可能破坏投资策略多样性,成为引发流动性危机的原因之一。只有当对冲基金集体平仓时,实际上是拒绝逆势投资,对冲基金的高杠杆特性才会造成市场流动性更加恶化。

第三,结合数据要素市场建设,积极推动国有资本运营,试行股票分类表决制和员工持股计划,实现股东主义向利益相关者治理的拓展,探索具有中国特色的社会资本积累方式,从而发挥私募股权投资基金在新产业及其市场创造上的应有作用。在金融市场发展上进行必要的社会资本积累,无疑有助于激励利益相关者信息生产,并产生学习效应来管理企业个体风险,能够为私募股权投资基金运用逆势投资的价值投资策略创造良好条件。只有这样,在私募股权投资基金推动下,才可以充分发挥互联网平台双边市场创造潜力,确保足够多的合格资产创造和投资策略多样性,从而在风险可控的基础上激励长期投资,切实提升国内新产业及其市场创造能力,实现金融市场可持续发展。

第四,积极运行大数据等新型监管科技,推动功能性监管适应金融机构平台化运营要求,并提高宏观审慎管理水平和金融市场调节能力。只有这样,才能有效应对发达经济体将金融一体化拓展至新兴市场经济体可能带来的双向资本流动冲击,努力保证国内流动性充足供给。

参考文献

BIPP (Bennett Institute for Public Policy), The Value of Data, 2020, https://www.bennetinstitute.com.ac.uk/research/research-projects/valuing-data.

Caves, Richard, *Multinational Enterprises and Economic Analysis*, 2nd ed., Cambridge: Cambridge University Press. 1996.

Granovetter, "Economic Action and Social Structure: The Problem of Embeddedness," *American Journal of Sociology*, 1985, 91, 481–510.

Kelly, L., "A New Interpretation of Information Rate," *Bell System Technical Journal*, 1956. Vol. 35, NO. 4,

Markusen, James, *Multinational Firms and Theory of International Trade. Cambridge*, MA: MIT press. 2002.

Patrick H. T., "Financial Development and Economic Growth in Underdeveloped Countries," *Economic Development and Cultural Change*, 1966. 14, 174–89.

PlatON, "PlatON: A High-Efficiency Trustless Computing Network", 2018, https://www.platon.network/static/pdf/en/PlatON_A%20High-Efficiency%20Trustless%20Computing%20_Network WhitePaper_EN.pdf.

Polanyi, K., *The Great Transformation*, New York: Farra, 1944.

Shannon, E., "A Mathematical Theory of Communication," *Bell System Technical Journal*, 1948, Vol. 27, No. 3.

艾尔瓦斯·达莫达兰:《估值:难点、解决方案及相关案例》(中译本),机械工业出版社,2017。

奥利弗·E.威廉姆森:《资本主义经济制度——论企业签约与市场签约》(中译本),商务印书馆,2002。

陈霞昌:《重磅!美国拟砸13万亿搞基建,拜登:这是"一代人仅能看到一次的投资"》,证券时报网,2021年4月1日。

大卫·F.史文森:《机构投资的创新之路》(中译本),中国人民大学出版社,2015。

弗朗索瓦·沙奈等:《金融全球化》(中译本),中央编译出版社,2001。

弗雷德里克·米什金:《下一轮伟大的全球化:金融体系与落后国家的发展》(中译本),中信出版社,2007。

拉尔夫·戈莫里、威廉·鲍莫尔:《全球贸易和国家利益冲突》(中译本),中信出版社,2018。

拉古拉迈·拉詹、路易吉·津加莱斯:《从资本家手中拯救资本主义:捍卫金融市场自由,创造财富和机会》(中译本),中信出版社,2004。

托马斯·皮凯蒂:《21世纪资本论》(中译本),中信出版社,2014。

徐忠、邹传伟:《金融科技:前沿与趋势》,中信出版社,2021。

伊藤·诚、考斯达斯·拉帕查维斯:《货币金融政治经济学》(中译本),经济科学出版社,2001。

约翰·赫尔:《风险管理与金融机构》(中译本),机械工业出版社,2019。

印德尔米特·吉尔、霍米·卡拉斯:《东亚复兴:关于经济增长的观点》(中译本),中信出版社,2008。

新华二代在德国:《不要死盯着棉花不放,真正的"问题"还没出场》,2021年3月26日。

附 录
Appendix

B.6
全部A股与港股评估结果

一 A股评估结果

(一) 银行

排名	代码	公司名称	总得分	财务指标	估值与成长性	创值能力	公司治理	创新与研发
1	601009.SH	南京银行	5.49	5.65	5.23	6	5.32	4.85
2	600919.SH	江苏银行	5.38	5.66	5.68	5.36	4.86	4.8
3	002142.SZ	宁波银行	5.37	5.82	4.9	5.83	5.02	4.85
4	600908.SH	无锡银行	5.36	5.33	5.09	5.95	5.13	5.03
5	002966.SZ	苏州银行	5.34	5.36	5.09	6.01	5.03	4.76
6	601229.SH	上海银行	5.29	5.39	5.64	5.33	4.72	4.89
7	600926.SH	杭州银行	5.29	5.34	4.97	5.86	5.11	4.84
8	601838.SH	成都银行	5.24	4.92	5.17	5.93	4.99	4.9
9	002839.SZ	张家港行	5.22	4.81	5	6.1	5.1	4.82
10	600928.SH	西安银行	5.21	4.94	4.98	6.05	4.74	5.01

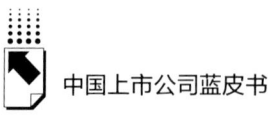

续表

排名	代码	公司名称	总得分	财务指标	估值与成长性	创值能力	公司治理	创新与研发
11	601577.SH	长沙银行	5.19	4.54	5.42	5.96	4.91	4.81
12	601128.SH	常熟银行	5.16	4.66	4.76	6.19	5.13	4.96
13	601860.SH	紫金银行	5.13	4.67	4.79	6.17	4.95	4.87
14	603323.SH	苏农银行	5.1	4.63	5.12	5.7	5.07	4.87
15	600036.SH	招商银行	5.1	5.48	4.85	5.05	5.06	4.99
16	002807.SZ	江阴银行	5.09	4.79	4.84	5.81	5.08	4.76
17	002948.SZ	青岛银行	5.08	5.02	4.59	5.82	4.84	4.97
18	601818.SH	光大银行	5.03	4.77	5.51	4.77	5.21	4.9
19	601997.SH	贵阳银行	5.02	4.27	5.34	5.6	4.92	4.84
20	000001.SZ	平安银行	5.02	4.74	4.96	5.44	4.82	5.07
21	601166.SH	兴业银行	5	5.21	5.12	4.87	4.75	4.81
22	002958.SZ	青农商行	5	4.25	4.89	5.99	4.84	4.89
23	600000.SH	浦发银行	4.99	5.24	5.33	4.47	4.95	4.92
24	601077.SH	渝农商行	4.99	4.81	5.06	5.19	4.91	4.9
25	601169.SH	北京银行	4.99	4.35	5.57	5.07	4.88	5.03
26	002936.SZ	郑州银行	4.97	4.68	4.77	5.54	4.91	4.88
27	601398.SH	工商银行	4.95	5.04	5.41	4.4	4.9	5.01
28	601916.SH	浙商银行	4.93	4.44	4.92	5.44	5.12	4.69
29	601939.SH	建设银行	4.92	4.95	5.18	4.55	4.87	5.14
30	601328.SH	交通银行	4.89	5.22	5.46	4.02	4.71	4.97
31	601988.SH	中国银行	4.88	5.23	5.2	4.17	4.89	4.97
32	601288.SH	农业银行	4.82	4.67	5.51	4.08	4.94	5.13
33	600015.SH	华夏银行	4.82	4.16	5.21	5.01	4.97	4.84
34	600016.SH	民生银行	4.78	4.64	5.01	4.53	4.91	4.96
35	601998.SH	中信银行	4.78	4.29	5.48	4.5	4.87	4.8
36	601658.SH	邮储银行	4.73	4.64	5.04	4.35	4.93	4.9

（二）非银金融

证券

排名	代码	公司名称	总得分	财务指标	估值与成长性	创值能力	公司治理	创新与研发
1	600909.SH	华安证券	5.45	5.42	5.44	5.96	5.17	4.79
2	601990.SH	南京证券	5.41	5.29	5.22	6.23	4.95	4.82

续表

排名	代码	公司名称	总得分	财务指标	估值与成长性	创值能力	公司治理	创新与研发
3	601236.SH	红塔证券	5.34	5.24	5.23	6.08	4.9	4.73
4	002945.SZ	华林证券	5.33	5.29	5.14	6.17	4.79	4.63
5	601108.SH	财通证券	5.29	5.11	5.36	5.72	5.01	4.9
6	600109.SH	国金证券	5.28	5.2	5.17	5.87	5	4.73
7	300059.SZ	东方财富	5.26	4.99	4.9	6.09	5.03	5.04
8	601162.SH	天风证券	5.25	5.01	5.23	5.82	4.96	4.89
9	002939.SZ	长城证券	5.22	4.86	5.41	5.77	4.76	4.93
10	600621.SH	华鑫股份	5.22	4.91	4.63	6.34	5.01	4.98
11	002670.SZ	国盛金控	5.21	4.97	5.03	5.94	4.78	5.06
12	002926.SZ	华西证券	5.21	5.46	5.33	5.23	5.01	4.61
13	601878.SH	浙商证券	5.2	4.86	5.19	5.81	4.98	4.92
14	000728.SZ	国元证券	5.18	5.4	5.22	5.15	5.06	4.83
15	601375.SH	中原证券	5.17	5.02	5.21	5.67	4.85	4.75
16	002797.SZ	第一创业	5.17	4.84	4.78	6.12	5.09	4.75
17	600095.SH	湘财股份	5.17	4.78	4.79	6.17	4.94	4.92
18	002500.SZ	山西证券	5.16	5.1	5.1	5.42	5.12	4.89
19	601198.SH	东兴证券	5.12	5.03	5.3	5.39	4.86	4.67
20	600369.SH	西南证券	5.11	5.24	5.23	5.31	4.63	4.74
21	601901.SH	方正证券	5.11	5.28	5.05	5.34	4.68	4.86
22	601099.SH	太平洋	5.1	5.09	4.53	5.9	4.86	4.89
23	002673.SZ	西部证券	5.1	4.76	5.2	5.49	4.9	4.96
24	002736.SZ	国信证券	5.08	5.55	5.27	4.42	5.12	5.03
25	000712.SZ	锦龙股份	5.07	4.59	4.74	6.03	4.91	4.88
26	600030.SH	中信证券	5.06	5.36	5.15	4.64	5.25	4.97
27	600999.SH	招商证券	5.06	5.31	5.32	4.5	5.17	5.03
28	601555.SH	东吴证券	5.05	5.17	5.25	4.8	4.97	5
29	000987.SZ	越秀金控	5.03	5.01	4.96	5.09	5.04	5.08
30	601066.SH	中信建投	5.03	5.09	5.21	4.82	5.19	4.79
31	600864.SH	哈投股份	4.99	4.87	4.92	5.39	4.69	4.91
32	600155.SH	华创阳安	4.97	4.99	4.88	5.16	4.85	4.8
33	000783.SZ	长江证券	4.97	4.86	4.95	5.07	5.16	4.8
34	000750.SZ	国海证券	4.96	4.89	4.97	5.11	4.94	4.81
35	600837.SH	海通证券	4.96	5.31	5.45	4.17	5.06	4.75
36	601377.SH	兴业证券	4.95	4.75	5.05	4.99	5.01	4.98

193

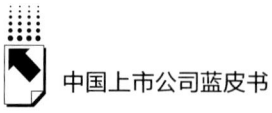

续表

排名	代码	公司名称	总得分	财务指标	估值与成长性	创值能力	公司治理	创新与研发
37	600061.SH	国投资本	4.94	5	5.32	4.47	4.82	5.15
38	000686.SZ	东北证券	4.94	4.59	5.22	5.03	5.15	4.68
39	601211.SH	国泰君安	4.89	5.24	5.27	4.17	5.16	4.61
40	000166.SZ	申万宏源	4.89	5.17	5.38	4.17	4.96	4.71
41	601688.SH	华泰证券	4.88	5.27	5.2	4.17	4.98	4.79
42	000776.SZ	广发证券	4.84	5.22	5.3	3.93	5.11	4.7
43	601881.SH	中国银河	4.83	5.26	5.53	3.76	4.91	4.66
44	600958.SH	东方证券	4.68	4.59	5.28	3.91	4.99	4.85
45	601788.SH	光大证券	4.62	4.56	4.55	4.45	5.05	4.75

保险

排名	代码	公司名称	总得分	财务指标	估值与成长性	创值能力	公司治理	创新与研发
1	601336.SH	新华保险	5.25	4.75	5.4	5.92	5.04	4.82
2	601319.SH	中国人保	5.24	5.18	5.39	5.52	4.89	4.9
3	601601.SH	中国太保	5.2	5.06	5.14	5.65	5.2	4.68
4	000627.SZ	天茂集团	5.16	5.18	5.05	5.62	4.75	4.81
5	601318.SH	中国平安	5	5.24	5.1	4.61	5.28	4.86
6	601628.SH	中国人寿	4.71	4.61	4.47	4.93	4.75	4.92

（三）多元金融

	代码	公司名称	总得分	财务指标	估值与成长性	创值能力	公司治理	创新与研发
1	600643.SH	爱建集团	5.19	4.91	5.51	5.45	5.24	4.86
2	000416.SZ	民生控股	5.17	5.01	5.18	5.78	5.17	4.7
3	000666.SZ	经纬纺机	5.17	5.25	5.32	5.18	5.18	4.91
4	002961.SZ	瑞达期货	5.17	4.49	5.47	5.88	5.14	4.86
5	603093.SH	南华期货	5.16	4.82	5.37	5.75	4.93	4.93
6	600696.SH	岩石股份	5.16	5.38	4.85	5.72	4.94	4.89
7	600318.SH	新力金融	5.16	5.02	5.04	5.65	5.02	5.05

全部A股与港股评估结果

续表

	代码	公司名称	总得分	财务指标	估值与成长性	创值能力	公司治理	创新与研发
8	600053.SH	九鼎投资	5.14	5.28	5.02	5.84	4.75	4.8
9	600783.SH	鲁信创投	5.14	4.82	5.14	5.78	5.02	4.92
10	603300.SH	华铁应急	5.13	5.01	4.86	5.81	5.07	4.93
11	300176.SZ	派生科技	5.11	5.03	4.98	5.83	4.69	5.02
12	600093.SH	易见股份	5.11	5.14	5.29	5.49	4.57	5.03
13	002647.SZ	仁东控股	5.1	4.77	4.93	5.95	4.74	5.11
14	600901.SH	江苏租赁	5.08	4.45	5.38	5.18	5.35	5.03
15	600120.SH	浙江东方	5.07	4.67	5.42	5.35	5.16	4.75
16	000563.SZ	陕国投A	5.05	4.51	5.27	5.47	5.23	4.76
17	000890.SZ	法尔胜	5.01	5.03	4.76	5.66	4.89	4.68
18	600830.SH	香溢融通	5	5.17	4.99	5.32	4.77	4.77
19	000567.SZ	海德股份	4.98	4.61	4.87	5.64	5.01	4.78
20	002423.SZ	中粮资本	4.97	5.12	5.15	5.17	4.68	4.72
21	600390.SH	五矿资本	4.93	4.67	5.12	4.71	5.26	4.87
22	000958.SZ	东方能源	4.9	4.69	5.1	4.99	4.83	4.9
23	300309.SZ	吉艾科技	4.84	4.39	4.81	5.59	4.71	4.7
24	000617.SZ	中油资本	4.83	4.83	5.33	4.17	5.1	4.73
25	600705.SH	中航资本	4.72	4.57	5.47	4	4.97	4.61
26	000046.SZ	泛海控股	4.68	4.84	4.92	3.77	4.95	4.92
27	000415.SZ	渤海租赁	4.63	4.88	5.06	3.71	4.7	4.79

（四）采掘

排名	代码	公司名称	总得分	财务指标	估值与成长性	创值能力	公司治理	创新与研发
1	601225.SH	陕西煤业	5.21	5.42	5.12	5.59	5.04	4.9
2	603113.SH	金能科技	5.21	5.37	5.28	5.46	5.06	4.89
3	603505.SH	金石资源	5.2	5.21	5.24	5.25	5.3	4.97
4	000923.SZ	河钢资源	5.19	5.61	5.5	5.17	4.88	4.78
5	601088.SH	中国神华	5.18	5.38	5.26	5.18	5.15	4.96
6	002128.SZ	露天煤业	5.13	5.32	5.37	4.96	5.15	4.84
7	603979.SH	金诚信	5.12	4.88	5.53	5.36	5.04	4.81
8	600968.SH	海油发展	5.12	5.09	5.12	5.13	5.06	5.19

续表

排名	代码	公司名称	总得分	财务指标	估值与成长性	创值能力	公司治理	创新与研发
9	600395.SH	盘江股份	5.1	5.04	5.29	5.26	5.21	4.68
10	000983.SZ	山西焦煤	5.09	4.87	5.54	5.16	5.15	4.72
11	000655.SZ	金岭矿业	5.07	5.53	4.82	5.37	4.7	4.93
12	600188.SH	兖州煤业	5.07	4.96	5.44	4.92	5.17	4.83
13	600985.SH	淮北矿业	5.06	4.99	5.15	5.29	5.05	4.84
14	000629.SZ	攀钢钒钛	5.04	5.33	4.35	5.57	4.96	5
15	601699.SH	潞安环能	5.03	4.87	5.39	5.2	5.04	4.67
16	601808.SH	中海油服	5.03	4.87	5.28	5.14	4.91	4.95
17	600348.SH	华阳股份	5.02	4.95	5.55	4.74	5.22	4.66
18	600295.SH	鄂尔多斯	5.02	4.95	5.39	5.27	4.76	4.74
19	601898.SH	中煤能源	5	4.85	5.68	4.55	4.91	4.99
20	600971.SH	恒源煤电	4.99	5.52	5	4.57	5.01	4.85
21	000723.SZ	美锦能源	4.98	4.79	4.92	5.66	4.83	4.69
22	300191.SZ	潜能恒信	4.97	5.2	4.61	5.21	4.84	4.99
23	601918.SH	新集能源	4.97	4.85	5.17	5.14	5.16	4.54
24	603727.SH	博迈科	4.96	4.66	5.33	5.17	4.73	4.92
25	600997.SH	开滦股份	4.96	5.08	5.54	4.57	4.92	4.71
26	601001.SH	晋控煤业	4.96	5.07	5.2	4.85	4.92	4.76
27	601015.SH	陕西黑猫	4.95	4.46	5.31	5.28	5	4.71
28	600508.SH	上海能源	4.94	5.18	5.24	4.67	4.99	4.61
29	000937.SZ	冀中能源	4.93	4.98	5.35	4.59	5.06	4.67
30	300164.SZ	通源石油	4.91	4.59	5.04	5.3	4.75	4.87
31	603619.SH	中曼石油	4.9	4.43	4.95	5.29	5	4.84
32	002554.SZ	惠博普	4.9	4.51	4.99	5.17	4.97	4.87
33	600546.SH	山煤国际	4.9	4.84	4.77	5.19	4.99	4.71
34	600532.SH	未来股份	4.9	4.97	4.75	5.2	4.76	4.82
35	000968.SZ	蓝焰控股	4.9	4.74	5.12	5.1	4.73	4.81
36	000833.SZ	粤桂股份	4.86	5.02	5.08	4.74	4.76	4.72
37	600740.SH	山西焦化	4.86	4.71	4.98	4.93	4.85	4.82
38	601666.SH	平煤股份	4.85	4.51	5.31	4.71	5.06	4.68
39	000552.SZ	靖远煤电	4.84	5.08	4.97	4.66	4.82	4.67
40	601969.SH	海南矿业	4.84	4.72	4.66	5.12	4.91	4.76
41	601101.SH	昊华能源	4.83	5.17	4.84	4.57	4.91	4.65
42	600121.SH	郑州煤电	4.83	4.3	4.88	5.36	4.81	4.8

全部 A 股与港股评估结果

续表

排名	代码	公司名称	总得分	财务指标	估值与成长性	创值能力	公司治理	创新与研发
43	600725.SH	云维股份	4.83	4.82	4.71	5.22	4.72	4.67
44	002828.SZ	贝肯能源	4.81	4.48	4.98	5.19	4.75	4.67
45	600583.SH	海油工程	4.81	4.61	5.29	4.33	4.98	4.86
46	000762.SZ	西藏矿业	4.81	4.73	4.83	5.17	4.59	4.72
47	601857.SH	中国石油	4.81	5.19	4.79	4.17	5.26	4.63
48	300157.SZ	恒泰艾普	4.8	4.47	4.7	5.29	4.75	4.78
49	600397.SH	安源煤业	4.79	4.45	4.81	5.19	4.81	4.67
50	600339.SH	中油工程	4.77	4.39	5.25	4.14	4.97	5.08
51	600871.SH	石化油服	4.76	4.45	4.53	5.19	4.81	4.83
52	600792.SH	云煤能源	4.76	4.52	4.81	4.85	4.66	4.98
53	600123.SH	兰花科创	4.75	4.66	5	4.55	4.91	4.61
54	002207.SZ	准油股份	4.74	4.4	4.89	5.2	4.7	4.54
55	600759.SH	洲际油气	4.74	4.63	5.07	4.69	4.8	4.51
56	600777.SH	新潮能源	4.73	5.08	5.21	4.13	4.63	4.6
57	601011.SH	宝泰隆	4.72	4.62	4.74	4.6	4.88	4.75
58	600758.SH	辽宁能源	4.64	4.53	4.88	4.41	4.72	4.67
59	600157.SH	永泰能源	4.62	4.51	4.64	4.46	4.92	4.59

（五）传媒

排名	代码	公司名称	总得分	财务指标	估值与成长性	创值能力	公司治理	创新与研发
1	603258.SH	电魂网络	5.46	5.7	5.6	5.58	5.31	5.1
2	603444.SH	吉比特	5.39	5.48	5.3	5.63	5.37	5.19
3	300770.SZ	新媒股份	5.36	5.62	5.31	5.75	4.96	5.13
4	002624.SZ	完美世界	5.32	5.28	5.38	5.58	5.11	5.25
5	002315.SZ	焦点科技	5.32	5.58	5.44	5.36	5.15	5.08
6	300785.SZ	值得买	5.32	5.4	5.3	5.53	5.32	5.05
7	600633.SH	浙数文化	5.3	5.25	5.47	5.61	5.04	5.1
8	300792.SZ	壹网壹创	5.29	5.57	5.35	5.59	4.91	5.03
9	002555.SZ	三七互娱	5.29	5.24	5.16	5.63	5.27	5.14
10	603533.SH	掌阅科技	5.28	5.4	5.1	5.62	5.15	5.15

197

续表

排名	代码	公司名称	总得分	财务指标	估值与成长性	创值能力	公司治理	创新与研发
11	603096.SH	新经典	5.28	5.53	5.39	5.43	5.29	4.76
12	300031.SZ	宝通科技	5.27	4.89	5.54	5.52	5.37	5.02
13	002878.SZ	元隆雅图	5.26	4.9	5.36	5.51	5.46	5.08
14	603613.SH	国联股份	5.26	5.38	5	5.5	5.15	5.27
15	601098.SH	中南传媒	5.25	5.31	5.31	5.83	5.13	4.65
16	300781.SZ	因赛集团	5.24	5.4	5.28	5.33	5.18	5.01
17	601811.SH	新华文轩	5.24	5.15	5.55	5.81	4.96	4.73
18	002558.SZ	巨人网络	5.24	5.44	5.12	5.56	4.96	5.1
19	300533.SZ	冰川网络	5.23	5.37	5.31	5.35	5.03	5.09
20	000529.SZ	广弘控股	5.23	5.38	5.4	5.4	5.19	4.76
21	002602.SZ	世纪华通	5.22	5.08	5.41	5.48	5.15	4.99
22	601858.SH	中国科传	5.22	5.47	5.5	5.46	4.93	4.73
23	603000.SH	人民网	5.2	5.54	4.97	5.51	4.85	5.12
24	600373.SH	中文传媒	5.19	5.34	5.55	5.31	5	4.75
25	601928.SH	凤凰传媒	5.18	5.23	5.42	5.71	4.88	4.68
26	300113.SZ	顺网科技	5.18	5.47	5.01	5.59	4.85	5
27	300805.SZ	电声股份	5.18	5.2	5.21	5.46	5.2	4.82
28	300612.SZ	宣亚国际	5.17	5.34	5.23	5.34	5.08	4.84
29	300494.SZ	盛天网络	5.16	5.27	5.24	5.34	4.87	5.07
30	600636.SH	国新文化	5.15	5.4	5.09	5.33	4.84	5.09
31	300788.SZ	中信出版	5.15	5.37	5.4	5.51	4.85	4.62
32	300280.SZ	紫天科技	5.14	5.23	5.29	5.44	4.95	4.81
33	601019.SH	山东出版	5.14	5.39	5.32	5.38	4.89	4.74
34	300418.SZ	昆仑万维	5.13	5.02	5.02	5.52	5.06	5.04
35	002238.SZ	天威视讯	5.13	5.42	5.18	5.32	4.86	4.89
36	300518.SZ	盛讯达	5.13	5.07	5.07	5.23	5.18	5.09
37	002027.SZ	分众传媒	5.12	5.32	4.81	5.63	5.04	4.83
38	002174.SZ	游族网络	5.12	4.69	5.17	5.53	5.12	5.11
39	000156.SZ	华数传媒	5.12	5.38	5.4	5.03	4.86	4.9
40	603825.SH	华扬联众	5.1	4.39	5.48	5.59	5.19	4.84
41	000719.SZ	中原传媒	5.1	5.21	5.51	5.41	4.9	4.44
42	603888.SH	新华网	5.09	5.15	5.25	5.38	4.78	4.92
43	600757.SH	长江传媒	5.09	5.12	5.3	5.44	4.89	4.73
44	000681.SZ	视觉中国	5.09	4.76	5.24	5.38	5.03	5.05

全部A股与港股评估结果

续表

排名	代码	公司名称	总得分	财务指标	估值与成长性	创值能力	公司治理	创新与研发
45	002148.SZ	北纬科技	5.08	5.11	5.13	5.19	4.95	5.02
46	002425.SZ	凯撒文化	5.08	5.03	5.3	5.24	4.69	5.12
47	002858.SZ	力盛赛车	5.06	5.1	5.27	5.31	4.73	4.9
48	601801.SH	皖新传媒	5.06	5.27	5.15	5.17	4.94	4.76
49	601900.SH	南方传媒	5.06	4.91	5.51	5.48	4.76	4.63
50	601949.SH	中国出版	5.05	5.02	5.27	5.33	4.87	4.75
51	603721.SH	中广天择	5.03	4.89	5.19	5.3	4.87	4.9
52	300413.SZ	芒果超媒	5.03	4.69	4.95	5.64	4.8	5.07
53	600229.SH	城市传媒	5.03	4.99	5.3	5.34	4.75	4.77
54	300654.SZ	世纪天鸿	5.03	5.11	5.08	5.29	4.83	4.82
55	300043.SZ	星辉娱乐	5.02	4.81	5.11	5.2	4.99	4.85
56	603999.SH	读者传媒	5.02	5.15	5.32	5.15	4.64	4.85
57	600455.SH	博通股份	5.02	5.12	5.15	5.32	4.76	4.75
58	002517.SZ	恺英网络	5	5.33	4.75	4.77	5.04	5.13
59	600037.SH	歌华有线	5	5.32	5.22	4.64	4.93	4.88
60	002137.SZ	实益达	5	5.01	4.98	5.05	4.93	5.02
61	002123.SZ	梦网科技	5	4.77	4.89	4.95	5.3	5.08
62	600088.SH	中视传媒	5	5.34	4.91	5.25	4.71	4.77
63	002591.SZ	恒大高新	4.99	4.86	5.18	5	5.07	4.85
64	300295.SZ	三六五网	4.99	4.58	5.26	5.24	5.1	4.76
65	300251.SZ	光线传媒	4.98	5.01	4.86	5.5	4.77	4.78
66	300058.SZ	蓝色光标	4.98	4.71	5.25	5.27	4.81	4.87
67	300192.SZ	科德教育	4.98	5.09	5.08	5.41	4.63	4.7
68	600158.SH	中体产业	4.98	4.73	4.98	5.23	5.13	4.81
69	600052.SH	浙江广厦	4.97	5.39	5.01	5.05	4.56	4.84
70	600551.SH	时代出版	4.96	5.14	5.27	4.89	4.79	4.73
71	600977.SH	中国电影	4.96	5.13	4.98	5.07	4.96	4.65
72	002095.SZ	生意宝	4.96	4.98	5.06	5.28	4.56	4.92
73	600637.SH	东方明珠	4.95	5.36	4.95	4.62	5.05	4.79
74	601999.SH	出版传媒	4.94	4.73	5.37	5.2	4.81	4.61
75	603103.SH	横店影视	4.94	5.22	4.9	5.15	4.84	4.58
76	600386.SH	北巴传媒	4.93	4.73	5.32	5.13	4.87	4.6
77	300052.SZ	中青宝	4.93	4.63	5.01	5.23	4.83	4.93
78	000526.SZ	学大教育	4.93	4.83	4.97	5.26	5.08	4.48

续表

排名	代码	公司名称	总得分	财务指标	估值与成长性	创值能力	公司治理	创新与研发
79	600640.SH	号百控股	4.92	4.98	4.98	5.17	4.67	4.82
80	300063.SZ	天龙集团	4.92	4.39	5.08	4.83	5.26	5.05
81	300226.SZ	上海钢联	4.91	4.5	4.93	5.12	5.1	4.91
82	300315.SZ	掌趣科技	4.91	5.36	4.97	4.15	4.96	5.1
83	603598.SH	引力传媒	4.9	4.55	5.03	5.24	5.01	4.69
84	002261.SZ	拓维信息	4.89	5.04	4.68	4.64	5.04	5.07
85	300459.SZ	金科文化	4.89	4.74	5.21	4.43	5.18	4.9
86	300467.SZ	迅游科技	4.89	5.37	4.91	4.35	4.93	4.9
87	300133.SZ	华策影视	4.88	4.83	5.3	4.25	5.28	4.76
88	300282.SZ	三盛教育	4.88	5.16	4.94	4.64	4.68	4.99
89	002621.SZ	美吉姆	4.87	4.63	5.04	4.82	5.07	4.81
90	600880.SH	博瑞传播	4.87	4.99	4.69	4.64	4.97	5.08
91	002131.SZ	利欧股份	4.87	4.71	4.88	5.12	4.9	4.76
92	300299.SZ	富春股份	4.86	4.44	4.93	5.02	4.99	4.94
93	002168.SZ	惠程科技	4.86	4.51	5.09	5.05	4.84	4.83
94	300359.SZ	全通教育	4.85	4.85	4.86	4.68	4.94	4.95
95	002181.SZ	粤传媒	4.85	4.86	5.02	4.93	4.68	4.74
96	601929.SH	吉视传媒	4.84	4.66	5.25	4.69	4.79	4.83
97	002400.SZ	省广集团	4.84	4.75	4.97	4.84	4.8	4.82
98	300061.SZ	旗天科技	4.83	4.86	4.79	4.51	5.29	4.74
99	601595.SH	上海电影	4.83	4.85	4.95	4.99	4.81	4.58
100	000607.SZ	华媒控股	4.83	4.74	4.93	5	4.85	4.62
101	600996.SH	贵广网络	4.82	4.37	5.31	4.78	4.8	4.84
102	600576.SH	祥源文化	4.82	4.73	4.75	4.83	4.68	5.08
103	002905.SZ	金逸影视	4.81	4.89	5.03	4.95	4.64	4.52
104	600825.SH	新华传媒	4.81	4.82	4.95	4.88	4.75	4.62
105	300292.SZ	吴通控股	4.8	4.43	5.06	4.56	5.1	4.85
106	300364.SZ	中文在线	4.8	5.02	4.54	4.2	5.07	5.15
107	600936.SH	广西广电	4.79	4.43	5.13	4.73	4.88	4.79
108	002103.SZ	广博股份	4.79	4.59	5	4.81	4.94	4.61
109	600959.SH	江苏有线	4.79	5.09	5.29	4.1	4.76	4.7
110	600831.SH	广电网络	4.79	4.44	5.22	4.72	4.85	4.71
111	002654.SZ	万润科技	4.77	4.39	5.12	4.69	4.9	4.75
112	600661.SH	昂立教育	4.77	4.67	4.88	4.9	4.78	4.63

续表

排名	代码	公司名称	总得分	财务指标	估值与成长性	创值能力	公司治理	创新与研发
113	300182.SZ	捷成股份	4.77	4.89	4.8	4.38	4.89	4.88
114	002502.SZ	鼎龙文化	4.76	5.02	5.1	4.15	4.72	4.83
115	002659.SZ	凯文教育	4.76	4.56	4.84	4.72	4.84	4.86
116	002699.SZ	美盛文化	4.76	4.92	4.93	4.51	4.69	4.74
117	300426.SZ	唐德影视	4.74	4.26	4.98	4.79	5.04	4.65
118	300148.SZ	天舟文化	4.74	4.96	4.76	4.15	4.94	4.91
119	000892.SZ	欢瑞世纪	4.74	4.63	5.22	4.5	4.65	4.67
120	000665.SZ	湖北广电	4.73	4.58	5.16	4.27	4.97	4.67
121	300291.SZ	华录百纳	4.73	5.21	4.64	4.3	4.74	4.75
122	300338.SZ	开元教育	4.73	4.7	4.71	4.69	4.86	4.67
123	002712.SZ	思美传媒	4.71	4.88	4.69	4.45	4.88	4.67
124	000676.SZ	智度股份	4.71	4.74	4.72	4.2	4.94	4.98
125	300392.SZ	腾信股份	4.71	4.31	4.72	5.3	4.33	4.89
126	002292.SZ	奥飞娱乐	4.7	4.52	4.76	4.22	5.07	4.92
127	600986.SH	浙文互联	4.68	4.54	5.1	3.93	5.02	4.81
128	600892.SH	大晟文化	4.67	4.6	4.55	4.58	4.81	4.81
129	600634.SH	退市富控	4.67	4.44	4.67	4.72	4.8	4.72
130	002739.SZ	万达电影	4.65	4.41	5.07	4.46	4.74	4.58
131	002354.SZ	天神娱乐	4.65	4.42	4.75	4.41	4.79	4.86
132	601599.SH	浙文影业	4.64	4.34	4.97	4.3	5.06	4.55
133	002343.SZ	慈文传媒	4.64	4.4	5	4.51	4.63	4.64
134	300242.SZ	佳云科技	4.63	4.4	4.62	4.54	4.79	4.8
135	300027.SZ	华谊兄弟	4.61	4.27	4.62	4.44	5.15	4.59
136	300528.SZ	幸福蓝海	4.6	4.61	4.68	4.6	4.56	4.58
137	000038.SZ	深大通	4.6	4.79	4.8	3.93	4.54	4.94
138	002247.SZ	聚力文化	4.59	4.35	4.93	4.48	4.58	4.64
139	600715.SH	文投控股	4.59	4.34	4.71	4.4	4.81	4.69
140	300343.SZ	联创股份	4.58	4.14	4.77	4.49	4.71	4.8
141	600136.SH	当代文体	4.58	4.35	4.95	3.89	5	4.71
142	002445.SZ	中南文化	4.58	4.3	4.49	4.47	4.84	4.77
143	000917.SZ	电广传媒	4.56	4.58	4.72	4.04	4.85	4.63
144	000793.SZ	华闻集团	4.55	4.17	4.69	4.36	4.82	4.69
145	300089.SZ	文化长城	4.5	4.25	4.57	4.35	4.6	4.73
146	300336.SZ	新文化	4.45	4.27	4.41	4	4.88	4.66

（六）电气设备

排名	代码	公司名称	总得分	财务指标	估值与成长性	创值能力	公司治理	创新与研发
1	002028.SZ	思源电气	5.39	5.21	5.62	6.06	5.18	4.91
2	603218.SH	日月股份	5.38	5.57	5.36	5.86	5.26	4.85
3	603416.SH	信捷电气	5.38	5.65	5.34	5.78	5.12	4.99
4	002706.SZ	良信股份	5.37	5.52	5.23	5.72	5.21	5.16
5	603606.SH	东方电缆	5.34	5.49	5.41	6.06	4.92	4.84
6	600406.SH	国电南瑞	5.34	5.24	5.35	5.92	5.08	5.1
7	603583.SH	捷昌驱动	5.33	5.64	5.13	5.81	5.2	4.85
8	300286.SZ	安科瑞	5.32	5.58	5.22	5.48	5.22	5.08
9	300124.SZ	汇川技术	5.31	5.27	5.26	5.83	5.11	5.07
10	002851.SZ	麦格米特	5.3	5.27	5.22	6.17	4.99	4.87
11	603489.SH	八方股份	5.3	5.69	5.23	5.64	5	4.95
12	300316.SZ	晶盛机电	5.3	5.27	5.08	6.02	5.09	5.02
13	603016.SH	新宏泰	5.29	5.53	5.43	5.49	5.12	4.87
14	300763.SZ	锦浪科技	5.28	5.51	5.3	5.47	5.38	4.75
15	603659.SH	璞泰来	5.28	5.03	5.33	6.01	5.35	4.68
16	002892.SZ	科力尔	5.28	5.54	5.39	5.58	5.17	4.7
17	603025.SH	大豪科技	5.27	5.61	4.77	5.61	5.28	5.09
18	300693.SZ	盛弘股份	5.26	5.38	5.36	5.54	5.05	5
19	300750.SZ	宁德时代	5.25	5.37	5.07	5.83	5.06	4.92
20	002801.SZ	微光股份	5.24	5.68	5.37	5.62	4.78	4.74
21	601126.SH	四方股份	5.24	5.49	5.4	5.13	5.06	5.09
22	300360.SZ	炬华科技	5.23	5.57	5.57	4.8	5.24	4.95
23	300274.SZ	阳光电源	5.22	4.93	5.17	5.83	5.13	5.05
24	603806.SH	福斯特	5.21	5.26	4.92	5.83	5.35	4.7
25	300014.SZ	亿纬锂能	5.21	4.92	5.17	5.83	5.08	5.06
26	002518.SZ	科士达	5.21	5.51	5.42	5.45	4.91	4.75
27	600379.SH	宝光股份	5.21	5.38	5.36	5.46	4.96	4.88
28	300660.SZ	江苏雷利	5.21	5.62	5.61	5.13	4.98	4.69
29	603100.SH	川仪股份	5.2	5.11	5.46	5.4	5.1	4.92
30	603859.SH	能科股份	5.2	4.95	5.35	5.38	5.21	5.09
31	603530.SH	神马电力	5.19	5.49	5.18	5.35	5.11	4.85
32	601012.SH	隆基股份	5.19	5.07	5.06	5.83	5.22	4.78

全部A股与港股评估结果

续表

排名	代码	公司名称	总得分	财务指标	估值与成长性	创值能力	公司治理	创新与研发
33	600885.SH	宏发股份	5.18	5.38	5.11	5.83	4.72	4.88
34	603728.SH	鸣志电器	5.18	5.51	5.45	5.43	4.67	4.87
35	002441.SZ	众业达	5.17	5.46	5.66	4.69	5.2	4.83
36	300443.SZ	金雷股份	5.16	5.26	5.41	5.37	4.99	4.79
37	600577.SH	精达股份	5.16	5.3	5.14	5.64	5.05	4.66
38	300617.SZ	安靠智电	5.15	5.25	5.1	5.29	5.17	4.95
39	002534.SZ	杭锅股份	5.15	5.16	5.5	5.42	4.84	4.85
40	002335.SZ	科华数据	5.15	4.91	5.5	5.13	5.11	5.1
41	603988.SH	中电电机	5.15	5.26	5.08	5.51	5.19	4.69
42	300514.SZ	友讯达	5.15	5.3	5.11	5.33	4.98	5.02
43	300215.SZ	电科院	5.14	5.3	5.16	5.34	5.13	4.78
44	300670.SZ	大烨智能	5.14	5.33	5.27	4.94	5.31	4.85
45	002850.SZ	科达利	5.14	5.33	4.91	5.57	5.04	4.84
46	002498.SZ	汉缆股份	5.14	5.4	5.12	5.42	4.82	4.93
47	601877.SH	正泰电器	5.13	4.97	5.55	5.51	4.96	4.69
48	002879.SZ	长缆科技	5.13	5.49	5.41	4.93	5.17	4.66
49	601567.SH	三星医疗	5.13	5.1	5.2	5.57	5.05	4.73
50	002953.SZ	日丰股份	5.12	5.02	5.3	5.43	5.15	4.71
51	300447.SZ	全信股份	5.11	5.07	5.08	5.2	5.07	5.14
52	603396.SH	金辰股份	5.11	4.72	5	5.42	5.25	5.16
53	300593.SZ	新雷能	5.1	4.9	4.98	5.37	5.26	4.99
54	002334.SZ	英威腾	5.09	5.21	5.27	5	4.95	5.04
55	603063.SH	禾望电气	5.08	4.82	5.3	4.97	5.27	5.05
56	002927.SZ	泰永长征	5.08	5.14	5.34	5.11	5	4.79
57	300713.SZ	英可瑞	5.07	5.22	4.97	5.34	4.93	4.9
58	000922.SZ	佳电股份	5.07	5.35	5.28	4.99	4.9	4.81
59	600438.SH	通威股份	5.06	4.79	4.81	6.08	4.94	4.67
60	002606.SZ	大连电瓷	5.05	5.1	4.99	5.14	5.13	4.89
61	601615.SH	明阳智能	5.04	4.99	5.61	4.75	5.04	4.84
62	601222.SH	林洋能源	5.04	4.98	5.54	5.03	4.88	4.76
63	603320.SH	迪贝电气	5.04	5.44	5.25	4.88	5.05	4.57
64	002531.SZ	天顺风能	5.04	4.65	5.46	5.51	5	4.56
65	300569.SZ	天能重工	5.03	4.34	5.54	5.24	5.28	4.75
66	300772.SZ	运达股份	5.03	4.78	5.43	5.21	4.84	4.88

续表

排名	代码	公司名称	总得分	财务指标	估值与成长性	创值能力	公司治理	创新与研发
67	600475.SH	华光环能	5.03	4.75	5.53	4.93	5.02	4.92
68	000400.SZ	许继电气	5.02	4.85	5.57	4.86	4.81	5.03
69	002364.SZ	中恒电气	5.02	5.07	5.52	4.92	4.76	4.84
70	603897.SH	长城科技	5.02	4.95	5.47	5.06	5.04	4.58
71	603015.SH	弘讯科技	5.02	5.13	5.4	4.86	4.73	4.98
72	000682.SZ	东方电子	5.01	5.19	5.37	4.89	4.77	4.84
73	002202.SZ	金风科技	5.01	4.69	5.49	5.04	4.95	4.89
74	300438.SZ	鹏辉能源	5.01	4.76	5.42	5.38	4.85	4.66
75	002322.SZ	理工环科	5.01	5.43	5.28	4.71	4.78	4.86
76	002129.SZ	中环股份	5	4.79	5.2	5.42	4.81	4.78
77	002184.SZ	海得控制	5	5.11	4.68	5.28	4.91	5.02
78	603050.SH	科林电气	5	4.69	5.57	4.73	5.22	4.78
79	600580.SH	卧龙电驱	4.99	4.75	5.3	5.43	4.82	4.64
80	002882.SZ	金龙羽	4.99	5.11	5.32	5.02	4.74	4.76
81	300491.SZ	通合科技	4.99	4.84	4.89	5.19	4.94	5.08
82	002767.SZ	先锋电子	4.99	5.05	5.13	4.86	5.01	4.9
83	002533.SZ	金杯电工	4.98	4.8	5.42	4.87	5.04	4.79
84	002339.SZ	积成电子	4.98	5.07	5.37	4.52	4.81	5.12
85	002546.SZ	新联电子	4.97	5.41	5.17	4.64	4.73	4.89
86	002090.SZ	金智科技	4.97	4.82	5.23	5.2	4.65	4.94
87	300018.SZ	中元股份	4.97	5.31	4.8	4.72	4.95	5.05
88	600268.SH	国电南自	4.96	5.09	5.06	4.72	4.84	5.11
89	300129.SZ	泰胜风能	4.96	4.92	5.04	4.72	5.26	4.87
90	603819.SH	神力股份	4.96	4.69	5.35	5.09	5.15	4.52
91	601218.SH	吉鑫科技	4.96	5.05	5.04	4.57	5.27	4.87
92	300427.SZ	红相股份	4.95	4.77	5.3	5.06	4.78	4.87
93	002276.SZ	万马股份	4.95	5.24	5.49	4.72	4.63	4.69
94	002270.SZ	华明装备	4.95	5.32	5.26	4.76	4.74	4.64
95	300423.SZ	昇辉科技	4.95	4.53	5.1	5.28	5.03	4.79
96	300484.SZ	蓝海华腾	4.94	4.76	4.72	5.27	4.99	4.96
97	300376.SZ	易事特	4.94	4.4	4.98	5.44	4.97	4.91
98	002300.SZ	太阳电缆	4.94	4.87	5.08	4.96	5.02	4.75
99	300626.SZ	华瑞股份	4.94	4.88	5.07	5.16	4.96	4.61
100	002823.SZ	凯中精密	4.93	4.92	5.29	4.88	4.89	4.68

续表

排名	代码	公司名称	总得分	财务指标	估值与成长性	创值能力	公司治理	创新与研发
101	600089.SH	特变电工	4.93	4.74	5.4	4.68	5.15	4.69
102	600468.SH	百利电气	4.93	4.92	5.24	4.92	4.81	4.77
103	002227.SZ	奥特迅	4.93	4.73	5.05	5.34	4.65	4.86
104	002580.SZ	圣阳股份	4.93	4.94	5.34	4.59	5.04	4.71
105	603628.SH	清源股份	4.92	4.85	5.13	4.85	5.03	4.76
106	300283.SZ	温州宏丰	4.92	4.73	5.16	5.18	4.86	4.68
107	600207.SH	安彩高科	4.92	5.24	4.76	5.01	4.86	4.7
108	002733.SZ	雄韬股份	4.9	5.01	5.17	4.78	4.83	4.69
109	002527.SZ	新时达	4.9	4.72	5.28	4.38	5.21	4.89
110	603507.SH	振江股份	4.89	4.69	5.62	4.66	4.99	4.49
111	000803.SZ	北清环能	4.89	4.56	4.78	5.14	4.99	4.97
112	002346.SZ	柘中股份	4.88	5.02	4.62	5.24	4.77	4.77
113	300118.SZ	东方日升	4.88	4.69	5.19	4.77	5.04	4.7
114	601616.SH	广电电气	4.88	5.39	4.84	4.57	4.86	4.72
115	002576.SZ	通达动力	4.87	5.09	5.1	4.74	4.91	4.53
116	002560.SZ	通达股份	4.87	4.87	5.16	4.6	5.03	4.69
117	002350.SZ	北京科锐	4.87	4.85	5.06	4.73	4.68	5.02
118	300745.SZ	欣锐科技	4.87	4.55	4.67	5.04	5.13	4.94
119	603829.SH	洛凯股份	4.87	4.8	5.24	4.92	4.76	4.61
120	300407.SZ	凯发电气	4.86	4.91	5.29	4.42	4.91	4.78
121	300062.SZ	中能电气	4.86	4.68	4.78	5.23	4.97	4.64
122	300040.SZ	九洲集团	4.86	4.87	5.32	4.45	4.95	4.69
123	002452.SZ	长高集团	4.85	4.44	5.31	4.76	5.04	4.72
124	300265.SZ	通光线缆	4.85	4.65	5.01	5.01	4.79	4.81
125	002451.SZ	摩恩电气	4.85	5.13	4.63	5.28	4.5	4.72
126	603861.SH	白云电器	4.85	4.32	5.24	4.63	5.31	4.76
127	300466.SZ	赛摩智能	4.84	4.69	4.69	4.98	4.82	5.04
128	002169.SZ	智光电气	4.84	4.56	5	4.98	4.78	4.89
129	603333.SH	尚纬股份	4.84	4.64	5	4.79	5.07	4.67
130	600869.SH	远东股份	4.83	4.83	4.86	4.69	4.95	4.83
131	300185.SZ	通裕重工	4.83	4.55	5.35	4.77	4.85	4.63
132	002121.SZ	科陆电子	4.83	4.37	4.81	4.83	5.07	5.07
133	300444.SZ	双杰电气	4.83	4.62	4.82	4.94	4.98	4.77
134	300105.SZ	龙源技术	4.83	5.03	5.1	4.51	4.53	4.95

续表

排名	代码	公司名称	总得分	财务指标	估值与成长性	创值能力	公司治理	创新与研发
135	300001.SZ	特锐德	4.82	4.62	4.54	5.43	4.81	4.72
136	300490.SZ	华自科技	4.82	4.55	5.36	4.61	4.69	4.91
137	603577.SH	汇金通	4.82	4.43	5.25	4.81	5.08	4.53
138	600847.SH	万里股份	4.82	5.3	4.54	4.74	4.57	4.93
139	300141.SZ	和顺电气	4.81	4.4	4.7	5.21	4.89	4.88
140	300393.SZ	中来股份	4.8	4.43	5.27	4.6	5.17	4.55
141	600973.SH	宝胜股份	4.8	4.48	5.31	4.69	4.78	4.73
142	601908.SH	京运通	4.8	4.53	5.11	4.98	4.73	4.63
143	002471.SZ	中超控股	4.8	4.76	4.82	4.95	4.71	4.75
144	603618.SH	杭电股份	4.79	4.31	5.51	4.63	4.82	4.69
145	600875.SH	东方电气	4.79	4.5	5.46	4.17	4.81	5.02
146	300048.SZ	合康新能	4.79	4.86	4.67	4.58	4.83	5.02
147	002218.SZ	拓日新能	4.78	4.62	5.2	4.48	4.79	4.82
148	002506.SZ	协鑫集成	4.78	4.85	4.45	4.93	4.81	4.85
149	300069.SZ	金利华电	4.78	4.93	4.57	5.05	4.62	4.71
150	600312.SH	平高电气	4.77	4.78	5.42	4.13	4.74	4.77
151	300153.SZ	科泰电源	4.76	4.57	4.69	5	4.7	4.86
152	600590.SH	泰豪科技	4.76	4.36	5.34	4.08	4.97	5.06
153	002112.SZ	三变科技	4.76	4.33	4.73	5.28	4.78	4.68
154	002622.SZ	融钰集团	4.76	4.69	4.65	4.94	4.7	4.82
155	002249.SZ	大洋电机	4.74	4.81	4.9	3.93	5.23	4.83
156	601179.SH	中国西电	4.73	4.58	5.26	4.17	4.86	4.79
157	300111.SZ	向日葵	4.73	4.93	4.58	4.55	4.72	4.88
158	600202.SH	哈空调	4.73	4.26	4.78	4.87	4.83	4.91
159	601727.SH	上海电气	4.73	4.57	5.28	4.17	4.86	4.77
160	002074.SZ	国轩高科	4.71	4.3	4.85	4.89	4.64	4.86
161	600517.SH	国网英大	4.71	4.53	4.8	4.4	4.97	4.83
162	600405.SH	动力源	4.71	4.41	4.73	5.03	4.62	4.76
163	300208.SZ	青岛中程	4.7	4.34	4.82	4.98	4.65	4.72
164	300317.SZ	珈伟新能	4.7	4.66	4.77	4.51	4.84	4.72
165	600550.SH	保变电气	4.7	4.76	4.47	4.65	4.85	4.78
166	002309.SZ	中利集团	4.69	4.94	4.74	4.17	4.92	4.69
167	300011.SZ	鼎汉技术	4.68	4.42	4.74	4.2	4.96	5.1
168	601700.SH	风范股份	4.68	4.61	4.68	4.43	5	4.66

全部 A 股与港股评估结果

续表

排名	代码	公司名称	总得分	财务指标	估值与成长性	创值能力	公司治理	创新与研发
169	002196.SZ	方正电机	4.67	4.8	4.91	4.36	4.68	4.63
170	300477.SZ	合纵科技	4.67	4.3	4.62	4.69	5.06	4.69
171	300068.SZ	南都电源	4.63	4.45	5.29	3.94	4.87	4.58
172	002665.SZ	首航高科	4.61	4.61	4.61	4.17	4.89	4.76
173	600192.SH	长城电工	4.6	4.37	4.93	4.35	4.58	4.79
174	600537.SH	亿晶光电	4.6	4.79	5.22	3.89	4.61	4.48
175	600525.SH	长园集团	4.59	4.51	4.66	4.06	4.76	4.96
176	000533.SZ	顺钠股份	4.59	4.61	4.61	4.2	4.66	4.85
177	600416.SH	湘电股份	4.58	4.28	4.18	4.98	4.86	4.6
178	002617.SZ	露笑科技	4.57	4.46	4.71	4.42	4.6	4.66
179	002630.SZ	华西能源	4.55	4.28	4.71	4.05	4.88	4.83
180	002176.SZ	江特电机	4.53	4.35	4.47	4.72	4.51	4.62
181	600151.SH	航天机电	4.53	4.5	4.47	4	4.81	4.89
182	002255.SZ	海陆重工	4.52	4.48	4.45	4.17	4.82	4.69
183	300116.SZ	保力新	4.48	4.36	4.18	4.72	4.56	4.59
184	300510.SZ	金冠股份	4.48	4.77	4.56	3.84	4.54	4.68

（七）电子

排名	代码	公司名称	总得分	财务指标	估值与成长性	创值能力	公司治理	创新与研发
1	002841.SZ	视源股份	5.47	5.21	5.18	6.62	5.35	4.99
2	603160.SH	汇顶科技	5.41	5.57	5.01	5.97	5.05	5.42
3	002925.SZ	盈趣科技	5.35	5.39	5.48	5.83	5.24	4.84
4	002415.SZ	海康威视	5.35	5.12	5.15	6.09	5.16	5.23
5	300327.SZ	中颖电子	5.33	5.51	5.27	5.29	5.34	5.23
6	688008.SH	澜起科技	5.31	5.56	4.94	5.8	5.13	5.13
7	603986.SH	兆易创新	5.3	5.49	4.91	5.67	5.08	5.35
8	300782.SZ	卓胜微	5.3	5.57	5.25	5.52	5.06	5.1
9	300408.SZ	三环集团	5.27	5.43	5.01	5.8	5.3	4.82
10	600563.SH	法拉电子	5.25	5.47	5.34	5.63	4.97	4.86
11	002236.SZ	大华股份	5.24	4.94	5.39	5.58	5.23	5.07
12	600183.SH	生益科技	5.24	4.81	5.2	6.07	5.26	4.84

续表

排名	代码	公司名称	总得分	财务指标	估值与成长性	创值能力	公司治理	创新与研发
13	688036.SH	传音控股	5.23	5.19	4.97	6.35	4.79	4.87
14	300661.SZ	圣邦股份	5.23	5.7	5.3	5.29	4.8	5.08
15	300623.SZ	捷捷微电	5.23	5.47	4.99	5.45	5.22	5
16	603501.SH	韦尔股份	5.22	4.65	4.84	6.01	5.3	5.3
17	002241.SZ	歌尔股份	5.22	4.85	5.12	5.95	5.25	4.92
18	603005.SH	晶方科技	5.21	5.61	5.13	5.31	4.96	5.05
19	603297.SH	永新光学	5.21	5.47	5.61	5.2	4.85	4.92
20	002938.SZ	鹏鼎控股	5.21	5.35	5.2	5.58	5.13	4.8
21	603380.SH	易德龙	5.21	5.43	5.51	5.07	5.34	4.69
22	688020.SH	方邦股份	5.21	5.5	5.37	5.06	5.02	5.09
23	002947.SZ	恒铭达	5.21	5.5	5.61	4.96	5.23	4.75
24	300458.SZ	全志科技	5.19	5.52	4.8	5.46	5.05	5.14
25	002913.SZ	奥士康	5.19	5.3	5.65	5.22	5.11	4.68
26	300613.SZ	富瀚微	5.19	5.48	5.26	5.43	4.66	5.14
27	000049.SZ	德赛电池	5.19	5.03	5.62	5.66	4.94	4.68
28	300701.SZ	森霸传感	5.19	5.6	5.5	5.21	4.88	4.75
29	688099.SH	晶晨股份	5.18	5.61	5.08	5.4	4.56	5.26
30	688019.SH	安集科技	5.18	5.49	4.95	5.46	4.82	5.18
31	002138.SZ	顺络电子	5.18	5.22	5.28	5.41	5.22	4.77
32	002008.SZ	大族激光	5.18	4.78	5.26	5.84	4.99	5.03
33	603515.SH	欧普照明	5.18	5.42	5.19	5.48	5.15	4.66
34	002859.SZ	洁美科技	5.18	5.22	5.59	5.35	4.98	4.74
35	300747.SZ	锐科激光	5.17	5.16	5.16	5.59	5.06	4.89
36	002214.SZ	大立科技	5.17	5.1	5.09	5.44	5.06	5.17
37	688002.SH	睿创微纳	5.17	5.32	5.05	5.32	4.95	5.22
38	688299.SH	长阳科技	5.17	5.31	5.32	5.12	5.17	4.94
39	002222.SZ	福晶科技	5.17	5.46	5.25	5.28	4.99	4.87
40	300136.SZ	信维通信	5.17	4.9	5.15	5.75	5.07	4.97
41	002916.SZ	深南电路	5.16	4.81	5.22	5.96	5.01	4.81
42	300684.SZ	中石科技	5.16	5.57	5.31	4.98	5.11	4.83
43	002937.SZ	兴瑞科技	5.16	5.39	5.43	5.11	5.19	4.67
44	688018.SH	乐鑫科技	5.15	5.53	4.87	5.42	4.82	5.11
45	002414.SZ	高德红外	5.14	5.13	4.8	5.42	5.22	5.15
46	603327.SH	福蓉科技	5.14	5.32	5.36	5.16	4.91	4.97

全部A股与港股评估结果

续表

排名	代码	公司名称	总得分	财务指标	估值与成长性	创值能力	公司治理	创新与研发
47	300679.SZ	电连技术	5.14	5.47	5.53	4.96	5.03	4.73
48	002724.SZ	海洋王	5.14	5.4	5.37	5.01	5.14	4.79
49	002475.SZ	立讯精密	5.14	4.96	4.93	6.04	5.01	4.75
50	300516.SZ	久之洋	5.14	5.47	5.25	5.13	4.79	5.05
51	002463.SZ	沪电股份	5.14	5.14	5.15	5.66	4.97	4.77
52	688368.SH	晶丰明源	5.14	5.2	4.94	5.2	5.03	5.31
53	000636.SZ	风华高科	5.13	5.55	5.06	5.24	5.06	4.76
54	688123.SH	聚辰股份	5.13	5.57	5.08	5.08	4.93	5.01
55	603228.SH	景旺电子	5.13	5.01	5.57	5.33	5.16	4.59
56	002955.SZ	鸿合科技	5.13	5.15	5.57	4.74	5.33	4.86
57	002139.SZ	拓邦股份	5.13	4.72	5.55	5.44	5.11	4.82
58	002888.SZ	惠威科技	5.13	5.43	5.13	5.08	5.13	4.86
59	300632.SZ	光莆股份	5.12	5.45	5.49	4.64	5.26	4.78
60	300433.SZ	蓝思科技	5.12	4.89	5.14	5.9	4.95	4.71
61	603068.SH	博通集成	5.12	5.22	5.06	5.28	4.94	5.08
62	600171.SH	上海贝岭	5.11	5.11	4.94	5.24	5.1	5.18
63	300373.SZ	扬杰科技	5.11	5.25	4.94	5.44	5.02	4.89
64	002869.SZ	金溢科技	5.1	5.21	5.24	4.89	5.1	5.05
65	300476.SZ	胜宏科技	5.1	4.9	5.58	5.31	5.04	4.64
66	688007.SH	光峰科技	5.09	4.75	5.08	5.41	5.05	5.17
67	300709.SZ	精研科技	5.09	5.04	5.46	4.9	5.27	4.78
68	300223.SZ	北京君正	5.08	5.35	5.12	5.14	4.73	5.09
69	002962.SZ	五方光电	5.08	5.61	5.37	4.66	5.01	4.75
70	601231.SH	环旭电子	5.08	4.74	5.27	5.93	4.8	4.67
71	002952.SZ	亚世光电	5.08	5.52	5.51	4.79	5	4.59
72	300582.SZ	英飞特	5.08	4.85	5.44	5.17	5.14	4.8
73	300543.SZ	朗科智能	5.07	4.94	5.54	5.11	5.11	4.67
74	603989.SH	艾华集团	5.07	4.74	5.4	5.27	5.33	4.61
75	300726.SZ	宏达电子	5.07	5.03	5.04	5.33	5.08	4.88
76	603920.SH	世运电路	5.07	5.43	5.48	4.83	5.02	4.6
77	002729.SZ	好利来	5.07	5.36	5.06	5.31	4.76	4.86
78	300566.SZ	激智科技	5.07	4.57	5.38	5.4	5.04	4.96
79	688138.SH	清溢光电	5.06	5.33	5.23	5.08	4.85	4.84
80	300656.SZ	民德电子	5.06	4.72	5.44	5.22	5	4.93

209

续表

排名	代码	公司名称	总得分	财务指标	估值与成长性	创值能力	公司治理	创新与研发
81	002881.SZ	美格智能	5.05	4.78	5.19	5.44	4.82	5.01
82	603328.SH	依顿电子	5.05	5.55	5.42	4.8	4.83	4.64
83	300602.SZ	飞荣达	5.05	4.9	5.45	5	5.12	4.75
84	300493.SZ	润欣科技	5.04	5.26	5.1	5.15	4.75	4.96
85	601138.SH	工业富联	5.04	4.8	5.26	5.35	4.87	4.93
86	603773.SH	沃格光电	5.04	5.68	5.31	4.58	5.02	4.61
87	300787.SZ	海能实业	5.04	5.26	5.36	4.97	4.97	4.64
88	002409.SZ	雅克科技	5.04	5.21	4.91	5.3	4.89	4.89
89	002351.SZ	漫步者	5.04	5.15	5.07	5.29	4.91	4.76
90	603303.SH	得邦照明	5.04	5.06	5.75	4.75	4.84	4.78
91	300207.SZ	欣旺达	5.04	4.49	4.72	6.11	5.02	4.83
92	300672.SZ	国科微	5.04	4.54	5.27	5.42	4.88	5.07
93	300790.SZ	宇瞳光学	5.03	4.63	5.47	5.21	5.08	4.77
94	300088.SZ	长信科技	5.03	5.11	5.2	5.12	5.07	4.65
95	002436.SZ	兴森科技	5.03	4.77	5.19	5.24	5.21	4.73
96	002049.SZ	紫光国微	5.03	4.77	4.93	5.38	4.89	5.17
97	002402.SZ	和而泰	5.03	4.65	5.33	5.43	4.96	4.77
98	300346.SZ	南大光电	5.03	5.3	4.75	5.35	4.79	4.95
99	300390.SZ	天华超净	5.02	5.23	4.8	5.19	5.02	4.87
100	300739.SZ	明阳电路	5.02	5.08	5.53	4.82	4.96	4.72
101	603890.SH	春秋电子	5.02	4.49	5.61	4.86	5.35	4.81
102	002815.SZ	崇达技术	5.02	5.1	5.35	4.97	4.81	4.89
103	600261.SH	阳光照明	5.02	4.94	5.56	4.8	5.11	4.71
104	002273.SZ	水晶光电	5.02	5.15	5.42	4.94	4.87	4.7
105	002106.SZ	莱宝高科	5.01	5.21	5.53	4.49	4.92	4.92
106	300650.SZ	太龙照明	5.01	4.79	5.55	5	4.94	4.76
107	300691.SZ	联合光电	5	4.74	5.34	5.05	4.97	4.92
108	000823.SZ	超声电子	5	4.98	5.7	4.76	4.84	4.73
109	603679.SH	华体科技	5	4.54	5.5	4.97	5.18	4.81
110	002484.SZ	江海股份	5	4.98	5.46	4.89	4.86	4.81
111	300666.SZ	江丰电子	4.99	4.51	5.15	5.38	5.15	4.77
112	300735.SZ	光弘科技	4.99	5.53	5.33	4.61	4.85	4.63
113	300227.SZ	光韵达	4.99	4.86	5.28	5.08	4.98	4.74
114	300232.SZ	洲明科技	4.98	4.67	5.45	4.89	5.11	4.8

全部A股与港股评估结果

续表

排名	代码	公司名称	总得分	财务指标	估值与成长性	创值能力	公司治理	创新与研发
115	600745.SH	闻泰科技	4.98	4.88	4.68	5.66	4.79	4.9
116	688025.SH	杰普特	4.98	5.06	5.08	4.69	5.06	5.01
117	002079.SZ	苏州固锝	4.98	5.2	4.91	5.16	4.83	4.79
118	603738.SH	泰晶科技	4.97	4.92	5.03	5.18	5.11	4.63
119	002449.SZ	国星光电	4.97	5.06	5.32	4.71	4.98	4.79
120	300752.SZ	隆利科技	4.97	4.8	5.24	5.02	5.1	4.69
121	603186.SH	华正新材	4.97	4.65	5.4	4.97	5.02	4.8
122	600667.SH	太极实业	4.97	4.76	5.36	4.82	4.99	4.91
123	600703.SH	三安光电	4.96	4.93	4.64	5.25	4.96	5.01
124	002587.SZ	奥拓电子	4.96	4.94	5.27	4.63	5.05	4.91
125	300456.SZ	赛微电子	4.94	4.75	4.83	5.12	5.04	4.97
126	002782.SZ	可立克	4.94	5.22	4.89	5	4.95	4.66
127	300708.SZ	聚灿光电	4.94	4.66	4.88	5.34	5.03	4.8
128	600363.SH	联创光电	4.94	4.63	5.33	5.1	4.89	4.74
129	300647.SZ	超频三	4.94	4.33	5.3	5.2	5.01	4.85
130	300219.SZ	鸿利智汇	4.93	4.93	5.1	4.87	4.99	4.77
131	000988.SZ	华工科技	4.93	4.68	5.18	5.01	4.82	4.96
132	300657.SZ	弘信电子	4.93	4.76	5.43	4.96	4.87	4.6
133	300115.SZ	长盈精密	4.93	4.65	4.98	5.15	4.85	5
134	000062.SZ	深圳华强	4.92	4.54	5.46	4.92	4.81	4.86
135	688010.SH	福光股份	4.91	4.93	5.43	4.73	4.7	4.77
136	300625.SZ	三雄极光	4.91	5.09	5.35	4.66	4.9	4.57
137	603933.SH	睿能科技	4.91	4.66	5.43	4.88	4.71	4.87
138	002384.SZ	东山精密	4.91	4.66	5.01	5.03	5.13	4.72
139	300303.SZ	聚飞光电	4.91	4.8	5.23	4.83	5.03	4.66
140	002861.SZ	瀛通通讯	4.9	4.92	5.55	4.6	4.81	4.63
141	300793.SZ	佳禾智能	4.9	4.78	5.23	4.93	4.82	4.72
142	300736.SZ	百邦科技	4.9	4.92	4.91	5.32	4.67	4.67
143	002289.SZ	宇顺电子	4.89	4.91	4.58	5.3	4.85	4.83
144	002636.SZ	金安国纪	4.89	5.1	5.06	5.09	4.59	4.62
145	002371.SZ	北方华创	4.89	4.46	4.64	5.24	4.99	5.12
146	000050.SZ	深天马A	4.89	4.74	5.03	5.03	4.91	4.74
147	002185.SZ	华天科技	4.89	4.89	4.99	4.91	4.91	4.74
148	002866.SZ	传艺科技	4.89	4.7	5.36	4.62	5.06	4.69

211

续表

排名	代码	公司名称	总得分	财务指标	估值与成长性	创值能力	公司治理	创新与研发
149	000541.SZ	佛山照明	4.89	5.18	4.78	4.64	5.02	4.8
150	300545.SZ	联得装备	4.88	4.31	5.15	5.15	4.93	4.87
151	300331.SZ	苏大维格	4.88	4.49	5.15	5.02	5.06	4.69
152	000733.SZ	振华科技	4.88	4.44	4.89	5.21	4.99	4.87
153	000100.SZ	TCL科技	4.88	4.71	5.23	4.6	5.04	4.8
154	300046.SZ	台基股份	4.88	4.79	4.88	5.28	4.56	4.87
155	603386.SH	广东骏亚	4.87	4.56	5.33	5	4.71	4.77
156	002635.SZ	安洁科技	4.87	5.25	5.09	4.32	4.91	4.77
157	002845.SZ	同兴达	4.87	4.75	5.41	4.7	5.01	4.47
158	002876.SZ	三利谱	4.87	4.29	5.31	5.16	4.91	4.67
159	000532.SZ	华金资本	4.87	4.46	5.05	5.06	5.02	4.74
160	002119.SZ	康强电子	4.86	4.64	5.01	5.15	4.91	4.62
161	603936.SH	博敏电子	4.86	4.59	5.24	4.65	5.21	4.64
162	603595.SH	东尼电子	4.86	4.64	5.14	4.96	4.86	4.7
163	002189.SZ	中光学	4.86	4.92	5.13	4.9	4.63	4.73
164	002855.SZ	捷荣技术	4.86	4.83	5.4	4.61	4.77	4.69
165	300139.SZ	晓程科技	4.86	5.07	4.7	4.71	4.83	4.98
166	300296.SZ	利亚德	4.85	4.57	5.24	4.71	4.9	4.85
167	000021.SZ	深科技	4.85	4.63	5.06	4.92	4.97	4.68
168	300322.SZ	硕贝德	4.85	4.89	5.01	5.08	4.68	4.61
169	002655.SZ	共达电声	4.85	4.72	4.78	5.22	4.72	4.82
170	300808.SZ	久量股份	4.85	4.82	5.4	4.54	4.83	4.66
171	600288.SH	大恒科技	4.85	4.56	5.21	4.8	4.73	4.95
172	002922.SZ	伊戈尔	4.85	4.69	5.41	4.54	5.01	4.58
173	300389.SZ	艾比森	4.85	4.8	5.3	4.62	4.87	4.65
174	002808.SZ	恒久科技	4.85	4.6	5.1	4.98	4.77	4.78
175	603633.SH	徕木股份	4.85	4.72	5.39	4.56	4.96	4.6
176	002134.SZ	天津普林	4.84	4.61	5.07	5.14	4.64	4.72
177	300131.SZ	英唐智控	4.83	4.52	4.7	5.19	4.83	4.94
178	002885.SZ	京泉华	4.83	4.47	5.4	4.89	4.85	4.57
179	600460.SH	士兰微	4.83	4.24	4.95	5.07	4.77	5.12
180	600203.SH	福日电子	4.82	4.51	5.28	4.62	4.78	4.92
181	603685.SH	晨丰科技	4.82	4.88	5.47	4.45	4.62	4.7
182	300671.SZ	富满电子	4.82	4.43	5.01	5.17	4.52	4.97

全部A股与港股评估结果

续表

排名	代码	公司名称	总得分	财务指标	估值与成长性	创值能力	公司治理	创新与研发
183	300706.SZ	阿石创	4.82	4.39	5.06	5.21	4.68	4.74
184	600360.SH	华微电子	4.81	4.72	5.12	4.6	4.79	4.84
185	300460.SZ	惠伦晶体	4.81	4.56	4.85	5.29	4.58	4.77
186	300241.SZ	瑞丰光电	4.8	4.56	5.04	4.95	4.72	4.75
187	300686.SZ	智动力	4.8	4.76	5.34	4.54	4.83	4.55
188	600110.SH	诺德股份	4.8	4.57	4.85	4.94	4.85	4.8
189	002045.SZ	国光电器	4.8	4.59	5.07	4.63	4.94	4.76
190	300220.SZ	金运激光	4.8	4.73	4.77	5.12	4.66	4.7
191	000020.SZ	深华发A	4.79	4.59	4.93	5.31	4.55	4.59
192	000725.SZ	京东方A	4.79	4.84	5.12	4.17	4.97	4.87
193	300162.SZ	雷曼光电	4.79	4.59	4.98	4.94	4.84	4.63
194	300053.SZ	欧比特	4.79	4.7	5.11	4.35	4.8	5.01
195	002387.SZ	维信诺	4.79	4.51	5.26	4.49	4.75	4.93
196	002199.SZ	东晶电子	4.78	4.77	4.8	5.07	4.56	4.72
197	300319.SZ	麦捷科技	4.78	4.71	5.08	4.92	4.61	4.58
198	300340.SZ	科恒股份	4.78	4.4	4.75	4.98	4.89	4.86
199	002579.SZ	中京电子	4.77	4.53	5.26	4.69	4.77	4.61
200	300076.SZ	GQY视讯	4.77	4.76	5.11	4.47	4.61	4.89
201	600353.SH	旭光电子	4.77	4.74	5.17	4.59	4.75	4.59
202	600584.SH	长电科技	4.76	4.78	4.33	4.96	4.82	4.93
203	603629.SH	利通电子	4.75	4.46	5.14	4.5	5.06	4.6
204	300120.SZ	经纬辉开	4.75	4.56	5.25	4.59	4.61	4.74
205	002156.SZ	通富微电	4.75	4.72	4.55	4.78	4.83	4.86
206	002660.SZ	茂硕电源	4.74	4.49	4.95	4.77	4.87	4.64
207	002141.SZ	贤丰控股	4.74	4.72	4.51	5	4.72	4.74
208	002288.SZ	超华科技	4.74	4.32	5.02	5.05	4.6	4.7
209	600237.SH	铜峰电子	4.73	4.68	4.77	4.7	4.83	4.69
210	002388.SZ	新亚制程	4.73	4.53	5.21	4.51	4.68	4.72
211	002036.SZ	联创电子	4.73	4.26	5.12	4.85	4.73	4.69
212	002456.SZ	欧菲光	4.73	4.61	4.77	4.6	4.76	4.89
213	002161.SZ	远望谷	4.72	4.45	4.65	4.69	4.74	5.06

213

续表

排名	代码	公司名称	总得分	财务指标	估值与成长性	创值能力	公司治理	创新与研发
214	000045.SZ	深纺织A	4.72	4.63	5.2	4.45	4.74	4.55
215	600071.SH	凤凰光学	4.71	4.46	4.89	5.26	4.53	4.43
216	600552.SH	凯盛科技	4.71	4.28	5.33	4.39	4.86	4.68
217	600152.SH	维科技术	4.7	4.36	5.18	4.52	4.77	4.67
218	002745.SZ	木林森	4.7	4.44	5.17	4.35	4.88	4.64
219	002369.SZ	卓翼科技	4.69	4.6	5.03	4.51	4.81	4.5
220	300102.SZ	乾照光电	4.68	4.26	5.15	4.46	4.76	4.75
221	300077.SZ	国民技术	4.67	4.4	4.64	4.78	4.62	4.89
222	300279.SZ	和晶科技	4.66	4.31	4.95	4.73	4.61	4.71
223	300184.SZ	力源信息	4.66	4.71	4.88	4.08	4.82	4.79
224	002547.SZ	春兴精工	4.65	4.6	4.75	4.68	4.6	4.64
225	002681.SZ	奋达科技	4.65	4.6	4.86	4.27	4.83	4.67
226	600478.SH	科力远	4.64	4.38	4.71	4.4	4.76	4.96
227	600884.SH	杉杉股份	4.64	4.37	4.56	4.56	4.94	4.77
228	300301.SZ	长方集团	4.62	4.25	5.04	4.42	4.84	4.57
229	002055.SZ	得润电子	4.61	4.13	4.99	4.43	4.85	4.65
230	300083.SZ	创世纪	4.61	4.17	4.46	4.44	5.11	4.86
231	300128.SZ	锦富技术	4.6	4.41	4.52	4.67	4.7	4.7
232	600751.SH	海航科技	4.59	4.74	4.51	4.17	4.75	4.79
233	600707.SH	彩虹股份	4.59	4.72	4.74	4.17	4.59	4.74
234	300032.SZ	金龙机电	4.58	4.62	4.79	4.31	4.6	4.57
235	002217.SZ	合力泰	4.58	4.23	4.92	4.13	4.79	4.82
236	000413.SZ	东旭光电	4.57	4.08	5.01	4.17	4.88	4.69
237	002077.SZ	大港股份	4.56	4.5	4.69	4.24	4.81	4.56
238	000727.SZ	冠捷科技	4.56	4.68	4.47	4.09	4.82	4.73
239	600651.SH	飞乐音响	4.55	4.26	4.53	4.45	4.67	4.85
240	000536.SZ	华映科技	4.51	4.28	4.49	4.17	4.89	4.73
241	300256.SZ	星星科技	4.49	4.3	4.73	4.15	4.6	4.7
242	300323.SZ	华灿光电	4.46	4.19	4.62	3.93	4.78	4.81
243	000701.SZ	厦门信达	4.45	4.31	4.36	3.78	5.03	4.77

全部A股与港股评估结果

（八）纺织服装

排名	代码	公司名称	总得分	财务指标	估值与成长性	创值能力	公司治理	创新与研发
1	002293.SZ	罗莱生活	5.53	5.67	5.5	6.42	5.01	5.05
2	002327.SZ	富安娜	5.45	5.58	5.59	6.09	5.16	4.83
3	002832.SZ	比音勒芬	5.41	5.42	5.39	6.16	5.18	4.9
4	002563.SZ	森马服饰	5.38	5.51	5.15	5.93	5.35	4.96
5	603238.SH	诺邦股份	5.37	5.25	5.53	5.7	5.32	5.04
6	002003.SZ	伟星股份	5.35	5.28	5.37	5.88	5.09	5.11
7	603587.SH	地素时尚	5.33	5.51	5.29	5.92	5.13	4.83
8	002763.SZ	汇洁股份	5.33	5.54	5.53	5.35	5.3	4.93
9	603365.SH	水星家纺	5.3	5.61	5.47	5.56	5.03	4.85
10	603877.SH	太平鸟	5.28	5.06	5.3	6.36	5.04	4.64
11	603808.SH	歌力思	5.26	5.13	5.22	6.07	4.93	4.97
12	300658.SZ	延江股份	5.2	4.93	5.38	5.66	5.1	4.96
13	600398.SH	海澜之家	5.2	5.04	5.36	5.83	4.88	4.89
14	002687.SZ	乔治白	5.17	5.31	5.59	5.13	4.93	4.89
15	600987.SH	航民股份	5.16	5.52	5.52	5.02	4.78	4.94
16	300577.SZ	开润股份	5.15	4.78	5.48	5.84	4.98	4.69
17	002634.SZ	棒杰股份	5.14	5.04	5.12	5.55	5.08	4.91
18	002394.SZ	联发股份	5.13	5.46	5.22	5.3	4.93	4.76
19	000726.SZ	鲁泰A	5.13	5.12	5.43	5.49	4.76	4.85
20	002875.SZ	安奈儿	5.11	5.07	5.24	5.24	5.16	4.88
21	002762.SZ	金发拉比	5.1	5.41	4.84	5.29	5.03	4.95
22	603889.SH	新澳股份	5.1	5.3	5.47	4.74	5.09	4.89
23	603839.SH	安正时尚	5.09	5.02	5.48	5.08	5.16	4.72
24	002154.SZ	报喜鸟	5.08	5.2	5.22	5.13	5.02	4.82
25	603196.SH	日播时尚	5.07	5.22	4.98	5.26	4.92	4.96
26	002144.SZ	宏达高科	5.06	5.42	5.25	4.73	4.89	4.98
27	600370.SH	三房巷	5.05	5.5	4.9	5.17	4.8	4.88
28	002674.SZ	兴业科技	5.05	5.41	5.04	4.99	4.88	4.93
29	603908.SH	牧高笛	5.04	4.84	5.44	5.57	4.81	4.55
30	002612.SZ	朗姿股份	5.04	5.02	5.16	5.19	4.88	4.95
31	002404.SZ	嘉欣丝绸	5.02	4.75	5.26	5.34	5.02	4.74
32	603558.SH	健盛集团	5	5.12	5.53	4.35	5.29	4.68

215

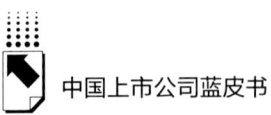

续表

排名	代码	公司名称	总得分	财务指标	估值与成长性	创值能力	公司治理	创新与研发
33	603055.SH	台华新材	4.99	4.73	5.08	5.44	4.86	4.84
34	000955.SZ	欣龙控股	4.99	4.87	4.68	5.56	4.85	4.97
35	002486.SZ	嘉麟杰	4.98	4.86	4.95	5.27	4.74	5.08
36	600824.SH	益民集团	4.98	5.31	5.2	4.77	4.87	4.74
37	600137.SH	浪莎股份	4.96	4.81	5.11	5.43	4.67	4.79
38	601566.SH	九牧王	4.96	5.06	5.1	5.25	4.84	4.54
39	002397.SZ	梦洁股份	4.95	5	4.88	5.02	4.92	4.94
40	603665.SH	康隆达	4.94	4.41	5.54	5.31	4.72	4.72
41	603001.SH	奥康国际	4.94	5.36	5.38	4.35	4.98	4.63
42	603518.SH	锦泓集团	4.94	4.99	4.84	4.9	5.13	4.82
43	603608.SH	天创时尚	4.93	5.29	5.1	4.79	4.94	4.53
44	600493.SH	凤竹纺织	4.92	4.57	5.38	5.09	4.88	4.71
45	603477.SH	巨星农牧	4.92	4.69	5.13	5.27	4.63	4.85
46	002029.SZ	七匹狼	4.89	4.98	5.45	4.48	4.76	4.76
47	300005.SZ	探路者	4.89	4.77	4.73	4.81	4.95	5.17
48	600400.SH	红豆股份	4.87	5.05	4.6	4.99	4.87	4.85
49	600107.SH	美尔雅	4.86	4.62	4.86	5.41	4.84	4.57
50	600232.SH	金鹰股份	4.86	4.62	5.28	4.9	4.76	4.74
51	002087.SZ	新野纺织	4.86	4.51	5.29	4.94	4.68	4.86
52	600448.SH	华纺股份	4.85	4.56	5.22	4.88	4.69	4.9
53	002780.SZ	三夫户外	4.85	4.73	4.73	5.13	4.89	4.76
54	600689.SH	上海三毛	4.85	4.64	4.74	5.36	4.9	4.6
55	000850.SZ	华茂股份	4.83	4.74	5.27	4.27	4.89	4.99
56	002291.SZ	星期六	4.83	4.64	4.93	4.97	4.75	4.87
57	603116.SH	红蜻蜓	4.82	5.04	5.04	4.43	5	4.58
58	300526.SZ	中潜股份	4.82	4.46	4.76	5.11	4.65	5.09
59	300591.SZ	万里马	4.8	4.27	4.66	5.19	4.98	4.91
60	002083.SZ	孚日股份	4.8	4.68	5.25	4.32	5.07	4.66
61	600220.SH	江苏阳光	4.78	4.33	5.08	4.92	4.83	4.72
62	600156.SH	华升股份	4.77	4.53	4.9	5.01	4.8	4.61
63	002098.SZ	浔兴股份	4.76	4.76	4.79	4.7	4.76	4.79
64	601339.SH	百隆东方	4.74	4.5	5.38	4.22	5.03	4.58
65	603958.SH	哈森股份	4.73	4.91	4.63	4.62	4.77	4.72
66	002042.SZ	华孚时尚	4.7	4.67	5.09	4.17	4.9	4.67

续表

排名	代码	公司名称	总得分	财务指标	估值与成长性	创值能力	公司治理	创新与研发
67	002193.SZ	如意集团	4.68	4.34	5.14	4.38	4.61	4.91
68	000982.SZ	中银绒业	4.67	4.59	4.55	4.72	4.59	4.88
69	002485.SZ	希努尔	4.66	4.44	5.24	4.44	4.44	4.73
70	600630.SH	龙头股份	4.65	4.44	4.89	4.52	4.61	4.77
71	002269.SZ	美邦服饰	4.61	4.68	4.29	4.72	4.75	4.61
72	002494.SZ	华斯股份	4.56	4.35	4.79	4.13	4.88	4.68
73	002503.SZ	搜于特	4.55	4.39	4.63	4.15	4.85	4.72
74	601718.SH	际华集团	4.54	4.64	4.41	4.17	4.71	4.74

（九）钢铁

排名	代码	公司名称	总得分	财务指标	估值与成长性	创值能力	公司治理	创新与研发
1	600507.SH	方大特钢	5.33	5.78	5.23	5.7	4.95	4.98
2	000708.SZ	中信特钢	5.32	4.97	5.57	5.83	5.02	5.21
3	000717.SZ	韶钢松山	5.25	5.29	4.99	5.86	4.97	5.12
4	002110.SZ	三钢闽光	5.22	5.78	5.25	5.38	4.89	4.81
5	000932.SZ	华菱钢铁	5.2	5.06	5.3	5.63	5.07	4.95
6	603995.SH	甬金股份	5.18	5.37	5.64	4.87	5.15	4.85
7	002318.SZ	久立特材	5.14	5.26	5.56	4.87	5.03	5.01
8	600282.SH	南钢股份	5.12	4.74	5.37	5.6	5	4.87
9	600782.SH	新钢股份	5.11	5.01	5.33	5.39	5.02	4.8
10	002075.SZ	沙钢股份	5.1	5.75	4.73	5.17	4.93	4.92
11	601003.SH	柳钢股份	5.08	4.98	5.12	5.4	5.08	4.81
12	002756.SZ	永兴材料	5.04	5.2	5.09	4.78	5.08	5.03
13	600019.SH	宝钢股份	5.02	4.88	5.03	5.33	5.11	4.77
14	000825.SZ	太钢不锈	5.01	4.63	5.2	5.62	4.62	4.97
15	603878.SH	武进不锈	4.97	4.92	5.65	4.64	4.82	4.9
16	002443.SZ	金洲管道	4.97	4.85	5.5	4.56	5	4.92
17	600126.SH	杭钢股份	4.93	5.27	5.23	4.43	4.79	4.92
18	002478.SZ	常宝股份	4.91	5.22	5.7	4.33	4.63	4.69
19	600808.SH	马钢股份	4.88	4.68	5.06	4.94	4.94	4.79

续表

排名	代码	公司名称	总得分	财务指标	估值与成长性	创值能力	公司治理	创新与研发
20	000898.SZ	鞍钢股份	4.79	4.97	5.16	4.28	4.82	4.7
21	600399.SH	抚顺特钢	4.78	4.86	4.39	5.04	4.6	5.02
22	600231.SH	凌钢股份	4.77	4.84	5	4.46	4.87	4.68
23	600581.SH	八一钢铁	4.72	4.56	4.89	4.69	4.63	4.85
24	000959.SZ	首钢股份	4.71	4.45	5.36	4.09	4.77	4.85
25	000778.SZ	新兴铸管	4.7	4.42	5.33	4.22	4.84	4.68
26	600307.SH	酒钢宏兴	4.68	4.4	4.88	4.68	4.77	4.69
27	601005.SH	重庆钢铁	4.68	4.6	4.87	4.42	4.98	4.53
28	600022.SH	山东钢铁	4.62	4.5	4.87	4.31	4.76	4.65
29	000709.SZ	河钢股份	4.61	4.12	5.56	4.12	4.67	4.6
30	600569.SH	安阳钢铁	4.6	4.3	4.91	4.47	4.66	4.67
31	600010.SH	包钢股份	4.54	4.24	4.71	4.56	4.67	4.54
32	000761.SZ	本钢板材	4.46	4.15	5.12	3.56	4.8	4.69
33	600117.SH	西宁特钢	4.23	4.06	4.15	3.56	4.64	4.74

（十）公用事业

排名	代码	公司名称	总得分	财务指标	估值与成长性	创值能力	公司治理	创新与研发
1	603568.SH	伟明环保	5.41	5.37	5.64	5.9	5.26	4.88
2	601139.SH	深圳燃气	5.33	5.24	5.53	5.67	5.18	5.02
3	600236.SH	桂冠电力	5.33	5.07	5.25	6.38	5.11	4.83
4	600167.SH	联美控股	5.32	5.61	5.23	6.16	4.9	4.72
5	600900.SH	长江电力	5.3	5.28	5.24	6.02	5.15	4.79
6	002887.SZ	绿茵生态	5.29	5.38	5.37	5.33	5.27	5.12
7	601158.SH	重庆水务	5.29	5.44	5.51	5.68	5.07	4.75
8	600681.SH	百川能源	5.25	5.3	5.48	5.53	5.22	4.73
9	300137.SZ	先河环保	5.25	5.22	5.24	5.55	5.09	5.14
10	600323.SH	瀚蓝环境	5.23	4.92	5.58	5.76	5.08	4.78
11	603588.SH	高能环境	5.22	4.77	5.41	5.75	5.18	5
12	603393.SH	新天然气	5.21	5.45	5.33	5.23	5.38	4.65
13	002911.SZ	佛燃能源	5.2	5.25	5.09	5.67	5.1	4.89

续表

排名	代码	公司名称	总得分	财务指标	估值与成长性	创值能力	公司治理	创新与研发
14	300631.SZ	久吾高科	5.2	5.19	5.22	5.61	4.9	5.07
15	600461.SH	洪城环境	5.18	5.06	5.71	5.21	5.12	4.77
16	688101.SH	三达膜	5.17	5.16	5.46	5.33	4.91	5
17	603053.SH	成都燃气	5.16	5.26	4.89	5.69	5.21	4.75
18	600131.SH	国网信通	5.16	5.08	4.85	5.59	5.1	5.17
19	002658.SZ	雪迪龙	5.16	5.21	4.99	5.62	5.01	4.95
20	600995.SH	文山电力	5.15	5.37	5.17	5.35	5.08	4.79
21	603080.SH	新疆火炬	5.14	5.54	5.34	5.27	4.96	4.62
22	002616.SZ	长青集团	5.14	4.85	5.44	5.45	5.15	4.82
23	002573.SZ	清新环境	5.14	5.2	5.32	5.27	4.88	5.02
24	600217.SH	中再资环	5.14	4.73	5.27	5.76	5.04	4.9
25	603706.SH	东方环宇	5.13	5.59	5.16	5.29	4.96	4.64
26	300664.SZ	鹏鹞环保	5.13	4.76	5.57	5.16	5.22	4.93
27	300172.SZ	中电环保	5.12	4.9	5.14	5.42	4.97	5.18
28	000967.SZ	盈峰环境	5.12	4.69	5.48	5.62	4.94	4.89
29	000690.SZ	宝新能源	5.12	5.3	5.43	5.11	5.01	4.76
30	600483.SH	福能股份	5.12	5.23	5.46	5.04	4.93	4.94
31	300435.SZ	中泰股份	5.12	5.24	5.16	5.42	4.96	4.81
32	002034.SZ	旺能环境	5.12	5.2	5.31	5.33	4.81	4.95
33	003816.SZ	中国广核	5.11	4.96	5.14	5.3	5.04	5.1
34	603797.SH	联泰环保	5.11	4.97	5.46	5.42	4.9	4.77
35	600452.SH	涪陵电力	5.1	5.24	5.51	5.53	4.65	4.57
36	600674.SH	川投能源	5.1	4.77	5.27	5.82	4.9	4.74
37	000598.SZ	兴蓉环境	5.1	5.06	5.56	5.27	4.83	4.76
38	300422.SZ	博世科	5.1	4.49	5.68	5.25	4.99	5.06
39	600917.SH	重庆燃气	5.09	5.13	4.8	5.56	5.15	4.83
40	600023.SH	浙能电力	5.09	5.09	5.34	5.28	4.86	4.91
41	300779.SZ	惠城环保	5.09	5.1	4.74	5.54	5.05	5.02
42	601200.SH	上海环境	5.09	4.98	5.79	4.95	4.74	4.99
43	002672.SZ	东江环保	5.09	5.19	5.24	5.2	4.88	4.93
44	603126.SH	中材节能	5.09	5	4.87	5.62	4.87	5.08
45	600886.SH	国投电力	5.09	5.08	5.33	5.08	5.13	4.81
46	601199.SH	江南水务	5.08	5.52	5.32	5	4.93	4.64
47	603903.SH	中持股份	5.08	5	5.12	5.39	5	4.9

续表

排名	代码	公司名称	总得分	财务指标	估值与成长性	创值能力	公司治理	创新与研发
48	600803.SH	新奥股份	5.08	4.92	4.99	5.62	4.9	4.98
49	300263.SZ	隆华科技	5.08	4.91	5.18	5.46	4.92	4.93
50	002267.SZ	陕天然气	5.08	5.2	5.34	5.09	4.96	4.78
51	601985.SH	中国核电	5.07	5.04	5.31	4.99	5.01	5.01
52	600025.SH	华能水电	5.07	5.01	5.01	5.7	4.95	4.67
53	603200.SH	上海洗霸	5.06	4.85	4.99	5.58	4.95	4.93
54	300388.SZ	节能国祯	5.06	4.56	5.68	5.17	5	4.89
55	300190.SZ	维尔利	5.06	4.72	5.5	5.09	4.94	5.03
56	000966.SZ	长源电力	5.05	5	5.26	5.39	4.91	4.71
57	002039.SZ	黔源电力	5.05	5.22	5.51	4.67	5.03	4.83
58	300425.SZ	中建环能	5.05	4.76	5.17	5.26	4.91	5.14
59	300203.SZ	聚光科技	5.05	5.07	5.28	5.33	4.76	4.81
60	600116.SH	三峡水利	5.05	5.07	5.33	5.12	5.06	4.65
61	300335.SZ	迪森股份	5.04	5.26	5.01	4.91	4.96	5.07
62	603689.SH	皖天然气	5.04	5.31	5.17	5.12	4.85	4.73
63	002608.SZ	江苏国信	5.04	5.25	5.23	5.11	4.96	4.64
64	002893.SZ	华通热力	5.03	4.93	4.91	5.32	5.1	4.89
65	002266.SZ	浙富控股	5.03	4.54	4.83	5.82	5	4.95
66	000920.SZ	南方汇通	5.03	4.84	4.97	5.51	4.88	4.93
67	603693.SH	江苏新能	5.03	5.3	5.13	5.22	4.75	4.73
68	300692.SZ	中环环保	5.03	4.53	5.43	5.29	4.97	4.91
69	000720.SZ	新能泰山	5.02	5.14	4.63	5.56	4.94	4.85
70	600101.SH	明星电力	5	5.23	5.22	4.76	4.97	4.8
71	002479.SZ	富春环保	4.99	4.82	5.09	5.15	5.07	4.84
72	601619.SH	嘉泽新能	4.99	4.95	4.9	5.41	4.83	4.86
73	000544.SZ	中原环保	4.99	4.99	5.33	4.75	4.97	4.91
74	600163.SH	中闽能源	4.99	4.99	5.13	5.54	4.64	4.63
75	600780.SH	通宝能源	4.97	5.31	5.24	4.51	5.13	4.67
76	601330.SH	绿色动力	4.97	4.45	5.46	5.4	4.79	4.76
77	000037.SZ	深南电A	4.96	5.21	4.33	5.43	4.81	5.04
78	600283.SH	钱江水利	4.96	5.25	5.01	5.17	4.76	4.61
79	600644.SH	乐山电力	4.96	4.94	4.96	5.25	5.01	4.65
80	600868.SH	梅雁吉祥	4.96	5.34	4.63	5.42	4.64	4.76
81	601016.SH	节能风电	4.96	4.83	5.15	5.3	4.63	4.89

全部A股与港股评估结果

续表

排名	代码	公司名称	总得分	财务指标	估值与成长性	创值能力	公司治理	创新与研发
82	000531.SZ	穗恒运A	4.95	4.91	5.07	4.84	5.18	4.76
83	000883.SZ	湖北能源	4.95	4.94	5.34	4.67	5.12	4.68
84	000591.SZ	太阳能	4.95	4.78	5.32	4.94	4.78	4.93
85	600642.SH	申能股份	4.95	4.94	5.3	4.75	5.03	4.72
86	000600.SZ	建投能源	4.94	4.93	5.46	4.6	4.96	4.75
87	000407.SZ	胜利股份	4.94	4.93	4.82	5.12	5.19	4.63
88	600505.SH	西昌电力	4.94	4.88	4.78	5.35	4.98	4.71
89	603105.SH	芯能科技	4.94	4.74	4.66	5.53	4.81	4.95
90	600310.SH	桂东电力	4.94	4.69	5.21	5.17	4.83	4.78
91	000685.SZ	中山公用	4.93	4.92	5.38	4.83	4.8	4.74
92	000791.SZ	甘肃电投	4.93	5.12	5.1	4.74	4.9	4.77
93	000722.SZ	湖南发展	4.92	4.93	4.92	4.87	4.96	4.94
94	600982.SH	宁波能源	4.92	4.94	5.26	4.78	4.89	4.75
95	300332.SZ	天壕环境	4.92	4.82	4.98	4.99	5.02	4.81
96	600874.SH	创业环保	4.92	4.72	5.15	4.83	5.01	4.89
97	000601.SZ	韶能股份	4.92	4.65	5.26	4.97	4.97	4.74
98	603817.SH	海峡环保	4.91	4.82	5.12	5.09	4.74	4.78
99	600098.SH	广州发展	4.91	4.86	5.33	4.29	5.07	4.99
100	300152.SZ	科融环境	4.9	4.67	4.45	5.45	4.78	5.16
101	600903.SH	贵州燃气	4.89	4.68	4.8	5.53	4.78	4.68
102	300125.SZ	聆达股份	4.89	4.64	4.85	5.3	4.79	4.89
103	000543.SZ	皖能电力	4.89	5.05	5.36	4.57	4.71	4.78
104	601368.SH	绿城水务	4.89	4.99	5.27	4.84	4.63	4.71
105	000155.SZ	川能动力	4.89	5.22	4.31	5.36	5.03	4.5
106	300187.SZ	永清环保	4.88	4.9	4.59	5.46	4.62	4.82
107	603603.SH	博天环境	4.87	4.55	4.77	5.09	4.99	4.95
108	600292.SH	远达环保	4.87	4.74	4.85	4.99	4.8	4.98
109	000899.SZ	赣能股份	4.87	4.85	4.91	4.84	4.99	4.76
110	002205.SZ	国统股份	4.87	4.44	5.2	5.06	4.82	4.83
111	600795.SH	国电电力	4.86	4.95	5.29	4.17	5.16	4.76
112	600979.SH	广安爱众	4.85	4.83	5.19	4.62	5	4.64
113	600744.SH	华银电力	4.85	4.93	4.75	5.03	4.76	4.78
114	000539.SZ	粤电力A	4.85	4.98	5.25	4.22	4.97	4.84
115	300055.SZ	万邦达	4.85	4.92	4.82	4.82	4.73	4.95

221

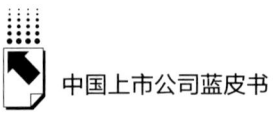

续表

排名	代码	公司名称	总得分	财务指标	估值与成长性	创值能力	公司治理	创新与研发
116	000993.SZ	闽东电力	4.85	4.8	4.7	5.26	4.8	4.67
117	600168.SH	武汉控股	4.85	4.81	5.37	4.58	4.85	4.61
118	000027.SZ	深圳能源	4.84	4.68	5.16	4.55	4.89	4.94
119	000035.SZ	中国天楹	4.84	4.73	5.32	4.39	5.05	4.73
120	600011.SH	华能国际	4.83	4.8	5.2	4.17	5.1	4.9
121	600021.SH	上海电力	4.83	4.73	5.2	4.36	5.08	4.78
122	000875.SZ	吉电股份	4.83	4.76	5.32	4.51	4.87	4.68
123	600719.SH	大连热电	4.82	4.53	4.88	5.36	4.75	4.59
124	300262.SZ	巴安水务	4.82	4.3	4.95	4.91	4.91	5.05
125	600187.SH	国中水务	4.82	4.76	5.14	4.81	4.66	4.74
126	300334.SZ	津膜科技	4.82	4.65	4.53	5.22	4.64	5.05
127	603177.SH	德创环保	4.81	4.35	4.63	5.31	4.75	5.01
128	000593.SZ	大通燃气	4.81	4.58	4.56	5.22	4.96	4.72
129	300056.SZ	中创环保	4.8	4.66	4.26	5.3	4.76	5.02
130	300070.SZ	碧水源	4.79	4.57	5.17	4.36	4.96	4.91
131	600578.SH	京能电力	4.78	4.65	5.36	4.09	4.96	4.85
132	300140.SZ	中环装备	4.77	4.44	4.64	4.95	4.72	5.1
133	000862.SZ	银星能源	4.77	4.87	4.65	5.01	4.49	4.81
134	000605.SZ	渤海股份	4.76	4.55	4.75	4.68	5.07	4.75
135	600863.SH	内蒙华电	4.76	4.77	5.18	4.22	4.83	4.8
136	600333.SH	长春燃气	4.76	4.57	4.84	5	4.66	4.71
137	600969.SH	郴电国际	4.75	4.82	5.11	4.42	4.77	4.63
138	600008.SH	首创股份	4.74	4.59	5.49	3.8	5.05	4.75
139	600635.SH	大众公用	4.72	4.66	4.79	4.68	4.88	4.61
140	000068.SZ	华控赛格	4.72	4.34	4.56	5.26	4.72	4.75
141	300266.SZ	兴源环境	4.72	4.39	4.71	4.94	4.74	4.83
142	600027.SH	华电国际	4.72	4.88	5.16	4.17	4.85	4.56
143	601991.SH	大唐发电	4.72	4.84	4.98	4.17	4.94	4.66
144	000421.SZ	南京公用	4.71	4.45	5.24	4.43	4.81	4.65
145	002610.SZ	爱康科技	4.7	4.76	4.3	4.98	4.81	4.66
146	600509.SH	天富能源	4.68	4.74	4.89	4.54	4.71	4.55
147	000692.SZ	惠天热电	4.68	4.48	4.48	4.97	4.93	4.52
148	001896.SZ	豫能控股	4.65	4.66	4.24	4.63	5.09	4.63
149	600617.SH	国新能源	4.64	4.41	4.73	4.61	4.74	4.71

续表

排名	代码	公司名称	总得分	财务指标	估值与成长性	创值能力	公司治理	创新与研发
150	600396.SH	金山股份	4.64	4.71	4.73	4.53	4.6	4.61
151	000826.SZ	启迪环境	4.6	4.28	4.87	4.31	4.88	4.64
152	000767.SZ	晋控电力	4.59	4.56	4.47	4.43	4.89	4.63
153	600726.SH	华电能源	4.57	4.79	4.32	4.36	4.6	4.78
154	000711.SZ	京蓝科技	4.56	4.37	4.84	3.97	4.75	4.88
155	000040.SZ	东旭蓝天	4.41	4.32	4.77	3.8	4.45	4.71

（十一）国防军工

排名	代码	公司名称	总得分	财务指标	估值与成长性	创值能力	公司治理	创新与研发
1	603267.SH	鸿远电子	5.3	5.49	5.31	5.76	5.12	4.83
2	002025.SZ	航天电器	5.28	5.04	5.25	6.19	4.91	5.03
3	603678.SH	火炬电子	5.26	4.9	5.32	6.06	5.31	4.73
4	002179.SZ	中航光电	5.26	5.02	5.37	5.83	5.02	5.04
5	000547.SZ	航天发展	5.21	4.93	5.44	5.78	4.86	5.05
6	300474.SZ	景嘉微	5.2	5.26	5.13	5.63	4.86	5.11
7	300696.SZ	爱乐达	5.19	5.22	5.22	5.54	5.22	4.75
8	002933.SZ	新兴装备	5.17	5.5	5.42	4.99	5.05	4.92
9	002465.SZ	海格通信	5.16	5.42	5.49	5.24	4.89	4.75
10	300722.SZ	新余国科	5.15	5.43	5.2	5.53	4.78	4.84
11	000738.SZ	航发控制	5.15	5.38	5.2	5.35	5.03	4.8
12	300034.SZ	钢研高纳	5.15	5.24	4.98	5.78	4.9	4.84
13	600435.SH	北方导航	5.14	5.19	5.24	5.48	5.06	4.73
14	601698.SH	中国卫通	5.13	5.6	4.94	5.25	4.93	4.92
15	300397.SZ	天和防务	5.13	5.07	4.99	5.73	4.99	4.86
16	300719.SZ	安达维尔	5.11	4.84	5.29	5.41	5.09	4.95
17	002935.SZ	天奥电子	5.11	5.2	5.16	5.32	4.92	4.93
18	000519.SZ	中兵红箭	5.1	5.4	5.53	4.93	5.03	4.61
19	300762.SZ	上海瀚讯	5.1	4.82	5.31	5.65	4.71	5.01
20	300589.SZ	江龙船艇	5.1	5.1	5.25	5.5	4.8	4.84
21	600118.SH	中国卫星	5.08	4.68	5.01	5.57	5	5.13

续表

排名	代码	公司名称	总得分	财务指标	估值与成长性	创值能力	公司治理	创新与研发
22	688011.SH	新光光电	5.08	5.12	5.06	5.25	5.02	4.94
23	300775.SZ	三角防务	5.07	5.14	5.08	5.59	4.88	4.65
24	600562.SH	国睿科技	5.07	4.81	5.05	5.55	5.01	4.91
25	600184.SH	光电股份	5.06	5.48	5.43	4.91	4.85	4.65
26	002664.SZ	长鹰信质	5.06	5.35	5.6	5.04	4.86	4.47
27	300065.SZ	海兰信	5.06	4.95	5.17	5.06	5.01	5.11
28	002829.SZ	星网宇达	5.05	4.76	5.17	5.49	4.99	4.83
29	600967.SH	内蒙一机	5.04	5.26	5.37	4.73	5.02	4.82
30	300581.SZ	晨曦航空	5.02	4.79	5.12	5.51	4.85	4.84
31	002013.SZ	中航机电	5.02	4.52	5.35	5.5	5.01	4.73
32	600760.SH	中航沈飞	5.01	4.89	4.72	5.68	5.08	4.66
33	002389.SZ	航天彩虹	5.01	5.02	5.12	5.16	4.85	4.9
34	600038.SH	中直股份	4.99	4.7	5.35	5.35	4.91	4.65
35	000576.SZ	甘化科工	4.98	5.32	4.7	5.25	4.79	4.86
36	600765.SH	中航重机	4.96	4.79	5.15	5.12	5.09	4.64
37	600862.SH	中航高科	4.95	4.84	4.53	5.69	4.85	4.85
38	002151.SZ	北斗星通	4.94	4.91	4.71	5.07	5.09	4.94
39	600372.SH	中航电子	4.94	4.61	5.23	5.41	4.8	4.66
40	300101.SZ	振芯科技	4.94	4.95	4.53	5.48	4.76	4.97
41	300810.SZ	中科海讯	4.94	4.77	4.97	5.15	4.76	5.05
42	300600.SZ	国瑞科技	4.94	4.74	5.07	5.27	4.95	4.66
43	300527.SZ	中船应急	4.94	4.79	5.14	5.28	4.76	4.71
44	000561.SZ	烽火电子	4.93	4.8	5.5	5.07	4.7	4.61
45	600879.SH	航天电子	4.93	4.48	5.52	4.91	4.84	4.89
46	600990.SH	四创电子	4.92	4.41	5.34	4.99	4.86	5.01
47	601890.SH	亚星锚链	4.91	5.08	5.21	4.8	4.95	4.5
48	002231.SZ	奥维通信	4.89	4.91	4.78	5.36	4.86	4.56
49	002413.SZ	雷科防务	4.89	4.68	5.46	4.76	4.7	4.86
50	601606.SH	长城军工	4.88	4.64	5.23	5.24	4.69	4.58
51	300424.SZ	航新科技	4.87	4.47	4.71	5.38	5.14	4.65
52	600893.SH	航发动力	4.85	4.98	5	4.54	4.98	4.73
53	002023.SZ	海特高新	4.84	4.85	5.05	4.51	4.96	4.83
54	000768.SZ	中航西飞	4.83	4.78	4.91	4.74	4.94	4.8
55	600391.SH	航发科技	4.8	4.77	5	5	4.64	4.62

续表

排名	代码	公司名称	总得分	财务指标	估值与成长性	创值能力	公司治理	创新与研发
56	600343.SH	航天动力	4.8	4.52	5.34	4.87	4.8	4.5
57	600316.SH	洪都航空	4.78	4.34	4.77	5.41	4.69	4.68
58	002297.SZ	博云新材	4.73	4.72	5.04	4.84	4.52	4.55
59	002190.SZ	成飞集成	4.72	4.51	4.83	5.1	4.63	4.56
60	300008.SZ	天海防务	4.72	4.41	4.76	4.79	4.69	4.93
61	600072.SH	中船科技	4.71	4.52	5.14	4.45	4.94	4.46
62	300123.SZ	亚光科技	4.7	4.32	5.09	4.61	4.84	4.64
63	600150.SH	中国船舶	4.7	4.75	5	4.17	4.75	4.83
64	000697.SZ	炼石航空	4.66	4.42	4.92	4.69	4.88	4.37
65	601989.SH	中国重工	4.65	4.61	4.98	4.17	4.78	4.69
66	600482.SH	中国动力	4.59	4.35	5.18	4.03	4.74	4.67
67	600685.SH	中船防务	4.56	4.58	4.84	4.17	4.79	4.42
68	300159.SZ	新研股份	4.52	4.25	4.83	4.25	4.71	4.54

（十二）化工

排名	代码	公司名称	总得分	财务指标	估值与成长性	创值能力	公司治理	创新与研发
1	300699.SZ	光威复材	5.33	5.67	5.34	5.67	4.92	5.07
2	600486.SH	扬农化工	5.31	5.16	5.22	6.26	4.97	4.96
3	002802.SZ	洪汇新材	5.31	5.52	5.26	5.4	5.32	5.03
4	600426.SH	华鲁恒升	5.27	5.3	5.27	6.02	4.89	4.86
5	300285.SZ	国瓷材料	5.26	5.35	5.13	5.6	5.15	5.09
6	600143.SH	金发科技	5.26	4.87	5.31	5.87	5.38	4.86
7	601058.SH	赛轮轮胎	5.25	4.92	5.36	6.04	5.03	4.94
8	600299.SH	安迪苏	5.25	5.53	5.43	5.41	4.96	4.92
9	600273.SH	嘉化能源	5.25	5.36	5.37	5.64	4.95	4.91
10	002749.SZ	国光股份	5.24	5.35	5.4	5.28	5.26	4.93
11	300037.SZ	新宙邦	5.24	5.23	5.18	5.43	5.18	5.18
12	688196.SH	卓越新能	5.24	5.54	5.46	5.16	4.9	5.14
13	002440.SZ	闰土股份	5.24	5.51	5.44	5.42	5	4.85
14	002080.SZ	中材科技	5.22	4.83	5.26	6.08	5	4.91

续表

排名	代码	公司名称	总得分	财务指标	估值与成长性	创值能力	公司治理	创新与研发
15	300690.SZ	双一科技	5.21	5.61	5.34	5.16	5.08	4.88
16	603968.SH	醋化股份	5.21	5.53	5.53	4.76	5.37	4.86
17	002838.SZ	道恩股份	5.21	5.14	5.07	5.61	5.11	5.13
18	603601.SH	再升科技	5.21	5.08	5.1	5.43	5.37	5.06
19	603225.SH	新凤鸣	5.2	4.75	5.48	5.83	5.24	4.71
20	600989.SH	宝丰能源	5.2	5.13	5.27	5.94	4.96	4.71
21	603639.SH	海利尔	5.19	5.33	5.59	5.21	4.99	4.81
22	002601.SZ	龙蟒佰利	5.18	4.87	5.16	6.06	5.04	4.79
23	002643.SZ	万润股份	5.18	5.32	4.97	5.45	5.1	5.06
24	603605.SH	珀莱雅	5.18	5.23	5.18	5.43	5.25	4.81
25	603379.SH	三美股份	5.18	5.56	5.34	5.25	4.91	4.84
26	300132.SZ	青松股份	5.18	5.25	5.5	5.56	4.83	4.74
27	603181.SH	皇马科技	5.17	5.16	5.18	5.39	5.18	4.95
28	300481.SZ	濮阳惠成	5.17	5.45	5.14	5.24	4.89	5.13
29	603599.SH	广信股份	5.17	5.5	5.63	5.26	4.61	4.85
30	600618.SH	氯碱化工	5.17	5.46	5	5.5	4.8	5.08
31	300801.SZ	泰和科技	5.16	5.57	5.3	4.93	4.91	5.09
32	002810.SZ	山东赫达	5.16	5.17	5.19	5.24	5.29	4.89
33	300019.SZ	硅宝科技	5.16	5.2	5.05	5.49	5.09	4.96
34	600389.SH	江山股份	5.15	4.96	5.33	5.67	4.87	4.93
35	603983.SH	丸美股份	5.15	5.67	4.81	5.48	4.95	4.84
36	603360.SH	百傲化学	5.15	5.49	5.25	5.36	4.88	4.76
37	603086.SH	先达股份	5.15	5.5	5.44	4.76	5.21	4.82
38	000902.SZ	新洋丰	5.15	5.22	5.35	5.45	4.99	4.71
39	603938.SH	三孚股份	5.14	5.38	5.06	5.24	5.11	4.93
40	600176.SH	中国巨石	5.14	4.75	5.29	5.85	5.07	4.77
41	600378.SH	昊华科技	5.14	5	5.18	5.46	4.95	5.13
42	002064.SZ	华峰化学	5.14	5.05	4.82	6.06	4.95	4.84
43	300767.SZ	震安科技	5.14	5.29	4.97	5.17	5.18	5.08
44	688199.SH	久日新材	5.14	5.44	5.39	4.63	5.26	4.97
45	600309.SH	万华化学	5.14	5.05	4.97	5.83	5.03	4.82
46	002381.SZ	双箭股份	5.14	5.46	5.51	4.72	5.19	4.82
47	300200.SZ	高盟新材	5.14	5.6	5.14	4.94	5.01	5
48	300596.SZ	利安隆	5.14	4.62	5.47	5.44	5.16	4.98

续表

排名	代码	公司名称	总得分	财务指标	估值与成长性	创值能力	公司治理	创新与研发
49	600160.SH	巨化股份	5.14	5.4	5.13	5.42	4.73	4.99
50	600346.SH	恒力石化	5.13	4.75	5.25	5.92	5.03	4.72
51	603916.SH	苏博特	5.13	4.81	5.42	5.22	5.3	4.92
52	002734.SZ	利民股份	5.13	5.03	5.65	4.88	5.18	4.93
53	300777.SZ	中简科技	5.13	5.4	4.94	5.24	5.08	4.99
54	300429.SZ	强力新材	5.13	5.27	5.12	5.1	5.21	4.93
55	300522.SZ	世名科技	5.13	5.42	4.82	5.16	5.09	5.15
56	603110.SH	东方材料	5.12	5.58	4.82	5.1	5.17	4.95
57	603737.SH	三棵树	5.12	4.84	5.15	5.51	5.21	4.91
58	601966.SH	玲珑轮胎	5.12	4.8	5.26	5.91	4.78	4.87
59	300121.SZ	阳谷华泰	5.12	5.46	5.31	5.22	4.81	4.81
60	603585.SH	苏利股份	5.12	5.53	5.34	4.88	4.88	4.95
61	300727.SZ	润禾材料	5.11	5.15	5.11	5.4	4.89	5.02
62	002942.SZ	新农股份	5.11	5.58	5.28	5.09	4.73	4.89
63	002825.SZ	纳尔股份	5.11	5.17	5.4	5.06	5.08	4.87
64	300041.SZ	回天新材	5.11	4.82	5.21	5.2	5.29	5.04
65	002648.SZ	卫星石化	5.11	4.51	5.34	6	4.86	4.85
66	603906.SH	龙蟠科技	5.11	5.2	4.91	5.2	5.11	5.12
67	601216.SH	君正集团	5.11	5.02	5.12	5.52	4.93	4.94
68	002391.SZ	长青股份	5.1	5.12	5.46	4.75	5.23	4.97
69	603810.SH	丰山集团	5.1	5.26	5.43	4.79	5.23	4.8
70	300575.SZ	中旗股份	5.1	4.98	5.52	5.27	4.81	4.95
71	002258.SZ	利尔化学	5.1	4.84	5.64	5.58	4.62	4.83
72	300196.SZ	长海股份	5.1	5.37	5.32	5.01	5.03	4.77
73	603010.SH	万盛股份	5.1	4.9	5.18	5.29	5.18	4.92
74	002360.SZ	同德化工	5.09	5.47	5.17	4.85	5.05	4.94
75	601208.SH	东材科技	5.09	4.85	5.24	5.24	5.17	4.98
76	601163.SH	三角轮胎	5.09	5.18	5.4	4.95	5	4.93
77	300107.SZ	建新股份	5.09	5.5	5.05	5.04	4.88	4.98
78	300610.SZ	晨化股份	5.08	5.41	5.24	4.99	4.94	4.83
79	300073.SZ	当升科技	5.08	5.25	4.89	5.14	4.92	5.21
80	603867.SH	新化股份	5.08	4.98	5.35	4.99	5.14	4.94
81	603650.SH	彤程新材	5.08	5.15	4.89	5.43	4.93	4.98
82	300082.SZ	奥克股份	5.07	5.36	5.28	5.04	4.8	4.88

续表

排名	代码	公司名称	总得分	财务指标	估值与成长性	创值能力	公司治理	创新与研发
83	002324.SZ	普利特	5.07	4.9	4.91	5.53	4.93	5.09
84	603580.SH	艾艾精工	5.07	5.32	4.96	5.07	4.94	5.06
85	300731.SZ	科创新源	5.07	5.3	4.86	5.31	4.98	4.88
86	603722.SH	阿科力	5.07	5.1	5.29	5.11	4.93	4.9
87	300409.SZ	道氏技术	5.07	4.98	5.04	5.23	5.07	5.02
88	300637.SZ	扬帆新材	5.07	5.34	5.08	5.04	5.13	4.74
89	300054.SZ	鼎龙股份	5.07	5.29	4.73	5.09	5	5.21
90	002683.SZ	宏大爆破	5.06	4.9	4.94	5.4	5.09	4.98
91	603041.SH	美思德	5.06	5.46	5.31	4.69	4.73	5.11
92	688268.SH	华特气体	5.06	5.28	4.87	5.13	5.1	4.91
93	603798.SH	康普顿	5.06	5.41	5.08	4.77	5.26	4.77
94	600596.SH	新安股份	5.06	4.89	5.33	5.4	4.95	4.71
95	600688.SH	上海石化	5.05	5.08	5.14	5.28	5.02	4.76
96	603067.SH	振华股份	5.05	5.13	5.22	5	5.08	4.82
97	300806.SZ	斯迪克	5.05	4.79	5.19	5.2	5.17	4.9
98	603630.SH	拉芳家化	5.05	5.32	5.01	5.03	4.92	4.96
99	002812.SZ	恩捷股份	5.05	4.69	5.06	5.65	4.96	4.89
100	603026.SH	石大胜华	5.05	5.14	4.96	5.37	4.84	4.93
101	000830.SZ	鲁西化工	5.04	4.88	4.89	5.64	4.98	4.83
102	300243.SZ	瑞丰高材	5.04	4.88	5.12	5.25	5.01	4.95
103	002919.SZ	名臣健康	5.04	5.46	4.77	5.12	4.92	4.94
104	002145.SZ	中核钛白	5.04	5.03	5.14	5.59	4.78	4.68
105	300587.SZ	天铁股份	5.04	4.41	5.44	5.31	5.21	4.82
106	300769.SZ	德方纳米	5.04	5.03	5	5.1	5	5.05
107	600731.SH	湖南海利	5.04	4.94	5.52	4.95	4.94	4.82
108	603681.SH	永冠新材	5.03	5.02	5.59	5.1	4.84	4.62
109	603980.SH	吉华集团	5.03	5.48	4.99	4.85	5	4.84
110	300214.SZ	日科化学	5.03	5.47	5.32	4.47	5.03	4.87
111	002909.SZ	集泰股份	5.03	4.97	5.24	5.08	5.03	4.85
112	300758.SZ	七彩化学	5.03	4.96	5.25	5.34	4.79	4.81
113	300487.SZ	蓝晓科技	5.03	4.6	5.13	5.26	5.11	5.04
114	603378.SH	亚士创能	5.03	4.89	5.32	5.2	5.03	4.69
115	300305.SZ	裕兴股份	5.02	5.25	5.17	4.61	5.15	4.93
116	002768.SZ	国恩股份	5.02	4.56	5.28	5.33	5	4.94

续表

排名	代码	公司名称	总得分	财务指标	估值与成长性	创值能力	公司治理	创新与研发
117	688116.SH	天奈科技	5.02	5.05	4.67	5.12	5.09	5.15
118	002206.SZ	海利得	5.01	4.81	5.28	5.16	5.18	4.64
119	002917.SZ	金奥博	5.01	4.94	5.11	5.03	5.07	4.88
120	603256.SH	宏和科技	5	5.28	4.74	5.41	4.76	4.83
121	002588.SZ	史丹利	5	5.2	5.24	4.54	5.16	4.87
122	603266.SH	天龙股份	5	5.18	5.18	4.85	4.85	4.95
123	603879.SH	永悦科技	5	4.93	4.75	5.23	5.06	5.01
124	002136.SZ	安纳达	5	4.99	5.07	5.27	4.67	5
125	000703.SZ	恒逸石化	5	4.54	5.27	5.6	4.84	4.73
126	300067.SZ	安诺其	5	4.94	5	4.98	5.08	4.98
127	300576.SZ	容大感光	4.99	4.75	4.99	5.12	5.02	5.1
128	002493.SZ	荣盛石化	4.99	4.55	4.96	5.65	5.09	4.72
129	601233.SH	桐昆股份	4.99	4.73	5.1	5.47	5.08	4.59
130	600315.SH	上海家化	4.99	4.8	4.91	5.46	4.98	4.81
131	600352.SH	浙江龙盛	4.99	4.84	5.32	5.09	5.02	4.69
132	603790.SH	雅运股份	4.99	5.3	5.07	4.57	4.9	5.11
133	002326.SZ	永太科技	4.99	4.71	4.96	5.32	5.05	4.91
134	300321.SZ	同大股份	4.99	5.3	5.01	4.87	4.84	4.92
135	603823.SH	百合花	4.99	4.99	5.33	5.11	4.81	4.71
136	603192.SH	汇得科技	4.99	5.11	5.29	4.75	4.93	4.85
137	603217.SH	元利科技	4.98	5.33	5.05	4.61	4.98	4.93
138	603078.SH	江化微	4.98	4.68	5.02	5.19	5.05	4.94
139	002632.SZ	道明光学	4.97	5.14	5.35	4.82	4.81	4.74
140	600527.SH	江南高纤	4.97	5.33	4.87	4.67	5.04	4.93
141	600722.SH	金牛化工	4.97	5.61	4.61	5.21	4.6	4.81
142	603970.SH	中农立华	4.97	4.79	5.31	5.22	4.75	4.77
143	300174.SZ	元力股份	4.97	4.94	4.98	5.01	5.05	4.86
144	002709.SZ	天赐材料	4.97	4.52	4.76	5.28	5.23	5.03
145	000096.SZ	广聚能源	4.96	5.24	5.22	4.57	4.74	5.04
146	603928.SH	兴业股份	4.96	5.37	5.11	4.46	5.05	4.84
147	300743.SZ	天地数码	4.96	4.98	4.79	5.22	4.94	4.89
148	600256.SH	广汇能源	4.96	4.78	5.33	4.94	4.98	4.79
149	002497.SZ	雅化集团	4.96	4.9	4.6	5.31	4.98	5.02
150	300035.SZ	中科电气	4.96	4.56	4.97	5.17	4.97	5.12

续表

排名	代码	公司名称	总得分	财务指标	估值与成长性	创值能力	公司治理	创新与研发
151	300236.SZ	上海新阳	4.96	5.1	4.9	4.95	4.82	5.01
152	002254.SZ	泰和新材	4.96	4.81	5.31	5.19	4.79	4.67
153	300225.SZ	金力泰	4.95	4.99	4.65	5.08	4.84	5.21
154	601678.SH	滨化股份	4.95	4.82	5.24	4.76	5.21	4.75
155	600727.SH	鲁北化工	4.95	5.3	5.48	4.51	4.82	4.65
156	300717.SZ	华信新材	4.95	5.43	4.98	4.95	4.55	4.86
157	300261.SZ	雅本化学	4.95	4.73	5.31	4.95	4.86	4.91
158	002054.SZ	德美化工	4.95	4.88	5.12	4.75	5.1	4.91
159	300796.SZ	贝斯美	4.95	5.27	5.07	4.8	4.68	4.92
160	002408.SZ	齐翔腾达	4.95	4.73	5.24	5.32	4.65	4.79
161	002539.SZ	云图控股	4.95	4.66	5.29	5.02	5.11	4.64
162	002250.SZ	联化科技	4.95	5.02	4.74	5.16	4.89	4.91
163	002809.SZ	红墙股份	4.95	4.87	5.28	4.5	5.09	4.98
164	002886.SZ	沃特股份	4.94	4.57	5.04	4.99	5.14	4.98
165	002549.SZ	凯美特气	4.94	5.05	4.61	5.36	4.71	4.98
166	002004.SZ	华邦健康	4.94	4.79	5.4	4.83	5.03	4.67
167	000985.SZ	大庆华科	4.94	5.21	4.66	4.94	4.87	5.03
168	002221.SZ	东华能源	4.94	4.6	5.22	5.07	5.13	4.66
169	002778.SZ	高科石化	4.93	4.76	5.11	5.13	4.85	4.82
170	300655.SZ	晶瑞股份	4.93	4.61	4.83	5.11	5.12	5.01
171	603002.SH	宏昌电子	4.93	4.84	5.16	5.05	4.66	4.94
172	000408.SZ	藏格控股	4.93	4.93	4.78	5.36	4.68	4.89
173	002538.SZ	司尔特	4.93	5.11	5.53	4.65	4.67	4.69
174	688005.SH	容百科技	4.93	4.71	4.78	5.15	4.91	5.08
175	000819.SZ	岳阳兴长	4.92	5.38	4.82	4.77	4.84	4.83
176	002637.SZ	赞宇科技	4.92	4.68	5.24	4.92	4.95	4.82
177	603615.SH	茶花股份	4.92	5.27	4.79	4.66	5.18	4.7
178	600063.SH	皖维高新	4.92	4.83	5.38	4.72	4.8	4.86
179	603033.SH	三维股份	4.92	4.57	5.14	5.15	5.1	4.62
180	002915.SZ	中欣氟材	4.91	4.77	4.97	5.14	4.92	4.77
181	600230.SH	沧州大化	4.91	5.41	5.07	4.74	4.67	4.68
182	300740.SZ	水羊股份	4.91	4.7	4.9	5.13	5	4.83
183	603332.SH	苏州龙杰	4.91	5.61	4.98	4.49	4.67	4.78
184	600714.SH	金瑞矿业	4.91	4.81	4.97	5.16	4.73	4.86

续表

排名	代码	公司名称	总得分	财务指标	估值与成长性	创值能力	公司治理	创新与研发
185	688021.SH	奥福环保	4.91	4.82	4.76	5.22	4.9	4.83
186	002224.SZ	三力士	4.9	5.26	5.15	4.31	4.95	4.83
187	300644.SZ	南京聚隆	4.9	4.52	5.11	5.08	4.94	4.84
188	300568.SZ	星源材质	4.9	4.66	4.84	5.05	4.94	5
189	002669.SZ	康达新材	4.9	4.83	5.16	4.61	4.88	5.01
190	600328.SH	中盐化工	4.9	4.91	5.04	4.84	4.97	4.72
191	300505.SZ	川金诺	4.9	4.93	5.27	4.76	4.9	4.62
192	300641.SZ	正丹股份	4.9	4.81	5.24	4.93	4.6	4.91
193	002109.SZ	兴化股份	4.9	5.44	4.96	4.51	4.64	4.93
194	002895.SZ	川恒股份	4.89	5.04	5.24	4.74	4.73	4.72
195	000510.SZ	新金路	4.89	5	4.87	4.95	5	4.64
196	300398.SZ	飞凯材料	4.89	4.57	4.98	5.18	4.77	4.96
197	600746.SH	江苏索普	4.89	5.03	4.62	5.08	4.87	4.86
198	300538.SZ	同益股份	4.89	4.55	4.79	5.09	5.11	4.92
199	002666.SZ	德联集团	4.89	4.74	5.25	4.63	4.97	4.88
200	000818.SZ	航锦科技	4.89	4.8	4.63	5.32	4.85	4.86
201	002263.SZ	大东南	4.89	5.37	4.83	4.7	4.67	4.89
202	000554.SZ	泰山石油	4.89	5.11	5.18	4.83	4.55	4.79
203	300721.SZ	怡达股份	4.89	4.64	5.3	5.08	4.78	4.66
204	002805.SZ	丰元股份	4.89	4.5	5.13	5.32	4.81	4.68
205	000589.SZ	贵州轮胎	4.88	5	4.95	4.81	4.91	4.75
206	600409.SH	三友化工	4.88	4.61	5.15	4.88	4.94	4.82
207	600141.SH	兴发集团	4.88	4.56	5.36	4.77	5	4.71
208	300586.SZ	美联新材	4.88	4.65	4.9	5.23	4.9	4.7
209	002827.SZ	高争民爆	4.87	5.08	4.96	5.05	4.7	4.58
210	002741.SZ	光华科技	4.87	4.3	5.15	5.27	4.77	4.88
211	002395.SZ	双象股份	4.87	4.73	4.78	5.18	4.69	4.99
212	600075.SH	新疆天业	4.87	4.86	5.35	4.44	4.98	4.73
213	600500.SH	中化国际	4.87	4.51	5.07	4.95	5.09	4.73
214	002361.SZ	神剑股份	4.86	4.54	5.06	4.81	4.93	4.98
215	002556.SZ	辉隆股份	4.86	4.48	5.39	4.99	4.76	4.69
216	000893.SZ	亚钾国际	4.86	5.01	4.78	4.8	4.87	4.86
217	603977.SH	国泰集团	4.86	4.84	5.14	4.49	4.84	4.99
218	603330.SH	上海天洋	4.86	4.57	4.95	5.09	4.95	4.72

续表

排名	代码	公司名称	总得分	财务指标	估值与成长性	创值能力	公司治理	创新与研发
219	002442.SZ	龙星化工	4.85	4.85	4.95	4.8	4.77	4.89
220	300163.SZ	先锋新材	4.85	4.64	4.91	4.88	4.81	5.01
221	002753.SZ	永东股份	4.85	4.96	5.08	4.61	4.8	4.8
222	300230.SZ	永利股份	4.85	5.06	4.99	4.35	5.12	4.73
223	300537.SZ	广信材料	4.85	4.68	4.79	4.91	4.82	5.05
224	300535.SZ	达威股份	4.85	4.87	5.11	4.45	4.93	4.9
225	000677.SZ	恒天海龙	4.84	5.05	4.68	5.11	4.67	4.71
226	002201.SZ	九鼎新材	4.84	4.68	4.97	5.06	4.61	4.88
227	300539.SZ	横河精密	4.84	4.36	5.04	5.09	4.85	4.86
228	002246.SZ	北化股份	4.84	5.1	5.06	4.52	4.8	4.7
229	300798.SZ	锦鸡股份	4.84	4.84	4.65	5.15	4.76	4.78
230	300320.SZ	海达股份	4.83	4.76	5.04	4.74	4.87	4.77
231	300387.SZ	富邦股份	4.83	4.91	5.37	4.34	4.57	4.97
232	300109.SZ	新开源	4.83	4.78	5.11	4.39	4.86	5.02
233	000859.SZ	国风塑业	4.83	4.61	5.06	4.99	4.67	4.83
234	002215.SZ	诺普信	4.83	4.63	5.05	4.63	5.14	4.68
235	000731.SZ	四川美丰	4.83	5.13	4.91	4.46	4.81	4.81
236	600810.SH	神马股份	4.82	4.71	4.9	5.05	4.83	4.62
237	300218.SZ	安利股份	4.82	4.72	5.23	4.58	4.79	4.79
238	002226.SZ	江南化工	4.82	4.87	5.22	4.55	4.82	4.63
239	002274.SZ	华昌化工	4.82	4.63	4.86	5.03	4.9	4.67
240	603725.SH	天安新材	4.82	4.78	5.06	4.65	4.89	4.71
241	002476.SZ	宝莫股份	4.81	4.84	4.69	4.96	4.58	5.01
242	600929.SH	雪天盐业	4.81	4.81	4.93	4.77	4.79	4.75
243	000059.SZ	华锦股份	4.81	4.77	5.27	4.16	5.07	4.78
244	002211.SZ	宏达新材	4.81	4.81	4.71	4.93	4.78	4.8
245	600028.SH	中国石化	4.8	4.88	5.08	4.17	5.05	4.83
246	300665.SZ	飞鹿股份	4.8	4.43	5.08	4.98	4.73	4.79
247	600367.SH	红星发展	4.8	4.75	5.09	4.65	4.77	4.72
248	002108.SZ	沧州明珠	4.79	4.73	4.87	4.75	4.91	4.72
249	600458.SH	时代新材	4.79	4.87	4.83	4.4	4.81	5.05
250	002455.SZ	百川股份	4.79	4.6	5.04	4.69	5.03	4.6
251	000953.SZ	河化股份	4.79	4.67	4.58	4.95	4.76	4.96
252	603683.SH	晶华新材	4.78	4.48	4.93	4.63	5.14	4.73

全部A股与港股评估结果

续表

排名	代码	公司名称	总得分	财务指标	估值与成长性	创值能力	公司治理	创新与研发
253	603822.SH	嘉澳环保	4.78	4.21	5.45	4.93	4.59	4.73
254	002170.SZ	芭田股份	4.77	4.81	4.93	4.41	4.75	4.96
255	002453.SZ	华软科技	4.77	4.67	4.72	4.84	4.84	4.77
256	000683.SZ	远兴能源	4.77	4.79	4.99	4.61	4.8	4.64
257	002002.SZ	鸿达兴业	4.76	4.61	4.92	4.81	4.66	4.8
258	002165.SZ	红宝丽	4.76	4.36	5.36	4.52	4.8	4.76
259	000637.SZ	茂化实华	4.76	4.7	4.94	4.72	4.67	4.75
260	603227.SH	雪峰科技	4.75	4.46	5.13	4.77	4.75	4.66
261	603991.SH	至正股份	4.75	4.54	4.7	5.04	4.48	4.98
262	300135.SZ	宝利国际	4.74	4.52	4.87	4.52	4.98	4.83
263	300221.SZ	银禧科技	4.74	4.8	4.56	4.68	4.7	4.95
264	002783.SZ	凯龙股份	4.73	4.58	5.06	4.47	4.98	4.57
265	300437.SZ	清水源	4.73	4.38	5.44	4.41	4.75	4.68
266	002545.SZ	东方铁塔	4.73	4.74	5.22	4.29	4.66	4.74
267	002407.SZ	多氟多	4.73	4.34	4.59	4.79	4.93	4.98
268	000565.SZ	渝三峡A	4.72	4.66	4.83	4.67	4.66	4.8
269	000912.SZ	泸天化	4.72	4.79	4.87	4.53	4.71	4.71
270	300180.SZ	华峰超纤	4.72	4.65	4.93	4.28	4.84	4.91
271	603133.SH	碳元科技	4.72	4.35	4.88	4.89	4.79	4.7
272	000822.SZ	山东海化	4.72	4.83	4.62	4.73	4.78	4.64
273	603299.SH	苏盐井神	4.72	4.98	5	4.19	4.77	4.65
274	600096.SH	云天化	4.72	4.63	4.9	4.35	4.87	4.83
275	600469.SH	风神股份	4.72	4.58	4.8	4.68	4.77	4.76
276	000973.SZ	佛塑科技	4.71	4.64	4.91	4.33	4.97	4.7
277	000990.SZ	诚志股份	4.71	4.83	4.99	4.13	4.79	4.82
278	002386.SZ	天原股份	4.71	4.69	5.09	4.04	4.92	4.82
279	000635.SZ	英力特	4.71	4.96	4.81	4.39	4.83	4.56
280	601500.SH	通用股份	4.71	4.28	5.09	4.57	4.95	4.64
281	002037.SZ	保利联合	4.7	4.42	5.24	4.37	4.7	4.78
282	002068.SZ	黑猫股份	4.7	4.75	4.94	4.36	4.74	4.74
283	002319.SZ	乐通股份	4.7	4.53	4.42	4.93	4.81	4.8
284	002092.SZ	中泰化学	4.7	4.87	4.84	3.98	5.06	4.74
285	000422.SZ	湖北宜化	4.69	4.64	4.51	5.07	4.62	4.61
286	600423.SH	柳化股份	4.69	4.88	4.45	4.51	4.64	4.95

续表

排名	代码	公司名称	总得分	财务指标	估值与成长性	创值能力	公司治理	创新与研发
287	000881.SZ	中广核技	4.69	4.51	5.05	4.23	4.76	4.88
288	300405.SZ	科隆股份	4.68	4.75	4.58	4.68	4.69	4.72
289	000159.SZ	国际实业	4.68	4.6	4.86	4.41	4.86	4.68
290	000737.SZ	南风化工	4.68	4.37	4.45	5.09	4.69	4.8
291	002125.SZ	湘潭电化	4.68	4.26	4.64	4.87	4.87	4.76
292	002584.SZ	西陇科学	4.68	4.3	4.98	4.4	4.87	4.83
293	000949.SZ	新乡化纤	4.68	4.27	5.21	4.56	4.72	4.61
294	600623.SH	华谊集团	4.68	4.52	4.94	4.17	5.07	4.69
295	002096.SZ	南岭民爆	4.67	4.85	4.79	4.44	4.56	4.71
296	300478.SZ	杭州高新	4.66	4.37	4.42	4.9	4.79	4.82
297	600165.SH	新日恒力	4.65	4.3	4.71	5.13	4.53	4.6
298	000420.SZ	吉林化纤	4.65	4.35	5.04	4.71	4.6	4.56
299	600277.SH	亿利洁能	4.65	4.7	4.83	4.22	4.76	4.74
300	000545.SZ	金浦钛业	4.65	4.5	4.78	4.6	4.6	4.75
301	002562.SZ	兄弟科技	4.64	4.38	5	4.3	4.84	4.7
302	002748.SZ	世龙实业	4.64	4.45	5.11	4.29	4.77	4.59
303	600470.SH	六国化工	4.64	4.44	4.9	4.38	4.71	4.76
304	600249.SH	两面针	4.63	4.79	4.79	4.35	4.62	4.61
305	603077.SH	和邦生物	4.62	4.78	4.95	4.11	4.62	4.64
306	600889.SH	南京化纤	4.62	4.7	4.73	4.17	4.82	4.67
307	000782.SZ	美达股份	4.61	4.39	5.02	4.43	4.59	4.63
308	300169.SZ	天晟新材	4.6	4.28	4.37	4.96	4.75	4.65
309	600691.SH	阳煤化工	4.6	4.61	4.73	4.17	4.74	4.74
310	000698.SZ	沈阳化工	4.59	4.53	4.74	4.11	4.79	4.78
311	300716.SZ	国立科技	4.58	4.25	4.94	4.71	4.58	4.44
312	000553.SZ	安道麦A	4.58	4.49	5.05	3.93	4.73	4.69
313	603188.SH	亚邦股份	4.58	4.6	5.1	3.83	4.68	4.67
314	000599.SZ	青岛双星	4.58	4.39	4.93	4.02	4.78	4.77
315	600844.SH	丹化科技	4.56	4.71	4.42	4.4	4.57	4.68
316	000936.SZ	华西股份	4.55	4.38	4.7	4.39	4.77	4.53
317	002341.SZ	新纶科技	4.52	4.38	4.68	3.82	4.75	4.95
318	002172.SZ	澳洋健康	4.51	4.23	4.71	4.58	4.41	4.64
319	300072.SZ	三聚环保	4.47	4.38	4.81	3.47	4.85	4.81
320	002094.SZ	青岛金王	4.45	4.33	4.65	4.08	4.64	4.55

(十三) 机械设备

排名	代码	公司名称	总得分	财务指标	估值与成长性	创值能力	公司治理	创新与研发
1	603298.SH	杭叉集团	5.4	5.47	5.43	6.14	5.06	4.89
2	002690.SZ	美亚光电	5.38	5.67	5.2	5.71	5.28	5.06
3	002444.SZ	巨星科技	5.33	5.42	5.38	6.2	4.93	4.74
4	603277.SH	银都股份	5.33	5.62	5.4	5.61	5.33	4.69
5	688001.SH	华兴源创	5.33	5.39	5.19	5.77	5.08	5.19
6	603666.SH	亿嘉和	5.33	5.63	5.07	5.51	5.31	5.11
7	300417.SZ	南华仪器	5.32	5.56	5.15	5.38	5.24	5.27
8	002353.SZ	杰瑞股份	5.31	4.69	5.39	6.29	5.25	4.94
9	002957.SZ	科瑞技术	5.3	5.61	5.3	5.7	4.9	4.99
10	603203.SH	快克股份	5.3	5.62	5.32	5.59	4.84	5.12
11	601100.SH	恒立液压	5.29	5.39	5.16	5.83	5.03	5.05
12	300802.SZ	矩子科技	5.29	5.67	5.11	5.56	5.2	4.91
13	300450.SZ	先导智能	5.29	4.81	5.17	6.18	5.03	5.24
14	300445.SZ	康斯特	5.29	5.46	5.21	5.21	5.25	5.3
15	603757.SH	大元泵业	5.28	5.74	5.42	5.19	5.28	4.8
16	300607.SZ	拓斯达	5.27	5.27	5.48	5.64	5.1	4.88
17	002595.SZ	豪迈科技	5.27	4.83	5.48	6.23	5.14	4.69
18	603337.SH	杰克股份	5.27	5.21	5.4	5.78	5.13	4.84
19	002960.SZ	青鸟消防	5.27	5.45	5.34	5.46	5.33	4.76
20	600031.SH	三一重工	5.27	5.07	5.02	5.98	5.2	5.07
21	002833.SZ	弘亚数控	5.27	5.63	5.43	5.52	4.91	4.84
22	603338.SH	浙江鼎力	5.26	5.46	5.22	5.8	5.02	4.81
23	600761.SH	安徽合力	5.26	5.18	5.47	5.65	5.05	4.94
24	603700.SH	宁水集团	5.25	5.52	5.34	5.44	5.14	4.8
25	300776.SZ	帝尔激光	5.25	5.19	5.25	5.48	5.14	5.17
26	002884.SZ	凌霄泵业	5.24	5.64	5.28	5.62	4.96	4.72
27	603960.SH	克来机电	5.24	5.43	4.99	5.32	5.43	5.04
28	300572.SZ	安车检测	5.24	5.18	5.42	5.37	5.27	4.94
29	300515.SZ	三德科技	5.23	5.47	4.97	5.28	5.23	5.2
30	300718.SZ	长盛轴承	5.22	5.66	5.21	5.19	5.24	4.82
31	002430.SZ	杭氧股份	5.22	5.06	5.1	6.03	5.01	4.92
32	688310.SH	迈得医疗	5.22	5.4	5.3	5.29	5.06	5.06

续表

排名	代码	公司名称	总得分	财务指标	估值与成长性	创值能力	公司治理	创新与研发
33	002972.SZ	科安达	5.22	5.3	5.41	5.14	5.16	5.08
34	688028.SH	沃尔德	5.22	5.56	5.22	5.24	5.15	4.92
35	300179.SZ	四方达	5.22	5.5	5.09	5.3	5.05	5.13
36	300259.SZ	新天科技	5.21	5.55	5.31	5.06	5.11	5.03
37	603915.SH	国茂股份	5.21	5.43	5.18	5.48	5.19	4.77
38	688006.SH	杭可科技	5.2	5.17	5.13	5.49	5.12	5.07
39	688015.SH	交控科技	5.19	5.03	5.34	5.41	4.97	5.22
40	300800.SZ	力合科技	5.19	5.56	5.3	5.17	5.05	4.9
41	603486.SH	科沃斯	5.19	5.33	4.94	5.76	4.88	5.05
42	300114.SZ	中航电测	5.19	5.31	5.13	5.61	4.9	5.01
43	603956.SH	威派格	5.19	5.3	5.22	5.33	5.18	4.92
44	688012.SH	中微公司	5.19	5.55	4.96	5.37	4.8	5.27
45	300193.SZ	佳士科技	5.19	5.65	5.26	5.23	4.98	4.82
46	688033.SH	天宜上佳	5.18	5.45	5.02	5.06	5.26	5.12
47	300470.SZ	中密控股	5.18	5.31	5.11	5.38	5.05	5.06
48	002843.SZ	泰嘉股份	5.18	5.35	5.18	5.27	5.35	4.76
49	300371.SZ	汇中股份	5.18	5.53	5.23	5.27	5.06	4.81
50	002931.SZ	锋龙股份	5.17	5.38	5.26	5.44	4.92	4.88
51	300354.SZ	东华测试	5.17	5.23	5.12	5.42	5.21	4.89
52	300606.SZ	金太阳	5.17	5.68	5.26	5.23	4.85	4.81
53	300720.SZ	海川智能	5.16	5.54	5.02	5.48	4.94	4.84
54	002903.SZ	宇环数控	5.16	5.06	5.32	5.14	5.25	5.03
55	002871.SZ	伟隆股份	5.16	5.7	5.27	5.02	5.17	4.62
56	603500.SH	祥和实业	5.16	5.49	5.34	5.04	5.06	4.85
57	002158.SZ	汉钟精机	5.15	5.01	5.27	5.48	5.04	4.96
58	300415.SZ	伊之密	5.15	4.91	5.22	5.65	4.99	4.97
59	603159.SH	上海亚虹	5.15	5.43	4.98	5.44	5.06	4.83
60	603279.SH	景津环保	5.14	5.2	5.31	5.43	4.88	4.9
61	002698.SZ	博实股份	5.14	4.97	5.15	5.61	4.93	5.04
62	688128.SH	中国电研	5.14	5.33	5.19	5.41	4.84	4.92
63	603638.SH	艾迪精密	5.14	5.22	5.01	5.61	5.09	4.76
64	603855.SH	华荣股份	5.14	5.13	5.3	5.42	5.19	4.64
65	688003.SH	天准科技	5.14	5.34	5.2	5.4	4.63	5.11
66	300349.SZ	金卡智能	5.14	5.58	5.34	4.92	4.78	5.06

续表

排名	代码	公司名称	总得分	财务指标	估值与成长性	创值能力	公司治理	创新与研发
67	002757.SZ	南兴股份	5.13	5.42	5.59	4.99	4.94	4.73
68	002795.SZ	永和智控	5.13	5.4	5.18	5.28	5.22	4.58
69	300567.SZ	精测电子	5.13	4.71	5.14	5.6	5.24	4.96
70	002857.SZ	三晖电气	5.13	5.61	5.08	5.31	4.68	4.96
71	603187.SH	海容冷链	5.13	5.25	5.17	5.4	5.22	4.6
72	603699.SH	纽威股份	5.13	4.89	5.54	5.52	4.99	4.68
73	300480.SZ	光力科技	5.12	5.14	5.07	5.24	5.09	5.08
74	300112.SZ	万讯自控	5.12	5.28	5.14	4.91	5.35	4.94
75	603656.SH	泰禾智能	5.12	5.26	5.21	4.98	5.13	5.01
76	603185.SH	上机数控	5.12	4.93	5.11	5.52	5.21	4.8
77	000425.SZ	徐工机械	5.12	4.73	5.59	5.28	5.04	4.95
78	603912.SH	佳力图	5.12	5.14	5.15	5.32	5.3	4.66
79	603662.SH	柯力传感	5.12	5.61	5.15	5.08	5.08	4.65
80	002651.SZ	利君股份	5.1	5.27	4.83	5.44	5.16	4.81
81	300171.SZ	东富龙	5.1	5.3	5.19	5.24	4.8	4.97
82	300667.SZ	必创科技	5.1	5.01	5.12	5.3	4.99	5.07
83	603088.SH	宁波精达	5.1	5.3	5.25	5.21	5.01	4.72
84	002111.SZ	威海广泰	5.1	5.11	5.43	5.02	5.07	4.87
85	300400.SZ	劲拓股份	5.1	4.95	5.04	5.28	5.24	4.97
86	300756.SZ	金马游乐	5.1	5.05	5.29	5.15	5.21	4.79
87	300751.SZ	迈为股份	5.1	4.75	4.91	5.44	5.28	5.11
88	002896.SZ	中大力德	5.1	5.32	5.37	5.14	5.12	4.53
89	603686.SH	龙马环卫	5.1	4.95	5.43	5.13	5.32	4.65
90	300553.SZ	集智股份	5.09	5.23	4.89	5.35	4.92	5.09
91	300341.SZ	麦克奥迪	5.09	5.36	4.99	5.44	4.81	4.86
92	002890.SZ	弘宇股份	5.09	5.25	5.09	5.11	5.16	4.85
93	600582.SH	天地科技	5.09	5.06	5.25	5.49	4.86	4.81
94	603131.SH	上海沪工	5.09	5.1	5	5.41	5.15	4.8
95	603488.SH	展鹏科技	5.09	5.49	4.99	4.97	5.23	4.75
96	300099.SZ	精准信息	5.08	5.33	4.86	5.1	5.02	5.1
97	603556.SH	海兴电力	5.08	5.28	5.44	4.98	4.89	4.83
98	300521.SZ	爱司凯	5.08	5.14	5	5.19	5.07	5.02
99	300488.SZ	恒锋工具	5.08	5.29	5.13	5.04	5	4.94
100	300724.SZ	捷佳伟创	5.08	4.58	5.15	5.46	5.28	4.92

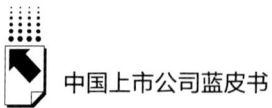

续表

排名	代码	公司名称	总得分	财务指标	估值与成长性	创值能力	公司治理	创新与研发
101	300151.SZ	昌红科技	5.08	5.54	4.86	5.28	4.93	4.76
102	603966.SH	法兰泰克	5.07	4.87	5.56	4.94	5.29	4.71
103	600835.SH	上海机电	5.07	4.72	5.39	5.59	4.71	4.94
104	300809.SZ	华辰装备	5.07	5.57	4.99	4.94	5.09	4.75
105	300786.SZ	国林科技	5.07	5.23	5.41	4.96	4.99	4.74
106	601882.SH	海天精工	5.07	5.31	5	5.51	4.83	4.69
107	603985.SH	恒润股份	5.06	4.84	5.2	5.36	5.27	4.65
108	600481.SH	双良节能	5.05	5.14	5.08	5.45	4.77	4.83
109	002367.SZ	康力电梯	5.05	5.19	5.1	5.07	5.21	4.68
110	002150.SZ	通润装备	5.05	5.6	5.32	4.75	4.9	4.69
111	603283.SH	赛腾股份	5.04	4.39	5.25	5.41	5.26	4.9
112	603901.SH	永创智能	5.04	4.63	5.15	5.47	5.27	4.69
113	300549.SZ	优德精密	5.04	5.19	4.89	5.38	4.99	4.74
114	300669.SZ	沪宁股份	5.04	5.56	4.75	5.36	4.72	4.8
115	002026.SZ	山东威达	5.03	5.25	5.41	4.76	4.9	4.86
116	688333.SH	铂力特	5.03	4.76	4.89	5.25	5.11	5.16
117	603611.SH	诺力股份	5.03	4.9	5.53	4.86	5.12	4.76
118	000157.SZ	中联重科	5.03	4.86	5.14	5.23	5.04	4.89
119	688037.SH	芯源微	5.03	4.78	5.06	5.22	4.8	5.29
120	603028.SH	赛福天	5.03	5.1	5.18	5.26	4.88	4.73
121	603036.SH	如通股份	5.03	5.27	5.19	4.41	5.36	4.91
122	300780.SZ	德恩精工	5.02	5.43	5.19	4.82	5.01	4.67
123	300416.SZ	苏试试验	5.02	4.79	5.1	5.5	4.83	4.88
124	002645.SZ	华宏科技	5.02	5.03	5.07	5.24	4.98	4.78
125	603339.SH	四方科技	5.01	5.56	5.25	4.57	5.01	4.67
126	002837.SZ	英维克	5.01	4.61	5.19	5.54	4.9	4.83
127	688009.SH	中国通号	5.01	4.62	5.3	5.28	4.95	4.9
128	002559.SZ	亚威股份	5.01	5.12	5.4	4.71	5.03	4.8
129	300557.SZ	理工光科	5.01	5.02	5.34	5.08	4.75	4.86
130	300421.SZ	力星股份	5.01	5.05	5.19	5.1	5	4.7
131	002965.SZ	祥鑫科技	5.01	4.89	5.31	4.86	5.3	4.67
132	300092.SZ	科新机电	5.01	4.9	5.1	5.15	5.1	4.78
133	603289.SH	泰瑞机器	5	5.39	5.18	5.07	4.72	4.65
134	300604.SZ	长川科技	5	4.59	4.94	5.28	5	5.2

238

全部A股与港股评估结果

续表

排名	代码	公司名称	总得分	财务指标	估值与成长性	创值能力	公司治理	创新与研发
135	300441.SZ	鲍斯股份	5	5.1	5.09	5.34	4.89	4.57
136	300007.SZ	汉威科技	5	5.02	5.2	4.88	5.02	4.88
137	002760.SZ	凤形股份	5	5.29	5.1	5.06	4.84	4.69
138	300154.SZ	瑞凌股份	5	5.37	5.3	4.64	4.96	4.71
139	002338.SZ	奥普光电	4.99	5.24	4.77	5.45	4.57	4.95
140	002730.SZ	电光科技	4.99	5.32	4.61	5.38	4.95	4.69
141	002849.SZ	威星智能	4.99	4.75	5.47	4.82	5.08	4.83
142	603969.SH	银龙股份	4.99	5.11	5.13	4.8	5.15	4.75
143	300509.SZ	新美星	4.99	4.79	5.12	5.11	5.07	4.85
144	002819.SZ	东方中科	4.98	4.71	4.82	5.23	4.99	5.17
145	300066.SZ	三川智慧	4.98	5.02	5.1	5.07	4.81	4.92
146	300486.SZ	东杰智能	4.98	4.43	5.38	5.14	5.02	4.93
147	688022.SH	瀚川智能	4.98	4.68	5.15	5.39	4.77	4.91
148	300345.SZ	华民股份	4.98	5.19	4.66	5.32	4.82	4.92
149	603617.SH	君禾股份	4.98	5.15	5.3	5.13	4.81	4.49
150	300619.SZ	金银河	4.98	4.83	5.18	5.19	4.92	4.75
151	603090.SH	宏盛股份	4.97	5.13	5.15	5.06	4.98	4.53
152	002487.SZ	大金重工	4.97	4.67	5.51	4.69	5.19	4.79
153	000528.SZ	柳工	4.97	4.7	5.42	4.95	4.98	4.79
154	300281.SZ	金明精机	4.97	5.17	5.29	4.61	4.88	4.88
155	002097.SZ	山河智能	4.96	4.77	5.4	4.73	5.07	4.85
156	002282.SZ	博深股份	4.96	5.09	5.3	4.73	5.05	4.66
157	603321.SH	梅轮电梯	4.96	5.07	5.2	4.73	4.95	4.86
158	002438.SZ	江苏神通	4.96	4.75	5.24	5.02	5.06	4.73
159	300457.SZ	赢合科技	4.96	4.68	4.95	5.17	4.98	5.02
160	603076.SH	乐惠国际	4.96	4.86	5.08	5.16	5.03	4.66
161	600388.SH	龙净环保	4.95	4.69	5.4	4.95	4.98	4.75
162	600444.SH	国机通用	4.95	5.24	4.9	4.93	4.81	4.86
163	603680.SH	今创集团	4.95	4.62	5.28	5	5.18	4.66
164	603690.SH	至纯科技	4.95	4.22	5.04	5.34	5.04	5.09
165	300161.SZ	华中数控	4.94	4.62	5.1	5.17	4.73	5.09
166	300594.SZ	朗进科技	4.94	4.88	5.17	4.8	4.89	4.97
167	300275.SZ	梅安森	4.94	4.53	5	5.16	5.05	4.97
168	000551.SZ	创元科技	4.94	4.94	5.27	4.8	4.83	4.86

续表

排名	代码	公司名称	总得分	财务指标	估值与成长性	创值能力	公司治理	创新与研发
169	300382.SZ	斯莱克	4.94	4.5	5.1	5.24	5.03	4.81
170	300629.SZ	新劲刚	4.94	4.77	5	5.12	4.81	4.97
171	002526.SZ	山东矿机	4.93	5.47	4.96	4.69	4.86	4.7
172	601028.SH	玉龙股份	4.93	5.07	4.68	5.05	4.92	4.95
173	300306.SZ	远方信息	4.93	5.4	4.81	4.47	4.89	5.08
174	002943.SZ	宇晶股份	4.93	4.8	5.21	4.79	5.04	4.8
175	601766.SH	中国中车	4.93	4.7	5.01	5.28	4.9	4.75
176	000856.SZ	冀东装备	4.93	4.87	5	5.19	4.83	4.75
177	300648.SZ	星云股份	4.92	4.41	4.95	5.25	5.07	4.94
178	600894.SH	广日股份	4.92	5.1	5.16	4.75	4.8	4.79
179	002816.SZ	和科达	4.92	4.95	4.65	5.11	4.93	4.95
180	603308.SH	应流股份	4.92	4.76	4.98	5.2	4.81	4.84
181	300464.SZ	星徽股份	4.91	4.49	4.93	5.09	5.11	4.96
182	601369.SH	陕鼓动力	4.91	4.78	5.47	4.55	4.9	4.87
183	300472.SZ	新元科技	4.91	4.6	4.89	5.09	5	4.98
184	300483.SZ	首华燃气	4.91	5.06	5.2	4.6	5.02	4.67
185	600841.SH	上柴股份	4.91	5.16	5.09	4.84	4.56	4.88
186	600558.SH	大西洋	4.91	5.01	5.22	4.61	4.9	4.8
187	002667.SZ	鞍重股份	4.91	4.85	4.84	5.36	4.6	4.87
188	603331.SH	百达精工	4.9	4.53	5.4	4.75	5.29	4.52
189	000811.SZ	冰轮环境	4.9	4.91	5.09	4.77	4.93	4.79
190	300260.SZ	新莱应材	4.9	4.66	5.01	5.27	4.93	4.62
191	603012.SH	创力集团	4.9	4.8	5.16	4.84	5.11	4.56
192	300512.SZ	中亚股份	4.89	4.68	5.11	5.07	4.87	4.74
193	600262.SH	北方股份	4.89	4.58	5.28	4.83	4.93	4.84
194	300503.SZ	昊志机电	4.89	4.45	5.03	5.22	4.95	4.8
195	300165.SZ	天瑞仪器	4.89	4.77	5.35	4.59	4.91	4.83
196	300412.SZ	迦南科技	4.89	4.56	5.08	5.04	4.91	4.84
197	002747.SZ	埃斯顿	4.89	4.51	4.79	5.25	4.85	5.03
198	300103.SZ	达刚控股	4.89	4.55	5	4.9	5.09	4.88
199	002598.SZ	山东章鼓	4.89	4.67	5.17	4.97	4.99	4.63
200	300554.SZ	三超新材	4.88	4.98	4.97	5.08	4.57	4.83
201	603667.SH	五洲新春	4.88	4.91	5.34	4.39	5.23	4.53
202	002774.SZ	快意电梯	4.88	4.77	5.13	4.67	5.05	4.77

全部A股与港股评估结果

续表

排名	代码	公司名称	总得分	财务指标	估值与成长性	创值能力	公司治理	创新与研发
203	300499.SZ	高澜股份	4.88	4.46	5.1	4.9	4.97	4.97
204	688218.SH	江苏北人	4.88	4.57	5.33	4.85	4.84	4.8
205	300095.SZ	华伍股份	4.87	4.57	5.27	4.9	4.88	4.74
206	600592.SH	龙溪股份	4.87	4.87	5.02	4.76	4.87	4.83
207	300420.SZ	五洋停车	4.87	4.61	5.18	4.64	4.98	4.94
208	603278.SH	大业股份	4.87	4.65	5.45	4.73	4.97	4.56
209	603626.SH	科森科技	4.87	4.61	5.2	4.66	5.18	4.69
210	002483.SZ	润邦股份	4.87	4.7	5.5	4.66	4.71	4.76
211	601002.SH	晋亿实业	4.86	5.15	4.82	4.8	4.9	4.64
212	300201.SZ	海伦哲	4.86	4.76	4.85	4.87	4.95	4.89
213	600992.SH	贵绳股份	4.86	5.04	5.28	4.58	4.73	4.68
214	300024.SZ	机器人	4.86	4.39	5.05	4.93	4.9	5.03
215	300257.SZ	开山股份	4.86	4.4	5.36	5.19	4.73	4.62
216	000880.SZ	潍柴重机	4.85	4.82	5.21	4.66	4.71	4.87
217	600495.SH	晋西车轴	4.85	5.25	4.99	4.51	4.83	4.68
218	002009.SZ	天奇股份	4.85	4.75	5.33	4.63	4.63	4.94
219	002722.SZ	金轮股份	4.85	5.03	5.27	4.58	4.85	4.52
220	000925.SZ	众合科技	4.85	4.57	5.16	4.64	5.01	4.87
221	002520.SZ	日发精机	4.85	4.89	5.25	4.5	4.76	4.83
222	300540.SZ	深冷股份	4.85	4.42	4.83	5.17	4.93	4.88
223	300461.SZ	田中精机	4.84	4.53	4.61	5.06	5.13	4.89
224	002796.SZ	世嘉科技	4.84	5.09	5.04	4.57	4.92	4.59
225	002779.SZ	中坚科技	4.84	4.97	5.04	4.87	4.6	4.72
226	002613.SZ	北玻股份	4.84	5	4.7	4.69	4.95	4.88
227	603315.SH	福鞍股份	4.84	4.55	5.14	5.06	4.65	4.81
228	002877.SZ	智能自控	4.84	4.41	5.04	5.11	4.94	4.71
229	002552.SZ	宝鼎科技	4.84	5.23	4.35	5.19	4.72	4.69
230	603269.SH	海鸥股份	4.84	4.35	5.21	4.62	5.33	4.67
231	603895.SH	天永智能	4.84	4.44	5.17	5.17	4.64	4.75
232	300757.SZ	罗博特科	4.83	4.36	4.91	5.22	4.89	4.79
233	603356.SH	华菱精工	4.83	4.44	5.27	4.46	5.35	4.64
234	000976.SZ	华铁股份	4.83	4.85	4.95	4.53	4.99	4.83
235	002204.SZ	大连重工	4.83	4.65	5.18	4.33	4.99	5
236	300126.SZ	锐奇股份	4.83	5.08	4.82	4.68	4.79	4.77

续表

排名	代码	公司名称	总得分	财务指标	估值与成长性	创值能力	公司治理	创新与研发
237	300430.SZ	诚益通	4.83	4.92	5.1	4.65	4.76	4.7
238	600984.SH	建设机械	4.82	4.68	5.15	4.88	4.93	4.49
239	002514.SZ	宝馨科技	4.81	4.57	4.94	5.14	4.83	4.6
240	300402.SZ	宝色股份	4.81	4.34	4.72	5.34	4.68	4.99
241	300385.SZ	雪浪环境	4.81	4.53	5.12	4.83	4.85	4.73
242	002347.SZ	泰尔股份	4.81	4.58	5.08	4.49	5.05	4.86
243	000570.SZ	苏常柴A	4.8	5.03	5.08	4.57	4.73	4.6
244	000777.SZ	中核科技	4.8	4.55	4.96	5.14	4.61	4.74
245	002209.SZ	达意隆	4.79	4.26	5.08	4.76	5.06	4.81
246	600560.SH	金自天正	4.79	4.33	5.11	4.92	4.71	4.9
247	002278.SZ	神开股份	4.79	4.9	4.71	4.67	4.85	4.84
248	300222.SZ	科大智能	4.79	4.32	4.68	4.99	4.98	4.99
249	600499.SH	科达制造	4.79	4.53	4.85	4.91	4.91	4.74
250	600218.SH	全柴动力	4.79	4.92	4.92	4.72	4.8	4.58
251	603800.SH	道森股份	4.79	4.86	4.95	4.85	4.72	4.55
252	300228.SZ	富瑞特装	4.78	4.73	4.74	4.85	4.88	4.72
253	002164.SZ	宁波东力	4.78	5.16	4.4	4.85	4.62	4.88
254	601177.SH	杭齿前进	4.78	4.67	5.08	4.53	4.79	4.82
255	002611.SZ	东方精工	4.77	5.09	4.76	4.07	5.12	4.82
256	600843.SH	上工申贝	4.77	4.75	5.19	4.63	4.65	4.61
257	002046.SZ	国机精工	4.76	4.75	4.98	4.33	4.81	4.92
258	300293.SZ	蓝英装备	4.76	4.61	4.4	5.26	4.56	4.95
259	002689.SZ	远大智能	4.75	4.68	4.76	4.8	4.68	4.85
260	002523.SZ	天桥起重	4.75	4.5	5.04	4.62	4.82	4.79
261	002342.SZ	巨力索具	4.75	4.59	5	4.45	4.86	4.83
262	002639.SZ	雪人股份	4.75	4.47	4.88	4.71	4.83	4.85
263	002685.SZ	华东重机	4.74	4.72	5.14	4.1	5.04	4.72
264	300700.SZ	岱勒新材	4.74	4.3	4.95	4.99	4.88	4.57
265	000039.SZ	中集集团	4.73	4.67	5.31	4.17	4.89	4.63
266	002031.SZ	巨轮智能	4.73	4.74	4.99	4.44	4.81	4.69
267	002490.SZ	山东墨龙	4.73	5	4.71	4.75	4.5	4.71
268	300091.SZ	金通灵	4.73	4.29	4.96	4.86	4.85	4.7
269	600501.SH	航天晨光	4.73	4.76	4.81	4.41	4.81	4.86
270	002272.SZ	川润股份	4.73	4.54	5.27	4.43	4.79	4.6

全部A股与港股评估结果

续表

排名	代码	公司名称	总得分	财务指标	估值与成长性	创值能力	公司治理	创新与研发
271	000680.SZ	山推股份	4.72	4.61	5	4.38	4.68	4.95
272	002073.SZ	软控股份	4.72	4.43	5.19	4.23	4.9	4.87
273	002192.SZ	融捷股份	4.72	4.47	4.58	5.02	4.61	4.94
274	603011.SH	合锻智能	4.72	4.54	4.99	4.57	4.9	4.61
275	603029.SH	天鹅股份	4.72	4.75	5.09	4.37	4.6	4.79
276	300471.SZ	厚普股份	4.72	4.5	4.52	4.96	4.88	4.73
277	002633.SZ	申科股份	4.72	4.69	4.78	4.82	4.62	4.68
278	002786.SZ	银宝山新	4.72	4.34	4.93	4.95	4.65	4.73
279	002337.SZ	赛象科技	4.71	4.9	4.82	4.3	4.71	4.84
280	300097.SZ	智云股份	4.71	4.66	5.01	4.21	4.82	4.87
281	603789.SH	星光农机	4.71	4.44	4.59	5.08	4.76	4.68
282	300351.SZ	永贵电器	4.71	4.93	4.79	3.99	4.97	4.87
283	300391.SZ	康跃科技	4.71	4.57	4.65	4.88	4.73	4.71
284	000901.SZ	航天科技	4.7	4.79	4.98	4.11	4.77	4.86
285	002691.SZ	冀凯股份	4.7	4.78	5	4.45	4.55	4.72
286	300276.SZ	三丰智能	4.69	4.62	4.95	4.25	4.81	4.83
287	002426.SZ	胜利精密	4.69	4.57	4.79	4.47	4.73	4.88
288	300195.SZ	长荣股份	4.69	4.38	5.04	4.08	4.99	4.92
289	601798.SH	蓝科高新	4.68	4.4	4.97	4.49	4.73	4.81
290	000008.SZ	神州高铁	4.68	4.44	4.93	4.11	4.86	5.04
291	600302.SH	标准股份	4.67	4.67	5.01	4.52	4.67	4.48
292	601038.SH	一拖股份	4.67	4.74	4.61	4.47	4.73	4.79
293	000852.SZ	石化机械	4.67	4.31	4.73	4.77	4.8	4.72
294	002480.SZ	新筑股份	4.67	4.46	4.83	4.37	4.86	4.83
295	300411.SZ	金盾股份	4.67	4.83	4.53	4.25	4.64	5.09
296	300080.SZ	易成新能	4.66	4.83	4.67	4.54	4.64	4.65
297	002006.SZ	精功科技	4.66	4.39	4.7	5.15	4.58	4.5
298	600320.SH	振华重工	4.66	4.36	5.1	4.17	4.88	4.77
299	600520.SH	文一科技	4.65	4.57	4.43	5.03	4.67	4.56
300	002132.SZ	恒星科技	4.65	4.77	5.04	4.23	4.71	4.49
301	601608.SH	中信重工	4.65	4.42	4.76	4.45	4.69	4.92

243

续表

排名	代码	公司名称	总得分	财务指标	估值与成长性	创值能力	公司治理	创新与研发
302	000584.SZ	哈工智能	4.64	4.25	4.68	4.73	4.7	4.84
303	300410.SZ	正业科技	4.64	4.47	4.57	4.63	4.55	4.97
304	601106.SH	中国一重	4.63	4.56	5.25	3.69	4.86	4.77
305	300084.SZ	海默科技	4.63	4.4	4.76	4.27	4.83	4.87
306	600860.SH	京城股份	4.62	4.31	4.57	4.87	4.71	4.64
307	000821.SZ	京山轻机	4.62	4.42	4.89	4.24	4.64	4.91
308	300210.SZ	森远股份	4.62	4.25	4.65	4.42	4.74	5.02
309	603318.SH	水发燃气	4.59	4.42	4.97	4.46	4.74	4.38
310	002686.SZ	亿利达	4.59	4.47	4.59	4.37	4.73	4.78
311	000530.SZ	冰山冷热	4.59	4.31	5.04	4.45	4.54	4.6
312	600526.SH	菲达环保	4.59	4.55	4.74	4.15	4.77	4.73
313	300145.SZ	中金环境	4.57	4.72	4.97	3.79	4.9	4.49
314	002248.SZ	华东数控	4.57	4.48	4.37	4.87	4.56	4.58
315	603169.SH	兰石重装	4.57	4.49	4.5	4.59	4.56	4.7
316	300307.SZ	慈星股份	4.56	4.53	4.78	4.06	4.54	4.92
317	000837.SZ	秦川机床	4.56	4.33	4.76	4.16	4.76	4.78
318	603111.SH	康尼机电	4.56	4.72	4.64	3.57	4.91	4.95
319	300442.SZ	普丽盛	4.55	4.14	4.55	4.94	4.46	4.68
320	600375.SH	汉马科技	4.55	4.51	4.58	4.32	4.66	4.69
321	300173.SZ	福能东方	4.53	4.12	4.62	4.4	4.83	4.68
322	000816.SZ	智慧农业	4.52	4.65	4.41	3.88	4.89	4.78
323	600815.SH	厦工股份	4.51	4.27	4.66	4.18	4.86	4.59
324	002564.SZ	天沃科技	4.5	4.09	4.69	4.17	4.75	4.8
325	600579.SH	克劳斯	4.5	4.57	4.71	3.87	4.65	4.68
326	300362.SZ	天翔环境	4.49	4.11	4.31	4.72	4.65	4.68
327	300004.SZ	南风股份	4.49	4.59	4.38	4.14	4.58	4.74
328	600172.SH	黄河旋风	4.48	4.43	4.43	4.38	4.56	4.6
329	600243.SH	青海华鼎	4.47	4.3	4.71	3.97	4.69	4.71
330	600169.SH	太原重工	4.44	4.19	4.62	4.05	4.62	4.72
331	002366.SZ	台海核电	4.42	4.33	4.49	4.26	4.36	4.68

（十四）计算机

排名	代码	公司名称	总得分	财务指标	估值与成长性	创值能力	公司治理	创新与研发
1	300033.SZ	同花顺	5.33	5.6	5.17	5.83	4.97	5.08
2	688188.SH	柏楚电子	5.32	5.62	5.2	5.51	5.28	5.01
3	300624.SZ	万兴科技	5.32	5.58	5.28	5.44	5.2	5.08
4	300768.SZ	迪普科技	5.31	5.69	5.09	5.68	5	5.09
5	002912.SZ	中新赛克	5.3	5.45	5.28	5.72	4.94	5.12
6	688288.SH	鸿泉物联	5.29	5.62	5.32	5.31	5.13	5.05
7	688111.SH	金山办公	5.28	5.72	4.84	5.83	5.01	5.01
8	688088.SH	虹软科技	5.28	5.55	5.05	5.83	4.76	5.19
9	300659.SZ	中孚信息	5.27	5.46	5.09	5.58	5.11	5.14
10	300188.SZ	美亚柏科	5.27	5.14	5.25	5.8	5.11	5.07
11	002410.SZ	广联达	5.26	5.21	4.97	5.83	5.25	5.03
12	002063.SZ	远光软件	5.25	5.39	5.29	5.62	5	4.95
13	300799.SZ	左江科技	5.25	5.14	5.3	5.51	5.17	5.11
14	002439.SZ	启明星辰	5.24	5.1	5.25	5.86	5.15	4.85
15	300369.SZ	绿盟科技	5.24	5.49	5.13	5.52	5.24	4.82
16	300454.SZ	深信服	5.24	5.5	4.88	5.83	4.94	5.04
17	300559.SZ	佳发教育	5.24	5.56	5.62	5.16	5.07	4.77
18	600845.SH	宝信软件	5.24	5.29	5.17	5.83	5.09	4.79
19	688078.SH	龙软科技	5.23	5.2	5.23	5.38	5.28	5.08
20	300773.SZ	拉卡拉	5.23	5.14	5.45	5.85	5.05	4.66
21	002970.SZ	锐明技术	5.21	5.18	5.31	5.69	5.11	4.77
22	603383.SH	顶点软件	5.2	5.72	5.24	5.27	5.05	4.73
23	300687.SZ	赛意信息	5.2	4.92	5.56	5.47	5.29	4.77
24	300036.SZ	超图软件	5.2	5.1	5.38	5.6	5.12	4.8
25	300682.SZ	朗新科技	5.2	5.1	5.24	5.89	4.93	4.84
26	300496.SZ	中科创达	5.2	5.11	4.94	5.77	4.84	5.32
27	300525.SZ	博思软件	5.2	5.29	5.32	5.49	5.1	4.77
28	300552.SZ	万集科技	5.19	5.05	5.33	5.77	4.92	4.9
29	600570.SH	恒生电子	5.19	5.33	4.76	5.83	5.08	4.96
30	688258.SH	卓易信息	5.18	5.55	5.14	5.16	4.91	5.14
31	603138.SH	海量数据	5.18	5.41	5.06	5.4	5.27	4.76
32	300771.SZ	智莱科技	5.18	5.66	5.69	4.81	5.07	4.66

续表

排名	代码	公司名称	总得分	财务指标	估值与成长性	创值能力	公司治理	创新与研发
33	600536.SH	中国软件	5.18	4.89	4.98	5.83	5.1	5.07
34	603019.SH	中科曙光	5.18	5.18	4.98	5.72	5.13	4.87
35	300229.SZ	拓尔思	5.17	5.46	5.39	5.05	5	4.95
36	603039.SH	泛微网络	5.17	5.32	5.14	5.46	5.09	4.82
37	002920.SZ	德赛西威	5.16	5.23	5.08	5.83	4.9	4.76
38	688369.SH	致远互联	5.15	5.44	5.25	5.21	5.18	4.66
39	603927.SH	中科软	5.15	5.07	5.32	5.83	4.77	4.74
40	300253.SZ	卫宁健康	5.14	5.1	4.61	5.92	5.07	5.02
41	300634.SZ	彩讯股份	5.14	5.38	5.12	5.46	4.9	4.85
42	600446.SH	金证股份	5.14	4.58	4.83	6.14	5.47	4.67
43	603496.SH	恒为科技	5.13	4.78	5.59	5.13	5.24	4.94
44	688058.SH	宝兰德	5.13	5.39	5.07	5.02	5.18	5.01
45	002152.SZ	广电运通	5.13	5.23	5.13	5.58	5.09	4.63
46	600850.SH	华东电脑	5.13	4.95	5.35	5.58	4.93	4.86
47	600271.SH	航天信息	5.13	5.19	5.36	5.28	4.95	4.87
48	300379.SZ	东方通	5.13	5.06	4.95	5.58	4.99	5.07
49	300451.SZ	创业慧康	5.13	5.06	5.28	5.34	5.12	4.85
50	300542.SZ	新晨科技	5.13	4.85	5.13	5.46	5.28	4.93
51	300508.SZ	维宏股份	5.12	5.44	5.09	5.13	4.99	4.98
52	002649.SZ	博彦科技	5.12	5.17	5.57	5	5.13	4.75
53	002230.SZ	科大讯飞	5.12	5.1	4.87	5.83	4.82	4.96
54	000977.SZ	浪潮信息	5.11	4.77	5.55	5.47	5.1	4.68
55	603516.SH	淳中科技	5.11	5.29	5.39	5.22	4.88	4.78
56	600588.SH	用友网络	5.11	5.09	4.39	5.83	5.3	4.91
57	300333.SZ	兆日科技	5.1	5.44	5.1	4.87	5.07	5.03
58	603508.SH	思维列控	5.1	5.54	5.29	4.39	5.21	5.07
59	002777.SZ	久远银海	5.1	5.28	5.27	5.32	4.97	4.67
60	300674.SZ	宇信科技	5.1	4.71	5.18	5.88	5.08	4.65
61	603232.SH	格尔软件	5.1	5.5	5.07	4.83	5.21	4.88
62	000997.SZ	新大陆	5.1	4.56	5.47	5.6	4.9	4.95
63	002373.SZ	千方科技	5.1	4.94	5.48	5.15	5.13	4.78
64	688168.SH	安博通	5.1	5.36	5.33	4.82	4.99	4.99
65	300271.SZ	华宇软件	5.1	5.25	5.39	5.18	4.85	4.81
66	300448.SZ	浩云科技	5.09	5.52	4.97	5.05	5.04	4.87

全部A股与港股评估结果

续表

排名	代码	公司名称	总得分	财务指标	估值与成长性	创值能力	公司治理	创新与研发
67	300248.SZ	新开普	5.09	5.14	5.31	4.85	5.31	4.85
68	300579.SZ	数字认证	5.09	5.09	5.18	5.35	5.03	4.79
69	002401.SZ	中远海科	5.09	5.19	5.42	4.8	5.05	4.97
70	688023.SH	安恒信息	5.08	5.29	4.78	5.46	4.94	4.94
71	603189.SH	网达软件	5.08	5.27	5.22	5.18	4.96	4.77
72	300166.SZ	东方国信	5.08	5.07	5.52	4.94	5.01	4.86
73	300803.SZ	指南针	5.08	5.66	4.91	5.28	4.8	4.74
74	300766.SZ	每日互动	5.07	5.32	5.09	5.21	4.77	4.98
75	300468.SZ	四方精创	5.07	5.4	5.1	5.27	4.8	4.79
76	002376.SZ	新北洋	5.07	4.78	5.5	5.31	4.9	4.88
77	002380.SZ	科远智慧	5.07	5.3	5.53	4.63	5.16	4.72
78	300380.SZ	安硕信息	5.07	5.21	5.06	5.35	4.92	4.8
79	300386.SZ	飞天诚信	5.07	5.29	5.12	5.08	5.04	4.8
80	300541.SZ	先进数通	5.06	4.43	5.43	5.39	5.21	4.85
81	300789.SZ	唐源电气	5.06	4.86	5.51	4.83	5.13	4.98
82	603660.SH	苏州科达	5.06	4.43	5.36	5.66	5.12	4.73
83	002296.SZ	辉煌科技	5.06	5.23	5.34	4.6	5.21	4.91
84	300348.SZ	长亮科技	5.06	4.89	4.9	5.4	5.13	4.96
85	603990.SH	麦迪科技	5.05	5.19	5.06	4.99	5.08	4.94
86	300609.SZ	汇纳科技	5.05	5.24	5.48	4.6	4.93	5
87	300551.SZ	古鳌科技	5.05	5.22	5.07	5.12	4.93	4.9
88	300365.SZ	恒华科技	5.05	4.99	5.49	4.82	5.14	4.81
89	688118.SH	普元信息	5.05	5.09	5.38	4.74	5.09	4.95
90	000938.SZ	紫光股份	5.05	4.98	5.21	5.28	5.07	4.7
91	300608.SZ	思特奇	5.05	4.78	5.39	5.34	4.88	4.85
92	688039.SH	当虹科技	5.04	4.99	5.31	4.97	4.85	5.06
93	300546.SZ	雄帝科技	5.03	4.95	5.33	4.95	5.07	4.85
94	300561.SZ	汇金科技	5.03	5.08	4.89	5.3	4.99	4.89
95	300377.SZ	赢时胜	5.03	5.21	5	4.91	5.08	4.94
96	002153.SZ	石基信息	5.02	5.32	4.88	5.06	4.95	4.91
97	300378.SZ	鼎捷软件	5.01	5.27	5	5.18	4.86	4.76
98	300440.SZ	运达科技	5	4.97	5.31	4.78	5.1	4.86
99	300130.SZ	新国都	5	5.02	5.51	4.8	5.03	4.66
100	688066.SH	航天宏图	5	4.75	5.36	5.34	4.68	4.89

247

续表

排名	代码	公司名称	总得分	财务指标	估值与成长性	创值能力	公司治理	创新与研发
101	300235.SZ	方直科技	5	5.32	4.95	4.82	4.97	4.97
102	300399.SZ	天利科技	5	4.86	5.34	5.17	4.93	4.7
103	300556.SZ	丝路视觉	5	4.8	5.35	4.93	5.31	4.6
104	300738.SZ	奥飞数据	5	4.56	5.49	5.33	4.78	4.83
105	300096.SZ	易联众	5	4.42	5.26	5.38	5.02	4.89
106	300605.SZ	恒锋信息	4.99	4.62	5.28	5.14	5.04	4.85
107	002180.SZ	纳思达	4.99	4.78	4.89	5.5	5.04	4.72
108	300075.SZ	数字政通	4.99	5.22	5.27	4.59	5.1	4.75
109	603881.SH	数据港	4.98	4.78	5.32	5.16	4.93	4.73
110	300520.SZ	科大国创	4.98	4.69	5.3	5.1	4.95	4.87
111	300532.SZ	今天国际	4.98	4.89	5.5	4.69	5.01	4.82
112	600602.SH	云赛智联	4.98	5.04	5.27	5.02	4.89	4.69
113	002368.SZ	太极股份	4.98	4.68	5.47	5.08	4.88	4.8
114	002405.SZ	四维图新	4.98	4.75	4.83	5.65	4.67	5
115	002835.SZ	同为股份	4.98	4.88	5.31	5.14	4.96	4.59
116	300352.SZ	北信源	4.97	4.78	5.15	5.07	4.87	4.98
117	002268.SZ	卫士通	4.97	4.9	5.25	5.11	4.74	4.86
118	300730.SZ	科创信息	4.97	4.6	5.11	5.25	5.11	4.77
119	002362.SZ	汉王科技	4.97	4.86	5.21	4.92	5.12	4.73
120	002609.SZ	捷顺科技	4.96	4.66	5.45	4.8	5.19	4.71
121	300079.SZ	数码视讯	4.96	5.37	5.07	4.64	4.72	5.01
122	002212.SZ	天融信	4.96	5.02	4.95	5.08	4.83	4.92
123	300231.SZ	银信科技	4.96	4.79	5.55	4.79	5.03	4.63
124	300523.SZ	辰安科技	4.96	4.58	5.3	5.08	5.09	4.74
125	603528.SH	多伦科技	4.96	4.96	5.39	4.81	4.96	4.66
126	300455.SZ	康拓红外	4.96	4.73	5.22	5.25	4.85	4.74
127	300042.SZ	朗科科技	4.95	5.04	5.13	4.76	5.04	4.77
128	002232.SZ	启明信息	4.94	4.88	5.01	5	4.92	4.88
129	300212.SZ	易华录	4.93	4.3	5.22	5.34	4.86	4.95
130	300479.SZ	神思电子	4.93	4.73	5.15	4.86	4.88	5.03
131	002195.SZ	二三四五	4.93	5.29	5.17	4.56	4.78	4.85
132	002417.SZ	深南股份	4.93	4.94	4.75	5.27	4.89	4.81
133	002253.SZ	川大智胜	4.93	5.24	5.26	4.27	4.86	5
134	300277.SZ	海联讯	4.92	5.09	4.76	5.25	4.76	4.75

全部A股与港股评估结果

续表

排名	代码	公司名称	总得分	财务指标	估值与成长性	创值能力	公司治理	创新与研发
135	300550.SZ	和仁科技	4.92	4.61	5.27	4.83	5.08	4.78
136	000034.SZ	神州数码	4.91	4.67	5.03	4.74	5.32	4.8
137	603918.SH	金桥信息	4.91	4.52	5.27	5.23	4.8	4.72
138	000066.SZ	中国长城	4.91	4.3	4.67	5.85	5.04	4.68
139	300311.SZ	任子行	4.91	4.59	5.01	5.16	4.93	4.86
140	002065.SZ	东华软件	4.91	4.5	5.06	5.04	4.98	4.97
141	600571.SH	信雅达	4.91	4.88	5.01	5.29	4.74	4.62
142	300045.SZ	华力创通	4.91	4.74	5.14	4.67	5.02	4.97
143	300288.SZ	朗玛信息	4.9	5.12	5.23	4.55	4.89	4.74
144	300462.SZ	华铭智能	4.9	4.85	5.23	4.73	5.05	4.65
145	300047.SZ	天源迪科	4.9	4.4	5.48	4.72	5.07	4.83
146	300155.SZ	安居宝	4.9	4.85	5.09	4.72	4.99	4.83
147	300598.SZ	诚迈科技	4.9	4.55	5.09	5.22	4.69	4.93
148	300170.SZ	汉得信息	4.89	5.01	5.38	4.56	4.76	4.73
149	600756.SH	浪潮软件	4.89	4.99	5.4	4.65	4.6	4.78
150	601519.SH	大智慧	4.88	5.16	4.41	5.17	4.71	4.94
151	688030.SH	山石网科	4.86	4.88	4.69	5.22	4.84	4.7
152	300245.SZ	天玑科技	4.86	5.15	5.17	4.49	4.75	4.75
153	000948.SZ	南天信息	4.86	4.46	5.34	4.68	4.94	4.85
154	600797.SH	浙大网新	4.85	4.99	5.13	4.57	4.87	4.69
155	002177.SZ	御银股份	4.85	5.24	4.77	4.7	4.68	4.84
156	300330.SZ	华虹计通	4.85	4.57	4.99	5.05	4.88	4.74
157	300678.SZ	中科信息	4.85	4.61	4.98	5.23	4.53	4.88
158	300807.SZ	天迈科技	4.85	4.52	5.13	4.78	4.87	4.92
159	300002.SZ	神州泰岳	4.84	5.05	4.83	4.21	5.14	4.99
160	002316.SZ	亚联发展	4.84	4.83	4.87	5.06	4.86	4.59
161	000555.SZ	神州信息	4.84	4.63	4.91	4.85	5.12	4.68
162	300177.SZ	中海达	4.84	4.45	5.08	4.94	4.84	4.88
163	600855.SH	航天长峰	4.84	4.77	5.12	4.88	4.72	4.71
164	300663.SZ	科蓝软件	4.84	4.25	5.1	5.22	4.87	4.74
165	002331.SZ	皖通科技	4.83	4.85	5.34	4.33	4.81	4.8
166	002528.SZ	英飞拓	4.82	4.37	5.44	4.45	5.22	4.62
167	600476.SH	湘邮科技	4.82	4.7	4.74	5.01	4.77	4.85
168	300290.SZ	荣科科技	4.82	4.86	5.1	4.5	4.85	4.76

续表

排名	代码	公司名称	总得分	财务指标	估值与成长性	创值能力	公司治理	创新与研发
169	300085.SZ	银之杰	4.81	4.59	4.98	5.02	4.69	4.79
170	300150.SZ	世纪瑞尔	4.81	4.77	5.19	4.46	4.81	4.85
171	002279.SZ	久其软件	4.81	4.85	4.96	4.59	4.88	4.76
172	300588.SZ	熙菱信息	4.8	4.28	4.82	5.24	4.8	4.84
173	300645.SZ	正元智慧	4.78	4.43	5.46	4.79	4.56	4.67
174	300368.SZ	汇金股份	4.78	4.27	4.95	5.34	4.68	4.65
175	002771.SZ	真视通	4.77	4.48	5.08	4.92	4.67	4.73
176	300250.SZ	初灵信息	4.77	5.08	4.61	4.35	5	4.81
177	603636.SH	南威软件	4.77	4.34	5.23	4.63	4.96	4.69
178	300264.SZ	佳创视讯	4.77	4.47	4.59	4.93	5.03	4.8
179	603869.SH	新智认知	4.76	4.54	5.18	4.53	4.78	4.79
180	300074.SZ	华平股份	4.76	4.72	5.08	4.47	4.81	4.72
181	603106.SH	恒银科技	4.76	4.78	5.37	4.44	4.66	4.54
182	002474.SZ	榕基软件	4.75	4.61	5.08	4.7	4.67	4.73
183	600728.SH	佳都科技	4.75	4.49	5	4.52	5	4.73
184	300302.SZ	同有科技	4.74	4.5	4.78	4.84	4.81	4.78
185	300324.SZ	旋极信息	4.74	4.69	5.01	4.17	5.16	4.67
186	300287.SZ	飞利信	4.74	4.69	5.05	4.39	4.69	4.87
187	300465.SZ	高伟达	4.73	4.77	4.87	4.66	4.81	4.56
188	300020.SZ	银江股份	4.73	4.34	5.29	4.39	4.76	4.89
189	300078.SZ	思创医惠	4.73	4.4	5.33	4.36	4.72	4.87
190	002312.SZ	川发龙蟒	4.73	4.6	4.89	4.68	4.84	4.63
191	300339.SZ	润和软件	4.73	4.6	4.97	4.72	4.56	4.78
192	002421.SZ	达实智能	4.72	4.4	5.49	4.26	4.75	4.69
193	002577.SZ	雷柏科技	4.71	4.75	4.76	4.59	4.71	4.77
194	002530.SZ	金财互联	4.71	4.43	5.12	4.31	4.96	4.74
195	300010.SZ	豆神教育	4.71	4.37	4.56	4.92	5.25	4.43
196	600800.SH	渤海化学	4.69	4.61	5.05	4.23	4.78	4.8
197	600718.SH	东软集团	4.69	4.59	4.98	4.11	4.87	4.89
198	002280.SZ	联络互动	4.68	4.43	4.76	4.73	4.79	4.72
199	300209.SZ	天泽信息	4.68	4.39	5.12	4.17	4.98	4.76
200	300168.SZ	万达信息	4.68	4.26	4.66	4.72	4.9	4.87
201	300270.SZ	中威电子	4.68	4.39	5.18	4.42	4.71	4.71
202	300469.SZ	信息发展	4.67	4.12	4.77	5.03	4.65	4.8

续表

排名	代码	公司名称	总得分	财务指标	估值与成长性	创值能力	公司治理	创新与研发
203	300167.SZ	迪威迅	4.67	4.75	4.75	4.62	4.52	4.68
204	300419.SZ	浩丰科技	4.66	4.85	4.87	4.22	4.73	4.65
205	002383.SZ	合众思壮	4.66	4.33	5.13	4.41	4.76	4.68
206	300344.SZ	立方数科	4.65	4.28	4.59	4.64	4.94	4.81
207	002308.SZ	威创股份	4.65	4.79	4.9	4.17	4.66	4.73
208	300366.SZ	创意信息	4.65	4.28	4.97	4.43	4.78	4.78
209	002657.SZ	中科金财	4.64	4.51	5.04	4.13	4.75	4.76
210	600410.SH	华胜天成	4.62	4.62	4.93	3.91	4.89	4.74
211	002197.SZ	证通电子	4.6	4.43	5.05	4.06	4.76	4.73
212	000158.SZ	常山北明	4.59	4.62	5.04	3.93	4.66	4.73
213	300449.SZ	汉邦高科	4.59	4.83	4.76	4.07	4.72	4.55
214	002642.SZ	荣联科技	4.57	4.24	4.7	4.14	5.06	4.74
215	600100.SH	同方股份	4.57	4.24	4.72	4.17	4.95	4.79
216	002537.SZ	海联金汇	4.56	4.68	4.79	4.17	4.59	4.57
217	300300.SZ	海峡创新	4.55	4.28	4.7	4.63	4.54	4.59
218	300297.SZ	蓝盾股份	4.54	4.14	5	4.17	4.74	4.66
219	002512.SZ	达华智能	4.54	4.23	4.51	4.51	4.73	4.72

（十五）家用电器

排名	代码	公司名称	总得分	财务指标	估值与成长性	创值能力	公司治理	创新与研发
1	002508.SZ	老板电器	5.36	5.7	5.34	5.49	5.08	5.19
2	002242.SZ	九阳股份	5.3	5.6	5.33	5.41	5.06	5.1
3	002677.SZ	浙江美大	5.28	5.61	5.37	5.35	5.16	4.9
4	002032.SZ	苏泊尔	5.25	5.45	5.43	5.68	4.74	4.95
5	000651.SZ	格力电器	5.24	5.23	5.27	5.72	5	4.95
6	000333.SZ	美的集团	5.22	5.07	5.26	5.92	4.99	4.85
7	603519.SH	立霸股份	5.22	5.47	5.31	5.14	5.22	4.94
8	603579.SH	荣泰健康	5.21	5.58	5.67	4.97	5	4.83
9	603355.SH	莱克电气	5.2	5.44	5.5	5.34	4.84	4.87
10	603868.SH	飞科电器	5.19	5.45	5.33	5.39	4.99	4.81
11	002050.SZ	三花智控	5.19	5.14	5.26	5.55	4.95	5.05

续表

排名	代码	公司名称	总得分	财务指标	估值与成长性	创值能力	公司治理	创新与研发
12	600690.SH	海尔智家	5.18	4.85	5.38	5.88	4.87	4.94
13	603657.SH	春光科技	5.17	5.54	5.38	5.02	5.08	4.81
14	002705.SZ	新宝股份	5.14	5.19	5.36	5.25	5	4.89
15	300403.SZ	汉宇集团	5.13	5.21	5.7	4.88	4.9	4.97
16	002959.SZ	小熊电器	5.13	5.52	5.32	5.26	4.75	4.78
17	002860.SZ	星帅尔	5.09	5.12	5.44	4.99	5.2	4.72
18	603311.SH	金海高科	5.08	5.22	5.81	4.86	4.87	4.65
19	603578.SH	三星新材	5.06	5.26	5.24	4.85	4.97	5
20	002035.SZ	华帝股份	5.05	5.11	5.34	4.78	5.08	4.93
21	002614.SZ	奥佳华	5.04	4.8	5.51	4.9	5.1	4.88
22	300342.SZ	天银机电	5.01	5.11	4.97	5.01	4.94	5.02
23	300475.SZ	聚隆科技	5	5.09	4.99	5.16	4.73	5.02
24	002543.SZ	万和电气	4.98	4.98	5.49	4.38	5.07	5
25	000921.SZ	海信家电	4.98	4.98	5.21	4.75	5.15	4.78
26	000810.SZ	创维数字	4.96	4.82	5.42	4.84	4.78	4.94
27	300272.SZ	开能健康	4.95	4.9	5.1	4.95	4.89	4.88
28	603726.SH	朗迪集团	4.94	4.68	5.19	4.85	5.11	4.86
29	600060.SH	海信视像	4.92	4.83	5.3	4.62	4.86	4.99
30	002519.SZ	银河电子	4.89	5.17	5.07	4.33	4.91	4.95
31	300160.SZ	秀强股份	4.88	5.06	4.64	5.04	4.9	4.77
32	002759.SZ	天际股份	4.88	4.6	4.82	5.09	4.8	5.08
33	603677.SH	奇精机械	4.88	4.84	5.41	4.69	4.79	4.67
34	300247.SZ	融捷健康	4.85	5.13	4.78	4.77	4.67	4.89
35	600854.SH	春兰股份	4.83	4.85	5.2	4.42	4.72	4.95
36	300217.SZ	东方电热	4.81	4.48	5.21	4.6	4.99	4.75
37	600336.SH	澳柯玛	4.8	4.46	5.26	4.6	5.01	4.67
38	002429.SZ	兆驰股份	4.8	4.35	5.36	4.82	4.64	4.79
39	600619.SH	海立股份	4.79	4.51	5.47	4.32	4.79	4.86
40	300249.SZ	依米康	4.78	4.13	4.81	5.05	4.99	4.9
41	000521.SZ	长虹美菱	4.77	4.87	5.02	4.38	4.75	4.82
42	002723.SZ	金莱特	4.76	4.43	4.51	5.16	4.77	4.95
43	000404.SZ	长虹华意	4.76	4.76	5.26	4.46	4.69	4.62
44	000801.SZ	四川九洲	4.75	4.52	4.98	4.76	4.74	4.76
45	002848.SZ	高斯贝尔	4.74	4.38	4.66	5.07	4.83	4.77
46	002668.SZ	奥马电器	4.74	4.93	4.81	4.45	5.02	4.49

全部A股与港股评估结果

续表

排名	代码	公司名称	总得分	财务指标	估值与成长性	创值能力	公司治理	创新与研发
47	600983.SH	惠而浦	4.74	4.62	4.89	4.76	4.75	4.68
48	002290.SZ	禾盛新材	4.74	4.36	4.9	5.02	4.61	4.81
49	002403.SZ	爱仕达	4.72	4.2	5.46	4.45	4.77	4.73
50	002420.SZ	毅昌股份	4.7	4.46	4.72	4.95	4.74	4.61
51	603366.SH	日出东方	4.69	4.76	4.94	4.37	4.7	4.69
52	600839.SH	四川长虹	4.68	4.5	5.08	4.29	4.86	4.68
53	002676.SZ	顺威股份	4.67	4.4	4.75	4.76	4.76	4.66
54	002418.SZ	康盛股份	4.63	4.39	4.86	4.55	4.68	4.65
55	002011.SZ	盾安环境	4.62	4.32	4.63	4.76	4.81	4.6
56	000016.SZ	深康佳A	4.52	4.32	4.81	4.05	4.88	4.55

（十六）建筑材料

排名	代码	公司名称	总得分	财务指标	估值与成长性	创值能力	公司治理	创新与研发
1	002271.SZ	东方雨虹	5.31	4.95	5.24	5.88	5.34	5.15
2	002372.SZ	伟星新材	5.26	5.35	5.3	5.62	4.94	5.09
3	600585.SH	海螺水泥	5.24	5.4	5.4	5.5	5.01	4.88
4	002088.SZ	鲁阳节能	5.22	5.37	5.56	5.2	4.99	4.97
5	601636.SH	旗滨集团	5.22	5.2	5.09	5.6	5.22	4.97
6	002233.SZ	塔牌集团	5.21	5.55	5.65	4.93	5.01	4.91
7	601865.SH	福莱特	5.21	4.92	5.26	5.58	5.28	4.98
8	600801.SH	华新水泥	5.17	5.19	5.3	5.57	4.99	4.79
9	002918.SZ	蒙娜丽莎	5.17	5.13	5.5	5.24	5.22	4.75
10	300737.SZ	科顺股份	5.16	4.71	5.47	5.39	5.32	4.91
11	000877.SZ	天山股份	5.16	5.46	5.22	4.93	5.23	4.94
12	300599.SZ	雄塑科技	5.14	5.33	5.38	5.02	5.07	4.94
13	000786.SZ	北新建材	5.14	5.35	4.85	5.78	4.76	4.95
14	002641.SZ	永高股份	5.11	5.16	5.38	4.94	5.11	4.97
15	002398.SZ	垒知集团	5.11	5.05	5.41	4.82	5.14	5.13
16	000789.SZ	万年青	5.09	5.37	5.44	4.9	4.97	4.75
17	600449.SH	宁夏建材	5.08	5.6	5.29	4.64	4.98	4.87
18	603937.SH	丽岛新材	5.07	5.27	5.51	4.85	4.91	4.83

253

续表

排名	代码	公司名称	总得分	财务指标	估值与成长性	创值能力	公司治理	创新与研发
19	600720.SH	祁连山	5.05	5.34	5.34	4.66	5.11	4.81
20	000935.SZ	四川双马	5.05	5.48	4.98	5.04	4.99	4.78
21	002791.SZ	坚朗五金	5.05	5.13	5.18	5.2	4.92	4.83
22	000672.SZ	上峰水泥	5.05	5.31	4.93	5.5	4.89	4.6
23	000401.SZ	冀东水泥	5.03	5.1	5.04	5.26	5.1	4.67
24	603856.SH	东宏股份	5.03	5.01	5.57	4.77	5.02	4.79
25	002043.SZ	兔宝宝	5.03	5.03	5.23	5.23	5.05	4.59
26	000012.SZ	南玻A	5.02	5.04	5.13	5.15	4.91	4.87
27	300715.SZ	凯伦股份	4.99	4.5	5.28	5.29	5.02	4.86
28	600802.SH	福建水泥	4.97	5.35	4.85	4.94	5.08	4.63
29	002225.SZ	濮耐股份	4.97	4.89	5.25	4.74	5.17	4.77
30	002392.SZ	北京利尔	4.96	4.88	5.27	4.7	4.98	4.94
31	603038.SH	华立股份	4.95	5.03	5.4	4.94	4.71	4.67
32	600668.SH	尖峰集团	4.94	5.34	5.26	4.41	4.96	4.74
33	002798.SZ	帝欧家居	4.91	4.61	5.39	4.83	4.93	4.77
34	600326.SH	西藏天路	4.88	4.76	5.39	4.49	4.78	4.97
35	600883.SH	博闻科技	4.86	4.91	4.81	5.07	4.79	4.7
36	000023.SZ	深天地A	4.85	4.65	5.11	5.12	4.77	4.62
37	600586.SH	金晶科技	4.85	4.69	5.12	4.98	4.79	4.65
38	600876.SH	洛阳玻璃	4.85	4.44	4.81	5.25	4.87	4.85
39	002718.SZ	友邦吊顶	4.84	4.75	5.35	4.67	4.67	4.78
40	002162.SZ	悦心健康	4.84	4.51	4.96	5.2	4.75	4.79
41	002333.SZ	罗普斯金	4.83	4.71	4.86	5.01	4.68	4.89
42	002623.SZ	亚玛顿	4.83	4.6	4.91	4.91	4.82	4.9
43	002066.SZ	瑞泰科技	4.83	4.73	5.04	4.92	4.62	4.81
44	600678.SH	四川金顶	4.82	5.04	4.5	5.06	4.88	4.63
45	002785.SZ	万里石	4.82	4.62	4.86	5.2	4.63	4.79
46	300374.SZ	中铁装配	4.82	4.33	5.02	4.89	5.1	4.75
47	002163.SZ	海南发展	4.82	4.79	4.6	5.06	4.68	4.96
48	002302.SZ	西部建设	4.81	4.56	5.13	4.54	4.86	4.97
49	000546.SZ	金圆股份	4.81	4.65	5.41	4.38	4.78	4.84
50	300234.SZ	开尔新材	4.78	4.62	4.54	5.22	4.68	4.82
51	002457.SZ	青龙管业	4.75	4.66	5.05	4.63	4.64	4.78
52	002596.SZ	海南瑞泽	4.74	4.51	4.86	4.75	4.97	4.62

续表

排名	代码	公司名称	总得分	财务指标	估值与成长性	创值能力	公司治理	创新与研发
53	601992.SH	金隅集团	4.74	4.45	5.17	4.17	5.1	4.81
54	300117.SZ	嘉寓股份	4.73	4.31	4.87	4.8	4.53	5.16
55	300093.SZ	金刚玻璃	4.73	4.41	4.44	5.27	4.72	4.81
56	600819.SH	耀皮玻璃	4.73	4.84	4.8	4.45	4.76	4.77
57	603616.SH	韩建河山	4.71	4.7	4.46	4.88	4.73	4.79
58	002694.SZ	顾地科技	4.7	4.72	4.7	4.81	4.58	4.69
59	002652.SZ	扬子新材	4.7	4.33	4.58	5.19	4.55	4.84
60	000619.SZ	海螺型材	4.7	4.53	5.17	4.43	4.68	4.66
61	300198.SZ	纳川股份	4.69	4.3	4.61	4.99	4.66	4.87
62	002671.SZ	龙泉股份	4.64	4.71	4.85	4.29	4.68	4.67
63	600321.SH	正源股份	4.63	4.59	4.48	4.66	4.78	4.64
64	600425.SH	青松建化	4.62	4.85	4.7	4.33	4.74	4.5
65	002742.SZ	三圣股份	4.62	4.39	5.34	4.52	4.34	4.48
66	600881.SH	亚泰集团	4.52	4.56	4.8	3.83	4.88	4.53

(十七)建筑装饰

排名	代码	公司名称	总得分	财务指标	估值与成长性	创值能力	公司治理	创新与研发
1	002949.SZ	华阳国际	5.35	5.62	5.34	5.52	5.45	4.8
2	603466.SH	风语筑	5.29	5.48	5.16	5.71	5.26	4.84
3	603357.SH	设计总院	5.28	5.8	5.4	5.5	4.82	4.89
4	603018.SH	华设集团	5.24	5.28	5.44	5.56	5.21	4.69
5	002081.SZ	金螳螂	5.23	5.29	5.39	5.63	5.07	4.78
6	000928.SZ	中钢国际	5.23	5.33	5.28	5.51	5.01	5
7	300384.SZ	三联虹普	5.23	5.7	4.9	5.57	4.99	4.97
8	603860.SH	中公高科	5.21	5.64	5.02	5.41	4.94	5.06
9	603017.SH	中衡设计	5.21	5.41	5.25	5.29	5.27	4.85
10	603081.SH	大丰实业	5.2	5.33	5.32	5.52	5.14	4.71
11	600629.SH	华建集团	5.2	5.36	5.42	5.19	5.25	4.81
12	600970.SH	中材国际	5.2	4.84	5.37	5.82	4.99	4.98
13	300668.SZ	杰恩设计	5.19	5.57	4.9	5.54	5.02	4.93

续表

排名	代码	公司名称	总得分	财务指标	估值与成长性	创值能力	公司治理	创新与研发
14	002541.SZ	鸿路钢构	5.19	5.17	5.25	5.67	5.14	4.7
15	002883.SZ	中设股份	5.18	5.28	5.08	5.5	5.16	4.9
16	603698.SH	航天工程	5.18	5.38	5.04	5.61	4.75	5.13
17	600846.SH	同济科技	5.18	5.44	5.12	5.47	5	4.85
18	600477.SH	杭萧钢构	5.17	4.92	4.95	5.78	5.36	4.83
19	300284.SZ	苏交科	5.17	5.18	5.33	5.26	5.3	4.76
20	603637.SH	镇海股份	5.17	5.62	4.95	5.45	5.05	4.76
21	300500.SZ	启迪设计	5.16	5.58	5.04	5.23	5.05	4.88
22	300564.SZ	筑博设计	5.16	5.5	4.97	5.41	5.18	4.72
23	603909.SH	合诚股份	5.15	5.24	4.92	5.53	5.16	4.91
24	600820.SH	隧道股份	5.15	4.9	5.52	5.51	4.96	4.86
25	601886.SH	江河集团	5.15	5.17	5.28	5.25	5.15	4.88
26	300778.SZ	新城市	5.15	5.56	4.85	5.5	4.88	4.93
27	603359.SH	东珠生态	5.14	4.84	5.37	5.5	5.14	4.86
28	601117.SH	中国化学	5.14	5.08	5.56	5.3	4.94	4.81
29	002140.SZ	东华科技	5.13	4.68	5.49	5.34	4.99	5.17
30	002116.SZ	中国海诚	5.12	5.23	5.4	5.44	4.85	4.7
31	002713.SZ	东易日盛	5.12	5.3	4.92	5.55	5.07	4.76
32	002469.SZ	三维化学	5.11	5.6	4.76	5.28	4.97	4.93
33	300517.SZ	海波重科	5.1	5.34	4.86	5.48	4.96	4.88
34	000779.SZ	甘咨询	5.09	5.64	5.08	5.35	4.62	4.79
35	300732.SZ	设研院	5.09	5.22	5.19	5.22	4.89	4.94
36	300649.SZ	杭州园林	5.09	5.25	4.99	5.37	4.97	4.84
37	603098.SH	森特股份	5.08	4.98	4.86	5.46	5.2	4.9
38	002775.SZ	文科园林	5.08	5.2	5.54	4.92	5	4.73
39	002051.SZ	中工国际	5.06	5.43	5.34	4.68	4.8	5.07
40	603887.SH	城地香江	5.06	4.66	5.41	5.23	5.14	4.88
41	603458.SH	勘设股份	5.06	4.69	5.31	5.36	5.13	4.81
42	601390.SH	中国中铁	5.05	4.74	5.36	5.28	5.13	4.75
43	601618.SH	中国中冶	5.04	5	5.12	5.28	5.03	4.75
44	002062.SZ	宏润建设	5.04	5.03	5	5.36	4.91	4.88
45	300492.SZ	华图山鼎	5.04	5.53	4.47	5.32	4.83	5.03
46	002811.SZ	郑中设计	5.03	5.12	5.04	5.27	4.88	4.86

续表

排名	代码	公司名称	总得分	财务指标	估值与成长性	创值能力	公司治理	创新与研发
47	600039.SH	四川路桥	5.03	4.87	5.35	5.2	4.88	4.86
48	002061.SZ	浙江交科	5.03	5.02	5.11	5.27	4.92	4.83
49	600496.SH	精工钢构	5.03	4.81	5.22	5.4	4.84	4.88
50	300675.SZ	建科院	5.03	5.23	4.93	5.34	4.7	4.93
51	603955.SH	大千生态	5.03	4.53	5.3	5.01	5.35	4.95
52	300746.SZ	汉嘉设计	5.02	5.36	4.97	5.34	4.7	4.75
53	002830.SZ	名雕股份	5.02	5.56	4.66	5.34	4.95	4.6
54	002822.SZ	中装建设	5.02	4.62	5.37	5.18	5.25	4.68
55	601186.SH	中国铁建	5.02	4.81	5.17	5.28	5.07	4.77
56	603030.SH	全筑股份	5.01	4.94	5.29	5.04	5.08	4.72
57	300635.SZ	中达安	5.01	5.09	4.68	5.59	4.99	4.7
58	603929.SH	亚翔集成	5.01	4.94	5.1	5.42	4.67	4.9
59	603843.SH	正平股份	5	4.81	5.03	5.1	5.28	4.79
60	002135.SZ	东南网架	5	4.82	5.31	5.39	4.69	4.78
61	601789.SH	宁波建工	4.99	5.13	5.04	5	4.97	4.84
62	600284.SH	浦东建设	4.99	4.98	5.21	5.02	4.88	4.87
63	002963.SZ	豪尔赛	4.99	5.05	4.77	5.27	4.81	5.07
64	000498.SZ	山东路桥	4.99	4.71	5.58	4.94	5.06	4.67
65	300536.SZ	农尚环境	4.99	5.36	4.45	5.33	4.87	4.96
66	603388.SH	元成股份	4.99	4.65	5.03	5.32	4.94	4.98
67	002298.SZ	中电兴发	4.98	4.7	5.57	5.12	4.86	4.66
68	600170.SH	上海建工	4.98	4.54	5.14	5.35	5.01	4.84
69	300621.SZ	维业股份	4.97	5.01	4.85	5.34	4.8	4.86
70	601668.SH	中国建筑	4.97	4.49	5.15	5.28	5.07	4.86
71	600769.SH	祥龙电业	4.96	5.21	4.7	5.32	4.85	4.73
72	601226.SH	华电重工	4.96	5.13	5.01	4.97	4.81	4.9
73	600512.SH	腾达建设	4.95	5.31	4.57	4.95	5.26	4.66
74	300592.SZ	华凯创意	4.94	5.04	4.79	5.29	4.74	4.86
75	600068.SH	葛洲坝	4.94	4.81	5.4	4.41	5.22	4.85
76	603778.SH	乾景园林	4.93	4.65	4.79	5.2	4.89	5.14
77	000065.SZ	北方国际	4.92	4.57	5.22	5.18	4.78	4.87
78	300506.SZ	名家汇	4.91	4.63	4.75	5.38	4.94	4.86
79	002593.SZ	日上集团	4.91	4.9	5.12	5.09	4.8	4.64

续表

排名	代码	公司名称	总得分	财务指标	估值与成长性	创值能力	公司治理	创新与研发
80	002743.SZ	富煌钢构	4.91	4.97	5.32	4.92	4.67	4.66
81	000055.SZ	方大集团	4.91	4.99	4.89	5.11	4.62	4.93
82	000628.SZ	高新发展	4.91	4.47	5.38	5.26	4.72	4.7
83	002542.SZ	中化岩土	4.91	4.59	4.97	5.14	4.97	4.85
84	002178.SZ	延华智能	4.9	4.79	4.71	5.36	4.74	4.91
85	002789.SZ	建艺集团	4.9	4.7	4.9	5.24	4.62	5.04
86	002047.SZ	宝鹰股份	4.9	4.93	4.88	5.02	4.66	5
87	002375.SZ	亚厦股份	4.88	4.87	4.96	5.06	4.78	4.75
88	002717.SZ	岭南股份	4.87	4.88	4.96	4.96	4.76	4.82
89	603828.SH	柯利达	4.87	4.62	4.91	5.25	4.88	4.71
90	603959.SH	百利科技	4.87	4.66	4.82	5.15	4.66	5.06
91	002856.SZ	美芝股份	4.86	4.49	4.89	5.32	4.9	4.7
92	603316.SH	诚邦股份	4.86	4.49	4.98	5.26	4.82	4.73
93	300712.SZ	永福股份	4.85	4.71	4.82	5.34	4.66	4.74
94	603815.SH	交建股份	4.85	4.39	4.7	5.59	4.64	4.92
95	002060.SZ	粤水电	4.84	4.94	5.22	4.49	4.82	4.75
96	603717.SH	天域生态	4.84	4.38	4.85	5.35	4.82	4.78
97	002620.SZ	瑞和股份	4.82	4.61	4.83	4.75	4.92	4.98
98	002761.SZ	多喜爱	4.81	5	5.11	4.62	4.64	4.71
99	002941.SZ	新疆交建	4.81	4.44	4.87	5.11	4.8	4.84
100	000010.SZ	美丽生态	4.79	4.39	4.64	5.32	4.68	4.9
101	601669.SH	中国电建	4.78	4.82	5.22	4.17	4.85	4.83
102	600610.SH	中毅达	4.77	4.72	4.53	5.16	4.84	4.62
103	600853.SH	龙建股份	4.77	4.39	5.36	4.42	4.82	4.84
104	002781.SZ	奇信股份	4.76	4.64	4.88	4.93	4.48	4.87
105	300355.SZ	蒙草生态	4.75	4.4	4.6	4.92	4.9	4.93
106	300237.SZ	美晨生态	4.75	4.38	4.85	5.06	4.64	4.79
107	002482.SZ	广田集团	4.74	4.56	4.97	4.54	4.81	4.82
108	601800.SH	中国交建	4.73	4.65	5.17	4.17	4.84	4.86
109	300197.SZ	节能铁汉	4.72	4.51	4.83	4.41	5.04	4.83
110	600248.SH	陕西建工	4.72	4.49	4.8	4.89	4.68	4.73
111	600133.SH	东湖高新	4.71	4.88	4.74	4.3	4.72	4.92
112	002325.SZ	洪涛股份	4.7	4.55	4.79	4.33	5.03	4.79

排名	代码	公司名称	总得分	财务指标	估值与成长性	创值能力	公司治理	创新与研发
113	600939.SH	重庆建工	4.7	4.73	4.87	3.9	4.93	5.05
114	002307.SZ	北新路桥	4.68	4.51	4.93	4.54	4.64	4.77
115	600502.SH	安徽建工	4.66	4.35	5.44	3.75	4.99	4.75
116	601611.SH	中国核建	4.66	4.32	5.19	4.13	4.87	4.78
117	002628.SZ	成都路桥	4.65	4.41	4.82	4.64	4.69	4.68
118	002663.SZ	普邦股份	4.64	4.81	4.58	4.17	4.95	4.72
119	600491.SH	龙元建设	4.6	4.38	5.26	3.65	5.16	4.57
120	002431.SZ	棕榈股份	4.6	4.49	4.68	4.24	4.79	4.81
121	002374.SZ	中锐股份	4.6	4.5	4.87	4.38	4.66	4.58
122	002310.SZ	东方园林	4.55	4.28	4.84	4.14	4.72	4.77
123	601068.SH	中铝国际	4.48	4.64	4.43	3.92	4.54	4.89

（十八）交通运输

排名	代码	公司名称	总得分	财务指标	估值与成长性	创值能力	公司治理	创新与研发
1	603871.SH	嘉友国际	5.4	5.47	5.54	5.53	5.4	5.03
2	601298.SH	青岛港	5.33	5.08	5.53	6.03	5.01	4.97
3	002120.SZ	韵达股份	5.32	5.44	4.96	6.18	5.08	4.94
4	600897.SH	厦门空港	5.24	5.7	5.46	5.29	5.01	4.72
5	603535.SH	嘉诚国际	5.23	5.23	5.21	5.5	5.09	5.1
6	000429.SZ	粤高速A	5.23	5.26	5.3	5.7	5.07	4.8
7	603648.SH	畅联股份	5.22	5.33	5.15	5.35	5.23	5.02
8	603713.SH	密尔克卫	5.21	5.07	5.19	5.66	5.16	4.99
9	603128.SH	华贸物流	5.21	5.07	5.26	5.59	5.15	5
10	601000.SH	唐山港	5.2	5.3	5.38	5.27	5.06	5.01
11	600009.SH	上海机场	5.2	5.48	4.73	6.15	4.88	4.76
12	600704.SH	物产中大	5.2	4.68	5.38	5.74	5.09	5.09
13	601006.SH	大秦铁路	5.18	5.32	5.6	5.24	4.97	4.78
14	002468.SZ	申通快递	5.17	5.32	5.18	5.58	4.94	4.85
15	002492.SZ	恒基达鑫	5.17	5.36	5.15	5.3	4.96	5.1
16	002930.SZ	宏川智慧	5.17	5.02	5.22	5.47	5.04	5.12

续表

排名	代码	公司名称	总得分	财务指标	估值与成长性	创值能力	公司治理	创新与研发
17	000828.SZ	东莞控股	5.16	5.44	5.15	5.42	4.97	4.82
18	002320.SZ	海峡股份	5.15	5.56	4.89	5.49	4.95	4.88
19	603967.SH	中创物流	5.15	5.22	5.26	5.34	5.04	4.91
20	000099.SZ	中信海直	5.14	5.19	5.45	5.1	4.92	5.04
21	603066.SH	音飞储存	5.14	5.06	5.29	5.42	4.89	5.02
22	600377.SH	宁沪高速	5.14	4.97	5.32	5.65	5.04	4.71
23	000582.SZ	北部湾港	5.13	5.17	5.47	5.29	4.81	4.91
24	600012.SH	皖通高速	5.13	5.32	5.36	5.21	4.87	4.88
25	603056.SH	德邦股份	5.13	5.09	5.13	5.51	5.07	4.83
26	000520.SZ	长航凤凰	5.1	5.16	4.72	5.58	5.1	4.94
27	600018.SH	上港集团	5.09	4.85	5.07	5.51	5.15	4.88
28	002010.SZ	传化智联	5.08	4.55	5.25	5.44	5.09	5.09
29	601188.SH	龙江交通	5.07	5.49	5.15	4.98	4.88	4.87
30	600125.SH	铁龙物流	5.07	4.93	5.37	5.12	5.06	4.88
31	601975.SH	招商南油	5.07	5.14	4.95	5.62	4.94	4.7
32	601018.SH	宁波港	5.06	4.91	5.34	5.25	5.08	4.73
33	600350.SH	山东高速	5.05	4.78	5.22	5.09	5.23	4.92
34	603167.SH	渤海轮渡	5.04	5.23	5.02	5.14	5.04	4.76
35	603223.SH	恒通股份	5.03	5	4.77	5.56	5	4.83
36	002928.SZ	华夏航空	5.03	4.79	5.24	5.58	4.92	4.63
37	600548.SH	深高速	5.03	4.75	5.33	5.21	5.09	4.74
38	600798.SH	宁波海运	5.02	5.13	5.01	5.23	4.94	4.78
39	600794.SH	保税科技	5.01	4.8	4.98	5.29	4.95	5.04
40	601228.SH	广州港	5.01	4.95	5.28	5.08	4.9	4.86
41	000886.SZ	海南高速	5.01	4.88	5.07	5.25	4.87	4.98
42	000885.SZ	城发环境	5.01	4.91	5.26	5.33	4.69	4.87
43	601598.SH	中国外运	5.01	4.66	5.08	5.29	5.15	4.87
44	001965.SZ	招商公路	5	4.85	5.22	4.93	4.9	5.12
45	600650.SH	锦江在线	5	5.15	5.12	5.25	4.79	4.71
46	002245.SZ	蔚蓝锂芯	5	4.69	4.82	5.6	4.9	4.99
47	600180.SH	瑞茂通	4.99	5.01	5.14	5.08	4.85	4.88
48	000088.SZ	盐田港	4.99	4.87	5.24	5.15	4.78	4.9
49	601021.SH	春秋航空	4.98	4.9	5.16	5.4	4.7	4.76
50	603569.SH	长久物流	4.98	4.55	5.22	5.3	4.98	4.84

全部A股与港股评估结果

续表

排名	代码	公司名称	总得分	财务指标	估值与成长性	创值能力	公司治理	创新与研发
51	601326.SH	秦港股份	4.97	5.18	5.04	4.85	5.03	4.76
52	000089.SZ	深圳机场	4.97	5.25	4.97	5.1	4.9	4.62
53	600033.SH	福建高速	4.97	5.16	5.23	4.77	4.91	4.77
54	002889.SZ	东方嘉盛	4.97	4.6	5.3	5.33	4.79	4.83
55	600368.SH	五洲交通	4.96	5.08	4.99	5.05	4.85	4.85
56	600717.SH	天津港	4.96	4.81	5.39	4.71	4.89	5.02
57	000557.SZ	西部创业	4.96	5.29	4.86	5	4.76	4.91
58	603813.SH	原尚股份	4.96	4.65	4.94	5.39	4.85	4.98
59	002800.SZ	天顺股份	4.96	4.54	4.91	5.43	4.91	4.99
60	601880.SH	辽港股份	4.95	5	5.1	5.03	4.88	4.77
61	603069.SH	海汽集团	4.95	4.75	4.77	5.51	4.9	4.82
62	600106.SH	重庆路桥	4.94	4.93	5.15	4.98	4.85	4.8
63	601872.SH	招商轮船	4.94	4.98	5.25	4.98	4.7	4.78
64	300240.SZ	飞力达	4.94	4.59	5.06	5.27	4.82	4.95
65	600057.SH	厦门象屿	4.92	4.65	5.39	4.68	4.93	4.96
66	600017.SH	日照港	4.92	4.59	5.61	4.64	5	4.76
67	002040.SZ	南京港	4.92	5.1	5	4.95	4.67	4.87
68	603329.SH	上海雅仕	4.91	4.66	4.91	5.41	4.81	4.77
69	603117.SH	万林物流	4.91	4.51	5.28	4.95	5.03	4.79
70	601919.SH	中远海控	4.91	4.88	4.72	5.11	4.97	4.86
71	601518.SH	吉林高速	4.91	5.07	5.08	4.84	4.81	4.73
72	603885.SH	吉祥航空	4.9	4.54	5.23	5.26	4.85	4.65
73	002769.SZ	普路通	4.9	4.43	5.14	5.19	4.76	4.97
74	600662.SH	强生控股	4.89	4.91	4.8	5.27	4.85	4.63
75	600035.SH	楚天高速	4.89	4.8	5.13	4.7	4.87	4.96
76	002627.SZ	宜昌交运	4.88	4.51	5.13	5.19	4.83	4.76
77	600834.SH	申通地铁	4.88	4.48	5	5.44	4.65	4.84
78	000548.SZ	湖南投资	4.88	4.71	4.95	5.08	4.78	4.88
79	000900.SZ	现代投资	4.88	4.69	5.48	4.7	4.79	4.74
80	000507.SZ	珠海港	4.87	4.47	5.59	4.98	4.69	4.62
81	000755.SZ	山西路桥	4.87	4.73	4.82	5.15	4.81	4.82
82	002357.SZ	富临运业	4.87	4.77	4.93	5.12	4.8	4.7
83	000905.SZ	厦门港务	4.86	4.7	5.05	4.92	4.87	4.76
84	600004.SH	白云机场	4.86	4.94	4.83	4.85	4.95	4.73

261

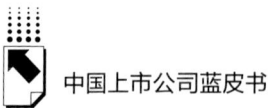

续表

排名	代码	公司名称	总得分	财务指标	估值与成长性	创值能力	公司治理	创新与研发
85	600787.SH	中储股份	4.86	4.76	4.76	4.71	5.07	5
86	001872.SZ	招商港口	4.85	4.85	5.15	4.16	5.06	5.03
87	600269.SH	赣粤高速	4.85	4.78	5.08	4.66	4.87	4.84
88	600153.SH	建发股份	4.84	4.5	5.47	4.17	5.15	4.94
89	002183.SZ	怡亚通	4.84	4.72	5.18	4.94	4.62	4.75
90	600611.SH	大众交通	4.82	4.56	5.08	4.92	4.9	4.65
91	300350.SZ	华鹏飞	4.82	4.65	4.48	5.36	4.67	4.96
92	600575.SH	淮河能源	4.81	4.73	4.97	4.83	4.77	4.73
93	600119.SH	长江投资	4.8	4.49	4.47	5.38	4.73	4.94
94	601107.SH	四川成渝	4.8	4.78	5.19	4.34	4.98	4.71
95	600190.SH	锦州港	4.8	4.4	5.03	4.81	4.99	4.76
96	600026.SH	中远海能	4.77	4.87	4.94	4.2	5.14	4.71
97	300013.SZ	新宁物流	4.77	4.36	4.53	5.37	4.76	4.83
98	601111.SH	中国国航	4.77	4.8	4.95	4.51	4.93	4.65
99	600020.SH	中原高速	4.75	4.76	5.03	4.41	4.81	4.74
100	600428.SH	中远海特	4.74	4.5	5.07	4.57	4.79	4.75
101	600029.SH	南方航空	4.71	4.75	4.84	4.4	4.88	4.7
102	600279.SH	重庆港九	4.71	4.79	4.74	4.6	4.7	4.72
103	601008.SH	连云港	4.7	4.38	4.98	4.8	4.74	4.62
104	600561.SH	江西长运	4.69	4.51	4.81	4.73	4.82	4.57
105	601866.SH	中远海发	4.69	4.47	4.7	4.52	4.9	4.85
106	601333.SH	广深铁路	4.68	4.97	4.88	4.11	4.7	4.76
107	600115.SH	中国东航	4.67	4.69	4.64	4.53	4.9	4.61
108	002682.SZ	龙洲股份	4.64	4.21	4.84	4.71	4.75	4.72
109	002711.SZ	欧浦退	4.58	4.27	4.49	4.83	4.57	4.73
110	600179.SH	安通控股	4.57	4.28	4.33	4.72	4.68	4.83

（十九）农林牧渔

排名	代码	公司名称	总得分	财务指标	估值与成长性	创值能力	公司治理	创新与研发
1	603566.SH	普莱柯	5.31	5.46	5.39	5.33	5.37	5
2	002311.SZ	海大集团	5.26	4.78	5.54	6.18	4.93	4.86
3	600298.SH	安琪酵母	5.24	4.88	5.42	5.71	5.13	5.05

全部A股与港股评估结果

续表

排名	代码	公司名称	总得分	财务指标	估值与成长性	创值能力	公司治理	创新与研发
4	600201.SH	生物股份	5.22	5.39	5.22	5.33	5.08	5.06
5	002714.SZ	牧原股份	5.21	5.03	5.04	6.11	5.11	4.74
6	600598.SH	北大荒	5.2	5.66	5.24	5.57	4.91	4.61
7	300761.SZ	立华股份	5.19	5.68	5.62	5.14	4.96	4.57
8	002458.SZ	益生股份	5.19	5.72	5.03	5.53	5.05	4.64
9	688098.SH	申联生物	5.18	5.26	5.28	5.16	5.04	5.15
10	002299.SZ	圣农发展	5.18	5.31	5.22	5.85	4.83	4.68
11	603739.SH	蔚蓝生物	5.18	5.48	5.46	5.18	4.81	4.94
12	603609.SH	禾丰股份	5.16	5.01	5.52	5.08	5.22	4.99
13	300119.SZ	瑞普生物	5.13	5.2	5.2	5.12	5.07	5.04
14	300498.SZ	温氏股份	5.11	5.18	5.09	5.28	5.34	4.67
15	002385.SZ	大北农	5.1	4.84	4.97	5.25	5.37	5.07
16	600195.SH	中牧股份	5.09	5.33	5.29	4.79	5.02	5.03
17	300673.SZ	佩蒂股份	5.08	5.26	5.45	5.05	4.9	4.73
18	002234.SZ	民和股份	5.07	5.52	5.31	4.95	4.98	4.57
19	000048.SZ	京基智农	5.05	5.19	5.11	5.49	4.94	4.5
20	002157.SZ	正邦科技	5.04	4.73	4.96	5.7	4.91	4.88
21	300138.SZ	晨光生物	5.03	4.47	5.31	5.12	5.19	5.05
22	002041.SZ	登海种业	5.02	5.25	5.04	5.06	4.67	5.07
23	002868.SZ	绿康生化	5.01	5.3	5.51	4.66	4.81	4.79
24	601952.SH	苏垦农发	5.01	5.29	5.4	4.79	4.89	4.65
25	002891.SZ	中宠股份	5	4.69	5.34	5.04	4.96	4.97
26	002688.SZ	金河生物	4.99	4.72	5.56	4.84	4.83	4.99
27	000876.SZ	新希望	4.99	4.66	5.09	5.28	5.1	4.82
28	002746.SZ	仙坛股份	4.96	5.57	4.99	4.73	4.99	4.51
29	300511.SZ	雪榕生物	4.94	4.94	5.34	4.43	5.2	4.81
30	600873.SH	梅花生物	4.94	4.92	5.19	4.73	5.11	4.76
31	002286.SZ	保龄宝	4.94	5.08	5.27	4.74	4.8	4.8
32	300087.SZ	荃银高科	4.93	4.56	5.05	5.04	4.96	5.04
33	603668.SH	天马科技	4.92	5.08	5.36	4.27	4.97	4.9
34	002772.SZ	众兴菌业	4.91	5.2	5.49	4.39	4.92	4.58
35	002124.SZ	天邦股份	4.91	4.96	4.9	4.93	5.18	4.6
36	000998.SZ	隆平高科	4.9	4.68	4.94	4.86	5.03	5
37	603336.SH	宏辉果蔬	4.9	4.58	5.35	4.95	5	4.62

263

续表

排名	代码	公司名称	总得分	财务指标	估值与成长性	创值能力	公司治理	创新与研发
38	002567.SZ	唐人神	4.9	4.82	5.33	4.69	4.79	4.87
39	600371.SH	万向德农	4.89	5	4.58	5.02	4.61	5.23
40	603718.SH	海利生物	4.89	4.86	5.03	4.93	4.71	4.9
41	300021.SZ	大禹节水	4.88	4.57	5.55	4.51	5.13	4.66
42	300106.SZ	西部牧业	4.88	5.27	4.72	4.93	4.52	4.95
43	600097.SH	开创国际	4.87	5.29	5.06	4.46	4.78	4.75
44	300189.SZ	神农科技	4.85	5.1	4.46	5.06	4.71	4.93
45	000713.SZ	丰乐种业	4.85	4.71	4.89	4.92	4.82	4.91
46	603363.SH	傲农生物	4.85	4.64	5.3	4.55	5.09	4.66
47	002100.SZ	天康生物	4.85	4.27	5.48	4.82	4.83	4.82
48	600251.SH	冠农股份	4.84	4.39	5.34	4.52	5.04	4.92
49	002852.SZ	道道全	4.84	4.83	5.16	4.61	4.91	4.72
50	600975.SH	新五丰	4.84	4.62	5.01	4.86	4.87	4.84
51	600127.SH	金健米业	4.84	4.55	5.04	4.91	4.85	4.83
52	600737.SH	中粮糖业	4.83	4.83	4.86	4.64	5.06	4.76
53	002679.SZ	福建金森	4.8	4.42	5.17	4.96	4.58	4.89
54	000702.SZ	正虹科技	4.78	4.92	4.89	4.57	4.92	4.61
55	000798.SZ	中水渔业	4.76	4.51	4.88	5.08	4.73	4.6
56	600313.SH	农发种业	4.74	4.82	4.81	4.58	4.69	4.81
57	300175.SZ	朗源股份	4.73	4.5	4.82	4.86	4.6	4.88
58	000930.SZ	中粮科技	4.73	4.58	5.31	4	4.83	4.92
59	002548.SZ	金新农	4.71	4.56	5.05	4.39	4.84	4.69
60	600257.SH	大湖股份	4.69	4.55	4.73	4.75	4.78	4.66
61	002696.SZ	百洋股份	4.69	4.71	4.88	4.33	5.01	4.52
62	600354.SH	敦煌种业	4.66	4.43	4.34	5.02	4.8	4.72
63	600467.SH	好当家	4.66	4.71	5.18	4.29	4.56	4.57
64	000505.SZ	京粮控股	4.66	4.79	5	4.26	4.68	4.58
65	600359.SH	新农开发	4.64	4.4	4.43	4.9	4.81	4.64
66	000911.SZ	南宁糖业	4.64	4.76	4.39	4.52	4.77	4.73
67	600962.SH	国投中鲁	4.63	4.16	5.07	4.61	4.62	4.69
68	600540.SH	新赛股份	4.63	4.27	4.59	5.07	4.73	4.47
69	300094.SZ	国联水产	4.62	4.18	5.12	4.23	4.69	4.89
70	002069.SZ	獐子岛	4.62	4.57	4.37	4.87	4.56	4.72
71	601118.SH	海南橡胶	4.58	4.83	4.8	4.07	4.66	4.54

续表

排名	代码	公司名称	总得分	财务指标	估值与成长性	创值能力	公司治理	创新与研发
72	000735.SZ	罗牛山	4.55	4.29	4.73	4.48	4.7	4.55
73	000592.SZ	平潭发展	4.52	4.56	4.63	4.18	4.78	4.46
74	300268.SZ	佳沃股份	4.51	4.16	4.94	4.13	4.59	4.75
75	600108.SH	亚盛集团	4.49	4.48	4.49	4.01	4.77	4.68

（二十）汽车

排名	代码	公司名称	总得分	财务指标	估值与成长性	创值能力	公司治理	创新与研发
1	601965.SH	中国汽研	5.4	5.57	5.48	5.49	5.33	5.14
2	600066.SH	宇通客车	5.31	5.22	5.36	6.06	4.96	4.97
3	000951.SZ	中国重汽	5.3	5.03	5.41	6.1	5.08	4.91
4	603037.SH	凯众股份	5.27	5.45	5.65	4.93	5.26	5.06
5	603596.SH	伯特利	5.25	5.38	5.35	5.42	5.07	5.02
6	603730.SH	岱美股份	5.25	5.4	5.29	5.62	5.12	4.79
7	603786.SH	科博达	5.24	5.43	5.25	5.55	4.95	5.02
8	603129.SH	春风动力	5.23	5.16	5.31	5.36	5.14	5.17
9	603040.SH	新坐标	5.21	5.52	5.32	5.28	4.95	5
10	603348.SH	文灿股份	5.21	5.17	5.56	5.2	5.34	4.77
11	601633.SH	长城汽车	5.21	5.11	4.85	5.83	5.11	5.12
12	600933.SH	爱柯迪	5.2	5.46	5.11	5.37	5.2	4.87
13	601799.SH	星宇股份	5.2	5.2	5.14	5.7	5.08	4.89
14	603239.SH	浙江仙通	5.2	5.41	5.21	5.45	5.09	4.84
15	603305.SH	旭升股份	5.19	5.21	5.19	5.55	5.13	4.89
16	002048.SZ	宁波华翔	5.19	5.24	5.38	5.27	5.24	4.82
17	300547.SZ	川环科技	5.19	5.41	5.28	5.19	5.11	4.95
18	600660.SH	福耀玻璃	5.17	5.15	4.98	5.83	4.97	4.93
19	603023.SH	威帝股份	5.17	5.18	5.26	5.26	5.1	5.04
20	000581.SZ	威孚高科	5.16	5.12	5.23	5.28	5.16	5.03
21	603197.SH	保隆科技	5.16	4.81	5.7	5.3	5.17	4.82
22	603013.SH	亚普股份	5.16	5	5.43	5.26	5	5.1
23	603788.SH	宁波高发	5.16	5.49	5.59	4.74	5.17	4.79

续表

排名	代码	公司名称	总得分	财务指标	估值与成长性	创值能力	公司治理	创新与研发
24	300507.SZ	苏奥传感	5.16	5.31	5.1	5.27	5.1	5.01
25	603306.SH	华懋科技	5.16	5.48	5.08	5.41	5.01	4.8
26	601689.SH	拓普集团	5.15	5.2	5.15	5.48	5.02	4.91
27	002594.SZ	比亚迪	5.15	4.86	4.91	5.83	5.31	4.83
28	000338.SZ	潍柴动力	5.14	4.93	5.59	5.52	4.87	4.8
29	300580.SZ	贝斯特	5.13	5.33	5.62	5.01	5.04	4.67
30	603809.SH	豪能股份	5.13	5.18	5.58	5.03	5.14	4.69
31	603358.SH	华达科技	5.12	5.1	5.4	5.2	5.06	4.81
32	603655.SH	朗博科技	5.11	5.36	4.89	5.4	5.08	4.8
33	300695.SZ	兆丰股份	5.11	5.47	5.26	4.93	4.94	4.93
34	603787.SH	新日股份	5.1	5.03	5.44	5.18	5.01	4.86
35	603701.SH	德宏股份	5.1	5.17	5.08	5.27	5.15	4.84
36	300707.SZ	威唐工业	5.1	4.9	5.35	5.29	5.18	4.77
37	603319.SH	湘油泵	5.1	4.95	5.42	5.22	5.08	4.79
38	002406.SZ	远东传动	5.07	5.15	5.37	4.71	5.27	4.86
39	002553.SZ	南方轴承	5.07	5.33	4.95	5.35	4.95	4.77
40	000550.SZ	江铃汽车	5.06	5.07	5.06	5.23	5.02	4.94
41	600742.SH	一汽富维	5.06	5.14	5.58	4.93	4.91	4.76
42	603335.SH	迪生力	5.06	5.28	5.05	5.17	4.82	4.99
43	600104.SH	上汽集团	5.06	4.82	5.22	5.28	5.13	4.86
44	000913.SZ	钱江摩托	5.06	4.9	5.16	5.27	5.05	4.89
45	600741.SH	华域汽车	5.05	4.93	5.24	5.17	4.9	5.02
46	000030.SZ	富奥股份	5.05	4.87	5.51	5.02	5.01	4.85
47	603158.SH	腾龙股份	5.05	4.84	5.63	5.17	4.89	4.71
48	603982.SH	泉峰汽车	5.05	4.96	5.34	5.02	4.91	5.01
49	603390.SH	通达电气	5.04	5	5.21	4.9	5.06	5.05
50	603121.SH	华培动力	5.04	5.32	5.39	5.12	4.65	4.73
51	603109.SH	神驰机电	5.04	5.23	5.13	5.16	4.84	4.85
52	601717.SH	郑煤机	5.04	4.79	5.21	5.06	5.21	4.93
53	601311.SH	骆驼股份	5.04	4.87	5.38	4.83	5.21	4.89
54	002105.SZ	信隆健康	5.04	4.92	5.12	5.39	4.84	4.9
55	600523.SH	贵航股份	5.04	5.26	5.22	4.98	4.84	4.88
56	002126.SZ	银轮股份	5.03	4.81	5.45	5.04	5.03	4.81
57	002085.SZ	万丰奥威	5.03	4.87	5.42	5.07	4.88	4.9

全部A股与港股评估结果

续表

排名	代码	公司名称	总得分	财务指标	估值与成长性	创值能力	公司治理	创新与研发
58	603166.SH	福达股份	5.02	5.22	5.38	4.83	4.86	4.83
59	001696.SZ	宗申动力	5.02	4.92	5.46	5	5.04	4.7
60	300258.SZ	精锻科技	5.02	5.2	5.21	4.95	4.93	4.82
61	603766.SH	隆鑫通用	5.02	5.26	5.21	4.86	4.89	4.88
62	002715.SZ	登云股份	5.02	5	5.22	5.34	4.73	4.81
63	603926.SH	铁流股份	5.02	5.11	5.41	4.86	4.98	4.74
64	000025.SZ	特力A	5.02	5.1	4.89	5.42	4.86	4.8
65	300681.SZ	英搏尔	5.01	4.9	4.96	5.39	4.87	4.96
66	002906.SZ	华阳集团	5.01	5.06	4.95	5.44	4.58	5.05
67	300304.SZ	云意电气	5.01	5.3	5.03	4.94	4.74	5.03
68	002328.SZ	新朋股份	5.01	5.19	5.13	4.62	5.21	4.88
69	300585.SZ	奥联电子	5	4.85	5.02	5.33	4.81	4.99
70	300733.SZ	西菱动力	5	4.9	5.12	5.27	4.95	4.77
71	002516.SZ	旷达科技	5	5.38	5.15	4.83	4.85	4.77
72	603179.SH	新泉股份	4.99	4.56	5.13	5.45	4.97	4.86
73	002725.SZ	跃岭股份	4.99	5.21	5.19	4.81	4.96	4.79
74	603377.SH	东方时尚	4.99	4.84	5.12	5.18	5.08	4.73
75	300680.SZ	隆盛科技	4.99	4.74	4.94	5.14	5.03	5.08
76	601238.SH	广汽集团	4.98	4.64	5.02	5.23	5	5.02
77	603586.SH	金麒麟	4.98	5.4	5.23	4.63	4.84	4.81
78	600699.SH	均胜电子	4.98	4.77	5.03	5.53	4.82	4.75
79	603286.SH	日盈电子	4.98	5.01	5.11	5.1	4.94	4.74
80	002101.SZ	广东鸿图	4.98	5.2	5.16	4.68	4.95	4.89
81	002921.SZ	联诚精密	4.97	4.52	5.43	4.89	5.28	4.73
82	002434.SZ	万里扬	4.97	5	5.3	4.93	4.69	4.92
83	603997.SH	继峰股份	4.97	5.01	5.48	4.83	4.73	4.78
84	603089.SH	正裕工业	4.97	4.9	5.24	4.77	5.21	4.73
85	000887.SZ	中鼎股份	4.97	4.91	5.32	4.97	4.85	4.77
86	603758.SH	秦安股份	4.96	5.28	4.93	4.47	5.1	5.01
87	000800.SZ	一汽解放	4.96	4.81	4.71	5.42	4.92	4.95
88	002472.SZ	双环传动	4.96	4.64	5.34	5.07	5.11	4.62
89	002213.SZ	大为股份	4.95	4.94	5.01	5.13	4.72	4.96
90	600081.SH	东风科技	4.94	4.96	5.08	5.09	4.72	4.86
91	600148.SH	长春一东	4.94	4.85	4.81	5.24	4.81	5

267

续表

排名	代码	公司名称	总得分	财务指标	估值与成长性	创值能力	公司治理	创新与研发
92	000903.SZ	云内动力	4.94	4.98	5.23	4.49	4.92	5.07
93	300652.SZ	雷迪克	4.94	5.01	5.19	4.86	4.9	4.74
94	300428.SZ	立中集团	4.94	4.84	4.92	4.92	5.02	4.99
95	002454.SZ	松芝股份	4.93	5.1	5.31	4.67	4.69	4.9
96	600099.SH	林海股份	4.93	4.87	5.18	5.17	4.5	4.95
97	300742.SZ	越博动力	4.93	4.58	4.8	5.16	5.04	5.07
98	002870.SZ	香山股份	4.93	5.22	5.04	4.6	5.07	4.72
99	002283.SZ	天润工业	4.92	5.03	5.19	4.62	4.98	4.79
100	603917.SH	合力科技	4.92	5.13	5.08	4.59	5.05	4.74
101	300611.SZ	美力科技	4.91	4.76	5.12	5.13	4.83	4.74
102	300643.SZ	万通智控	4.91	5	5.13	5.14	4.57	4.71
103	002536.SZ	飞龙股份	4.91	4.9	5.1	5	4.68	4.87
104	603776.SH	永安行	4.91	5.52	4.93	4.57	4.83	4.71
105	603035.SH	常熟汽饰	4.91	4.77	5.3	4.67	5.01	4.79
106	603161.SH	科华控股	4.9	4.69	5.6	4.61	4.98	4.64
107	000559.SZ	万向钱潮	4.9	4.7	5.05	5.19	4.79	4.79
108	002625.SZ	光启技术	4.9	4.94	5.06	4.92	4.54	5.04
109	600178.SH	东安动力	4.9	4.79	5.08	4.78	4.85	4.98
110	600480.SH	凌云股份	4.87	4.55	5.22	4.76	4.92	4.91
111	000625.SZ	长安汽车	4.87	4.79	4.78	4.62	5.19	4.98
112	603922.SH	金鸿顺	4.87	5.25	4.88	4.81	4.61	4.79
113	603767.SH	中马传动	4.87	4.9	5.07	4.51	5.04	4.81
114	600877.SH	电能股份	4.86	4.7	4.45	5.12	4.84	5.21
115	000996.SZ	中国中期	4.86	4.8	4.94	5.12	4.6	4.85
116	600327.SH	大东方	4.86	4.62	4.99	4.79	5.07	4.84
117	002448.SZ	中原内配	4.86	4.68	5.23	4.62	5.02	4.75
118	002765.SZ	蓝黛科技	4.85	4.82	5.04	4.81	4.95	4.66
119	603178.SH	圣龙股份	4.85	4.9	4.82	5.13	4.74	4.67
120	002708.SZ	光洋股份	4.85	4.9	4.71	4.84	4.96	4.85
121	600006.SH	东风汽车	4.85	4.67	5.02	5.08	4.61	4.88
122	000622.SZ	恒立实业	4.85	4.97	4.69	5.13	4.57	4.89
123	002703.SZ	浙江世宝	4.84	4.73	4.68	5.21	4.74	4.86
124	300432.SZ	富临精工	4.84	5.03	4.83	4.69	4.78	4.88
125	002863.SZ	今飞凯达	4.84	4.64	5.26	4.5	4.96	4.83

全部 A 股与港股评估结果

续表

排名	代码	公司名称	总得分	财务指标	估值与成长性	创值能力	公司治理	创新与研发
126	300375.SZ	鹏翎股份	4.84	4.85	5	4.6	5.09	4.64
127	002813.SZ	路畅科技	4.82	4.52	4.37	5.03	5.01	5.19
128	603006.SH	联明股份	4.81	5.11	5.04	4.36	4.89	4.66
129	600679.SH	上海凤凰	4.81	4.87	4.5	5.13	4.79	4.76
130	600698.SH	湖南天雁	4.81	4.55	4.62	5.33	4.66	4.88
131	300694.SZ	蠡湖股份	4.8	4.82	5.02	4.75	4.73	4.68
132	600686.SH	金龙汽车	4.8	4.77	4.97	4.61	4.8	4.84
133	603768.SH	常青股份	4.8	4.44	5.19	4.73	5.02	4.6
134	002590.SZ	万安科技	4.79	4.79	5.06	4.69	4.65	4.76
135	000757.SZ	浩物股份	4.79	4.67	5.02	4.6	4.83	4.82
136	600960.SH	渤海汽车	4.78	4.6	5.25	4.39	4.94	4.74
137	600609.SH	金杯汽车	4.78	4.95	4.06	5.18	4.81	4.9
138	002284.SZ	亚太股份	4.77	4.81	4.52	4.88	4.86	4.8
139	600335.SH	国机汽车	4.77	4.83	5.13	4.42	4.6	4.89
140	002363.SZ	隆基机械	4.77	4.9	5.1	4.53	4.62	4.68
141	002865.SZ	钧达股份	4.76	4.3	5.03	5.01	4.81	4.67
142	603009.SH	北特科技	4.75	4.56	4.97	4.38	4.97	4.9
143	000753.SZ	漳州发展	4.75	4.52	4.98	4.49	4.94	4.82
144	300473.SZ	德尔股份	4.74	4.65	5.09	4.39	4.82	4.75
145	600676.SH	交运股份	4.74	4.97	4.91	4.36	4.79	4.67
146	600213.SH	亚星客车	4.74	4.41	4.63	5.07	4.78	4.8
147	002265.SZ	西仪股份	4.73	4.9	4.52	5	4.52	4.71
148	000700.SZ	模塑科技	4.73	4.46	4.81	4.76	4.8	4.81
149	002239.SZ	奥特佳	4.72	4.74	4.76	4.81	4.62	4.7
150	600733.SH	北汽蓝谷	4.72	4.44	4.46	4.72	5.01	4.96
151	600166.SH	福田汽车	4.71	4.89	4.6	4.14	4.88	5.02
152	000868.SZ	安凯客车	4.7	4.65	4.5	4.86	4.62	4.9
153	000678.SZ	襄阳轴承	4.7	4.33	4.77	4.78	4.78	4.83
154	000957.SZ	中通客车	4.68	4.71	4.65	4.33	4.82	4.91
155	000927.SZ	中国铁物	4.66	4.63	4.16	4.77	4.81	4.94
156	600297.SH	广汇汽车	4.65	4.61	5.24	3.69	4.87	4.83
157	002510.SZ	天汽模	4.65	4.24	4.55	4.56	4.9	4.97
158	600303.SH	曙光股份	4.64	4.47	4.81	4.42	4.74	4.79
159	002355.SZ	兴民智通	4.64	4.62	4.7	4.36	4.75	4.75

269

续表

排名	代码	公司名称	总得分	财务指标	估值与成长性	创值能力	公司治理	创新与研发
160	000572.SZ	海马汽车	4.63	4.62	4.23	4.67	4.74	4.89
161	603085.SH	天成自控	4.62	4.25	4.62	4.96	4.58	4.71
162	300100.SZ	双林股份	4.62	4.79	4.31	4.63	4.57	4.8
163	002488.SZ	金固股份	4.62	4.48	4.61	4.52	4.78	4.69
164	601777.SH	力帆科技	4.6	4.3	4.43	4.53	4.73	5.01
165	600653.SH	申华控股	4.6	4.44	4.49	4.51	4.77	4.76
166	601127.SH	小康股份	4.55	4.55	4.31	4.44	4.6	4.85
167	601258.SH	庞大集团	4.54	4.49	4.39	4.13	4.81	4.87
168	002662.SZ	京威股份	4.53	4.88	4.31	4.04	4.79	4.63
169	000760.SZ	斯太退	4.53	4.57	4.58	4.28	4.4	4.82
170	600626.SH	申达股份	4.52	4.5	4.66	3.99	4.79	4.65
171	600418.SH	江淮汽车	4.45	4.42	4.6	3.45	4.93	4.87

（二十一）轻工制造

排名	代码	公司名称	总得分	财务指标	估值与成长性	创值能力	公司治理	创新与研发
1	603801.SH	志邦家居	5.42	5.46	5.52	5.85	5.26	4.99
2	002803.SZ	吉宏股份	5.41	5.25	5.6	6.02	5.32	4.86
3	002605.SZ	姚记科技	5.4	5.11	4.97	6.66	5.19	5.07
4	603180.SH	金牌厨柜	5.38	5.3	5.45	5.77	5.29	5.06
5	002867.SZ	周大生	5.37	5.57	5.51	6.04	4.88	4.83
6	603992.SH	松霖科技	5.36	5.64	5.07	5.81	5.19	5.11
7	002572.SZ	索菲亚	5.36	5.48	5.2	5.94	5.46	4.72
8	603848.SH	好太太	5.35	5.7	5.17	5.63	5.22	5.04
9	002014.SZ	永新股份	5.34	5.56	5.64	5.37	5.16	4.99
10	601515.SH	东风股份	5.32	5.27	5.45	5.85	4.94	5.11
11	603833.SH	欧派家居	5.3	5.49	5.09	5.83	5.17	4.93
12	002117.SZ	东港股份	5.29	5.57	5.39	5.56	4.96	4.95
13	603899.SH	晨光文具	5.28	5.28	5.29	5.83	5.08	4.9
14	002191.SZ	劲嘉股份	5.27	5.52	5.18	5.58	4.96	5.13
15	603165.SH	荣晟环保	5.23	5.57	5.02	5.33	5.14	5.1

全部A股与港股评估结果

续表

排名	代码	公司名称	总得分	财务指标	估值与成长性	创值能力	公司治理	创新与研发
16	002511.SZ	中顺洁柔	5.23	5.23	5.24	5.83	4.95	4.9
17	603898.SH	好莱客	5.23	5.56	5.52	5.01	5.34	4.71
18	603326.SH	我乐家居	5.22	5.16	5.46	5.37	5.2	4.9
19	603610.SH	麒盛科技	5.21	5.42	5.05	5.32	5.3	4.97
20	002831.SZ	裕同科技	5.19	4.77	5.43	5.89	5.22	4.67
21	603208.SH	江山欧派	5.19	4.94	5.3	5.62	5.36	4.74
22	603607.SH	京华激光	5.19	5.57	5.26	5.28	4.97	4.88
23	603816.SH	顾家家居	5.15	5.09	4.93	5.83	5.21	4.69
24	000910.SZ	大亚圣象	5.15	5.3	5.51	5.28	4.78	4.86
25	603429.SH	集友股份	5.14	5.53	4.89	5.17	5.06	5.02
26	002951.SZ	金时科技	5.12	5.56	5.09	5.38	4.83	4.72
27	600612.SH	老凤祥	5.12	4.34	5.44	5.92	4.96	4.92
28	603313.SH	梦百合	5.11	4.52	5.52	5.68	5.14	4.69
29	603661.SH	恒林股份	5.11	5.07	5.64	5.1	5.05	4.68
30	603600.SH	永艺股份	5.09	4.84	5.5	5.3	4.96	4.83
31	000026.SZ	飞亚达	5.08	5.13	5.36	4.99	5.08	4.86
32	300729.SZ	乐歌股份	5.07	4.98	5.48	5.15	4.86	4.88
33	300640.SZ	德艺文创	5.07	5.46	4.89	5	4.93	5.08
34	000488.SZ	晨鸣纸业	5.07	4.88	5.21	5.28	4.89	5.08
35	603059.SH	倍加洁	5.07	5.47	5.38	4.95	4.85	4.69
36	002853.SZ	皮阿诺	5.07	4.91	5.66	5	5.06	4.7
37	603385.SH	惠达卫浴	5.06	5.01	5.51	4.86	5.28	4.67
38	300616.SZ	尚品宅配	5.06	5.08	4.65	5.79	5.03	4.77
39	002585.SZ	双星新材	5.05	5.19	5.37	4.94	4.87	4.89
40	600308.SH	华泰股份	5.05	5.21	5.2	5.26	4.87	4.69
41	603733.SH	仙鹤股份	5.02	4.38	5.12	6.04	4.88	4.68
42	600433.SH	冠豪高新	5.02	4.82	5.23	4.89	5.03	5.12
43	600966.SH	博汇纸业	5.01	4.84	5.12	5.38	5.06	4.67
44	300703.SZ	创源股份	5.01	4.73	5.46	5.08	4.94	4.85
45	002078.SZ	太阳纸业	5.01	4.95	5.19	5.6	4.64	4.68
46	002836.SZ	新宏泽	5	5.41	4.88	5.12	4.71	4.9
47	002735.SZ	王子新材	5	4.55	5.2	5.26	5.1	4.88
48	300501.SZ	海顺新材	5	4.68	5.35	5.13	4.89	4.94

续表

排名	代码	公司名称	总得分	财务指标	估值与成长性	创值能力	公司治理	创新与研发
49	600735.SH	新华锦	5	5.52	5.14	4.87	4.8	4.65
50	002303.SZ	美盈森	4.99	4.93	5.39	4.83	4.96	4.84
51	002678.SZ	珠江钢琴	4.98	5.2	5.06	4.81	4.8	5.02
52	002790.SZ	瑞尔特	4.97	5.3	5.35	4.35	5.02	4.83
53	603058.SH	永吉股份	4.97	5.22	4.99	4.98	4.95	4.69
54	002799.SZ	环球印务	4.96	4.62	5.07	5.05	4.86	5.2
55	603226.SH	菲林格尔	4.96	5.59	5.05	4.6	4.67	4.88
56	603022.SH	新通联	4.96	5.11	5.08	5.05	4.89	4.66
57	603838.SH	四通股份	4.95	5.1	5.39	4.55	4.87	4.86
58	300651.SZ	金陵体育	4.95	4.95	4.86	4.89	5.08	4.94
59	002701.SZ	奥瑞金	4.94	4.73	5.39	4.92	4.9	4.76
60	002846.SZ	英联股份	4.94	4.69	5.19	5.07	5.09	4.65
61	300749.SZ	顶固集创	4.94	4.89	5.16	4.83	5.03	4.76
62	002067.SZ	景兴纸业	4.93	5.45	4.77	4.79	4.87	4.76
63	601968.SH	宝钢包装	4.93	4.94	5.14	4.79	4.82	4.94
64	002521.SZ	齐峰新材	4.91	5.37	5.31	4.29	4.91	4.68
65	603499.SH	翔港科技	4.9	4.83	5.08	4.81	5.03	4.78
66	002228.SZ	合兴包装	4.9	4.51	5.44	4.96	4.75	4.83
67	600567.SH	山鹰国际	4.89	4.41	5.21	5.28	4.86	4.71
68	603709.SH	中源家居	4.89	4.78	5.23	4.81	5.01	4.64
69	002615.SZ	哈尔斯	4.88	4.45	5.15	4.83	5	4.97
70	002862.SZ	实丰文化	4.88	4.78	4.93	4.95	4.81	4.92
71	600210.SH	紫江企业	4.87	4.63	4.97	4.93	5	4.81
72	600539.SH	狮头股份	4.86	4.98	4.87	5.03	4.55	4.88
73	603398.SH	邦宝益智	4.86	4.68	4.82	5.17	4.7	4.94
74	002489.SZ	浙江永强	4.84	4.63	4.8	5.12	4.93	4.74
75	002899.SZ	英派斯	4.83	5.07	5.3	4.28	4.5	5.02
76	600356.SH	恒丰纸业	4.83	4.84	5.38	4.31	4.83	4.78
77	603008.SH	喜临门	4.82	4.51	5.1	4.9	4.89	4.69
78	603687.SH	大胜达	4.8	4.87	4.7	4.77	4.93	4.72
79	603818.SH	曲美家居	4.8	4.69	5.24	4.32	5.05	4.69
80	002301.SZ	齐心集团	4.8	4.88	4.89	4.77	4.51	4.93
81	002012.SZ	凯恩股份	4.79	4.83	5.07	4.57	4.6	4.89

全部 A 股与港股评估结果

续表

排名	代码	公司名称	总得分	财务指标	估值与成长性	创值能力	公司治理	创新与研发
82	603268.SH	松发股份	4.78	4.57	4.79	4.88	4.86	4.8
83	002787.SZ	华源控股	4.78	4.36	5.37	4.34	5.09	4.73
84	002751.SZ	易尚展示	4.78	4.67	5.33	4.4	4.58	4.91
85	300329.SZ	海伦钢琴	4.77	4.56	5.11	4.41	4.92	4.87
86	601996.SH	丰林集团	4.77	4.74	5.56	4.08	4.76	4.69
87	002229.SZ	鸿博股份	4.76	5.22	4.71	4.25	4.79	4.84
88	002084.SZ	海鸥住工	4.75	4.23	5.24	4.53	4.86	4.88
89	002522.SZ	浙江众成	4.75	4.48	5.12	4.63	4.72	4.79
90	600337.SH	美克家居	4.74	4.38	5.16	4.69	4.78	4.7
91	300057.SZ	万顺新材	4.74	4.43	5.52	4.2	4.71	4.83
92	002243.SZ	力合科创	4.74	4.66	4.76	4.58	4.85	4.85
93	603389.SH	亚振家居	4.7	4.9	4.92	4.03	4.74	4.91
94	002969.SZ	嘉美包装	4.7	4.79	4.6	4.78	4.53	4.81
95	600135.SH	乐凯胶片	4.69	4.98	4.97	4.2	4.55	4.77
96	002348.SZ	高乐股份	4.69	4.51	4.73	4.79	4.58	4.81
97	002752.SZ	昇兴股份	4.68	4.45	5.05	4.56	4.81	4.54
98	002631.SZ	德尔未来	4.64	4.52	4.96	4.39	4.73	4.6
99	002345.SZ	潮宏基	4.63	4.56	5.44	4.02	4.71	4.43
100	600836.SH	上海易连	4.63	4.63	4.43	4.78	4.72	4.61
101	002235.SZ	安妮股份	4.62	4.78	4.4	4.66	4.67	4.61
102	002599.SZ	盛通股份	4.62	4.68	5.08	3.9	4.91	4.54
103	002240.SZ	盛新锂能	4.62	4.31	4.56	4.41	4.99	4.82
104	600076.SH	康欣新材	4.62	4.34	5.29	4.12	4.74	4.58
105	000695.SZ	滨海能源	4.61	4.34	4.78	4.75	4.59	4.6
106	000659.SZ	珠海中富	4.61	4.65	4.32	4.54	4.8	4.73
107	600439.SH	瑞贝卡	4.6	4.24	5.18	4.27	4.64	4.69
108	002565.SZ	顺灏股份	4.6	4.52	4.62	4.19	4.73	4.94
109	600963.SH	岳阳林纸	4.6	4.3	4.75	4.17	4.96	4.81
110	002731.SZ	萃华珠宝	4.59	4.34	5.23	4.12	4.61	4.67
111	600103.SH	青山纸业	4.59	4.76	4.87	3.81	4.85	4.69
112	002574.SZ	明牌珠宝	4.59	4.62	4.79	4.17	4.76	4.62
113	600793.SH	宜宾纸业	4.57	4.25	4.58	4.79	4.67	4.56
114	002740.SZ	爱迪尔	4.57	4.22	4.48	4.47	4.88	4.77

273

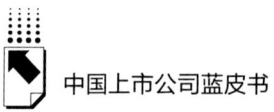

续表

排名	代码	公司名称	总得分	财务指标	估值与成长性	创值能力	公司治理	创新与研发
115	000812.SZ	陕西金叶	4.54	4.36	5.09	4.11	4.59	4.57
116	600235.SH	民丰特纸	4.53	4.46	4.95	4.01	4.47	4.75
117	603021.SH	山东华鹏	4.49	4.17	4.65	4.01	5	4.61
118	002571.SZ	德力股份	4.46	4.6	4.39	4.05	4.62	4.66
119	000815.SZ	美利云	4.46	4.51	4.45	4.14	4.51	4.68
120	002721.SZ	金一文化	4.44	4.16	4.68	3.92	4.64	4.81

（二十二）商业贸易

排名	代码	公司名称	总得分	财务指标	估值与成长性	创值能力	公司治理	创新与研发
1	000906.SZ	浙商中拓	5.44	4.92	5.81	6.13	5.24	5.11
2	002818.SZ	富森美	5.43	5.63	5.08	6.28	5.18	5
3	600729.SH	重庆百货	5.35	5.05	5.53	6	5.32	4.84
4	603214.SH	爱婴室	5.35	5.46	5.37	5.76	5.27	4.87
5	002127.SZ	南极电商	5.32	5.6	5.03	5.83	4.84	5.3
6	002091.SZ	江苏国泰	5.3	5.23	5.82	5.34	5.32	4.77
7	002697.SZ	红旗连锁	5.26	5.28	5.37	6.13	4.91	4.63
8	002416.SZ	爱施德	5.26	5.19	5.17	5.76	5.2	5
9	600814.SH	杭州解百	5.26	5.6	5.3	5.59	5.1	4.72
10	300622.SZ	博士眼镜	5.22	5.41	5.21	5.68	5	4.81
11	000715.SZ	中兴商业	5.21	5.55	5.37	5.37	5.02	4.76
12	002561.SZ	徐家汇	5.21	5.49	5.14	5.43	5.04	4.92
13	603708.SH	家家悦	5.2	5.09	5.27	5.85	5.02	4.77
14	600865.SH	百大集团	5.18	5.56	5.08	5.5	4.77	4.97
15	300755.SZ	华致酒行	5.18	4.87	5.18	5.89	4.87	5.08
16	600710.SH	苏美达	5.16	4.98	5.35	5.68	4.95	4.86
17	600605.SH	汇通能源	5.14	5.07	5.02	5.71	4.88	5.03
18	600113.SH	浙江东日	5.13	5.28	5.08	5.58	4.79	4.94
19	000019.SZ	深粮控股	5.13	4.88	5.11	5.69	4.9	5.04
20	601086.SH	国芳集团	5.12	5.46	4.85	5.4	5.19	4.72
21	600859.SH	王府井	5.11	5.07	4.94	5.46	5.25	4.82

全部 A 股与港股评估结果

续表

排名	代码	公司名称	总得分	财务指标	估值与成长性	创值能力	公司治理	创新与研发
22	600838.SH	上海九百	5.1	4.93	4.97	5.64	4.88	5.1
23	600694.SH	大商股份	5.08	4.95	5.4	5.18	5.14	4.75
24	603900.SH	莱绅通灵	5.07	5.33	5.1	5.16	4.91	4.85
25	002419.SZ	天虹股份	5.07	5.25	5.25	5.05	4.99	4.79
26	600738.SH	丽尚国潮	5.05	4.59	4.63	6.11	5.18	4.74
27	601010.SH	文峰股份	5.05	5.38	5.05	5.2	4.84	4.76
28	600723.SH	首商股份	5.05	5.19	5.21	5.29	4.74	4.82
29	601116.SH	三江购物	5.04	5.36	4.97	5.35	4.81	4.73
30	600828.SH	茂业商业	5.03	4.99	5.13	5.41	4.8	4.82
31	600822.SH	上海物贸	5.03	4.87	4.95	5.66	4.57	5.07
32	603123.SH	翠微股份	5.02	4.86	5.07	5.36	4.92	4.9
33	000829.SZ	天音控股	5.01	4.73	5.03	5.3	4.79	5.19
34	002187.SZ	广百股份	5	5.2	5.11	4.98	4.93	4.79
35	603031.SH	安德利	5	4.84	4.86	5.55	5.09	4.66
36	600415.SH	小商品城	5	4.65	4.93	5.38	4.96	5.08
37	002344.SZ	海宁皮城	5	5.22	5.46	4.59	4.85	4.85
38	600774.SH	汉商集团	4.99	4.63	5.14	5.55	4.83	4.83
39	600790.SH	轻纺城	4.99	5.2	5.18	4.84	4.96	4.77
40	000501.SZ	鄂武商A	4.99	5.07	5.13	4.94	4.95	4.85
41	600753.SH	东方银星	4.98	4.72	4.76	5.64	4.73	5.06
42	000419.SZ	通程控股	4.97	4.96	5.34	5.01	4.69	4.87
43	600628.SH	新世界	4.96	5.16	5.16	4.97	4.68	4.85
44	601933.SH	永辉超市	4.96	4.9	5.29	4.37	5.33	4.89
45	603101.SH	汇嘉时代	4.95	4.77	5.06	5.4	4.88	4.65
46	600785.SH	新华百货	4.94	4.85	5.25	5.04	4.86	4.69
47	600697.SH	欧亚集团	4.93	4.91	5.29	4.63	5.1	4.75
48	000626.SZ	远大控股	4.93	4.62	4.6	5.65	4.77	5.03
49	600655.SH	豫园股份	4.92	4.68	5.56	4.32	5	5.03
50	600287.SH	江苏舜天	4.91	4.89	5.31	4.77	4.75	4.87
51	600250.SH	南纺股份	4.91	4.65	4.92	5.44	4.71	4.83
52	600778.SH	友好集团	4.91	4.65	4.84	5.28	5.01	4.76
53	600826.SH	兰生股份	4.91	4.84	5.02	5.09	4.8	4.77
54	600857.SH	宁波中百	4.9	4.78	4.8	5.59	4.52	4.78
55	000759.SZ	中百集团	4.88	5.18	4.99	4.75	4.88	4.62
56	600827.SH	百联股份	4.88	5.09	5.07	4.67	4.79	4.77

275

续表

排名	代码	公司名称	总得分	财务指标	估值与成长性	创值能力	公司治理	创新与研发
57	300022.SZ	吉峰科技	4.85	4.65	4.51	5.56	4.75	4.79
58	600693.SH	东百集团	4.85	4.38	5.52	4.73	4.91	4.7
59	600361.SH	华联综超	4.85	4.97	5.02	4.67	4.86	4.7
60	600861.SH	北京城乡	4.84	4.66	4.6	5.36	4.8	4.8
61	000058.SZ	深赛格	4.84	4.73	4.36	5.46	4.89	4.76
62	601828.SH	美凯龙	4.84	4.85	5.38	4.17	4.97	4.83
63	000417.SZ	合肥百货	4.84	4.73	5.23	4.64	4.84	4.74
64	600712.SH	南宁百货	4.83	4.63	4.51	5.61	4.67	4.75
65	600858.SH	银座股份	4.83	4.85	4.82	4.43	5.21	4.83
66	600821.SH	津劝业	4.82	4.55	4.82	5.27	4.69	4.77
67	600755.SH	厦门国贸	4.82	4.37	5.43	4.17	5.17	4.94
68	600278.SH	东方创业	4.82	4.86	5.16	4.56	4.77	4.74
69	000861.SZ	海印股份	4.81	4.88	4.98	4.76	4.72	4.73
70	000061.SZ	农产品	4.8	4.69	4.92	4.57	5.05	4.75
71	000151.SZ	中成股份	4.79	4.5	4.4	5.36	4.63	5.06
72	601366.SH	利群股份	4.78	4.61	4.96	4.68	4.97	4.72
73	002264.SZ	新华都	4.78	4.39	4.54	5.36	4.77	4.85
74	002024.SZ	苏宁易购	4.74	4.4	5.06	4.17	5.16	4.93
75	002277.SZ	友阿股份	4.73	4.52	5.36	4.29	4.71	4.75
76	600981.SH	汇鸿集团	4.72	4.52	4.92	4.48	4.77	4.94
77	600280.SH	中央商场	4.72	4.6	4.86	4.46	4.88	4.8
78	002336.SZ	人人乐	4.72	4.46	4.64	4.8	5.05	4.64
79	002505.SZ	鹏都农牧	4.67	4.38	4.74	4.75	4.75	4.74
80	000882.SZ	华联股份	4.67	4.83	4.92	4.17	4.62	4.79
81	002251.SZ	步步高	4.63	4.79	5.13	3.73	4.69	4.79
82	600058.SH	五矿发展	4.62	4.63	4.69	3.94	4.91	4.94

（二十三）食品饮料

排名	代码	公司名称	总得分	财务指标	估值与成长性	创值能力	公司治理	创新与研发
1	000858.SZ	五粮液	5.44	5.46	5.33	6.07	5.16	5.17
2	000568.SZ	泸州老窖	5.39	5.19	5.26	6.33	5.07	5.11
3	603288.SH	海天味业	5.37	5.5	5	6.32	4.89	5.16

全部A股与港股评估结果

续表

排名	代码	公司名称	总得分	财务指标	估值与成长性	创值能力	公司治理	创新与研发
4	002304.SZ	洋河股份	5.33	5.23	5.02	6.47	5.08	4.87
5	600519.SH	贵州茅台	5.32	5.49	5.1	6.1	5.04	4.89
6	000895.SZ	双汇发展	5.32	5.17	5.23	6.18	5.2	4.83
7	600887.SH	伊利股份	5.2	4.93	5.17	5.93	5.19	4.77
8	300146.SZ	汤臣倍健	5.19	5.09	5.23	5.22	5.19	5.23
9	002507.SZ	涪陵榨菜	5.17	5.47	5.33	5.34	5.04	4.66
10	603043.SH	广州酒家	5.17	5.39	5.44	5.1	5.07	4.83
11	603866.SH	桃李面包	5.15	5.25	5.31	5.22	5.27	4.73
12	603369.SH	今世缘	5.14	5.11	5.32	5.4	5.13	4.75
13	603317.SH	天味食品	5.13	5.68	5.14	5.07	4.9	4.86
14	603589.SH	口子窖	5.12	5.13	5.3	5.25	5.21	4.73
15	300741.SZ	华宝股份	5.12	5.43	5.12	5	4.82	5.2
16	603156.SH	养元饮品	5.11	5.32	5.28	5.04	5.02	4.87
17	603696.SH	安记食品	5.09	5.26	5.27	4.9	5	5.04
18	603517.SH	绝味食品	5.09	5.39	5.04	5.32	4.85	4.86
19	000596.SZ	古井贡酒	5.09	5.22	4.66	5.57	4.96	5.04
20	002568.SZ	百润股份	5.09	5.43	4.81	5.09	4.96	5.17
21	600809.SH	山西汾酒	5.09	5	4.93	5.46	5.08	4.98
22	688089.SH	嘉必优	5.09	5.37	5.41	4.82	4.58	5.26
23	600872.SH	中炬高新	5.09	5.05	5.07	5.28	5	5.02
24	603198.SH	迎驾贡酒	5.08	5.05	5.43	5.2	4.97	4.74
25	000848.SZ	承德露露	5.05	5.37	5.19	4.9	4.74	5.07
26	600132.SH	重庆啤酒	5.05	5.14	4.72	5.21	5.2	4.96
27	000799.SZ	酒鬼酒	5.04	5.26	4.91	5.07	4.97	5.01
28	002847.SZ	盐津铺子	5.04	4.87	5.16	5.32	5.04	4.79
29	603755.SH	日辰股份	5.02	5.29	4.9	5.23	4.76	4.92
30	603027.SH	千禾味业	5.01	5.12	4.94	5.23	4.87	4.87
31	300791.SZ	仙乐健康	5	5.04	4.93	4.85	4.98	5.2
32	002597.SZ	金禾实业	4.99	5.17	5.26	4.97	4.78	4.81
33	600600.SH	青岛啤酒	4.99	5.07	4.95	5.05	5.13	4.74
34	603345.SH	安井食品	4.99	4.57	5.14	5.35	5.21	4.66
35	600702.SH	舍得酒业	4.99	5.07	4.93	5.09	5.05	4.78
36	603697.SH	有友食品	4.98	5.32	5.31	4.73	4.81	4.76
37	600779.SH	水井坊	4.98	4.97	4.77	5.18	5.16	4.82

277

续表

排名	代码	公司名称	总得分	财务指标	估值与成长性	创值能力	公司治理	创新与研发
38	002956.SZ	西麦食品	4.98	5.31	5.42	4.8	4.81	4.56
39	603919.SH	金徽酒	4.98	4.9	4.95	5.17	4.89	4.97
40	603886.SH	元祖股份	4.97	5.21	5.37	4.61	5.04	4.61
41	600305.SH	恒顺醋业	4.96	5.1	4.8	5.19	4.69	5.03
42	002495.SZ	佳隆股份	4.96	5.27	5.23	4.46	4.81	5.04
43	600197.SH	伊力特	4.96	4.98	5.09	4.88	5.1	4.73
44	002732.SZ	燕塘乳业	4.95	5.07	5.27	4.73	4.81	4.85
45	002481.SZ	双塔食品	4.94	5.01	5.12	5.03	4.61	4.95
46	002557.SZ	洽洽食品	4.94	4.78	5.35	5.11	4.83	4.64
47	002216.SZ	三全食品	4.93	4.92	5.1	4.97	4.97	4.71
48	002695.SZ	煌上煌	4.92	4.96	5.15	4.82	4.78	4.88
49	600882.SH	妙可蓝多	4.91	4.72	4.78	5.28	5.02	4.75
50	603711.SH	香飘飘	4.9	5.19	5.51	4.55	4.75	4.49
51	603020.SH	爱普股份	4.89	5.08	5.2	4.48	4.81	4.91
52	002515.SZ	金字火腿	4.89	4.67	5.1	4.75	4.91	5.01
53	002702.SZ	海欣食品	4.88	4.82	5	4.76	5.14	4.69
54	603536.SH	惠发食品	4.88	4.66	5.23	4.71	5.03	4.78
55	002582.SZ	好想你	4.88	4.9	4.82	4.55	5.22	4.89
56	002646.SZ	青青稞酒	4.87	4.69	5.07	4.88	4.8	4.92
57	002946.SZ	新乳业	4.86	4.69	5.27	4.96	4.61	4.76
58	002461.SZ	珠江啤酒	4.85	4.91	5.18	4.54	4.77	4.84
59	300783.SZ	三只松鼠	4.84	4.71	4.96	5.23	4.71	4.61
60	600559.SH	老白干酒	4.84	4.8	4.84	5.1	4.9	4.56
61	600059.SH	古越龙山	4.84	5.01	4.98	4.55	4.9	4.77
62	600073.SH	上海梅林	4.83	4.67	5.44	4.48	4.85	4.69
63	002820.SZ	桂发祥	4.82	5.25	5.16	4.21	4.74	4.76
64	002726.SZ	龙大肉食	4.82	4.42	5.39	4.73	4.86	4.68
65	600573.SH	惠泉啤酒	4.81	5.13	4.82	4.41	4.82	4.86
66	600419.SH	天润乳业	4.8	4.89	5.43	4.26	4.75	4.69
67	000860.SZ	顺鑫农业	4.79	4.67	4.74	4.8	4.93	4.81
68	002661.SZ	克明面业	4.79	4.75	5.4	4.5	4.72	4.59
69	603777.SH	来伊份	4.78	4.84	5.03	4.66	4.83	4.55
70	002840.SZ	华统股份	4.78	4.68	5.43	4.48	4.6	4.71
71	600866.SH	星湖科技	4.77	4.67	5.18	4.49	4.8	4.73

全部A股与港股评估结果

续表

排名	代码	公司名称	总得分	财务指标	估值与成长性	创值能力	公司治理	创新与研发
72	600616.SH	金枫酒业	4.77	4.81	4.98	4.6	4.67	4.81
73	000729.SZ	燕京啤酒	4.77	4.99	4.75	4.31	4.93	4.89
74	600597.SH	光明乳业	4.77	4.74	5.28	4.27	4.93	4.64
75	601579.SH	会稽山	4.77	4.86	5.06	4.47	4.63	4.84
76	000869.SZ	张裕A	4.74	4.79	5.18	4.48	4.5	4.73
77	600199.SH	金种子酒	4.73	4.55	4.73	4.72	4.79	4.88
78	002330.SZ	得利斯	4.73	4.77	5.24	4.2	4.75	4.68
79	002910.SZ	庄园牧场	4.72	4.53	5.33	4.45	4.73	4.57
80	600186.SH	莲花健康	4.72	4.36	4.98	4.98	4.62	4.64
81	002570.SZ	贝因美	4.71	4.45	4.89	4.69	4.81	4.71
82	600429.SH	三元股份	4.7	4.79	4.92	4.34	4.77	4.66
83	600381.SH	青海春天	4.69	4.68	4.82	4.24	4.72	5
84	000929.SZ	兰州黄河	4.68	4.74	5.04	4.44	4.68	4.52
85	000639.SZ	西王食品	4.68	4.61	5.02	4.39	4.63	4.76
86	000716.SZ	黑芝麻	4.68	4.57	5.02	4.42	4.77	4.61
87	000995.SZ	皇台酒业	4.67	4.39	4.65	5.02	4.63	4.69
88	600543.SH	莫高股份	4.67	4.63	5.16	4.35	4.61	4.59
89	600238.SH	海南椰岛	4.66	4.32	4.63	4.98	4.73	4.64
90	600189.SH	泉阳泉	4.65	4.37	4.6	4.8	4.81	4.66
91	002329.SZ	皇氏集团	4.6	4.42	4.77	4.2	4.73	4.87

(二十四)通信

排名	代码	公司名称	总得分	财务指标	估值与成长性	创值能力	公司治理	创新与研发
1	300628.SZ	亿联网络	5.53	5.73	5.33	6.26	5.36	4.96
2	300394.SZ	天孚通信	5.26	5.52	5.34	5.71	5.07	4.66
3	002396.SZ	星网锐捷	5.26	5.21	5.49	5.61	4.94	5.05
4	300627.SZ	华测导航	5.25	5.21	5.22	5.46	5.24	5.14
5	300578.SZ	会畅通讯	5.23	5.58	5.19	5.34	5.09	4.98
6	300563.SZ	神宇股份	5.23	5.41	5.42	5.2	5.27	4.87
7	300590.SZ	移为通信	5.23	5.69	4.96	5.55	5	4.94

279

续表

排名	代码	公司名称	总得分	财务指标	估值与成长性	创值能力	公司治理	创新与研发
8	300620.SZ	光库科技	5.23	5.46	5.24	5.24	5.3	4.9
9	300502.SZ	新易盛	5.22	5.59	4.96	5.57	5.32	4.68
10	300638.SZ	广和通	5.22	5.16	5.23	5.52	5.21	4.96
11	300383.SZ	光环新网	5.19	5.17	5.51	5.5	4.96	4.82
12	002281.SZ	光迅科技	5.16	5.05	5.27	5.63	5.08	4.77
13	002908.SZ	德生科技	5.15	5.38	5.02	5.43	5.06	4.88
14	002467.SZ	二六三	5.15	5.55	4.86	5.14	5.18	5.01
15	600522.SH	中天科技	5.15	4.98	5.63	5.28	5.14	4.69
16	300711.SZ	广哈通信	5.14	5.34	5.05	5.43	4.66	5.22
17	002194.SZ	武汉凡谷	5.14	5.68	4.9	5.47	4.82	4.82
18	603712.SH	七一二	5.13	4.87	5.03	5.78	4.99	4.98
19	300570.SZ	太辰光	5.13	5.62	5.35	5.18	4.9	4.58
20	300308.SZ	中际旭创	5.12	4.97	4.98	5.71	5.21	4.75
21	300017.SZ	网宿科技	5.11	5.42	5.12	4.83	5.08	5.1
22	603236.SH	移远通信	5.1	4.57	5.29	5.64	5	4.99
23	300548.SZ	博创科技	5.09	5.27	5.06	5.28	5.09	4.76
24	300689.SZ	澄天伟业	5.08	5.55	4.99	5.39	4.81	4.66
25	300183.SZ	东软载波	5.07	4.87	5.03	5.05	5.2	5.21
26	000063.SZ	中兴通讯	5.06	4.56	4.94	5.77	5.07	4.94
27	300531.SZ	优博讯	5.06	5.16	5.25	5.29	4.73	4.84
28	300571.SZ	平治信息	5.05	4.74	5.17	5.66	4.99	4.7
29	300710.SZ	万隆光电	5.05	5.04	5.44	5.25	4.78	4.73
30	300211.SZ	亿通科技	5.05	5.38	4.85	5.48	4.81	4.72
31	300504.SZ	天邑股份	5.04	5.19	5.24	5.11	5.11	4.57
32	002104.SZ	恒宝股份	5.04	5.62	4.92	4.99	4.86	4.81
33	000032.SZ	深桑达A	5.04	5.06	5.16	5.32	5	4.66
34	603803.SH	瑞斯康达	5.04	4.92	5.12	4.89	5.23	5.04
35	603118.SH	共进股份	5.03	4.97	5.52	4.73	5.32	4.61
36	603421.SH	鼎信通讯	5.03	4.98	5.32	4.79	5.34	4.72
37	600260.SH	凯乐科技	5.02	5.1	5.07	5.29	4.97	4.7
38	002792.SZ	通宇通讯	5.02	5.03	5.34	5.07	5.06	4.63
39	600498.SH	烽火通信	5.01	4.44	5.35	5.26	5.01	5.02
40	002017.SZ	东信和平	5.01	5.28	4.83	5.29	4.71	4.93
41	300555.SZ	路通视信	5.01	5.29	5	5.09	4.79	4.86

全部A股与港股评估结果

续表

排名	代码	公司名称	总得分	财务指标	估值与成长性	创值能力	公司治理	创新与研发
42	600487.SH	亨通光电	5	4.74	5.34	5.28	4.97	4.69
43	002115.SZ	三维通信	5	5.09	5.13	4.65	5.31	4.85
44	300565.SZ	科信技术	5	4.55	5.35	5.35	4.97	4.78
45	002897.SZ	意华股份	4.99	4.82	5.56	5.15	4.87	4.55
46	300560.SZ	中富通	4.98	4.68	5.31	5.13	5.14	4.61
47	601869.SH	长飞光纤	4.97	4.82	5.07	5.42	4.86	4.69
48	600130.SH	波导股份	4.97	4.87	5.22	5.1	5	4.65
49	002583.SZ	海能达	4.97	4.69	5.32	4.81	4.94	5.07
50	603322.SH	超讯通信	4.96	4.51	5.03	5.24	5.19	4.82
51	300615.SZ	欣天科技	4.96	5.21	4.69	5.43	4.85	4.62
52	002929.SZ	润建股份	4.95	4.98	5.6	4.72	4.7	4.75
53	300213.SZ	佳讯飞鸿	4.95	4.95	5.16	4.71	4.92	4.99
54	300205.SZ	天喻信息	4.94	4.86	4.99	5.4	4.67	4.77
55	600776.SH	东方通信	4.93	4.88	4.5	5.44	4.69	5.16
56	300252.SZ	金信诺	4.93	4.81	5.36	4.74	5.06	4.68
57	300597.SZ	吉大通信	4.93	4.93	5.05	5.07	4.92	4.66
58	300414.SZ	中光防雷	4.93	5.04	4.74	5.29	4.74	4.82
59	300513.SZ	恒实科技	4.92	4.79	5.37	4.73	4.98	4.71
60	603703.SH	盛洋科技	4.89	4.6	5.23	5.13	4.95	4.51
61	002544.SZ	杰赛科技	4.88	4.62	4.9	5.09	4.93	4.87
62	603083.SH	剑桥科技	4.88	4.42	5.1	4.99	4.81	5.08
63	603220.SH	中贝通信	4.88	4.84	5.18	5.06	4.91	4.41
64	603602.SH	纵横通信	4.87	4.39	5.28	5.16	4.92	4.6
65	002093.SZ	国脉科技	4.86	4.73	5.15	4.67	4.82	4.93
66	600355.SH	精伦电子	4.85	4.52	4.76	5.44	4.71	4.84
67	002902.SZ	铭普光磁	4.85	4.82	5	5.02	4.87	4.53
68	600775.SH	南京熊猫	4.83	4.76	5.05	4.84	4.8	4.7
69	002446.SZ	盛路通信	4.83	4.73	5.1	4.41	5.13	4.76
70	000586.SZ	汇源通信	4.83	4.44	4.79	5.42	4.78	4.71
71	300698.SZ	万马科技	4.81	4.51	4.99	5.47	4.49	4.58
72	600345.SH	长江通信	4.81	4.85	5.1	4.54	4.68	4.86
73	300353.SZ	东土科技	4.79	4.31	4.8	4.92	5	4.94
74	600050.SH	中国联通	4.79	5.33	5	4.17	4.79	4.67
75	000836.SZ	富通信息	4.78	4.53	5.07	4.94	4.85	4.51

281

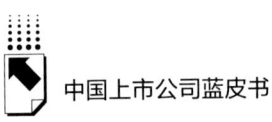

续表

排名	代码	公司名称	总得分	财务指标	估值与成长性	创值能力	公司治理	创新与研发
76	300050.SZ	世纪鼎利	4.78	4.67	4.9	4.45	5	4.85
77	300081.SZ	恒信东方	4.78	4.65	4.82	4.6	4.9	4.9
78	300603.SZ	立昂技术	4.77	4.24	4.87	4.79	5.22	4.75
79	300025.SZ	华星创业	4.77	4.62	4.52	5.31	4.67	4.73
80	000070.SZ	特发信息	4.77	4.29	5.11	4.82	4.93	4.7
81	603042.SH	华脉科技	4.76	4.36	5.09	4.8	4.92	4.64
82	603559.SH	中通国脉	4.75	4.33	5.23	4.82	4.87	4.52
83	300134.SZ	大富科技	4.75	5.23	4.91	4.17	4.69	4.75
84	300098.SZ	高新兴	4.75	4.42	4.98	4.53	4.9	4.92
85	600105.SH	永鼎股份	4.74	4.65	5.15	4.51	4.82	4.55
86	000889.SZ	中嘉博创	4.74	4.91	5.18	4.31	4.73	4.55
87	600293.SH	三峡新材	4.67	4.85	4.92	3.98	4.95	4.66
88	600804.SH	鹏博士	4.67	4.81	4.54	4.72	4.83	4.46
89	300310.SZ	宜通世纪	4.67	4.78	4.7	4.26	4.92	4.68
90	002313.SZ	日海智能	4.65	4.22	5.06	4.49	4.61	4.86
91	000851.SZ	高鸿股份	4.63	4.29	5.03	4.25	4.7	4.89
92	002491.SZ	通鼎互联	4.59	4.49	4.95	3.93	4.85	4.72
93	002359.SZ	北讯退	4.42	4.33	4.86	4.17	4.27	4.48

(二十五) 休闲服务

排名	代码	公司名称	总得分	财务指标	估值与成长性	创值能力	公司治理	创新与研发
1	601888.SH	中国中免	5.32	5.35	5.07	5.83	5.15	5.18
2	300662.SZ	科锐国际	5.29	4.93	5.33	5.42	5.27	5.5
3	300144.SZ	宋城演艺	5.22	5.6	5.1	5.26	5	5.14
4	603136.SH	天目湖	5.19	5.41	5.39	5.3	5.13	4.75
5	002033.SZ	丽江股份	5.13	5.54	5.51	4.8	4.9	4.89
6	603199.SH	九华旅游	5.12	5.51	5.37	4.8	5.02	4.91
7	000888.SZ	峨眉山A	5.08	5.43	5.61	4.69	4.89	4.79
8	600054.SH	黄山旅游	5.06	5.37	5.52	4.67	4.8	4.93
9	600965.SH	福成股份	5.05	5.18	5.15	5.04	4.81	5.08

续表

排名	代码	公司名称	总得分	财务指标	估值与成长性	创值能力	公司治理	创新与研发
10	600593.SH	大连圣亚	4.99	4.56	5.24	5.4	4.92	4.84
11	603099.SH	长白山	4.96	4.99	5.44	4.9	4.72	4.74
12	002306.SZ	中科云网	4.92	4.58	4.91	5.27	4.84	5
13	600754.SH	锦江酒店	4.91	4.79	5.04	4.91	5	4.82
14	600749.SH	西藏旅游	4.91	5.07	5.15	4.91	4.68	4.74
15	600258.SH	首旅酒店	4.9	4.92	5.21	4.66	4.92	4.81
16	600138.SH	中青旅	4.9	4.62	5.74	4.47	4.89	4.76
17	601007.SH	金陵饭店	4.88	4.85	5.21	4.68	4.84	4.81
18	000610.SZ	西安旅游	4.85	4.78	5.02	5.03	4.64	4.78
19	002186.SZ	全聚德	4.84	4.69	5	4.94	4.91	4.69
20	002159.SZ	三特索道	4.84	4.89	5.08	4.66	4.86	4.71
21	600358.SH	国旅联合	4.82	4.33	4.88	5.14	4.74	5.02
22	600706.SH	曲江文旅	4.82	4.38	5.71	4.47	4.75	4.79
23	000721.SZ	西安饮食	4.81	4.31	5.06	5.22	4.76	4.69
24	000524.SZ	岭南控股	4.78	4.61	5.01	4.74	4.85	4.7
25	000796.SZ	凯撒旅业	4.73	4.31	4.69	5.13	4.77	4.76
26	000430.SZ	张家界	4.72	4.6	5.02	4.35	4.82	4.8
27	002707.SZ	众信旅游	4.65	4.53	4.81	4.35	4.89	4.64
28	000978.SZ	桂林旅游	4.61	4.38	4.87	4.51	4.75	4.55
29	000428.SZ	华天酒店	4.46	4.4	4.71	3.81	4.8	4.55

(二十六) 医药生物

排名	代码	公司名称	总得分	财务指标	估值与成长性	创值能力	公司治理	创新与研发
1	002223.SZ	鱼跃医疗	5.49	5.41	5.61	6.39	5.2	4.83
2	600867.SH	通化东宝	5.41	5.42	5.27	6.11	5.1	5.16
3	300482.SZ	万孚生物	5.41	5.41	5.29	5.91	5.33	5.09
4	002007.SZ	华兰生物	5.39	5.62	5.19	6.06	5.08	5.01
5	300760.SZ	迈瑞医疗	5.37	5.55	5.12	5.83	4.98	5.35
6	002603.SZ	以岭药业	5.35	5.01	5.49	5.99	5.2	5.06
7	300529.SZ	健帆生物	5.35	5.58	5.17	5.77	5.09	5.12

续表

排名	代码	公司名称	总得分	财务指标	估值与成长性	创值能力	公司治理	创新与研发
8	603658.SH	安图生物	5.35	5.27	4.96	6.24	5.14	5.13
9	300676.SZ	华大基因	5.33	5.06	5.25	6.57	4.79	4.98
10	688399.SH	硕世生物	5.31	5.65	5.13	5.51	5.25	5
11	600276.SH	恒瑞医药	5.31	5.48	5.15	5.83	4.94	5.14
12	002030.SZ	达安基因	5.3	5.16	4.97	6.24	5.04	5.07
13	002262.SZ	恩华药业	5.29	5.51	5.35	5.77	5.04	4.78
14	300206.SZ	理邦仪器	5.29	5.47	5.36	5.56	5.04	5.01
15	002901.SZ	大博医疗	5.28	5.56	5.19	5.65	5.09	4.9
16	300347.SZ	泰格医药	5.27	5.41	4.83	6.06	5.21	4.84
17	300677.SZ	英科医疗	5.27	5.15	5.33	5.79	5.31	4.78
18	600436.SH	片仔癀	5.26	5.02	5.33	5.83	5.17	4.97
19	002821.SZ	凯莱英	5.26	5.43	5.22	5.7	4.92	5.03
20	300725.SZ	药石科技	5.25	5.51	5.36	5.14	5.13	5.14
21	688016.SH	心脉医疗	5.25	5.57	5.29	5.12	5.07	5.23
22	603882.SH	金域医学	5.25	4.84	5.01	6.26	5.22	4.92
23	300396.SZ	迪瑞医疗	5.25	5.58	5.37	5.24	5.03	5.04
24	603233.SH	大参林	5.25	4.98	5.25	5.89	5.4	4.72
25	688389.SH	普门科技	5.25	5.53	5.16	5.37	4.99	5.19
26	002294.SZ	信立泰	5.25	5.34	4.79	6.26	4.75	5.08
27	300702.SZ	天宇股份	5.23	5.11	5.52	5.55	5.12	4.88
28	300463.SZ	迈克生物	5.23	4.82	5.32	5.88	5.27	4.88
29	688363.SH	华熙生物	5.23	5.47	5.05	5.58	4.96	5.1
30	300003.SZ	乐普医疗	5.23	4.81	5.32	5.93	5.18	4.92
31	300642.SZ	透景生命	5.23	5.55	5.28	5.17	5.03	5.11
32	002626.SZ	金达威	5.23	5.16	5.35	6	4.82	4.82
33	000661.SZ	长春高新	5.23	5.12	5.22	5.83	5	4.96
34	002001.SZ	新和成	5.22	4.96	5.51	5.82	5.07	4.75
35	688366.SH	昊海生科	5.22	5.42	5.18	5.21	5.31	4.99
36	600161.SH	天坛生物	5.22	5.41	4.65	6.17	4.86	5.02
37	603387.SH	基蛋生物	5.22	5.48	5.33	5.32	4.97	5
38	000513.SZ	丽珠集团	5.22	5.11	5.23	5.72	5.18	4.83
39	002932.SZ	明德生物	5.21	5.57	5.11	5.3	5.13	4.96

续表

排名	代码	公司名称	总得分	财务指标	估值与成长性	创值能力	公司治理	创新与研发
40	600085.SH	同仁堂	5.21	5.07	5.44	6.05	4.87	4.64
41	000739.SZ	普洛药业	5.21	4.99	5.27	6.03	4.99	4.77
42	600763.SH	通策医疗	5.2	5.4	5.3	5.53	5.03	4.76
43	688202.SH	美迪西	5.2	5.51	5.36	5	5.08	5.07
44	300601.SZ	康泰生物	5.2	4.9	4.99	5.68	5.17	5.26
45	000963.SZ	华东医药	5.2	4.86	5.38	5.94	4.97	4.84
46	002287.SZ	奇正藏药	5.2	5.55	5.27	5.36	5.08	4.73
47	603811.SH	诚意药业	5.19	5.36	5.41	5.12	5.3	4.78
48	000915.SZ	华特达因	5.19	5.65	5.4	4.89	5.12	4.87
49	300753.SZ	爱朋医疗	5.19	5.53	5.26	4.98	5.09	5.08
50	300009.SZ	安科生物	5.18	5.32	4.96	5.41	5.08	5.14
51	688358.SH	祥生医疗	5.18	5.41	5.23	4.93	5.12	5.23
52	600566.SH	济川药业	5.18	5.32	5.38	5.34	5.13	4.74
53	000538.SZ	云南白药	5.18	4.95	5.32	5.76	5.14	4.73
54	300015.SZ	爱尔眼科	5.18	5.01	5.02	5.83	5.26	4.77
55	300639.SZ	凯普生物	5.17	5.42	5.35	5.08	5.1	4.91
56	002773.SZ	康弘药业	5.17	5.08	4.85	5.88	5.13	4.91
57	002950.SZ	奥美医疗	5.17	4.94	5.6	5.65	5.12	4.55
58	688139.SH	海尔生物	5.17	5.26	5.3	5.17	4.99	5.11
59	688068.SH	热景生物	5.16	5.65	5.29	4.99	5.02	4.86
60	300653.SZ	正海生物	5.16	5.52	5.37	5.05	4.83	5.04
61	300630.SZ	普利制药	5.16	4.96	5.24	5.51	4.96	5.13
62	600062.SH	华润双鹤	5.16	5.38	5.28	5.36	5.04	4.72
63	300723.SZ	一品红	5.16	5.33	5.25	5.26	4.92	5.03
64	600211.SH	西藏药业	5.16	5.56	5.21	5.31	4.74	4.95
65	603127.SH	昭衍新药	5.15	5.1	5.18	5.14	5.41	4.95
66	000999.SZ	华润三九	5.15	5.04	5.23	5.73	5.06	4.72
67	600529.SH	山东药玻	5.15	5.14	5.3	5.51	4.95	4.86
68	688029.SH	南微医学	5.15	5.53	4.87	5.22	5.05	5.09
69	002880.SZ	卫光生物	5.15	5.57	5.42	5.18	4.7	4.89
70	002737.SZ	葵花药业	5.15	5.45	5.44	5.34	4.87	4.65
71	300244.SZ	迪安诊断	5.14	4.59	5.3	5.71	5.42	4.7

续表

排名	代码	公司名称	总得分	财务指标	估值与成长性	创值能力	公司治理	创新与研发
72	300298.SZ	三诺生物	5.14	5.36	5.06	5.38	5.12	4.78
73	002020.SZ	京新药业	5.14	5.06	5.53	4.95	5.28	4.9
74	002422.SZ	科伦药业	5.14	4.71	4.94	5.85	5.34	4.88
75	002022.SZ	科华生物	5.14	4.97	5.51	5.19	4.98	5.06
76	002019.SZ	亿帆医药	5.14	4.99	5.41	5.39	4.88	5.01
77	600521.SH	华海药业	5.13	4.75	5.03	5.78	5.14	4.97
78	000650.SZ	仁和药业	5.13	5.49	5.25	5.18	5.13	4.63
79	002923.SZ	润都股份	5.13	5.25	5.38	5.06	5.12	4.84
80	603896.SH	寿仙谷	5.13	5.53	5.41	5.05	4.83	4.82
81	688166.SH	博瑞医药	5.13	5.22	5.17	5.14	4.93	5.19
82	603259.SH	药明康德	5.13	5.03	4.9	5.83	5.07	4.79
83	300685.SZ	艾德生物	5.13	5.56	4.92	5.16	4.84	5.16
84	002653.SZ	海思科	5.13	4.71	5.01	5.76	5.04	5.11
85	603987.SH	康德莱	5.13	5.01	5.48	5.14	5.13	4.87
86	300558.SZ	贝达药业	5.12	5.16	4.85	5.49	4.89	5.23
87	300595.SZ	欧普康视	5.12	5.53	5.14	5.29	4.73	4.92
88	600535.SH	天士力	5.11	4.65	5.3	5.65	4.98	4.99
89	600380.SH	健康元	5.11	5.12	5.08	5.28	5.07	5.02
90	300765.SZ	新诺威	5.11	5.76	5.49	4.93	4.71	4.66
91	603939.SH	益丰药房	5.11	4.74	5.4	5.58	5.09	4.71
92	300122.SZ	智飞生物	5.1	4.91	4.82	5.83	4.99	4.96
93	600329.SH	中新药业	5.1	4.95	5.47	5.31	4.94	4.83
94	300519.SZ	新光药业	5.1	5.44	5.36	4.87	4.87	4.96
95	002038.SZ	双鹭药业	5.09	5.46	5.08	4.9	4.86	5.15
96	300314.SZ	戴维医疗	5.09	5.58	4.99	5.04	4.85	4.98
97	300357.SZ	我武生物	5.08	5.45	4.96	5.27	4.8	4.93
98	603367.SH	辰欣药业	5.08	5.13	5.3	5.11	4.86	5.01
99	002275.SZ	桂林三金	5.08	5.52	5.22	5.07	4.88	4.72
100	603858.SH	步长制药	5.08	4.91	5.26	5.23	5.1	4.9
101	002727.SZ	一心堂	5.08	4.99	5.35	5.4	5.03	4.61
102	688108.SH	赛诺医疗	5.08	5.4	4.95	5.1	4.92	5.02
103	300452.SZ	山河药辅	5.07	5.17	5.32	5.02	5.11	4.75

续表

排名	代码	公司名称	总得分	财务指标	估值与成长性	创值能力	公司治理	创新与研发
104	300705.SZ	九典制药	5.07	4.88	5.2	5.29	5.02	4.96
105	603707.SH	健友股份	5.07	4.5	5.13	5.7	4.93	5.08
106	300401.SZ	花园生物	5.07	5.48	5.26	4.95	4.8	4.84
107	300633.SZ	开立医疗	5.06	4.87	5.05	5.43	5.02	4.94
108	600750.SH	江中药业	5.06	5.65	5.61	4.61	4.82	4.61
109	603883.SH	老百姓	5.06	4.81	5.52	5.39	4.98	4.61
110	600993.SH	马应龙	5.05	5.46	5.26	5.04	4.82	4.68
111	603229.SH	奥翔药业	5.05	5.06	5.14	5.19	4.87	4.99
112	603301.SH	振德医疗	5.05	5.03	5.44	5.47	4.77	4.54
113	002940.SZ	昂利康	5.05	5.24	5.56	4.73	5.1	4.62
114	300406.SZ	九强生物	5.05	5.19	5.13	5.02	4.84	5.05
115	688198.SH	佰仁医疗	5.05	5.56	4.82	4.95	4.92	4.99
116	300759.SZ	康龙化成	5.04	5.15	4.83	5.34	4.95	4.95
117	002382.SZ	蓝帆医疗	5.04	4.98	5.32	5.08	4.88	4.95
118	300497.SZ	富祥药业	5.04	4.89	5.68	4.93	5	4.72
119	600055.SH	万东医疗	5.04	5.29	5.24	4.97	4.78	4.93
120	300485.SZ	赛升药业	5.03	5.33	5.38	4.63	4.81	5.02
121	300453.SZ	三鑫医疗	5.03	5.03	5.18	5.14	5.07	4.75
122	300246.SZ	宝莱特	5.03	5	5.37	4.9	4.89	5
123	600557.SH	康缘药业	5.03	5.18	5.37	5.04	4.86	4.7
124	603520.SH	司太立	5.02	4.57	5.18	5.37	5.16	4.81
125	002675.SZ	东诚药业	5.02	4.84	5.35	5.04	5.01	4.83
126	600511.SH	国药股份	5.02	4.75	5.34	5.3	4.93	4.77
127	603590.SH	康辰药业	5.02	5.43	5.13	4.56	4.98	4.98
128	600196.SH	复星医药	5.01	4.48	5.07	5.78	4.77	4.94
129	300562.SZ	乐心医疗	5	4.76	5.28	5.07	5.12	4.79
130	002107.SZ	沃华医药	5	5.07	5.16	5.11	4.81	4.86
131	601607.SH	上海医药	5	4.53	5.39	5.28	4.92	4.88
132	002900.SZ	哈三联	5	5.04	5.22	5.09	4.81	4.83
133	300294.SZ	博雅生物	5	4.73	5.24	5.19	5.06	4.77
134	603368.SH	柳药股份	5	4.53	5.65	4.91	5.23	4.66
135	300573.SZ	兴齐眼药	4.99	5.04	4.91	4.97	5	5.04

续表

排名	代码	公司名称	总得分	财务指标	估值与成长性	创值能力	公司治理	创新与研发
136	600332.SH	白云山	4.99	4.78	5.29	5.16	4.99	4.73
137	603676.SH	卫信康	4.99	5.01	5.27	4.84	4.89	4.95
138	300142.SZ	沃森生物	4.99	4.78	4.49	5.61	5.09	4.95
139	600285.SH	羚锐制药	4.98	5.24	5.23	4.86	4.87	4.71
140	000403.SZ	派林生物	4.98	4.86	5.01	5.05	5.06	4.92
141	002332.SZ	仙琚制药	4.98	4.65	5.33	5.21	4.92	4.77
142	000813.SZ	德展健康	4.97	5.55	5.04	4.58	4.89	4.8
143	603309.SH	维力医疗	4.97	4.94	5.36	4.85	5.04	4.68
144	300039.SZ	上海凯宝	4.97	5.43	5.16	4.52	4.92	4.83
145	002365.SZ	永安药业	4.97	5.46	5.23	4.31	5.19	4.66
146	603351.SH	威尔药业	4.97	5.04	5.37	4.62	5.04	4.76
147	688321.SH	微芯生物	4.96	4.81	4.92	4.93	4.91	5.23
148	000028.SZ	国药一致	4.96	4.68	5.37	5.19	4.9	4.66
149	600216.SH	浙江医药	4.96	4.91	5.31	4.7	5.06	4.81
150	603880.SH	南卫股份	4.96	4.81	5.37	4.81	5.02	4.77
151	603456.SH	九洲药业	4.96	4.81	4.97	5.14	4.96	4.9
152	002864.SZ	盘龙药业	4.96	5.01	5.46	4.71	4.91	4.7
153	300363.SZ	博腾股份	4.95	4.87	5.02	5.07	4.93	4.87
154	000989.SZ	九芝堂	4.95	5.39	5.18	4.44	5.1	4.66
155	002099.SZ	海翔药业	4.95	5.2	5.12	5.05	4.63	4.77
156	002550.SZ	千红制药	4.95	5	5.07	4.64	5.16	4.89
157	300049.SZ	福瑞股份	4.94	5.22	5.29	4.36	4.94	4.92
158	600998.SH	九州通	4.94	4.56	5.21	5.28	4.88	4.79
159	603976.SH	正川股份	4.94	5.11	4.91	5.05	4.82	4.81
160	300584.SZ	海辰药业	4.94	4.92	5.18	4.9	4.84	4.85
161	300016.SZ	北陆药业	4.94	5.34	4.95	4.81	4.72	4.85
162	600420.SH	国药现代	4.93	4.66	5.08	5.28	4.8	4.84
163	603669.SH	灵康药业	4.93	4.81	5.26	4.98	4.74	4.84
164	000423.SZ	东阿阿胶	4.93	4.93	5.31	4.64	5	4.75
165	603538.SH	美诺华	4.93	4.59	5.48	4.96	4.77	4.82
166	002817.SZ	黄山胶囊	4.92	5.08	5.23	4.7	4.99	4.61
167	600479.SH	千金药业	4.92	5.01	5.25	4.72	4.86	4.75

全部A股与港股评估结果

续表

排名	代码	公司名称	总得分	财务指标	估值与成长性	创值能力	公司治理	创新与研发
168	600252.SH	中恒集团	4.91	5.2	5.15	4.58	4.96	4.68
169	300149.SZ	睿智医药	4.91	4.68	5.28	4.82	5.03	4.74
170	300026.SZ	红日药业	4.91	4.81	5.34	4.33	5.22	4.85
171	603998.SH	方盛制药	4.91	4.91	5.13	4.45	5.3	4.75
172	603079.SH	圣达生物	4.9	4.98	5.33	4.56	4.91	4.73
173	002907.SZ	华森制药	4.89	4.67	5.11	5.07	4.94	4.65
174	600976.SH	健民集团	4.89	4.69	5.14	5.04	4.86	4.69
175	002826.SZ	易明医药	4.88	4.94	5.34	4.57	4.91	4.65
176	300233.SZ	金城医药	4.88	4.91	5.16	4.46	4.87	4.99
177	002873.SZ	新天药业	4.88	4.72	5.65	4.65	4.67	4.69
178	603963.SH	大理药业	4.87	4.95	4.99	4.81	4.84	4.77
179	300404.SZ	博济医药	4.87	4.85	4.78	5.02	4.89	4.81
180	002728.SZ	特一药业	4.87	4.71	5.32	4.75	4.87	4.71
181	300436.SZ	广生堂	4.87	4.43	5.11	5.15	4.8	4.86
182	300636.SZ	同和药业	4.87	4.52	5.24	4.94	4.78	4.85
183	300204.SZ	舒泰神	4.86	4.86	4.76	4.8	4.88	5.01
184	300358.SZ	楚天科技	4.86	4.7	5.21	4.82	4.73	4.85
185	300439.SZ	美康生物	4.86	4.84	4.8	4.8	5.03	4.83
186	600833.SH	第一医药	4.86	4.76	5.26	4.65	4.8	4.82
187	600056.SH	中国医药	4.86	4.31	5.3	4.99	4.97	4.71
188	000534.SZ	万泽股份	4.85	4.37	5.2	5.05	4.74	4.9
189	002198.SZ	嘉应制药	4.85	5.24	4.71	4.92	4.63	4.76
190	300326.SZ	凯利泰	4.85	4.77	4.85	4.84	4.92	4.88
191	002412.SZ	汉森制药	4.85	5.24	5.15	4.45	4.71	4.69
192	000790.SZ	华神科技	4.84	4.99	4.71	4.85	4.66	5.02
193	600422.SH	昆药集团	4.84	4.57	5.48	4.57	4.94	4.65
194	300255.SZ	常山药业	4.83	4.48	5.44	4.67	4.56	5
195	002566.SZ	益盛药业	4.83	5.06	5.29	4.29	4.81	4.68
196	000518.SZ	四环生物	4.82	4.79	4.73	5	4.59	5.01
197	002462.SZ	嘉事堂	4.82	4.54	5.46	4.77	4.79	4.55
198	603168.SH	莎普爱思	4.82	5.27	4.81	4.36	4.88	4.79
199	000919.SZ	金陵药业	4.82	5.36	5.02	4.33	4.75	4.63

289

续表

排名	代码	公司名称	总得分	财务指标	估值与成长性	创值能力	公司治理	创新与研发
200	000756.SZ	新华制药	4.82	4.39	5.34	4.56	4.98	4.81
201	300181.SZ	佐力药业	4.81	4.78	4.98	4.62	5.1	4.58
202	002898.SZ	赛隆药业	4.81	4.58	5	4.71	4.96	4.81
203	000623.SZ	吉林敖东	4.81	4.89	5.24	4.44	4.9	4.57
204	002424.SZ	贵州百灵	4.8	4.48	5.09	4.65	5.11	4.69
205	603567.SH	珍宝岛	4.8	4.4	5.24	4.81	4.93	4.63
206	002750.SZ	龙津药业	4.8	4.97	4.83	4.87	4.5	4.83
207	603108.SH	润达医疗	4.8	4.46	5.34	4.57	4.99	4.63
208	000411.SZ	英特集团	4.79	4.5	5.32	4.49	4.94	4.7
209	300318.SZ	博晖创新	4.79	4.3	5.06	4.79	4.92	4.87
210	300534.SZ	陇神戎发	4.78	4.97	5.01	4.52	4.79	4.63
211	603139.SH	康惠制药	4.78	5.31	5.19	4.12	4.59	4.7
212	002393.SZ	力生制药	4.78	5.17	5.04	4.25	4.7	4.75
213	000004.SZ	国华网安	4.78	4.96	4.94	4.57	4.45	4.98
214	300030.SZ	阳普医疗	4.78	4.4	4.84	4.77	4.87	5
215	300381.SZ	溢多利	4.78	4.65	5.33	4.45	4.78	4.68
216	600673.SH	东阳光	4.77	4.51	4.91	5.28	4.62	4.54
217	300199.SZ	翰宇药业	4.77	4.36	4.99	4.55	4.77	5.19
218	002581.SZ	未名医药	4.77	4.71	4.73	4.78	4.67	4.96
219	600771.SH	广誉远	4.77	4.66	4.82	5.05	4.61	4.7
220	000705.SZ	浙江震元	4.77	4.64	5.17	4.38	4.95	4.68
221	000590.SZ	启迪药业	4.76	4.88	4.8	4.68	4.82	4.64
222	603222.SH	济民医疗	4.76	4.53	4.85	4.93	4.8	4.68
223	300683.SZ	海特生物	4.76	4.84	4.98	4.5	4.61	4.87
224	600488.SH	天药股份	4.76	4.58	5.23	4.38	4.76	4.84
225	002788.SZ	鹭燕医药	4.76	4.36	5.61	4.43	4.87	4.53
226	000788.SZ	北大医药	4.76	4.48	4.97	4.7	4.68	4.95
227	002432.SZ	九安医疗	4.75	4.66	4.99	4.39	4.79	4.94
228	300239.SZ	东宝生物	4.75	4.47	5.07	4.82	4.75	4.66
229	000504.SZ	南华生物	4.75	4.48	4.78	4.88	4.82	4.78
230	002399.SZ	海普瑞	4.75	4.26	4.91	4.75	4.95	4.87
231	300194.SZ	福安药业	4.75	4.9	4.95	4.11	4.94	4.84

全部 A 股与港股评估结果

续表

排名	代码	公司名称	总得分	财务指标	估值与成长性	创值能力	公司治理	创新与研发
232	300289.SZ	利德曼	4.74	5.09	4.7	4.26	4.77	4.9
233	000503.SZ	国新健康	4.73	4.87	4.45	4.71	4.61	5.03
234	600513.SH	联环药业	4.73	4.41	5.21	4.59	4.77	4.69
235	300267.SZ	尔康制药	4.72	5.12	4.94	4.18	4.68	4.7
236	002317.SZ	众生药业	4.72	4.65	4.98	4.19	4.88	4.92
237	300110.SZ	华仁药业	4.72	4.87	5.01	4.39	4.61	4.74
238	600851.SH	海欣股份	4.72	4.57	5.4	4.31	4.75	4.57
239	002644.SZ	佛慈制药	4.72	4.41	5.15	4.57	4.8	4.65
240	300006.SZ	莱美药业	4.71	4.55	4.65	4.71	4.95	4.7
241	002551.SZ	尚荣医疗	4.71	4.53	5.27	4.43	4.7	4.63
242	000952.SZ	广济药业	4.71	4.72	4.99	4.49	4.73	4.63
243	002252.SZ	上海莱士	4.71	5.2	4.71	4.21	4.53	4.91
244	600572.SH	康恩贝	4.71	4.6	4.84	4.54	4.93	4.63
245	300434.SZ	金石亚药	4.7	5.21	4.86	3.74	5.04	4.66
246	600796.SH	钱江生化	4.7	4.67	5.01	4.4	4.55	4.86
247	600351.SH	亚宝药业	4.7	4.94	4.88	4.38	4.79	4.48
248	002693.SZ	双成药业	4.69	4.55	4.86	4.53	4.66	4.87
249	600713.SH	南京医药	4.69	4.33	5.23	4.37	4.96	4.55
250	600080.SH	金花股份	4.69	4.99	5.07	4.02	4.67	4.69
251	002166.SZ	莱茵生物	4.69	4.37	5.1	4.59	4.75	4.63
252	600739.SH	辽宁成大	4.69	4.39	5.1	4.42	4.87	4.65
253	000516.SZ	国际医学	4.69	4.41	4.46	5.09	4.77	4.69
254	600587.SH	新华医疗	4.69	4.67	4.83	4.38	4.74	4.81
255	600538.SH	国发股份	4.68	4.8	4.57	4.8	4.62	4.63
256	600272.SH	开开实业	4.68	4.59	4.88	4.72	4.64	4.58
257	600829.SH	人民同泰	4.67	4.43	5.13	4.43	4.72	4.64
258	002390.SZ	信邦制药	4.67	4.55	4.57	4.61	4.9	4.72
259	600079.SH	人福医药	4.67	4.39	4.86	4.33	4.98	4.77
260	300238.SZ	冠昊生物	4.67	4.61	4.34	4.82	4.68	4.88
261	000153.SZ	丰原药业	4.66	4.59	5.01	4.36	4.71	4.65
262	000931.SZ	中关村	4.66	4.42	4.87	4.61	4.72	4.68
263	600789.SH	鲁抗医药	4.65	4.35	4.9	4.35	4.79	4.87

291

续表

排名	代码	公司名称	总得分	财务指标	估值与成长性	创值能力	公司治理	创新与研发
264	000908.SZ	景峰医药	4.65	4.26	4.54	4.91	4.62	4.91
265	000950.SZ	重药控股	4.65	4.24	4.84	4.51	4.88	4.75
266	002370.SZ	亚太药业	4.64	4.49	4.56	4.62	4.7	4.86
267	603716.SH	塞力医疗	4.64	4.31	5.09	4.16	4.94	4.73
268	002437.SZ	誉衡药业	4.64	4.68	4.37	4.53	5.01	4.62
269	300158.SZ	振东制药	4.64	4.56	5.09	4.02	4.76	4.76
270	600645.SH	中源协和	4.64	4.72	4.68	4.38	4.78	4.62
271	600594.SH	益佰制药	4.63	4.53	5	3.82	5.14	4.68
272	300086.SZ	康芝药业	4.63	4.5	5.08	4.04	4.75	4.8
273	002349.SZ	精华制药	4.63	4.76	5.1	3.85	4.71	4.75
274	002524.SZ	光正眼科	4.63	4.48	4.38	4.84	4.76	4.67
275	002044.SZ	美年健康	4.62	4.45	4.58	4.77	4.76	4.56
276	300254.SZ	仟源医药	4.62	4.37	4.81	4.04	5.07	4.83
277	300143.SZ	盈康生命	4.62	4.6	4.44	4.64	4.71	4.72
278	600682.SH	南京新百	4.62	4.95	4.93	3.8	4.72	4.68
279	600129.SH	太极集团	4.61	4.46	4.77	4.12	4.87	4.82
280	600222.SH	太龙药业	4.61	4.27	4.83	4.49	4.75	4.69
281	300108.SZ	吉药控股	4.6	4.33	4.4	4.72	4.97	4.6
282	300147.SZ	香雪制药	4.6	4.23	5.22	4.11	4.63	4.83
283	600530.SH	交大昂立	4.6	4.38	4.84	4.34	4.76	4.66
284	600613.SH	神奇制药	4.59	4.58	4.9	4.04	4.67	4.77
285	300273.SZ	和佳医疗	4.59	4.31	5.05	4.01	4.76	4.82
286	300583.SZ	赛托生物	4.58	4.35	5.13	4.21	4.46	4.75
287	600267.SH	海正药业	4.58	4.48	4.59	4.03	4.82	4.96
288	000597.SZ	东北制药	4.57	4.45	4.97	3.84	4.86	4.75
289	000078.SZ	海王生物	4.57	4.39	4.77	4.17	4.82	4.69
290	002173.SZ	创新医疗	4.55	4.76	4.73	4.17	4.57	4.54
291	002435.SZ	长江健康	4.54	4.57	4.85	3.94	4.63	4.7
292	600227.SH	圣济堂	4.54	4.66	4.71	4.05	4.41	4.87
293	000566.SZ	海南海药	4.52	4.23	4.64	4.19	4.77	4.79
294	000150.SZ	宜华健康	4.52	4.3	4.41	4.72	4.65	4.53
295	600812.SH	华北制药	4.51	4.32	4.67	4.08	4.77	4.71

全部A股与港股评估结果

续表

排名	代码	公司名称	总得分	财务指标	估值与成长性	创值能力	公司治理	创新与研发
296	600664.SH	哈药股份	4.5	4.36	4.48	4.09	4.93	4.67
297	000766.SZ	通化金马	4.5	4.37	4.67	4.21	4.49	4.73
298	002433.SZ	太安堂	4.5	4.24	5	3.97	4.59	4.67
299	002589.SZ	瑞康医药	4.48	4.4	4.81	3.7	4.89	4.61
300	002411.SZ	延安必康	4.39	4.23	4.82	3.7	4.58	4.6
301	600200.SH	江苏吴中	4.37	4.29	4.27	4.05	4.71	4.53
302	002118.SZ	紫鑫药业	4.36	4.24	4.69	3.62	4.58	4.68

(二十七) 有色金属

排名	代码	公司名称	总得分	财务指标	估值与成长性	创值能力	公司治理	创新与研发
1	000975.SZ	银泰黄金	5.4	5.48	5.38	6.08	5.2	4.84
2	688357.SH	建龙微纳	5.39	5.44	5.37	5.81	5.29	5.03
3	688300.SH	联瑞新材	5.38	5.51	5.37	5.8	5.14	5.08
4	688388.SH	嘉元科技	5.3	5.56	5.27	5.77	5.04	4.87
5	002056.SZ	横店东磁	5.3	5.25	5.5	5.81	4.94	4.98
6	000603.SZ	盛达资源	5.29	5.37	5.35	6.09	4.86	4.8
7	300127.SZ	银河磁体	5.27	5.39	5.35	5.74	5.04	4.84
8	300811.SZ	铂科新材	5.26	5.32	5.2	5.84	5.15	4.8
9	600338.SH	西藏珠峰	5.26	5.19	5.38	6.09	4.97	4.65
10	300395.SZ	菲利华	5.26	5.46	5.27	5.72	5.08	4.75
11	601899.SH	紫金矿业	5.24	4.81	5.19	5.89	5.24	5.1
12	603688.SH	石英股份	5.23	5.1	5.38	5.71	5.05	4.9
13	603826.SH	坤彩科技	5.21	4.99	5.42	5.65	5.02	4.96
14	603799.SH	华友钴业	5.19	4.92	4.85	6.31	5.06	4.8
15	600980.SH	北矿科技	5.19	5.12	5.32	5.56	4.92	5.02
16	002540.SZ	亚太科技	5.18	5.34	5.24	5.25	5.06	5.03
17	603115.SH	海星股份	5.17	5.43	5.38	5.34	4.75	4.93
18	300697.SZ	电工合金	5.17	4.93	5.24	5.82	5.03	4.8
19	603260.SH	合盛硅业	5.16	4.74	5.41	5.83	5.07	4.77
20	600549.SH	厦门钨业	5.13	4.72	5.41	5.71	4.98	4.82

续表

排名	代码	公司名称	总得分	财务指标	估值与成长性	创值能力	公司治理	创新与研发
21	603663.SH	三祥新材	5.12	4.95	5.39	5.64	4.75	4.88
22	601069.SH	西部黄金	5.12	5.15	5.19	5.56	4.81	4.89
23	002738.SZ	中矿资源	5.12	4.91	5.51	5.57	4.79	4.81
24	300618.SZ	寒锐钴业	5.1	4.9	4.95	5.78	4.99	4.88
25	002182.SZ	云海金属	5.1	4.75	4.88	5.94	5.15	4.76
26	688122.SH	西部超导	5.09	4.55	5.03	5.65	4.94	5.29
27	002057.SZ	中钢天源	5.09	4.9	5.16	5.59	4.74	5.05
28	000688.SZ	国城矿业	5.09	5.37	4.88	5.75	4.7	4.72
29	300328.SZ	宜安科技	5.08	5.06	5.17	5.42	4.87	4.89
30	002460.SZ	赣锋锂业	5.08	4.76	4.69	6.02	4.98	4.95
31	600988.SH	赤峰黄金	5.08	4.83	5.06	5.55	5.1	4.86
32	002340.SZ	格林美	5.07	4.4	5.17	5.77	4.91	5.08
33	600206.SH	有研新材	5.06	4.78	5.29	5.39	4.93	4.91
34	002155.SZ	湖南黄金	5.06	5.43	5.22	5.04	4.83	4.77
35	000831.SZ	五矿稀土	5.05	4.77	4.99	5.49	4.99	5.01
36	601137.SH	博威合金	5.05	4.95	5.52	5.25	4.79	4.74
37	600219.SH	南山铝业	5.04	5.15	5.16	5.09	4.97	4.85
38	600456.SH	宝钛股份	5.04	4.66	5.19	5.78	4.87	4.7
39	300748.SZ	金力永磁	5.03	4.37	5.18	5.7	4.96	4.95
40	601677.SH	明泰铝业	5.03	4.64	5.33	5.28	5.21	4.7
41	000060.SZ	中金岭南	5.03	4.95	5.28	5.31	4.96	4.63
42	600114.SH	东睦股份	5.03	4.95	5.46	4.95	4.94	4.84
43	300224.SZ	正海磁材	5.03	5.07	5.06	5.4	4.73	4.87
44	600516.SH	方大炭素	5.02	5.57	4.69	5.27	4.89	4.7
45	002842.SZ	翔鹭钨业	5.02	4.52	5.34	5.31	5.09	4.85
46	600392.SH	盛和资源	5.02	4.73	4.77	5.49	5.13	4.98
47	002171.SZ	楚江新材	5.01	4.56	5.2	5.56	4.71	5.04
48	600459.SH	贵研铂业	5	4.23	5.33	5.63	4.81	5.04
49	002203.SZ	海亮股份	5	4.79	5.47	5.43	4.55	4.75
50	603527.SH	众源新材	5	4.73	5.33	5.08	4.99	4.86
51	600768.SH	宁波富邦	4.99	4.77	5.02	5.61	4.73	4.81
52	002578.SZ	闽发铝业	4.99	5.04	5.23	5.1	4.84	4.73
53	002130.SZ	沃尔核材	4.99	4.89	5.12	5.46	4.89	4.57
54	603612.SH	索通发展	4.97	4.44	5.48	4.77	5.31	4.84

全部A股与港股评估结果

续表

排名	代码	公司名称	总得分	财务指标	估值与成长性	创值能力	公司治理	创新与研发
55	002824.SZ	和胜股份	4.96	4.49	5.26	5.51	4.77	4.79
56	603978.SH	深圳新星	4.96	4.6	5.36	4.9	4.94	5.02
57	601388.SH	怡球资源	4.96	4.99	4.98	5.22	4.94	4.66
58	601958.SH	金钼股份	4.95	5.44	5.11	4.47	4.83	4.91
59	002378.SZ	章源钨业	4.95	4.78	4.83	5.4	4.85	4.87
60	000970.SZ	中科三环	4.94	5.14	5.35	4.79	4.72	4.7
61	600547.SH	山东黄金	4.94	4.94	5.24	5.05	4.81	4.65
62	000795.SZ	英洛华	4.93	4.9	5.11	5.26	4.65	4.76
63	000962.SZ	东方钽业	4.92	4.88	4.6	5.45	4.63	5.06
64	600490.SH	鹏欣资源	4.9	5.18	5.04	4.84	4.84	4.6
65	603045.SH	福达合金	4.9	4.36	5.47	5.05	4.92	4.7
66	603003.SH	龙宇燃油	4.89	5.3	4.9	4.51	4.9	4.83
67	000657.SZ	中钨高新	4.89	4.53	5.14	4.99	4.9	4.88
68	000751.SZ	锌业股份	4.88	4.74	5.2	4.78	4.92	4.77
69	000969.SZ	安泰科技	4.88	5.01	5.13	4.55	4.86	4.83
70	600330.SH	天通股份	4.88	4.48	5.14	5.03	4.98	4.76
71	603876.SH	鼎胜新材	4.87	4.21	5.23	5.33	4.86	4.72
72	600111.SH	北方稀土	4.85	4.38	4.94	5.35	4.87	4.75
73	000960.SZ	锡业股份	4.85	4.63	5.08	4.91	4.92	4.7
74	600259.SH	广晟有色	4.85	4.59	4.8	5.33	4.95	4.55
75	002428.SZ	云南锗业	4.84	4.44	4.73	5.54	4.62	4.87
76	000633.SZ	合金投资	4.84	4.41	4.76	5.43	4.64	4.95
77	600366.SH	宁波韵升	4.84	4.78	4.96	4.78	4.88	4.8
78	002149.SZ	西部材料	4.83	4.39	5.02	5.23	4.62	4.89
79	002295.SZ	精艺股份	4.83	4.51	5.22	4.9	4.71	4.8
80	002167.SZ	东方锆业	4.83	4.58	4.75	5.37	4.59	4.84
81	300489.SZ	中飞股份	4.82	4.41	4.96	5.35	4.77	4.6
82	000612.SZ	焦作万方	4.81	5.13	4.8	4.59	4.93	4.6
83	300337.SZ	银邦股份	4.8	4.37	4.82	5.22	4.79	4.83
84	000807.SZ	云铝股份	4.8	4.77	4.94	4.67	4.85	4.76
85	002379.SZ	宏创控股	4.8	4.68	4.85	5	4.76	4.7
86	600489.SH	中金黄金	4.79	4.92	5.06	4.3	4.81	4.86
87	000878.SZ	云南铜业	4.79	4.83	4.88	4.48	4.79	4.96
88	002237.SZ	恒邦股份	4.79	4.66	5.08	4.78	4.71	4.7

续表

排名	代码	公司名称	总得分	财务指标	估值与成长性	创值能力	公司治理	创新与研发
89	600362.SH	江西铜业	4.77	4.84	5.09	4.17	4.81	4.97
90	000630.SZ	铜陵有色	4.77	4.86	5.21	4.04	4.96	4.78
91	600711.SH	盛屯矿业	4.77	4.79	5.01	4.36	5.06	4.61
92	600888.SH	新疆众和	4.76	4.48	5.18	4.47	4.77	4.88
93	601168.SH	西部矿业	4.75	4.78	5.09	4.26	5	4.62
94	002806.SZ	华锋股份	4.75	4.74	4.93	4.58	4.7	4.78
95	603993.SH	洛阳钼业	4.75	4.75	4.97	4.46	4.88	4.67
96	600961.SH	株冶集团	4.74	4.79	4.69	4.75	4.86	4.62
97	600497.SH	驰宏锌锗	4.74	4.94	4.68	4.17	5.03	4.89
98	600531.SH	豫光金铅	4.73	4.84	5	4.43	4.8	4.6
99	000426.SZ	兴业矿业	4.72	4.69	4.82	4.7	4.58	4.79
100	002114.SZ	罗平锌电	4.72	5.24	4.77	4.29	4.69	4.59
101	002160.SZ	常铝股份	4.71	4.52	5.05	4.51	4.74	4.74
102	603399.SH	吉翔股份	4.69	4.48	4.91	4.46	4.76	4.84
103	000933.SZ	神火股份	4.68	4.48	4.89	4.3	5.04	4.67
104	601212.SH	白银有色	4.65	4.69	4.86	4.17	4.83	4.72
105	000758.SZ	中色股份	4.62	4.59	4.88	4.17	4.8	4.67
106	002466.SZ	天齐锂业	4.62	4.56	4.36	4.72	4.77	4.7
107	601600.SH	中国铝业	4.62	4.75	4.69	4.17	4.89	4.6
108	600614.SH	退市鹏起	4.51	4.26	4.22	4.72	4.52	4.85
109	600331.SH	宏达股份	4.47	4.35	4.28	4.72	4.42	4.57
110	600255.SH	鑫科材料	4.47	4.31	4.48	4.06	4.81	4.67

（二十八）综合

排名	代码	公司名称	总得分	财务指标	估值与成长性	创值能力	公司治理	创新与研发
1	603060.SH	国检集团	5.52	5.51	5.34	6.51	5.11	5.12
2	300012.SZ	华测检测	5.42	5.49	5.2	6.1	5.32	5
3	002967.SZ	广电计量	5.37	5.17	5.1	6.53	5.08	4.96
4	300797.SZ	钢研纳克	5.33	5.48	5.31	6.02	4.76	5.09
5	603183.SH	建研院	5.33	5.51	5.48	5.69	5.13	4.84

全部 A 股与港股评估结果

续表

排名	代码	公司名称	总得分	财务指标	估值与成长性	创值能力	公司治理	创新与研发
6	600603.SH	广汇物流	5.23	5.18	5.7	5.46	5.29	4.53
7	600234.SH	山水文化	5.16	4.63	5.3	6.06	5.05	4.77
8	300688.SZ	创业黑马	5.13	5.08	4.97	5.89	4.85	4.88
9	600624.SH	复旦复华	5.1	4.9	4.93	5.73	4.9	5.03
10	600051.SH	宁波联合	5.07	5.23	5.12	5.29	5.04	4.68
11	600149.SH	廊坊发展	5.03	4.78	5.14	5.94	4.85	4.45
12	600770.SH	综艺股份	5.03	5.19	5.15	4.95	5.02	4.81
13	600070.SH	浙江富润	5.02	4.59	5.16	5.42	5.09	4.85
14	600212.SH	江泉实业	5	5.07	4.96	5.47	4.84	4.68
15	600784.SH	鲁银投资	4.96	4.82	5.1	5.35	4.89	4.64
16	600818.SH	中路股份	4.96	4.7	5.07	5.8	4.46	4.77
17	600620.SH	天宸股份	4.95	4.93	5.21	5.35	4.69	4.55
18	000009.SZ	中国宝安	4.91	4.87	4.83	5.41	4.84	4.61
19	600128.SH	弘业股份	4.9	5.1	5.25	4.72	4.92	4.5
20	600281.SH	太化股份	4.88	4.28	4.98	5.72	4.83	4.6
21	000632.SZ	三木集团	4.87	4.7	5.47	4.51	4.93	4.73
22	000409.SZ	云鼎科技	4.81	4.59	4.63	5.01	4.78	5.03
23	600730.SH	中国高科	4.81	4.71	4.7	4.98	4.76	4.88
24	600811.SH	东方集团	4.76	4.65	5.39	4.17	5.07	4.51
25	600805.SH	悦达投资	4.67	4.62	5.2	4.17	4.81	4.55
26	000652.SZ	泰达股份	4.66	4.64	5.02	4.1	4.88	4.64
27	000839.SZ	中信国安	4.49	4.24	4.5	4.41	4.78	4.54

二　港股评估结果

（一）半导体产品与设备

排名	代码	公司名称	总得分	财务指标	估值与成长性	创值能力	公司治理与创新
1	0981.HK	中芯国际	5.2	4.87	5.16	5.68	4.96
2	0522.HK	ASM PACIFIC	5.03	5.71	5.29	3.92	5.39

297

续表

排名	代码	公司名称	总得分	财务指标	估值与成长性	创值能力	公司治理与创新
3	3800.HK	保利协鑫能源	4.99	4.79	4.73	5.83	4.19
4	0968.HK	信义光能	4.79	5.07	5.27	3.97	4.88
5	1347.HK	华虹半导体	4.69	5.21	4.8	4.01	4.83
6	1799.HK	新特能源	4.61	4.59	4.57	4.78	4.41
7	1385.HK	上海复旦	4.55	4.71	4.62	4.14	4.89

（二）电信业务

排名	代码	公司名称	总得分	财务指标	估值与成长性	创值能力	公司治理与创新
1	0008.HK	电讯盈科	5.31	5.1	5.1	5.83	5.07
2	0941.HK	中国移动	5.26	6.21	5.03	4.48	5.33
3	1310.HK	香港宽频	5.23	5	5.14	5.83	4.64
4	0762.HK	中国联通	5.22	5.15	4.8	6.03	4.62
5	1883.HK	中信国际电讯	4.97	5.12	5.56	4.19	5.05
6	0552.HK	中国通信服务	4.83	5.3	4.92	4.14	5.09
7	0788.HK	中国铁塔	4.52	4.78	4.84	3.96	4.5
8	0215.HK	和记电讯香港	4.51	4.62	4.98	3.88	4.61
9	0728.HK	中国电信	4.44	4.95	4.35	3.88	4.71
10	6823.HK	香港电讯 - SS	-12.52	-55.89	5.58	3.88	5.2

（三）公用事业

排名	代码	公司名称	总得分	财务指标	估值与成长性	创值能力	公司治理与创新
1	3868.HK	信义能源	6.58	11.71	4.76	4.06	5.01
2	0002.HK	中电控股	5.55	5.86	5.25	5.83	4.99
3	0003.HK	香港中华煤气	5.39	5.06	5.14	6.19	5
4	2688.HK	新奥能源	5.3	6.11	5.08	4.78	5.17
5	0270.HK	粤海投资	5.24	5.47	5.41	4.84	5.24
6	1038.HK	长江基建集团	5.22	5.12	4.95	5.83	4.72

续表

排名	代码	公司名称	总得分	财务指标	估值与成长性	创值能力	公司治理与创新
7	0451.HK	协鑫新能源	5.2	4.64	4.69	6.55	4.61
8	1635.HK	大众公用	5.06	4.68	4.87	5.83	4.64
9	0836.HK	华润电力	5.04	5.18	4.96	4.95	5.07
10	1193.HK	华润燃气	5.03	5.62	5.36	3.9	5.45
11	1065.HK	天津创业环保股份	5.02	4.99	5.2	5.01	4.71
12	1816.HK	中广核电力	4.97	5.25	5.36	4.21	5.16
13	0686.HK	北京能源国际	4.96	4.41	4.66	5.83	4.94
14	1600.HK	天伦燃气	4.96	5.26	5.17	4.35	5.19
15	0392.HK	北京控股	4.88	5.41	5.03	4.12	4.99
16	3633.HK	中裕燃气	4.84	4.81	5.3	4.33	5.02
17	0371.HK	北控水务集团	4.81	4.86	5.17	4.39	4.83
18	1257.HK	中国光大绿色环保	4.81	4.99	5.18	4.13	5.03
19	1811.HK	中广核新能源	4.8	4.74	4.74	4.86	4.9
20	0855.HK	中国水务	4.8	5.21	4.95	4.4	4.44
21	0384.HK	中国燃气	4.79	5.22	4.94	4.37	4.45
22	1083.HK	港华燃气	4.76	4.52	4.89	4.75	5.02
23	0579.HK	京能清洁能源	4.75	4.8	4.91	4.55	4.75
24	0956.HK	新天绿色能源	4.74	5.13	4.87	4	5.16
25	2380.HK	中国电力	4.71	4.46	5.25	4.26	5.03
26	0916.HK	龙源电力	4.69	4.97	4.58	4.38	4.93
27	0135.HK	昆仑能源	4.68	5.37	4.53	3.98	5.03
28	0902.HK	华能国际电力股份	4.65	4.88	5.02	4.05	4.68
29	0991.HK	大唐发电	4.63	4.86	4.92	4.12	4.62
30	1250.HK	北控清洁能源集团	4.62	4.75	4.43	4.74	4.49
31	0006.HK	电能实业	4.62	4.98	5.11	3.87	4.41
32	1798.HK	大唐新能源	4.6	4.84	4.54	4.34	4.76
33	1071.HK	华电国际电力股份	4.56	4.66	4.89	4.02	4.78

（四）技术硬件与设备

排名	代码	公司名称	总得分	财务指标	估值与成长性	创值能力	公司治理与创新
1	0148.HK	建滔集团	5.35	5.48	4.93	5.83	4.97
2	6869.HK	长飞光纤光缆	5.27	5.05	5.35	5.83	4.44

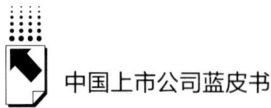

续表

排名	代码	公司名称	总得分	财务指标	估值与成长性	创值能力	公司治理与创新
3	2382.HK	舜宇光学科技	5.26	5.76	5.51	4.46	5.38
4	0861.HK	神州控股	5.12	4.77	5.21	5.81	4.24
5	1810.HK	小米集团-W	5.11	4.92	4.87	5.83	4.52
6	0763.HK	中兴通讯	5.09	4.88	4.64	5.98	4.65
7	2018.HK	瑞声科技	4.99	5.64	5.03	4.46	4.68
8	2038.HK	富智康集团	4.9	4.87	4.99	4.79	4.98
9	1888.HK	建滔积层板	4.86	5.31	5.14	4.07	5
10	0327.HK	百富环球	4.84	5.4	4.79	4.04	5.44
11	0303.HK	VTECH HOLDINGS	4.81	5.18	5.37	3.71	5.16
12	3396.HK	联想控股	4.7	5.42	4.41	4.46	4.32
13	2342.HK	京信通信	4.66	4.86	4.87	4.25	4.67
14	0992.HK	联想集团	4.65	4.88	5.35	3.64	4.79
15	6088.HK	FIT HON TENG	4.62	4.88	4.74	3.87	5.36
16	1337.HK	雷蛇	4.62	4.61	5.34	3.91	4.62
17	0285.HK	比亚迪电子	4.6	4.87	4.93	3.86	4.9

(五)零售业

排名	代码	公司名称	总得分	财务指标	估值与成长性	创值能力	公司治理与创新
1	6288.HK	FAST RETAIL-DRS	68.47	227.31	5.36	4.45	5.05
2	9988.HK	阿里巴巴-SW	5.75	7.56	5.46	4.44	5.31
3	3690.HK	美团-W	5.17	4.72	5.1	5.83	4.88
4	1212.HK	利福国际	5.13	5.26	5.01	5.44	4.51
5	0881.HK	中升控股	5.06	5.3	5.45	4.44	5.09
6	1929.HK	周大福	5.01	5.12	5.27	4.44	5.43
7	3308.HK	金鹰商贸集团	4.99	5.16	5.24	4.51	5.13
8	1268.HK	美东汽车	4.98	5.18	5.2	4.45	5.22
9	1528.HK	红星美凯龙	4.98	5	5.36	4.81	4.53
10	3669.HK	永达汽车	4.87	5.21	4.8	4.44	5.16
11	0116.HK	周生生	4.86	5.04	5.08	4.44	4.87
12	0590.HK	六福集团	4.83	5.21	4.85	4.55	4.59

全部A股与港股评估结果

续表

排名	代码	公司名称	总得分	财务指标	估值与成长性	创值能力	公司治理与创新
13	0136.HK	恒腾网络	4.83	4.98	4.67	4.72	5.05
14	3836.HK	和谐汽车	4.82	4.67	5.1	4.62	4.98
15	3813.HK	宝胜国际	4.79	4.93	4.86	4.44	5.05
16	0493.HK	国美零售	4.58	4.76	4.51	4.64	4.21

（六）媒体和娱乐

排名	代码	公司名称	总得分	财务指标	估值与成长性	创值能力	公司治理与创新
1	8032.HK	非凡中国	5.25	5.02	5.09	5.83	4.84
2	0772.HK	阅文集团	5.24	5.22	4.76	5.78	5.14
3	0811.HK	新华文轩	4.82	5.09	5.07	3.96	5.48
4	1137.HK	香港电视	4.71	4.72	4.91	4.53	4.63
5	1896.HK	猫眼娱乐	4.62	4.76	4.7	4.16	5.11
6	0863.HK	BC科技集团	4.55	4.82	4.75	3.99	4.75
7	1060.HK	阿里影业	4.5	4.71	4.69	4.1	4.52

（七）耐用消费品与服装

排名	代码	公司名称	总得分	财务指标	估值与成长性	创值能力	公司治理与创新
1	2020.HK	安踏体育	5.23	5.66	5.28	4.65	5.43
2	1691.HK	JS环球生活	5.17	4.76	4.72	5.83	5.52
3	2313.HK	申洲国际	5.13	5.59	5.3	4.65	4.8
4	2331.HK	李宁	5.03	5.4	5.02	4.66	5.07
5	1478.HK	丘钛科技	5.03	5.11	4.99	4.66	5.7
6	1234.HK	中国利郎	5.02	5.1	5.24	4.66	5.14
7	6110.HK	滔搏	5.01	5.27	5.04	4.65	5.14
8	3709.HK	赢家时尚	5	5.21	4.88	4.65	5.53
9	0669.HK	创科实业	4.98	4.92	5.35	4.65	5.03
10	0921.HK	海信家电	4.98	5.2	4.97	4.65	5.21

续表

排名	代码	公司名称	总得分	财务指标	估值与成长性	创值能力	公司治理与创新
11	0860.HK	力世纪	4.96	4.86	4.79	5.04	5.33
12	0751.HK	创维集团	4.95	4.86	5.32	4.67	4.91
13	1913.HK	普拉达	4.92	5.07	4.98	4.65	5.04
14	1836.HK	九兴控股	4.92	4.92	4.95	4.65	5.39
15	2678.HK	天虹纺织	4.88	5.22	4.76	4.67	4.87
16	1368.HK	特步国际	4.85	4.8	4.92	4.65	5.21
17	0256.HK	冠城钟表珠宝	4.85	4.93	5.17	4.66	4.42
18	0551.HK	裕元集团	4.85	4.82	5.08	4.65	4.84
19	1999.HK	敏华控股	4.84	4.95	4.89	4.65	4.9
20	2299.HK	百宏实业	4.82	5.2	4.82	4.65	4.41
21	2399.HK	虎都	4.82	4.77	4.88	4.76	4.91
22	1070.HK	TCL电子	4.81	4.91	4.7	4.66	5.13
23	2232.HK	晶苑国际	4.77	4.89	4.81	4.65	4.73
24	1382.HK	互太纺织	4.77	5.09	4.78	4.65	4.31
25	1910.HK	新秀丽	4.74	4.97	4.74	4.67	4.43
26	3998.HK	波司登	4.72	4.93	4.83	4.65	4.21

（八）能源

排名	代码	公司名称	总得分	财务指标	估值与成长性	创值能力	公司治理与创新
1	1088.HK	中国神华	5.11	5.46	5.09	4.54	5.6
2	3668.HK	兖煤澳大利亚	5.1	4.79	4.89	5.82	4.71
3	0650.HK	IDG能源投资	5.1	4.82	5.07	5.83	4.23
4	0467.HK	联合能源集团	5.01	5.16	5.1	4.72	5.12
5	1171.HK	兖州煤业股份	5	5.22	5.27	4.58	4.9
6	0639.HK	首钢资源	4.96	4.98	5.07	4.77	5.04
7	1898.HK	中煤能源	4.87	5.01	5.29	4.44	4.65
8	2386.HK	中石化炼化工程	4.85	4.88	4.92	4.65	5.05
9	3948.HK	伊泰煤炭	4.84	5.28	4.73	4.49	4.86
10	0934.HK	中石化冠德	4.82	5.11	4.97	4.52	4.55
11	0338.HK	上海石油化工股份	4.82	4.78	5.27	4.45	4.72

续表

排名	代码	公司名称	总得分	财务指标	估值与成长性	创值能力	公司治理与创新
12	1907.HK	中国旭阳集团	4.8	4.87	5.04	4.48	4.85
13	2883.HK	中海油田服务	4.8	4.97	5.15	4.48	4.41
14	2798.HK	久泰邦达能源	4.8	4.93	4.67	4.71	4.96
15	1033.HK	中石化油服	4.79	4.79	4.96	4.45	5.11
16	0857.HK	中国石油股份	4.79	4.95	4.83	4.44	5.09
17	0386.HK	中国石油化工股份	4.78	4.78	4.89	4.47	5.15
18	0883.HK	中国海洋石油	4.77	5.25	4.49	4.44	5.04

（九）汽车与汽车零部件

排名	代码	公司名称	总得分	财务指标	估值与成长性	创值能力	公司治理与创新
1	0868.HK	信义玻璃	5.56	5.21	5.6	5.83	5.61
2	3606.HK	福耀玻璃	5.48	5.44	5.26	5.83	5.27
3	2333.HK	长城汽车	5.36	5.24	5.07	5.79	5.3
4	1211.HK	比亚迪股份	5.35	5.8	5.19	5.15	5.18
5	2238.HK	广汽集团	5.09	4.78	4.89	5.83	4.63
6	1958.HK	北京汽车	5.08	5.58	5.28	4.4	5.08
7	0425.HK	敏实集团	4.88	5.29	5.11	4.16	5.01
8	0489.HK	东风集团股份	4.86	4.62	5.08	4.78	5.07
9	1809.HK	浦林成山	4.84	5.12	5.47	3.79	5.11
10	0175.HK	吉利汽车	4.69	5.19	5.01	3.84	4.75
11	1585.HK	雅迪控股	4.68	5.1	5.01	3.55	5.41
12	1316.HK	耐世特	4.62	5.17	4.71	3.81	4.95
13	0305.HK	五菱汽车	4.46	4.54	4.75	3.97	4.7
14	1114.HK	BRILLIANCE CHI	4.42	4.65	5.16	3.46	4.38

（十）软件与服务

排名	代码	公司名称	总得分	财务指标	估值与成长性	创值能力	公司治理与创新
1	0700.HK	腾讯控股	5.43	6.54	5.35	4.62	4.98
2	8083.HK	中国有赞	5.32	4.75	4.98	6.6	4.56

续表

排名	代码	公司名称	总得分	财务指标	估值与成长性	创值能力	公司治理与创新
3	0799.HK	IGG	5.06	5.25	4.72	5.13	5.21
4	3798.HK	家乡互动	5.05	4.88	5.06	5.11	5.3
5	1119.HK	创梦天地	4.93	4.81	4.97	5.2	4.56
6	0777.HK	网龙	4.93	5.36	4.88	4.31	5.41
7	1357.HK	美图公司	4.93	4.76	4.76	5.24	4.97
8	0696.HK	中国民航信息网络	4.87	5.05	5.13	4.49	4.72
9	1675.HK	亚信科技	4.86	5.04	5.06	4.31	5.21
10	0797.HK	第七大道	4.86	4.72	5.27	4.91	4.23
11	2400.HK	心动公司	4.81	5.04	4.78	4.2	5.65
12	3888.HK	金山软件	4.77	5.1	4.62	4.39	5.18
13	1686.HK	新意网集团	4.77	5.05	5.15	4.19	4.57
14	0856.HK	伟仕佳杰	4.72	4.9	5.18	4.19	4.54
15	0302.HK	中手游	4.72	4.7	4.94	4.53	4.73
16	0268.HK	金蝶国际	4.7	4.9	4.74	4.36	4.87
17	1860.HK	汇量科技	4.67	4.73	5.11	4.21	4.58
18	0354.HK	中国软件国际	4.63	4.94	4.72	4.2	4.71
19	3738.HK	阜博集团	4.61	4.8	4.81	4.19	4.7

（十一）商业与专业服务

排名	代码	公司名称	总得分	财务指标	估值与成长性	创值能力	公司治理与创新
1	6100.HK	同道猎聘	5.41	4.98	4.81	6.36	5.58
2	0586.HK	海螺创业	5.3	5	5.13	6.09	4.65
3	1381.HK	粤丰环保	4.84	4.77	5.45	4.17	5.13
4	0257.HK	光大环境	4.82	4.57	4.88	4.85	5.11

（十二）食品、饮料与烟草

排名	代码	公司名称	总得分	财务指标	估值与成长性	创值能力	公司治理与创新
1	6186.HK	中国飞鹤	5.49	5.31	5.33	5.83	5.48
2	0336.HK	华宝国际	5.16	5.1	4.52	5.83	5.2

续表

排名	代码	公司名称	总得分	财务指标	估值与成长性	创值能力	公司治理与创新
3	1610.HK	中粮家佳康	5.11	4.95	4.79	5.83	4.64
4	3799.HK	达利食品	4.96	5.26	5.07	4.43	5.17
5	0322.HK	康师傅控股	4.95	5.16	5.1	4.62	4.93
6	1717.HK	澳优	4.91	4.98	5.12	4.42	5.34
7	1579.HK	颐海国际	4.87	5.19	5.04	4.32	4.97
8	0142.HK	第一太平	4.86	4.7	4.57	5.41	4.7
9	0168.HK	青岛啤酒股份	4.85	5.34	4.87	4.37	4.75
10	0043.HK	卜蜂国际	4.84	4.8	5.36	4.35	4.85
11	0151.HK	中国旺旺	4.82	5.35	4.98	4.42	4.23
12	1117.HK	现代牧业	4.81	4.56	5.05	4.93	4.55
13	2319.HK	蒙牛乳业	4.79	4.99	4.89	4.67	4.4
14	1475.HK	日清食品	4.79	4.78	5.01	4.52	4.89
15	0291.HK	华润啤酒	4.78	5	4.92	4.38	4.83
16	0220.HK	统一企业中国	4.77	4.9	5.05	4.33	4.87
17	6868.HK	天福	4.77	4.72	5.14	4.26	5.13
18	0506.HK	中国食品	4.72	4.83	5.03	4.21	4.88
19	6055.HK	中烟香港	4.69	4.92	4.99	4.19	4.64
20	0345.HK	VITASOY INT'L	4.68	5.17	4.89	4.22	4.23
21	1876.HK	百威亚太	4.65	4.68	4.62	4.37	5.24
22	0288.HK	万洲国际	4.65	4.7	5.01	4.24	4.62
23	1432.HK	中国圣牧	4.59	4.69	4.76	4.29	4.66
24	1458.HK	周黑鸭	4.52	4.87	4.33	4.36	4.55

（十三）消费者服务

排名	代码	公司名称	总得分	财务指标	估值与成长性	创值能力	公司治理与创新
1	1890.HK	中国科培	4390.95	15357.39	5.06	4.33	4.59
2	0667.HK	中国东方教育	13.78	36.16	4.99	4.41	5.32
3	6889.HK	DYNAM JAPAN	6.12	8.79	5.45	4.69	5.03
4	1935.HK	嘉宏教育	5.47	5.14	5.55	6.09	4.72
5	6169.HK	宇华教育	5.45	5.06	5.26	6.37	4.8

续表

排名	代码	公司名称	总得分	财务指标	估值与成长性	创值能力	公司治理与创新
6	0839.HK	中教控股	5.3	5.23	5.43	5.58	4.59
7	1680.HK	澳门励骏	5.13	4.55	5.07	5.83	4.99
8	0780.HK	同程艺龙	5.1	4.79	5.32	5.23	5.02
9	1769.HK	思考乐教育	5.06	5	5.3	4.8	5.24
10	2006.HK	锦江资本	5.06	4.73	5.18	5.3	5.01
11	1448.HK	福寿园	5.03	5.2	5.41	4.45	5.1
12	0382.HK	中汇集团	4.95	5.26	4.84	4.69	5.07
13	1928.HK	金沙中国有限公司	4.93	5.09	5.11	4.7	4.71
14	0308.HK	香港中旅	4.92	4.71	5.14	5.16	4.39
15	1992.HK	复星旅游文化	4.91	4.63	4.7	5.43	4.85
16	0520.HK	呷哺呷哺	4.9	5.03	5.15	4.48	5.01
17	0200.HK	新濠国际发展	4.89	5.13	4.71	4.99	4.59
18	1128.HK	永利澳门	4.89	5.05	5.08	4.64	4.66
19	6068.HK	睿见教育	4.88	5.02	4.9	4.57	5.2
20	1317.HK	枫叶教育	4.87	4.96	4.99	4.61	5.01
21	0071.HK	美丽华酒店	4.87	5.09	5.28	4.36	4.63
22	6862.HK	海底捞	4.85	4.94	5	4.39	5.33
23	1568.HK	承达集团	4.84	4.82	5.11	4.35	5.36
24	0069.HK	香格里拉(亚洲)	4.84	4.78	5.07	4.87	4.42
25	3918.HK	金界控股	4.81	5.09	4.98	4.32	4.88
26	0027.HK	银河娱乐	4.77	4.93	5.09	4.39	4.55
27	0341.HK	大家乐集团	4.75	4.97	5.15	4.37	4.23
28	1765.HK	希望教育	4.74	4.84	4.78	4.49	4.99
29	2282.HK	美高梅中国	4.74	4.72	5.01	4.41	4.88
30	1773.HK	天立教育	4.72	5.04	4.78	4.39	4.66
31	1565.HK	成实外教育	4.71	4.97	4.68	4.4	4.87
32	2001.HK	新高教集团	4.71	4.83	4.82	4.45	4.73
33	1797.HK	新东方在线	4.66	4.55	5.05	4.54	4.37
34	0045.HK	大酒店	4.62	4.63	5.04	4.32	4.35
35	0880.HK	澳博控股	4.6	4.77	4.65	4.32	4.73

（十四）医疗保健设备与服务

排名	代码	公司名称	总得分	财务指标	估值与成长性	创值能力	公司治理与创新
1	1302.HK	先健科技	5.3	5.09	4.92	5.83	5.43
2	2500.HK	启明医疗-B	5.24	4.84	5.27	5.83	4.77
3	0853.HK	微创医疗	5.13	4.97	4.89	5.49	5.16
4	1112.HK	H&H国际控股	4.97	5.47	5.2	4.17	5.14
5	1951.HK	锦欣生殖	4.95	5.03	5.08	4.96	4.55
6	1789.HK	爱康医疗	4.9	5.14	5.14	4.3	5.17
7	1501.HK	康德莱医械	4.89	5.2	5.05	4.38	4.96
8	1858.HK	春立医疗	4.84	5.11	5.14	4.11	5.17
9	1066.HK	威高股份	4.84	5.15	5.11	4.23	4.86
10	3309.HK	希玛眼科	4.83	5.12	5.1	4.4	4.57
11	0708.HK	恒大汽车	4.81	4.72	4.73	4.84	5.1
12	2138.HK	医思健康	4.8	5.04	5.02	4.47	4.56
13	2607.HK	上海医药	4.78	5	5.31	4.13	4.6
14	1099.HK	国药控股	4.74	5.1	5	4.1	4.79
15	3886.HK	康健国际医疗	4.71	4.81	4.62	4.93	4.23
16	0241.HK	阿里健康	4.68	4.87	5.08	4.14	4.55
17	1833.HK	平安好医生	4.66	4.54	5.37	4.25	4.31
18	1515.HK	华润医疗	4.65	4.95	4.83	4.18	4.64

（十五）运输

排名	代码	公司名称	总得分	财务指标	估值与成长性	创值能力	公司治理与创新
1	0548.HK	深圳高速公路股份	5.53	5.22	5.71	5.83	5.21
2	0152.HK	深圳国际	5.38	5.07	5.33	5.93	4.99
3	0144.HK	招商局港口	5.29	5.14	5.04	5.83	5.03
4	80737.HK	湾区发展-R	5.25	4.6	5.22	6	5.09
5	0737.HK	湾区发展	5.24	4.6	5.18	6	5.09
6	0062.HK	载通	5.22	5.31	4.89	5.83	4.5
7	0699.HK	神州租车	5.2	5.13	4.64	5.83	5.21
8	0032.HK	港通控股	5.08	4.83	4.87	5.83	4.5

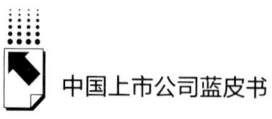

续表

排名	代码	公司名称	总得分	财务指标	估值与成长性	创值能力	公司治理与创新
9	0357.HK	美兰空港	5.08	5.26	5.17	4.86	4.98
10	0177.HK	江苏宁沪高速公路	4.95	5.26	5.49	4.07	5.01
11	0576.HK	浙江沪杭甬	4.94	4.84	5.08	4.79	5.16
12	3369.HK	秦港股份	4.89	5.15	5.35	3.9	5.47
13	6198.HK	青岛港	4.88	4.83	5.46	3.97	5.62
14	1052.HK	越秀交通基建	4.86	5.34	4.97	4.33	4.71
15	2866.HK	中远海发	4.78	4.96	4.93	4.53	4.64
16	0066.HK	港铁公司	4.78	4.9	5.35	3.96	5.06
17	0694.HK	北京首都机场股份	4.77	4.79	4.76	4.8	4.72
18	1919.HK	中远海控	4.77	5.26	5.03	3.91	4.98
19	0636.HK	嘉里物流	4.77	5.04	5.16	3.88	5.19
20	0995.HK	安徽皖通高速公路	4.75	4.94	4.98	4.24	4.95
21	0525.HK	广深铁路股份	4.74	4.7	5.18	4.6	4.21
22	0598.HK	中国外运	4.73	4.9	5.16	3.9	5.23
23	0753.HK	中国国航	4.73	5.22	4.92	4.18	4.47
24	0316.HK	东方海外国际	4.73	5.42	4.73	3.93	4.95
25	1199.HK	中远海运港口	4.72	4.92	4.84	4.47	4.61
26	2880.HK	辽港股份	4.7	5.03	4.95	3.95	5.07
27	0670.HK	中国东方航空股份	4.65	5.11	4.9	4.03	4.51
28	2343.HK	太平洋航运	4.65	5.06	5.03	3.88	4.6
29	1308.HK	海丰国际	4.65	4.96	4.96	3.91	4.87
30	0293.HK	国泰航空	4.61	4.84	4.55	4.44	4.62
31	1055.HK	中国南方航空股份	4.59	5.04	4.68	4.02	4.69
32	0107.HK	四川成渝高速公路	4.59	4.78	5.04	3.92	4.63
33	1138.HK	中远海能	4.55	4.98	4.72	3.91	4.58

（十六）制药、生物科技与生命科学

排名	代码	公司名称	总得分	财务指标	估值与成长性	创值能力	公司治理与创新
1	3692.HK	翰森制药	1942.56	6786.71	5.19	4.67	5.44
2	9966.HK	康宁杰瑞制药-B	5.3	4.84	4.87	6.4	4.87
3	3613.HK	同仁堂国药	5.11	5.43	5.27	4.67	5.02

全部 A 股与港股评估结果

续表

排名	代码	公司名称	总得分	财务指标	估值与成长性	创值能力	公司治理与创新
4	0867.HK	康哲药业	5.05	5.13	5.26	4.67	5.23
5	1513.HK	丽珠医药	5.03	5.12	5.22	4.67	5.21
6	0874.HK	白云山	5.03	5.16	5.39	4.67	4.81
7	1093.HK	石药集团	5.02	5.07	5.26	4.67	5.12
8	2552.HK	华领医药-B	4.99	4.44	4.76	5.83	4.85
9	0512.HK	远大医药	4.98	4.97	5.21	4.67	5.17
10	2186.HK	绿叶制药	4.97	4.99	5.16	4.67	5.19
11	2359.HK	药明康德	4.96	5.05	5.23	4.67	4.78
12	3759.HK	康龙化成	4.95	5.2	5.04	4.67	4.86
13	1873.HK	维亚生物	4.95	5.09	5.18	4.67	4.77
14	1521.HK	方达控股	4.94	5.2	4.82	4.67	5.23
15	1558.HK	东阳光药	4.93	5.17	5	4.67	4.81
16	2196.HK	复星医药	4.93	5.15	4.92	4.67	5
17	2005.HK	石四药集团	4.93	4.9	5.12	4.67	5.1
18	3933.HK	联邦制药	4.93	5.06	4.98	4.67	5.05
19	1801.HK	信达生物	4.91	4.91	5.18	4.73	4.76
20	1177.HK	中国生物制药	4.91	5.11	4.92	4.67	4.95
21	1666.HK	同仁堂科技	4.9	4.98	5.08	4.67	4.84
22	6160.HK	百济神州	4.9	4.9	5.17	4.67	4.81
23	0460.HK	四环医药	4.89	5.09	5.06	4.67	4.59
24	0570.HK	中国中药	4.88	4.91	5.15	4.67	4.69
25	1530.HK	三生制药	4.87	5.12	4.9	4.67	4.73
26	2696.HK	复宏汉霖	4.85	4.83	5.11	4.67	4.75
27	3320.HK	华润医药	4.84	4.99	4.93	4.67	4.67
28	1877.HK	君实生物	4.83	4.8	5.09	4.67	4.67
29	2269.HK	药明生物	4.81	4.89	4.74	4.67	5.04
30	1548.HK	金斯瑞生物科技	4.79	5.04	4.65	4.67	4.82
31	6855.HK	亚盛医药-B	4.78	4.78	4.87	4.67	4.81
32	6826.HK	昊海生物科技	4.77	5.26	4.54	4.67	4.43
33	0775.HK	长江生命科技	4.74	4.91	4.59	4.67	4.87
34	2616.HK	基石药业-B	4.72	4.66	4.92	4.67	4.52
35	6185.HK	康希诺生物-B	4.68	4.75	4.58	4.67	4.78

（十七）资本货物

排名	代码	公司名称	总得分	财务指标	估值与成长性	创值能力	公司治理与创新
1	0001.HK	长和	5.34	6.66	5.17	4.67	4.39
2	1196.HK	伟禄集团	5.23	4.72	5.28	5.83	4.95
3	3808.HK	中国重汽	5.14	5.54	5.18	4.67	5.18
4	2338.HK	潍柴动力	5.12	5.45	5.23	4.67	5.15
5	0019.HK	太古股份公司 A	5.11	6.3	4.85	4.7	4.08
6	3339.HK	中国龙工	5.08	5.22	5.12	4.72	5.46
7	0235.HK	中策集团	5.03	4.89	4.51	5.83	4.77
8	1882.HK	海天国际	5.03	5.39	5.15	4.68	4.8
9	0363.HK	上海实业控股	5.01	5.17	5.16	4.7	5.02
10	0819.HK	天能动力	5.01	5.27	4.95	4.67	5.26
11	3898.HK	中车时代电气	4.98	5.53	4.74	4.68	4.98
12	1800.HK	中国交通建设	4.98	4.73	5.27	4.68	5.47
13	1839.HK	中集车辆	4.97	5.09	5.21	4.68	4.84
14	1157.HK	中联重科	4.97	4.86	5.18	4.68	5.38
15	1618.HK	中国中冶	4.96	4.81	5.33	4.68	5.05
16	0656.HK	复星国际	4.95	4.91	5.18	4.69	5.08
17	0087.HK	太古股份公司 B	4.94	5.42	5.03	4.7	4.32
18	2128.HK	中国联塑	4.94	5.01	4.75	4.68	5.69
19	0631.HK	三一国际	4.93	4.7	5.29	4.69	5.18
20	3969.HK	中国通号	4.93	4.82	5.07	4.67	5.39
21	0267.HK	中信股份	4.9	5.26	5.11	4.68	4.2
22	0564.HK	郑煤机	4.9	4.99	4.86	4.69	5.21
23	2163.HK	远大住工	4.88	4.96	4.86	4.79	4.95
24	0390.HK	中国中铁	4.88	4.67	5.22	4.68	4.99
25	1072.HK	东方电气	4.88	4.73	5.19	4.68	4.94
26	1763.HK	中国同辐	4.87	5.44	4.54	4.68	4.8
27	2039.HK	中集集团	4.87	4.72	5.05	4.77	5
28	3899.HK	中集安瑞科	4.87	4.97	4.93	4.69	4.89
29	1766.HK	中国中车	4.86	4.74	5.07	4.68	5.06
30	3996.HK	中国能源建设	4.86	4.64	5.06	4.68	5.23
31	2727.HK	上海电气	4.85	4.63	5.11	4.69	5.11
32	3311.HK	中国建筑国际	4.85	4.77	4.99	4.68	5.06

全部A股与港股评估结果

续表

排名	代码	公司名称	总得分	财务指标	估值与成长性	创值能力	公司治理与创新
33	0658.HK	中国高速传动	4.85	4.7	4.85	4.71	5.42
34	0242.HK	信德集团	4.85	4.92	5.11	4.9	4.08
35	1186.HK	中国铁建	4.84	4.72	5.17	4.68	4.77
36	1829.HK	中国机械工程	4.84	4.94	5.11	4.68	4.42
37	2588.HK	中银航空租赁	4.83	5.28	4.68	4.72	4.45
38	0179.HK	德昌电机控股	4.82	5.03	4.73	4.71	4.8
39	2208.HK	金风科技	4.8	4.86	5.04	4.7	4.4
40	1608.HK	伟能集团	4.77	4.83	4.88	4.68	4.6
41	0317.HK	中船防务	4.76	4.58	4.69	5	4.8
42	0659.HK	新创建集团	4.75	4.82	4.87	4.71	4.48
43	1660.HK	兆邦基地产	4.74	5.14	4.6	4.67	4.33
44	1282.HK	宝新金融	4.72	4.57	4.74	5.04	4.32
45	2357.HK	中航科工	4.66	4.57	4.87	4.68	4.38
46	1727.HK	河北建设	4.64	4.7	4.5	4.67	4.71
47	1271.HK	佳明集团控股	4.63	4.7	4.66	4.67	4.33

（十八）综合金融

排名	代码	公司名称	总得分	财务指标	估值与成长性	创值能力	公司治理与创新
1	0165.HK	中国光大控股	5.21	4.55	4.85	6.17	5.35
2	1141.HK	民银资本	5.15	5.1	5.52	4.89	5.03
3	1911.HK	华兴资本控股	5.14	4.6	5	5.83	5.08
4	0388.HK	香港交易所	5.13	6.02	4.99	4.51	4.87
5	0412.HK	山高金融	5.1	4.57	5.22	5.83	4.44
6	1821.HK	ESR	5.03	4.99	5.17	4.9	5.11
7	2858.HK	易鑫集团	5.02	5.3	5.27	4.52	4.97
8	6030.HK	中信证券	5.02	5.2	5.33	4.53	4.99
9	6178.HK	光大证券	5.01	5.23	5.11	4.69	5.02
10	6066.HK	中信建投证券	5.01	4.8	5.28	4.95	4.98
11	1606.HK	国银租赁	4.96	5.38	4.91	4.58	4.95
12	1776.HK	广发证券	4.95	5.33	5.09	4.57	4.72

311

续表

排名	代码	公司名称	总得分	财务指标	估值与成长性	创值能力	公司治理与创新
13	0806.HK	惠理集团	4.93	5.05	4.91	4.76	5.05
14	2611.HK	国泰君安	4.93	5.36	5.03	4.57	4.54
15	3360.HK	远东宏信	4.92	4.98	5.18	4.52	5.06
16	2666.HK	环球医疗	4.91	4.98	5.25	4.52	4.89
17	1375.HK	中州证券	4.9	4.92	4.92	4.96	4.71
18	6099.HK	招商证券	4.9	5.01	5.25	4.53	4.7
19	3877.HK	中国船舶租赁	4.89	5.07	5.16	4.5	4.79
20	6881.HK	中国银河	4.88	5.26	4.84	4.5	4.99
21	6806.HK	申万宏源	4.86	4.72	5.38	4.51	4.82
22	6886.HK	HTSC	4.85	4.93	5.19	4.51	4.68
23	6069.HK	盛业资本	4.85	4.58	4.95	4.6	5.66
24	0086.HK	新鸿基公司	4.84	4.92	5.01	4.59	4.86
25	6878.HK	鼎丰集团控股	4.84	4.82	4.79	4.69	5.3
26	1456.HK	国联证券	4.82	4.81	5.2	4.51	4.66
27	3958.HK	东方证券	4.8	4.87	5.11	4.51	4.64
28	0373.HK	联合集团	4.8	5.28	4.57	4.62	4.64
29	6837.HK	海通证券	4.79	4.86	4.97	4.51	4.84
30	1031.HK	金利丰金融	4.76	4.88	4.7	4.86	4.47
31	1359.HK	中国信达	4.75	4.88	4.75	4.58	4.85
32	1788.HK	国泰君安国际	4.75	4.7	4.98	4.54	4.81
33	3908.HK	中金公司	4.73	4.43	5.16	4.52	4.91
34	2799.HK	中国华融	4.73	4.95	4.75	4.58	4.55
35	1476.HK	恒投证券	4.67	4.76	4.65	4.55	4.74
36	1905.HK	海通恒信	4.66	4.63	4.69	4.54	4.9
37	0665.HK	海通国际	4.64	4.65	4.73	4.5	4.75

Abstract

The book argues that the differences in the ability of novel coronavirus to infect and prevent and control lead to the inconsistency of global economic recovery and the difficulty of global policy coordination. Affected by inconsistencies in recovery and signs of rising inflation, it is expected that policies in developed economies will be appropriately tightened in the fourth quarter of 2021, which will have an impact on emerging economies. 2021 will still be a year of fragile recovery. On the basis of taking the lead in recovery, China's economy maintained a development trend of seek improvement in stability, and the annual growth is expected to be 8.1 percent. The uncertainty of the epidemic, the inconsistency in the recovery process and policy strength of various countries have further increased the volatility of the global asset market, and the market value creation ability of China's A-share listed companies in 2020 has been reduced. However, under the impact of the epidemic, the research and development efforts of A-share listed companies are still generally increasing, and traditional industries are also actively seeking new ways of development. In the first half of 2021, with the further economic recovery, the profits of listed companies have been significantly improved, and the innovation and development have been carried out along the major directions of the national "dual cycle strategy", "dual carbon strategy" and "digital transformation". The reform of China's capital market registration system has been smoothly advanced, and the ability of the capital market to serve the real economy has been continuously improved.

Based on the macroscopic background, the book that in the short term, performance is still the key to dominate the future market, but to refine and looked into the source of the growth, we need to clear the growth mainly comes from the

high-growth or from a high dividend yield, the former is mainly from the perspectives of PEG and the latter mainly focused on from cycle or traditional industries. In terms of style, we focus on dynamic adjustment between growth and value, and obtain relatively stable returns on the basis of fully controlling risks. In terms of industry selection, we focus on the hard technology and blue ocean market, the main battlefield of national independent innovation, and give full consideration to the value fields that can be properly distributed under the cyclical economic recovery and the deep adjustment in the early stage. In the long run, it is mainly based on the improvement of valuation brought by innovation and the fundamental change of incremental capital, investor structure and investment style brought by reform and opening up, and promotes the long-term healthy development of the capital market through the growth of high-quality assets. By this report based on the five latitude value evaluation model, and USES the public data of listed companies were evaluated, selected the divisions value higher subject constitute a "beautiful 100" portfolio, the portfolio back to good effect, it also suggests the combination offer the Chinese industry is relatively high quality micro main body, Is China's macro-economic situation in the micro-reflection.

In view of the real estate industry in 2020 "three line" and other major policy implications, this book also from the debt paying ability, operation efficiency, financing ability, growth potential and the scale factor of listed real estate companies for five aspects such as component scores and comprehensive scores, the survival of listed real estate companies matrix are analyzed, to understand the potential risk of the whole industry and guiding investment provides a scientific basis. In 2020 for China's bond market is also extraordinary year, bond default size hit a high nearly five years, the high ratings of large state-owned enterprises accounted obvious rise, small and medium-sized enterprise bankruptcy rate increases, some highly leveraged, domestic demand higher reliance industries, bond default rate is higher, and strict supervision lower debt default rate fell. In the first half of 2021, the economy recovered steadily, the pace of bond supply slowed down, and the interest rate in the bond market rose first and then fell with the Spring Festival as the watershed. Looking forward to the second half of the year, under the background of stable fundamentals and stable monetary policy, bond market interest rate may show a fluctuating trend in the range. We still need to pay attention to the negative factors such as the Federal Reserve's withdrawal of easing leading to the tightening of global liquidity, the continued rebound of inflation and the limited domestic policy space. In addition, the risk of bond default is still large, still need to be focused on prevention.

Finally, the book also analyzes the impact of the Internet and digital technology on the financial market. As the initial shareholder governance lagged behind technological progress, fintech not only failed to give full play to the bilateral market creation potential of the Internet platform, but also exacerbated the instability of the financial market. After the outbreak of the global financial crisis in 2007, in response to the shareholders, the governance flaws, developed economies to the financial market development strategy has carried on the significant adjustment, began in the scale of the world economy represented by ESG concept and practice of stakeholder governance, trying to make up for financial market development in social capital accumulation, to reconstruct the local social relations, Restore the corresponding new industries and market creation capacity, and thus achieve the sustainable development of financial markets. Therefore, it is urgent for China to adopt the financial market development strategy under the framework of ESG, expand from shareholder doctrine to the development and improvement of stakeholder governance including shareholders, reconstruct the financial market with financial technology, and cope with the impact brought by the adjustment of financial market development strategy of developed economies.

Keywords: Listed Company; Bond Market; Capital Market; Chinese Economy

Contents

I General Report

B.1 The Inconsistency of the Global Recovery and the Steady Progress of the Chinese Economy – Innovation, Transformation and Deepening Capital Market Reform

Yang Yaowu, Zhang Ping / 001

Abstract: From 2020 to the first half of 2021, the spread of COVID - 19 has become a key factor affecting the global economy, and the ability to spread and control COVID - 19 has become a key variable affecting the international economic recovery. It is the difference in the ability of novel coronavirus to infect and control the disease that leads to the inconsistency of global economic recovery and the difficulty of global policy coordination. In the face of the epidemic, China's economy began a full recovery in the second half of 2020, while developed economies began to recover in the second quarter of 2021 based on vaccine control. However, emerging markets such as Brazil, India and Russia are still plagued by the epidemic and have not yet recovered. Inconsistent recoveries have led to divergent policies and growth targets. Strong stimulus policies in advanced economies and a slow recovery on the supply side have led to rapid commodity price rises and signs of inflation. It is expected that policies in developed economies will appropriately reduce stimulus or tighten in the fourth quarter of 2021, which will have an impact on emerging market countries. 2021 will still be a year of fragile recovery. Both monetary and fiscal policies tend to "normalize" rather than strong stimulus. The annual growth is expected to be 8.1%. While stabilizing the economy, China actively adjusts the structure and promotes high-level opening up, leaving room for policy incentives for subsequent development. The uncertainty of the epidemic, the inconsistency of national recovery processes and policy efforts have led to increased volatility in global asset markets. In this context, the market value creation ability of China's A-share listed companies in 2020 has significantly decreased, but under the financial and financial rescue measures, the decline rate of return on equity (ROE) of A-share listed companies has decreased. Under the impact of the epidemic, the research and development efforts of A-share listed companies are still generally increasing, and traditional industries are also actively seeking new ways of development. Further in the first half of 2021 as the economic recovery, significantly improve the listed company profit, innovation and development along the national strategy of "binary", "double carbon strategy" and "digital transformation" and other major direction, high-end chip, AI, autonomous software, network security, green energy, biological medicine and become the main direction in the field of supply chain security. Positive progress has been made in the pilot reform of the capital market registration system, making it more inclusive and adaptable. In the future, we should continue to adhere to the direction of marketization, rule of law and internationalization, deepen the reform of the capital market, steadily promote the whole-market registration system, strengthen financial supervision, actively promote ESG investment and the development of green finance, and constantly improve the ability of the capital market to serve the real economy.

Keywords: Listed Companies; Capital Market; Chinese Economy

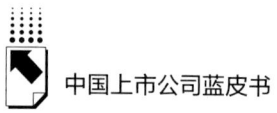

Ⅱ Topical Reports

B.2 Study on the Valuation of Chinese Listed Companies

Zhang Peng / 021

Abstract: Although there is still great uncertainty about the impact of the epidemic on the external market, the overall domestic economy is on the track of recovery. The short-term growth variable of listed companies and the long-term variable of the reform and opening up of the capital market jointly hold up the eternal variable of market changes. In the short term, performance is still the key to dominate the future market, but to refine and study the source of performance growth, we need to make clear whether the performance growth mainly comes from high growth or high dividend yield, the former is mainly from the PEG perspective, while the latter is mainly focused on the cycle or traditional industries. In terms of style, we focus on dynamic adjustment between growth and value, and obtain relatively stable income on the basis of fully controlling risks. In terms of industry selection, we focus on the hard technology and blue ocean market, the main battlefield of national independent innovation, and give full consideration to the value fields that can be properly distributed under the cyclical economic recovery and the deep adjustment in the early stage. In the long run, it is mainly based on the improvement of valuation brought by innovation and the fundamental change of incremental capital, investor structure and investment style brought by reform and opening up, and promotes the long-term healthy development of the capital market through the growth of high-quality assets. Based on this background, this report based on the value evaluation model in 2020, more complete elaboration and add, update, multidimensional measure, finally form the financial condition, valuation and growth, value creation ability, corporate governance, innovation and research and development and so on five latitude value evaluation model, fully take into account the differences between industry and firm heterogeneity, Using the public data of the annual report from 2016 to 2020, this paper evaluates and comprehensively ranks the listed companies of China A shares and Hong Kong shares by sector, and selects the listed companies with higher value by sector to form the "Beautiful 100" portfolio. The portfolio has A good backtest effect and A higher risk-adjusted return. This also indicates that this combination gathers relatively high-quality micro subjects from various industries in China, which is a micro reflection of China's macroeconomic situation.

Keywords: Listed Company; Valuation; Performance Growth; Corporate Governance; Beautiful 100

B.3 The Review and Prospect of China's Bond Market from 2020 to the First Half of 2021   *Huang Yinying* / 086

Abstract: In 2020, faced with the severe domestic and international environment, especially the influence of coronavirus, the economic operation of China kept steady and smooth. China's becoming the only one country that has achieved positive economic growth in the world in 2020, and also one of the few countries that implementing the normal monetary policy.

In 2020, the scale of bond default reached a new high in the past five years, presenting the following characteristics: high rated large state-owned enterprises had a larger proportion of all bond defaulters; The credit risk of real estate enterprises extended gradually, and the bankruptcy rate of small and medium-sized real estate enterprises was increasing significantly; Manufacturing, construction, wholesale and retail trade and other industries with high leverage and high dependence on domestic demand had higher default rate; Under strict supervision, the default rate of urban investment bonds has declined.

From the perspective of bond interest rate's trend, after adjusted in 2019, it was fluctuated sharply in 2020, the domestic economy came through the V-shaped rebound, driving the bond price to rise first and then fall. In the first half of 2021, the supply rhythm of the bond market slowed down, and with the Spring Festival as the watershed, the bond interest rate went up first and then decent.

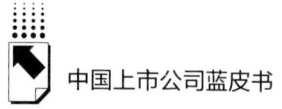

Looking forward to the second half of the year, under the background of steady recovery of economic and steady monetary policy, the bond interest rate may present a congested market trend. Focus on the impact of Fed's Tapering, leading to a tightening of global liquidity, increasing of inflation and limited domestic policy space. Firstly, the second half of the year is usually the concentration period for the outbreak of default in the whole year, and a series of epidemic stabilization policies earlier may shift the pace of bond default backward; Secondly, real estate, transportation and other industries with high default rate need to be paid more attention; Thirdly, since the high rating large-scale state-owned enterprises defaulted frequently last year, the default of state-owned enterprises reached the peak in recent years, and the subsequent default risk of high rating state-owned enterprises' credit bonds still needs continuous attention. Finally, as an important part of green finance, green bonds are of great significance to achieving the goal of carbon peak and carbon neutralization. In the future, we need to accelerate the integration with the global market to attract more overseas investors.

Keywords: Bond Market; Bond Default Risk; Green Financial System; Carbon Neutral; Convertible Bond

B.4 Comprehensive Strength Ranking of Listed Real Estate Companies in 2020 　　　　　　　　　　*Du Lihong* / 107

Abstract: In 2020, affected by the epidemic and housing speculation, the central bank's three red lines and other policies, the real estate industry sales growth slowed down, turnover slowed down, most enterprises are actively debt reduction, but the overall financial pressure of the industry is still very large, the real estate industry may face deep adjustment. This report from debt paying ability, operation efficiency, financing ability, growth potential and the rating scale factors on the listed real estate companies, and then the comprehensive real estate enterprises index score of the comprehensive strength of the real estate listed companies, the results show that the 135 listed property companies comprehensive strength score averages 3.84 points, a median of 3.84 points. Among them, 49 companies (accounting for 36.3% of the total number of listed real estate companies) with all operating scores (debt paying ability, financing ability, operating efficiency, and growth potential) above 2 scores without significant problems after excluding the factor of size; However, there were only 11 companies, accounting for 8.1% of the total number of listed real estate companies, with all operating scores above 5 and no obvious shortcoming. In contrast, more than 60% of all listed real estate companies have at least one business score less than 2 points, that is, they are facing serious business problems. Among the major real estate listed companies, 12.6% had no obvious shortcoming, and 56.3% had scored less than 2 points in at least one business score. Longhu real estate, overseas Chinese, China resources land, poly real estate, gemdale, vanke, shimao group, c&d co, new city holdings, country garden, Long Guang group, green land holdings, riverside group, yanlord land, oct, China international trade, xu hui holdings, agile, RongAn property, China merchants shekou entered the comprehensive power ranking of the TOP 2020 listed companies in real estate 20. Finally, we take solvency and financing capacity as the horizontal axis and operating efficiency and growth potential as the vertical axis to analyze the survival matrix of real estate enterprises. The conclusion is that 18% of enterprises are currently facing survival pressure, and 14% of enterprises still have room for transformation to save themselves although they are under great financial pressure. Although 23% of enterprises have little financial pressure in the short term, they can only expand their living space through cooperative development due to the limitation of efficiency level and growth space. The remaining enterprises with real sustainable development potential only account for 45%, of which 15% have integration potential.

Keywords: Estate Listed Company; Debt Paying Ability; Operational Efficiency; Financing Capacity; Growth Potential

B.5 Financial Markets and Fintech within the ESG Framework

Zhang Lei / 171

Abstract: The application of Internet and digital technology in the financial market has formed the financial technology. However, as the initial shareholder governance lagged behind technological progress, fintech not only failed to give full play to the bilateral market creation potential of the Internet platform, but also exacerbated the instability of the financial market. After the outbreak of the global financial crisis in 2007, in response to the shareholders, the governance flaws, developed economies to the financial market development strategy has carried on the significant adjustment, began in the scale of the world economy represented by ESG concept and practice of stakeholder governance, trying to make up for financial market development in social capital accumulation, to reconstruct the local social relations, Restore the corresponding new industries and market creation capacity, and thus achieve the sustainable development of financial markets. Therefore, it is urgent for China to adopt the financial market development strategy under the framework of ESG, expand from shareholder doctrine to the development and improvement of stakeholder governance including shareholders, reconstruct the financial market with financial technology, and cope with the impact brought by the adjustment of financial market development strategy of developed economies;

Keywords: ESG; Financial Market; Fintech

权威报告・一手数据・特色资源

皮书数据库
ANNUAL REPORT(YEARBOOK) DATABASE

分析解读当下中国发展变迁的高端智库平台

所获荣誉

- 2019年，入围国家新闻出版署数字出版精品遴选推荐计划项目
- 2016年，入选"'十三五'国家重点电子出版物出版规划骨干工程"
- 2015年，荣获"搜索中国正能量 点赞2015""创新中国科技创新奖"
- 2013年，荣获"中国出版政府奖・网络出版物奖"提名奖
- 连续多年荣获中国数字出版博览会"数字出版・优秀品牌"奖

成为会员

通过网址www.pishu.com.cn访问皮书数据库网站或下载皮书数据库APP，进行手机号码验证或邮箱验证即可成为皮书数据库会员。

会员福利

- 已注册用户购书后可免费获赠100元皮书数据库充值卡。刮开充值卡涂层获取充值密码，登录并进入"会员中心"—"在线充值"—"充值卡充值"，充值成功即可购买和查看数据库内容。
- 会员福利最终解释权归社会科学文献出版社所有。

数据库服务热线：400-008-6695
数据库服务QQ：2475522410
数据库服务邮箱：database@ssap.cn
图书销售热线：010-59367070/7028
图书服务QQ：1265056568
图书服务邮箱：duzhe@ssap.cn

卡号：351213116812
密码：

基本子库 SUB DATABASE

中国社会发展数据库（下设12个子库）

整合国内外中国社会发展研究成果，汇聚独家统计数据、深度分析报告，涉及社会、人口、政治、教育、法律等12个领域，为了解中国社会发展动态、跟踪社会核心热点、分析社会发展趋势提供一站式资源搜索和数据服务。

中国经济发展数据库（下设12个子库）

围绕国内外中国经济发展主题研究报告、学术资讯、基础数据等资料构建，内容涵盖宏观经济、农业经济、工业经济、产业经济等12个重点经济领域，为实时掌控经济运行态势、把握经济发展规律、洞察经济形势、进行经济决策提供参考和依据。

中国行业发展数据库（下设17个子库）

以中国国民经济行业分类为依据，覆盖金融业、旅游、医疗卫生、交通运输、能源矿产等100多个行业，跟踪分析国民经济相关行业市场运行状况和政策导向，汇集行业发展前沿资讯，为投资、从业及各种经济决策提供理论基础和实践指导。

中国区域发展数据库（下设6个子库）

对中国特定区域内的经济、社会、文化等领域现状与发展情况进行深度分析和预测，研究层级至县及县以下行政区，涉及省份、区域经济体、城市、农村等不同维度，为地方经济社会宏观态势研究、发展经验研究、案例分析提供数据服务。

中国文化传媒数据库（下设18个子库）

汇聚文化传媒领域专家观点、热点资讯，梳理国内外中国文化发展相关学术研究成果、一手统计数据，涵盖文化产业、新闻传播、电影娱乐、文学艺术、群众文化等18个重点研究领域。为文化传媒研究提供相关数据、研究报告和综合分析服务。

世界经济与国际关系数据库（下设6个子库）

立足"皮书系列"世界经济、国际关系相关学术资源，整合世界经济、国际政治、世界文化与科技、全球性问题、国际组织与国际法、区域研究6大领域研究成果，为世界经济与国际关系研究提供全方位数据分析，为决策和形势研判提供参考。

法律声明

"皮书系列"（含蓝皮书、绿皮书、黄皮书）之品牌由社会科学文献出版社最早使用并持续至今，现已被中国图书市场所熟知。"皮书系列"的相关商标已在中华人民共和国国家工商行政管理总局商标局注册，如 LOGO（ ）、皮书、Pishu、经济蓝皮书、社会蓝皮书等。"皮书系列"图书的注册商标专用权及封面设计、版式设计的著作权均为社会科学文献出版社所有。未经社会科学文献出版社书面授权许可，任何使用与"皮书系列"图书注册商标、封面设计、版式设计相同或者近似的文字、图形或其组合的行为均系侵权行为。

经作者授权，本书的专有出版权及信息网络传播权等为社会科学文献出版社享有。未经社会科学文献出版社书面授权许可，任何就本书内容的复制、发行或以数字形式进行网络传播的行为均系侵权行为。

社会科学文献出版社将通过法律途径追究上述侵权行为的法律责任，维护自身合法权益。

欢迎社会各界人士对侵犯社会科学文献出版社上述权利的侵权行为进行举报。电话：010-59367121，电子邮箱：fawubu@ssap.cn。

社会科学文献出版社